L'imposition sur le revenu en République de Guinée

Collection « Études africaines »

dirigée par Denis Pryen et son équipe

Forte de plus de mille titres publiés à ce jour, la collection « Études africaines » fait peau neuve. Elle présentera toujours les essais généraux qui ont fait son succès, mais se déclinera désormais également par séries thématiques : droit, économie, politique, sociologie, etc.

Dernières parutions

LIGOPI LINZUWA Zéphyrin, *La lutte contre la pauvreté comme une quête de sens*, 2016.
TSHIMANGA-KUTANGIDIKY Etienne, *Réalités sociales en République Démocratique du Congo, Analyse de quelques cas*, 2016.
SIDIBE Tidiani, *La pratique de l'activité bancaire et financière en zone UEMOA*, 2016
BETCHÉ (Zachée), *Le phénomène Boko Haram. Au-delà du radicalisme*, 2016.
MOKONZI Bambanota Gratien, *Où va l'université au Congo-Kinshasa ?*, 2016.
EKANZA Simon-Pierre, *Le royaume du Moronou, Côte d'Ivoire, Une symphonie inachevée*, 2016.
MUSHIPU MBOMBO (Dieudonné), *La théologie africaine. Le feu vert de Rome : une herméneutique des déclarations des souverains pontifes d'après le Concile Vatican II*, 2016.
AKAM (Motaze), *Le social contre le politique en Afrique noire. Sociétés civiles et voies nouvelles*, 2016.
PONDI (Jean Emmanuel) (dir.), *Citoyenneté et pouvoir politique en Afrique centrale. Etat des lieux, défis et perspectives*, 2016/
BARRY (Mamadou Gando), *L'insertion des diplômés en Guinée : processus et contraintes*, 2016.
LOUA (Seydou), *Quelle efficacité pour l'enseignement supérieur au Mali ?*, 2016.
BOUREIMA (Moussa), *Gestion intégrée de l'eau et politique de développement en Afrique de l'Ouest*, 2016.
TOUNG NZUE (Jérôme), *Précarité et replis identitaires au Gabon*, 2016.
KAZIENDE (Léopold), *Samafou, Fragments biographiques de la vie de Boubou Hama*, 2016.
BODO (Bidy Cyprien), COULIBALY (Moussa), KAMAGATE (Bassidiki) (dir.), *Les écritures de l'horreur en littératures africaines*, 2016.
VAUDELIN (Pierre), *Afriquéconomie, Entre défis urbains et émergence économique*, 2016.
BARBET (Clotilde), *Les rébellions touarègues au Nord-Mali*, 2016.
AMBOULOU (Hygin Didace), *Le droit des investissements et l'analyse économique de l'espace OHADA*, 2016.
SOHI BLESSON (Florent), *Sur les traces du premier administrateur colonial du Haut-Cavally (Côte d'Ivoire), Laurent Charles Joseph (1877-1915)*, 2016.

Dr Ouo-Ouo Waita Monemou

L'imposition sur le revenu en République de Guinée

L'Harmattan

5-7, rue de l'Ecole-Polytechnique, 75005 Paris

http://www.harmattan.fr
diffusion.harmattan@wanadoo.fr

ISBN : 978-2-343-08517-3
EAN : 9782343085173

PRÉFACE

L'Administration fiscale guinéenne fait de la promotion du civisme fiscal l'un des points forts de sa politique stratégique qui s'inscrit en droite ligne dans les objectifs de performance contractualisés signés tous les ans entre elle et le ministère en charge de l'Economie et des Finances.

En effet, qui parle de promotion de civisme fiscal doit du coup se pencher sur plusieurs facteurs qui caractérisent ce phénomène dont, entre autres : la communication, les services de qualité à rendre aux usagers, la sensibilisation des contribuables, la modernisation de la juridiction fiscale en charge de la gestion des impôts et taxes, etc. Mais cet objectif *passe* nécessairement par une bonne connaissance des textes. Raison pour laquelle toute publication en matière d'impôts et taxes constitue un tremplin dans la promotion du système fiscal d'un pays en général et du civisme fiscal en particulier.

Cet ouvrage intitulé ''Contribution à l'amélioration de la performance en matière d'imposition sur le revenu en République de Guinée'' est d'autant plus important que l'imposition sur le revenu reste et demeure un des éléments nodaux de la structure fiscale non encore maîtrisée, ce qui, en réalité, amenuise l'assiette fiscale y compris le rendement de cette gamme variée d'impôts appelée l'impôt sur le revenu, en abrégé IR. Bref, tous les principaux maux, qui assaillent le contexte contributif guinéen en matière d'impôt sur le revenu, d'une part, et les propositions appropriées en vue d'améliorer ce système de prélèvement, d'autre part, ont été au centre de notre préoccupation.

Toutes les informations dans le domaine de la fiscalité directe sur le revenu mais également sur l'ensemble des prélèvements fiscaux en régime intérieur en République de Guinée sont présentées dans ce document. Sa richesse à cet égard se justifie par le fait qu'il constitue d'abord un outil didactique de premier plan. Ensuite, il vient combler des lacunes ou vides de connaissances chez les professionnels du droit fiscal confrontés aux problèmes d'assiette, de liquidation, de recouvrement et de contrôle des impôts et taxes prélevés sur les différents revenus catégoriels. Enfin, il sera certes utile à tous les étudiants en formation dans les universités de droit, de gestion et d'économie et des finances, etc. qui tireront le meilleur parti de ce travail.

L'édition de cet ouvrage par un cadre des impôts donne à ce document un cachet particulier pour plusieurs raisons. D'abord, une richesse tirée de ses longues années d'expériences au sein de l'administration fiscale guinéenne en commençant par le poste d'agent d'assiette, puis d'inspecteur, de chef de section, de chef de division, de directeur national adjoint pour enfin atteindre le grade de directeur national des impôts. Ensuite, ses connaissances académiques acquises en France qu'il a fait valoriser par la pratique du métier. Enfin, sa capacité managériale dont il a bien voulu faire profiter toute la nation guinéenne, même au-delà de celle-ci.

REMERCIEMENTS

Qu'il me soit permis d'exprimer toute ma reconnaissance à Monsieur le professeur Bernard CASTAGNEDE pour avoir très aimablement accepté de diriger ce travail de recherche et dont les conseils perspicaces ont éclairé de manière décisive l'élaboration de la présente thèse et ont permis son aboutissement.

Je voudrais en plus exprimer toute ma gratitude à Monsieur Jean-Claude MARTINEZ, professeur à l'Université Paris II et Monsieur Amadou Khoré BAH PHD, professeur et doyen de faculté à l'Université Général Lansana CONTE de Sonfonia en Guinée, pour avoir accepté de m'écouter et me guider aussi dans mes recherches.

Je voudrais dire également un grand merci à mes parents, à mes frères et sœurs, à mes amis, à mes chers enfants Jeanine, Claude, Alexis, Jonas, Lopou Véronique, Emile, Solange, Jean ; à ma chérie Delphine et à ma chère épouse Mme MONEMOU née Gnèmey Denise BALAMOU dont les manifestations de soutien m'ont permis de me sentir moins seul, tout au long de ce travail de recherche.

Que soient vivement et infiniment remerciés mes chers parents, feus Kotogbian (père) et Lopou ZOTAMOU (mère) pour m'avoir engendré et donné l'opportunité d'aller à l'école. Leurs noms resteront gravés et immortalisés dans ma mémoire et celle de l'humanité à travers cet ouvrage. Que le bon Dieu leur accorde le paradis. Amen ! Mes sentiments de gratitude vont également à l'endroit de feu André Kondo MONEMOU, son épouse Madame Fanta Koly KOUROUMA, sa belle-sœur Saran Koly KOUROUMA, tous à Paris pour leur soutien inconditionnel dans l'élaboration de cette thèse. Que Dr Mamadou Aliou BAH, mon support inconditionnel dans ce travail, François Kota BALAMOU, mes frères et sœurs (Niankoye Youssouf, Mathos, Joseph, Henock, Béatrice…) reçoivent mes vifs et chaleureux remerciements.

Ma reconnaissance profonde va à l'endroit du Président de la République de Guinée, Pr Alpha CONDE, pour avoir accordé la primauté à l'intellectualisme dans notre pays dont je suis aujourd'hui l'un des heureux bénéficiaires à la tête de l'Administration fiscale. Il en va de même pour les ministres en charge de l'Economie et des Finances (Mohamed DIARE) et du

Budget (Ansoumane CONDE) pour leur apport constant dans le processus de rayonnement et de qualification des finances publiques guinéennes y compris la fiscalité. Enfin, que tous les travailleurs du ministère chargé de l'Economie et des Finances, du ministère délégué au Budget et ceux de la Direction nationale des impôts de Guinée trouvent ici l'expression de notre profonde sympathie.

SOMMAIRE

TABLE DES ABRÉVIATIONS

A

ADIT : Acompte sur Divers Impôts et Taxes
ACP : Afrique Caraïbes Pacifique
AEF : Afrique Equatoriale Française
AA : Association Agréée
AOF : Afrique Occidentale Française
AV : Attestation de Vérification

B

BA : Bénéfices Agricoles
BIC : Bénéfices Industriels et Commerciaux

C

CAF : Coût Assurance Fret
CEAO : Communauté Economique d'Afrique de l'Ouest
CEDEAO : Communauté Economique des Etats de l'Afrique de l'Ouest
CFAO : Compagnie Française de l'Afrique Occidentale
CFE : Contribution Forfaitaire à Charge des Employeurs
CGA : Centre de gestion Agréé
CGI : Code Général des Impôts
CPE : Commune de Plein Exercice
CSG : Contribution Sociale Généralisée
CPS : Contribution pour Prestation de Services

D

DD : Droit de Douane
DGD : Direction Générale des Douanes
DGE : Division des Grandes Entreprises
DID : Direction des Impôts du District
DLFC : Direction de la Législation Fiscale et du Contentieux
DNI : Direction Nationale des Impôts
DPME : Division des Petites et Moyennes Entreprises
DRI : Direction Régionale des Impôts
DRV : Division Recherche et Vérification

E

EPA :	Etablissement Public à Caractère Administratif
EPC :	Etablissement Public à Caractère Culturel
EPS :	Etablissement Public à Caractère Scientifique
EPT :	Etablissement Public à Caractère Technologique
EPIC :	Etablissement Public à Caractère Industriel et Commercial

F

FCFA :	Franc de la Communauté Financière Africaine
FMI :	Fonds Monétaire International

G

GATS :	Accord Général sur les Tarifs et les Services
GATT :	Accord Général sur les Tarifs et le Commerce
GIE :	Groupement d'Intérêts Economiques

H

HAO :	Hors Activités Ordinaires
HT :	Hors Taxes

I

IGR :	Impôt Général sur le Revenu
IMF :	Impôt Minimum Forfaitaire
IRF :	Impôt sur les Revenus Fonciers
IRPP :	Impôt sur le Revenu des Personnes Physiques
IRVM :	Impôt sur le Revenu des valeurs mobilières
IS :	Impôt sur les Sociétés
ISCP :	Impôt Spécial sur Certains Produits
ITS :	Impôt sur les Traitements et Salaires
IUTS :	Impôt Unique sur les Traitements et Salaires

M

MEF :	Ministère de l'Economie et des Finances
NIF :	Numéro d'Identification Fiscale

O

OCDE :	Organisation de Coopération et de Développement Economiques
OMC :	Organisation Mondiale du Commerce
ONU :	Organisation des Nations Unies

P

PAGE :	Projet d'Appui à la Gestion Economique
PAMORI :	Projet d'Appui à la Mobilisation des Recettes Intérieures
PAS :	Programme d'Ajustement Structurel

PCS : Prélèvement Communautaire de Solidarité
PF : Prélèvement Forfaitaire
PIB : Produit Intérieur Brut
PMA : Pays les Moins Avancés
PME : Petite et Moyenne Entreprise
PMI : Petite et Moyenne Industrie
PVD : Pays en Voie de Développement
PVI : Programme de Vérification des Importations

R
RET : Recettes de l'Enregistrement et du Timbre
RS : Redevance Statistique
RTI : Recettes des Taxes Indirectes
RTS : Retenue sur Traitements et Salaires

S
SCGEX : Service de Contrôle et de Gestion des Exonérations
SCOA : Société Commerciale de l'Ouest Africain
SGE : Service des Grandes Entreprises
SME : Service des Moyennes Entreprises
SGS : Société Générale de Surveillance
SIP : Société Indigène de Prévoyance
SYDONIA : Système Douanier Automatisé
SYSCOA : Système Comptable Ouest Africain

T
TA : Taxe d'Apprentissage
TSA : Taxe sur les Assurances
TAF : Taxe sur les Activités Financières
TCI : Taxe Conjoncturelle à l'Importation
TDP : Taxe Dégressive de Protection
TEC : Tarif Extérieur Commun
TIPP : Taxe Intérieure sur les Produits Pétroliers
TPC : Taxe Préférentielle Communautaire
TPS : Taxe sur les Prestations de Services
TTC : Toutes Taxes Comprises
TTR : Taxe sur les Transports Routiers
TVA : Taxe sur la Valeur Ajoutée

U
UEMOA : Union Economique et Monétaire Ouest Africaine

Z
ZMAO : Zone Monétaire d'Afrique de l'Ouest

LISTES DES FIGURES ET DES TABLEAUX

Liste des tableaux

Liste des figures

PRÉSENTATION SOMMAIRE DE LA RÉPUBLIQUE DE GUINÉE

La République de Guinée est un pays d'Afrique de l'Ouest ouvert sur l'océan Atlantique. Sa capitale est Conakry. Elle fut fondée au tournant des années 1895-1911. Ses frontières géographiques furent tracées par les puissances coloniales. Elle est limitée au nord-ouest par la Guinée-Bissau, à l'ouest par l'océan Atlantique, au nord par le Sénégal, à l'est par le Mali, au sud-est par la Côte d'Ivoire et au sud par le Liberia et la Sierra Léone.

Le pays comprend les îles de Loos, au large de Conakry. Cependant, l'histoire de ce territoire est ancienne et est rythmée par le rayonnement et la décadence de grands empires. Les Nalous et les Bagas peuplèrent la région dès le VIIIe siècle, et furent rejoints au XIe siècle par les « Djalonkés » d'origine mandé. Ils précédèrent les Peulhs et les Mandingues, qui arrivèrent en masse entre le XVIe et le XVIIIe siècle, apportant l'islam.

Elle comptait une population de 7,5 millions d'habitants en 2005 et avoisine les 14 millions aujourd'hui avec un taux d'accroissement naturel de 2,4% par an (cf. MONEMOU Ouo-Ouo Waïta, Mémoire du master professionnel administration fiscale session 2005 / 2006, p 2).

Du point de vue découpage géopolitique et administratif, ce pays comprend 7 régions administratives et un gouvernorat pour la zone spéciale de Conakry ; 33 préfectures et 38 communes. Il est réparti en quatre zones naturelles : la basse Guinée (peuplée par les Soussous, les Bagas, les Nalous, les Mikiforés) ; la moyenne Guinée (habitée par les Peulhs), la haute Guinée (peuplée par les Madinkés) et la Guinée forestière (peuplée par les Guerzés ou Kpèlès, les Tomas, les Kissis, les Konons, les Manons et les Koniakés).

La France y imposa un système d'administration coloniale identique à celui appliqué dans les autres territoires africains de son empire colonial. Sous l'autorité d'un gouverneur général, le pays était divisé en vingt-neuf cercles, eux-mêmes dirigés par un commandant de cercle. Les chefferies traditionnelles étaient souvent transformées et leurs structures bouleversées. Elles constituaient un important jalon dans l'unification d'un pays créé par les puissances coloniales elles-mêmes en compétition.

Premier pays de l'Afrique francophone à avoir accédé à l'indépendance, en 1958, après son refus de faire partie de la communauté française, la

Guinée, devenue alors République populaire révolutionnaire, a subi durant plus de vingt-cinq ans un pouvoir révolutionnaire hors pair sous le règne du feu Président Ahmed Sékou Touré. Après la mort de celui-ci, en 1984, les militaires ont conduit la libéralisation de l'économie puis, difficilement, la démocratisation du pays.

Après 24 ans de pouvoir militaire du général Lansana Conté, avec un bref passage du capitaine Moussa Dadis Camara et le reste de la transition piloté par le général Sékouba Konaté. Enfin, monsieur Alpha Condé devint le premier président démocratiquement élu depuis novembre 2010 à la tête de la Guinée. La carte géographique ci-dessous illustre parfaitement sa vue panoramique non seulement attractive mais aussi très enviée par à certains pays de la sous-région ouest-africaine.

Figure 1 : Carte de la République de Guinée

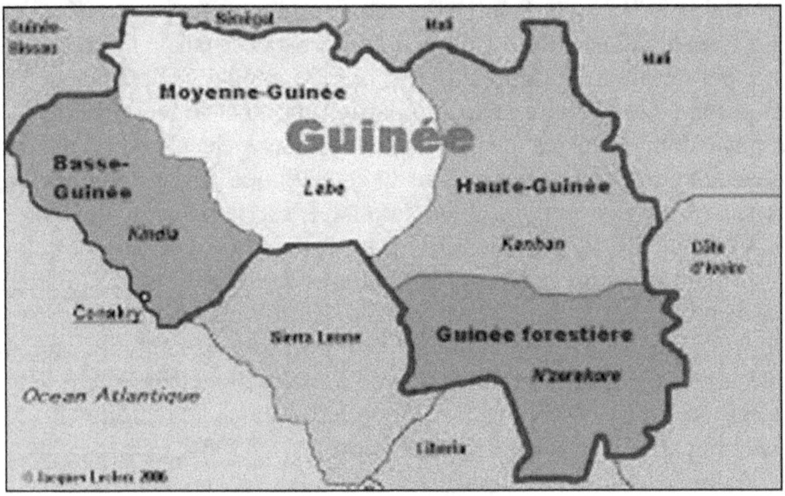

Source : https://www.google.fr

INTRODUCTION GÉNÉRALE

Comment se porte l'imposition sur le revenu par rapport aux autres impôts et taxes qui composent la structure fiscale de la Guinée ? Et si ce prélèvement est moins rentable pour le budget de l'Etat et les budgets des collectivités locales, comment apporter notre modeste contribution pour accroître sa performance afin de satisfaire au mieux les impératifs de développement socioéconomique tant attendus par tous les acteurs du pays où la fiscalité a un rôle important à jouer ?

Répondre exactement et hâtivement à ces deux questions difficiles serait un leurre, mais, tout de même, nous allons faire une étude d'approche pertinente afin de trouver des solutions efficaces aux problèmes posés.

Pour y parvenir, nous essayerons tout d'abord, dans la partie introductive de notre travail, de faire un bref aperçu historique de la notion de l'imposition sur le revenu, de présenter sommairement la structure fiscale de la Guinée, ensuite de décrire en filigrane quelques indicateurs macroéconomiques alarmants[1] dans le contexte contributif du pays et enfin de cerner la problématique du sujet.

I. Bref aperçu historique de l'imposition sur le revenu

L'imposition sur le revenu n'est pas du tout un phénomène nouveau dans les systèmes fiscaux des Etats. En effet, qu'il s'agisse des pays développés ou des pays émergents ou encore de ceux en voie de développement, l'imposition du revenu n'est jamais en marge des préoccupations des fiscalistes, des hommes d'affaires, des économistes ; bref, des gouvernants et des gouvernés et cela compte tenu des contraintes de développement socioéconomique auxquelles ils sont tous confrontés aux fins de créer le bien- être et le devenir heureux de leurs populations.

---

[1] Michel Bua, Gilles Parent, Pierre Galland et René Ossa, Stratégies de modernisation des administrations fiscales et douanières, Fonds monétaire international, Département des Finances publiques, Aide-mémoire, juin 2011, p. 24.

Dans un bref aperçu historique, il est digne d'intérêt de noter ici que l'imposition sur le revenu et plus exactement l'impôt sur le revenu, inventé en France, a connu beaucoup de mutations.

En effet, si la Révolution a élaboré le principe de l'égalité de tous les citoyens devant la loi et l'impôt, l'année 1848 a été déterminante. Dès cette date, le ministre des Finances, Louis Antoine Garnier-Pagès, a déclaré vouloir instaurer un impôt sur le revenu de solidarité entre les citoyens « proportionnellement progressif ».

Mais, c'est après 1870, en raison d'un accroissement remarquable des charges de l'Etat, que Léon Gambetta a proposé de créer un impôt général sur le revenu. En 1876, il a été réitéré l'idée de créer un impôt proportionnel sur les revenus. Pourtant, vingt ans plus tard, en 1896, un projet d'impôt général sur le revenu élaboré par le ministre français des Finances d'alors, Doumer, accepté par la Chambre, a été retiré devant un vote hostile du Sénat.

Cependant, cette idée d'impôt sur le revenu a été reprise de 1894 à 1898 par tous les ministres des Finances à l'exception de Raymond Poincaré.

Après de nombreux projets de réforme de la fiscalité directe dont les premiers apparurent dès la Seconde République, et qui, tous, échouèrent devant la résistance de la bourgeoisie, refusant de modifier, dans son essence, un système fiscal qui lui était favorable, une réforme fut réalisée sur l'initiative de Joseph CAILLAUX à la veille de la Première Guerre mondiale. Elle devait donner au système français une physionomie nouvelle[2].

Le passage de la fiscalité analytique telle qu'elle résultait du système des « quatre vieilles » à la fiscalité synthétique moderne s'est réalisé en deux temps.

Il résulta d'abord de la grande réforme à laquelle est resté attaché le nom de Joseph Caillaux et qui fut consacrée par deux lois de 1914 et de 1917. Puis elle progressa à la suite des transformations qui ne tardèrent pas à être apportées au système primitif de J. Caillaux.

En effet, c'est la loi du 28 décembre 1959 qui a créé un impôt unique sur le revenu des personnes physiques qui regroupe les revenus fonciers, les bénéfices industriels et commerciaux, les bénéfices agricoles, les bénéfices non commerciaux, les revenus de capitaux mobiliers, les rémunérations des dirigeants, les traitements, salaires et rentes viagères.

Bien avant cette politique de réforme de l'IR, d'importants changements se sont opérés sur la technique de taxation et plus précisément sur la progressivité afin d'atténuer la charge fiscale des ménages français. L'impôt sur le revenu, tel que nous le connaissons aujourd'hui dans sa conception unitaire qui frappe tous les revenus quelle qu'en soit leur origine, ne s'est

---

[2] L'ouvrage de Paul Marie Gaudemet et Joël Molinier, Finances publiques, Fiscalité Tome 2, 6ème édition Montchrestien, Paris 1997, p. 292

établi qu'en 1959. Il est apparu dès 1872 au Royaume- Uni, puis dans les années 1990 au Japon et aux USA et encore en Allemagne[3].

En Guinée, la tendance de la réforme de l'imposition sur le revenu est tout autre. Tout d'abord, l'IR n'est pas fortement personnalisé comme en France, au Danemark, en Nouvelle- Zélande, etc. Les textes fiscaux n'existent que de nom en matière d'IR stricto sensu. Les contribuables pris en tant que personnes physiques ne souscrivent aucune déclaration de revenu d'ensemble ni de leur conjoint encore moins de leur foyer fiscal. Ensuite, les techniques de prélèvement opéré par l'administration au moyen de la retenue à la source surtout dans la catégorie de revenu lié au salaire et au dividende, pour ne citer que ceux-là, prouvent à suffisance que l'IR souffre quasiment des vertus de la portabilité que requiert l'impôt qui, jusqu'ici, compromet dangereusement l'efficacité et la performance du système fiscal guinéen en général et l'imposition sur le revenu en particulier.

Enfin, la réforme fiscale qu'a connue la Guinée a toujours eu globalement pour objectif la mobilisation accrue des ressources à des fins purement et simplement budgétaires : renflouer les caisses de l'Etat devant lui permettre de couvrir les dépenses publiques. C'est dans cette logique qu'un penseur déclara que : « la réforme fiscale s'occupe des répercussions budgétaires et des aspects de justice distributive entre différentes catégories de contribuables[4] ».

Certes, d'autres facteurs seraient regardés par les autorités gouvernementales pour asseoir les bases essentielles de l'IR au sens de la justice et de l'équité de cet impôt, mais, nous estimons que le principe cardinal et universel du droit de l'homme et du citoyen en son article 13, stipulant que : « chaque citoyen doit contribuer à l'effort public en fonction de ses facultés contributives » est largement violé dans le contexte contributif guinéen.

Evidemment, la tendance politique actuelle des gouvernants des pays d'Afrique économiquement pauvres consiste à appliquer la politique d'attraction territoriale des investissements étrangers au moyen des exonérations abusives des bénéfices et d'autres revenus des entreprises multinationales taxables, acceptant leur implantation dans ces pays hôtes. Mais, il faut avouer qu'une telle stratégie est encore largement lourde de conséquences : elle favorise la distorsion économique et provoque une concurrence fiscale dommageable à l'échelle nationale et internationale.

La réforme fiscale en Guinée, dans sa totalité, et celle de l'imposition sur le revenu dans sa singularité, peuvent être résumées en cinq phases historiquement importantes, à savoir :

- le régime fiscal d'avant 1955 et ce jusqu'en 1958 ;
- la réforme du régime fiscal de 1958 à 1966 ;

[3] Michel de Villiers, Droit public général, 2ème édition, édition juris-classeur 2003, p 802
[4] Michel Prigent L'année fiscale, débats, études et chroniques, 2006, p.8.

- la réforme fiscale de 1966 à 1991 ;
- la réforme fiscale de 1991 à 2004 ;
- la réforme fiscale de 2004 à nos jours.

II. L'actualité de la fiscalité en République de Guinée

La Guinée, à l'instar d'autres pays d'Afrique francophone, pratique un système fiscal d'inspiration quasiment française. Elle a enregistré des mutations fiscales historiquement importantes dont l'actualité reste dominée par une gamme variée d'impositions et taxes constituant la structure fiscale du pays impactée par une économie moins développée où les indicateurs macroéconomiques laissent à désirer.

1. Structure fiscale de la Guinée

La structure fiscale guinéenne, à l'instar de celle de la France, comprend une gamme variée d'impôts et taxes qui peut être classifiée selon la destination budgétaire en deux grandes catégories : les impôts et taxes locaux et les impôts et taxes d'Etat.

En effet, les impôts et taxes locaux, dont les produits servent à alimenter le budget des collectivités territoriales (communautés rurales de développement, communes, préfectures et gouvernorat de la ville de Conakry), concernent essentiellement la TPU, la patente, la licence, la CFU, la CDL (supprimée par la loi de finances pour 2011), la taxe sur les armes à feu, la TUV (pour 50% : LF 2004), etc. Quant aux impôts et taxes d'Etat en régime intérieur dont les ressources servent à financer le budget national, ils comprennent : le PBIC, le PBA, le PBNC, l'IS, l'IMF, la RTS, le VF, la TA, la RSRNS, l'IRCM, la TAF, la TCA, la TVA, et le DET.

Les classifications traditionnelles de l'impôt se fondent sur la base d'imposition. La plus utilisée est la classification économique ; elle distingue trois catégories d'impôts : l'impôt sur le revenu, l'impôt sur la dépense et l'impôt sur le capital. L'impôt sur le revenu, en effet, frappe un flux de richesses produit par le travail ou le capital[5]. L'impôt sur la dépense, quant à lui, frappe la richesse au moment où le besoin de la consommation se fait sentir, c'est-à-dire lorsque l'agent économique paie son argent pour se procurer un bien ou un service nécessaires pour couvrir ses besoins d'existence. Enfin, l'impôt sur le capital est un impôt assis sur le capital et prélevé sur le capital.

L'imposition sur le revenu, selon la nature juridique, frappe deux catégories de personnes : l'impôt sur le revenu (IR) des ménages et l'impôt sur le revenu des sociétés (bénéfices) ou plus exactement l'impôt sur le BIC ou l'impôt sur les sociétés (IS).

---

[5] Annie Vallée, Les systèmes fiscaux, éditions du Seuil, septembre 2000, p.35

L'IR figure en première place dans les textes du code général des impôts. C'est ainsi qu'à son article 1er il est précisé que : « il est perçu au profit du budget national un impôt annuel unique sur le revenu des personnes appelé impôt sur le revenu. Cet impôt atteint (...) le revenu net global du contribuable. Ce revenu net global est constitué par le total des revenus nets catégoriels suivants :

- les revenus fonciers ;
- les traitements, salaires, pensions et rentes viagères ;
- les bénéfices industriels, commerciaux et artisanaux ;
- les bénéfices non commerciaux ;
- les bénéfices agricoles ;
- les revenus des capitaux mobiliers ;
- les plus-values immobilières non professionnelles à titre onéreux... ».

Dans le CGI guinéen de 2004, il existe 274 articles réglementant l'IR. Quant à l'IS, régi par les articles 219 à 243 du CGI, il reste un impôt à fort enjeu, compte tenu de la problématique de mondialisation des affaires des sociétés multinationales sous la coupe de différentes juridictions fiscales des Etats lorsqu'il s'agit par exemple de la répartition de la base taxable de ces sociétés intragroupes entre ces administrations fiscales distinctes. D'où l'épineux problème récurrent de prix de transfert qui pénalise les systèmes fiscaux des pays d'Afrique au sud du Sahara y compris la Guinée.

L'un des problèmes majeurs affectant les revenus catégoriels en Guinée réside fondamentalement au niveau des dispositifs techniques complexes de taxation de ces revenus. A l'instar de la France, la Guinée a connu des systèmes techniques d'imposition du revenu. Il s'agit :

- du système d'imposition générale sur le revenu (IGR) ;
- du système de taxation cédulaire visant les revenus nets catégoriels par la voie de retenue à la source ;
- du système d'imposition mixte nécessitant l'application concomitante de la méthode de taxation générale et la méthode d'imposition par cédule de revenus ;
- du système de taxation forfaitaire ;
- du système de taxation d'office.

Malgré l'existence et l'application de cet arsenal juridique et technique, le pays sombre encore dans une situation socioéconomique très précaire où beaucoup d'indicateurs macroéconomiques et fiscaux sont encore au rouge.

2. Indicateurs macroéconomiques et contexte contributif en République de Guinée

Selon les données statistiques recueillies, la part du produit de l'impôt sur le revenu et les bénéfices des sociétés dans l'ensemble des recettes fiscales intérieures prévues au budget de l'Etat guinéen était de l'ordre de 13,27% en 2004 ; 13, 7% en 2005 et 11,3% en 2006[6]. Les taux de pression fiscale généralisée étaient respectivement de 10,5% en 2004, 10,77% en 2005 et 12,67 % en 2006[7]. Cela signifie qu'entre 2004 et 2005, le niveau de prélèvement fiscal n'a pas varié, mais qu'il s'est légèrement amélioré entre 2005 et 2006.

Toutefois, au niveau de la ZMAO le taux moyen de pression fiscale de 20% représente l'une des conditions sine qua non d'intégration au sein de cette union monétaire d'Afrique occidentale à laquelle la Guinée est loin de satisfaire. Mais, aujourd'hui, au sein de l'UEMOA, ce taux est ramené à 17%. Quant à l'imposition sur le revenu des particuliers et les bénéfices des sociétés, plus précisément les taux de pression étaient de 1,38 % en 2004 ; 1,35 % en 2005 et 1,31 % en 2006. Le déficit budgétaire au titre de la période de repère était respectivement de 777 657 791 000 GNF en 2004 soit 155 531 558, 2 euros (si 1euro = 5 000 GNF) ; 640 035 800 000 GNF soit 91 433 686 euros (si 1euro = 7000 GNF) en 2005 et 1 032 122 030 000 GNF soit 129 015 253,7 euros (si 1 euro = 8 000 GNF).

Le poids de l'endettement extérieur et celui des intérêts liés se sont accrus de façon inquiétante. Il est passé de 392 887 220 000 GNF en 2004 à 462 654 500 000 GNF en 2005 ; soit une hausse de 69 767 280 000 GNF équivalant à 17% ; et de 735 343 000 000 GNF en 2006 soit une augmentation de 272 688 500 000 GNF, correspondant à un taux d'accroissement de 58% par rapport à l'année 2005. Quant à l'indice de pauvreté, il est passé de 50% en 2003 à 50,1% en 2004 ; et de 50,1 % à 53,6 % en 2005.

En Guinée, tous ces indicateurs macroéconomiques et fiscaux très angoissants décrits ci-dessus nous interpellent et nous conduisent à nous poser des questions sur les causes qui ont engendré la contre-performance de ces grandeurs macroéconomiques de notre pays. Car les attentes des gouvernants et des gouvernés sont immenses par rapport à l'enjeu de performance et d'efficacité de gestion des finances publiques dont l'aboutissement est d'assurer la dynamique de développement socioéconomique du pays dont la fiscalité, et plus spécifiquement l'imposition sur le revenu, doit servir de tremplin non négligeable pour la mise en œuvre de cette ambition.

En dépit des multiples réformes que ce mode de prélèvement a connues en République de Guinée et au regard de son vaste champ d'application visant à la fois les revenus réalisés en provenance des activités industrielles, commerciales et non commerciales, agricoles et professionnelles exercées

---

[6] Lois de finances 2004, 2005 et 2006 de la République de Guinée

[7] Taux de pression fiscale : Guinée-Tableau de bord de l'économie, Cadrage macroéconomique version 2010

par les personnes physiques et morales, l'imposition sur le revenu se situe au centre des préoccupations de toute l'administration fiscale.

Malgré les vicissitudes qui la caractérisent depuis sa genèse en passant par ses dispositifs déclaratifs, juridiques, socioculturels, administratifs pour aboutir à son recouvrement en faveur du Trésor public, elle demeure l'une des problématiques essentielles de notre système fiscal. C'est vrai que ce prélèvement est moins rentable que la TVA par exemple dans les ressources publiques qui a rapporté environ 65,2% en 2003 et 61,6% en 2004 au budget de l'Etat (cf. MONEMOU Ouo-Ouo Waïta, Mémoire du master professionnel 2 en Administration fiscale, Université Paris Dauphine, session 2005- 2006, p.2).

Mais, au regard du rendement budgétaire de ces deux types de prélèvement, serait-il intéressant de se débarrasser de l'imposition du revenu ou de la laisser intacte et de concentrer nos efforts de performance sur la TVA uniquement ? A notre humble avis, nous dirions non ! Or, chaque année, les charges budgétaires de l'Etat et des collectivités territoriales connaissent une croissance exponentielle, à telle enseigne qu'on assiste à une forte disproportion entre ces charges et les ressources disponibles.

C'est pourquoi, d'ailleurs, beaucoup d'Etats ont généralement recours aux ressources externes, c'est-à-dire aux emprunts et aux dons probabilistes, insuffisants et ponctuels, pour couvrir leur déficit budgétaire. Cependant, force est de reconnaître que le poids des endettements extérieurs, avec leurs contraintes d'intérêts et d'échéances, restent intenables.

De plus, les conditions difficiles de vie auxquelles le peuple de Guinée est confronté, dues essentiellement au manque de gestion saine des richesses nationales en général et des ressources fiscales en particulier, sont de nature à classer la Guinée parmi les pays les plus pauvres au monde. Des maux névralgiques qui ont pour noms : pauvreté, maladie, analphabétisme, manque d'eau et d'électricité, dégradation des voies de communication routières et ferroviaires, gabegie, corruption, détournement des deniers publics, laxisme de l'administration publique, inflation galopante, mal gouvernance, chômage, etc. alarment davantage le pays tout entier.

Du point de vue des activités réalisées par les secteurs de la vie économique nationale, il est donc digne d'intérêt de cerner les caractéristiques essentielles de chacun d'eux, leur interaction et leur corrélation par rapport à l'enjeu contributif national en matière de fiscalité directe sur le revenu.

En effet, le secteur primaire, comprenant l'agriculture et l'élevage, est dominé par des méthodes traditionnelles d'exploitation dont le revenu, taxable ou pas, tiré par les paysans cultivateurs et éleveurs, nous semble relativement faible. La couche paysanne représentant environ 74,3% de la population totale du pays est analphabète[8]. Les produits issus des récoltes de

---

[8] Source : Dictionnaire Hachette 2006

même que ceux provenant de l'élevage sont subordonnés aux conditions climatiques ou aux variations saisonnières.

En Guinée, il y a peu de sociétés d'exploitation agricole modernes et, fiscalement, elles n'apportent rien au budget de l'Etat en matière de revenu agricole ; sauf les revenus provenant de la rémunération des employés et des employeurs taxables à la RTS, au VF, à la TA, à la RSRNS, etc.

Evidemment, le Code général des impôts a prévu des dispositions relatives à la taxation des revenus de source agricole, mais, sur le terrain, la réalité est tout autre : aucune taxe issue du revenu agricole ne figure dans les ressources budgétaires de l'Etat. Or, le secteur agricole devrait être un des éléments essentiels de l'assiette fiscale en Guinée, un des moteurs clés de développement véritable et durable de notre pays, mais, paradoxalement, c'est tout à fait le contraire[9].

Le secteur secondaire, quant à lui, regroupe des entreprises industrielles (petites, moyennes et grandes), des entreprises d'exploitation agro-industrielle, telles que la SOGUIPAH ; des entreprises d'exploitation minière telles que la CBG, la SAG, la CBK, etc. dont la production classe la Guinée au 2ème rang mondial (60% du PIB et 90 % des exportations mondiales) ; mais ces entreprises ne répondent pas efficacement aux grandes attentes de l'administration fiscale et de l'Etat en matière de ressources taxables en IR et en IS. Car, dans la plupart des cas, elles sont régies par des conventions d'établissement balisant des « niches fiscales » dues aux exonérations excessives que leur accorde le gouvernement en place. En définitive, le secteur secondaire guinéen, dans son ensemble, ne renferme pas d'industries lourdes ou des « industries de production des moyens de production » comme les économistes aiment à le dire.

Le secteur tertiaire, enfin, qui regroupe les entreprises de commerce, de prestations de services (restauration, hôtellerie, transports, banques et assurances etc.), est un véritable foutoir de l'économie nationale, dans la mesure où des multitudes d'agents économiques s'investissent sous prétexte que c'est dans ce secteur-là qu'ils peuvent « se débrouiller », d'autant plus qu'il n'ont pas de moyens suffisants devant leur permettre d'investir dans d'autres secteurs importants de l'économie qui pourraient être réellement porteurs de croissance ou de revenus importants taxables en IR ou en 'IS. Bref, dans ce secteur cohabitent plus largement encore le « secteur informel » et le « secteur moderne ».

La cohabitation extrêmement difficile des deux secteurs est à l'origine de plusieurs facteurs qui sont de nature à favoriser l'émergence de la matière imposable surtout au niveau du secteur moderne d'un côté ; et, a contrario, de l'autre, elle constitue « un obstacle » non négligeable contre l'expansion

[9] V. Haïm, Un contribuable peut-il utilement se prévaloir du Code général des impôts ? : Dr.fisc.1996, p.908

du secteur informel dont la gestion fiscale est quasiment difficile pour les services fiscaux.

Cependant, la Guinée est bien dotée d'importantes ressources naturelles tant du sol que du sous-sol qui, rationnellement exploitées ou utilisées, permettraient à coup sûr de faire sortir le pays de cette misère[10]. De même, les ressources humaines y existent mais sont mal utilisées.

De plus, le vent de l'harmonisation des systèmes fiscaux, qui souffle sur les Etats avec ses redoutables corollaires (suppression des barrières douanières, pertes significatives des droits et taxes perçus au cordon douanier, etc.), dont les pays membres de l'Union européenne sont une illustration parfaite, constitue également un signal d'alarme fort et des points focaux de réflexion des autorités gouvernementales des pays en voie de développement.

III. Problématique de l'imposition sur le revenu dans le système fiscal guinéen

Avant d'aborder la vraie problématique de l'imposition sur le revenu en Guinée, il serait intéressant, dans un premier temps, d'avoir une appréhension des mots-clés qui constituent l'ossature réelle du thème à traiter et, dans un second temps, de traduire notre approche vers l'annonce du plan de notre travail.

1. Appréhension des mots-clés structurant le thème

Le thème faisant l'objet de notre analyse : « contribution à l'amélioration de la performance de l'imposition sur le revenu en République de Guinée » est effectivement un thème d'actualité et d'importance capitale tant pour l'Etat (le gouvernement, l'administration fiscale, etc.) que pour les autres acteurs du système fiscal (les contribuables, les hommes politiques, la justice, etc.). Car l'Etat a l'obligation de développer économiquement et socialement le pays mais les ressources fiscales et douanières prélevées tous les ans sont en deçà de ses besoins énormes d'investissements et de production de biens et services.

En effet, dans ce thème, quatre mots-clés nous interpellent, à savoir : amélioration, performance, imposition et revenu. Il s'agit là de démontrer, à travers nos expériences professionnelles et quelquefois nos connaissances académiques (même si elles sont limitées), comment on peut perfectionner le système d'imposition sur le revenu en termes de gestion et de contrôle et faire en sorte qu'il soit autant ou plus rentable que la TVA et d'autres taxes directes ou indirectes prélevées en Guinée. C'est cela qui constituera le fil

[10] Document des stratégies de réduction de la pauvreté- Direction nationale du Plan de la République de Guinée -

conducteur tout au long de notre parcours de dissertation concernant cette thèse.

En revenant aux substantifs essentiels qui structurent cette thèse, nous allons essayer de leur apporter un certain éclairage. Ceci étant, qu'entend-on par « amélioration » ? Tout d'abord, le terme amélioration, du point de vue grammatical, est un nom commun de chose, un mot féminin qui signifie manière d'améliorer ; et améliorer est un verbe du premier groupe qui est synonyme des mots progresser, amender, réformer, rénover, moderniser, corriger, redresser.

Ensuite, l'expression « performance », sans entrer dans l'étymologie de ce mot, veut dire exploit, prouesse. En économie, elle signifie quelquefois efficacité, efficience, progrès, bon résultat. Et après, le substantif « imposition » signifie action d'imposer, soumettre à l'impôt. Etymologiquement, le mot impôt vient du latin « impositum » qui signifie chose imposée[11]. En langues nationales kpèlè et malinké l'impôt veut dire respectivement « niihonwon » et « nisonkho » qui signifie « prix de l'âme[12]».

En effet, il faut noter que cette expression a fait l'objet de plusieurs définitions par maints auteurs. La plus célèbre de son temps est celle de Gaston Jèze qui fut l'un des plus grands parmi les financiers classiques : « l'impôt est une prestation pécuniaire, requise des particuliers par voie d'autorité, à titre définitif et sans contrepartie, en vue de la couverture des charges publiques »[13].

A notre sens, l'impôt peut être défini comme un prélèvement pécuniaire, à caractère obligatoire, opéré par l'Etat et ses démembrements sur la richesse des personnes physiques et morales, en fonction de leur faculté contributive, sans contrepartie directe et immédiate en vue de couvrir les charges publiques prévues au budget de l'Etat lui-même ou de ses démembrements[14]. Enfin, la notion de revenu peut prendre différentes formes et diverses interprétations. C'est ainsi qu'on peut parler de revenu national, de revenu patrimonial, de revenu professionnel, de revenu agraire, de revenu occulte, de revenu de transfert, de revenu de la propriété, de revenu mixte, de revenu disponible, de revenu primaire, etc.[15].

L'un des problèmes majeurs posés par le choix du revenu pour l'assiette de l'impôt est celui de sa définition : comment alors caractériser cette forme

[11] http : ll www. dico-définitions. Com/ dictionnaire/ définition/ 13 806 / impôt- phb.

[12] M. Aliou Bah, L'évolution du système fiscal guinéen, thèse de mémoire, Université Paris-Dauphine, 2002, p.43.

[13] Maurice Duverger, Finances publiques, PUF, 1988, p.125.

[14] Saadi Sedik T., Déficits budgétaires, seigneuriage et croissance économique dans les pays en développement, thèse nouveau régime, Université d'Auvergne, CERDI, 2004, p. 98.

[15] Gautier J.F., Rakotomanan F., Roubeaud F., La fiscalisation du secteur informel : recherche impôts désespérément, Tiers Monde, 2001, 42, 785-815,

de richesse par rapport aux autres[16], par rapport à la dépense et au capital notamment ? C'est en ces termes que Joël Molinier et Paul M. Gaudemet se déclaraient face à la dureté de cette notion du revenu[17]. Toutefois, l'on ne doit pas épiloguer sur des aspects de cette notion qui peuvent nous paraître superflus ; mais il s'agit plutôt là de donner une définition qui nous semblerait largement partagée par des économistes, des juristes, des fiscalistes, etc. C'est ainsi que l'on peut définir le revenu comme « une somme d'argent provenant d'une source permanente d'une manière périodique »[18].

Après ce tour d'horizon sur les termes fondamentaux qui composent ce thème, il nous serait nécessaire, voire indispensable, de poser maintenant la problématique de ce sujet.

2. Annonce du plan

L'imposition sur le revenu n'est pas seulement un problème à dimension nationale, elle dépasse ce contexte pour être un problème supranational qui intéresse d'éminents penseurs en droit international. Evidemment, pour cerner l'enjeu de la problématique de l'imposition du revenu dans ses dimensions internationales, le professeur Bernard CASTAGNEDE souligne dans son ouvrage, intitulé Précis de fiscalité internationale, pages 7 à 8, que « l'institution d'impôts directs personnels (BIC, BNC, RF, etc.), prenant en compte la capacité contributive d'ensemble des assujettis et comportant un tarif progressif destiné à assurer l'égalisation du sacrifice fiscal, a conduit à une modification de la conception des juridictions fiscales....Les Etats, mettant en œuvre de tels impôts, ont été conduits, ainsi, à étendre leur juridiction fiscale à des revenus trouvant leur source sur le territoire d'autres Etats, lesquels n'étaient pas pour autant privés du pouvoir de taxer des revenus trouvant leur source chez eux ».

Au demeurant, l'objectif que l'on s'assigne au terme de cette étude serait de proposer, aux autorités guinéennes ainsi qu'aux autres acteurs du système fiscal, une politique de justice fiscale (où chacun doit participer à l'impôt en fonction de ses capacités contributives) et d'équité sociale (où la redistribution des produits de l'impôt doit se faire sur des principes et bases sociaux justes et équilibrés sans distinction de race, d'ethnie, de religion, etc. .), en matière d'imposition sur le revenu prenant en compte tous les déterminants économiques et sociaux en vue d'atteindre un niveau de développement durable tant souhaité par le pays .

---

[16] Chambas G. et B. Laporte, 2005, La transition fiscale à travers la fiscalité indirecte interne, dans Chambas, ed., Afrique au sud du Sahara : mobiliser des ressources fiscales pour le développement, Economica, 2005, p.117.
[17] Paul Marie Gaudemet et Joël Molinier – Finances publiques, Fiscalité Tome 2, 6ème édition Montchrestien, 1997 p.88
[18] J.J Bienvenu, T. Lambert, Droit fiscal, PUF, 3e édition, 2003, p. 178.

Pour y parvenir, nous allons répondre tout au long de cette étude à deux questions essentielles :

La première est celle de savoir, au regard de tous les facteurs alarmants décrits plus haut qui défient le système fiscal du pays, si l'imposition sur le revenu est rentable.

La seconde, et, sinon, comment faut-il imprimer une nouvelle dynamique à l'imposition sur le revenu afin d'accroître sa performance dans le système fiscal de la République de Guinée ?

Pour décrypter cette problématique, nous essayons, dans la première partie de ce travail, de faire l'autopsie du système d'imposition sur le revenu en République de Guinée. La deuxième partie, quant à elle, se penche sur les perspectives de réforme et d'amélioration de l'imposition sur le revenu en Guinée.

Et, enfin, la conclusion générale doit nous permettre de passer en revue tout d'abord quelques difficultés majeures qui ont obstrué et continuent d'obstruer ces deux types de prélèvements (l'IR et l'IS). Ensuite, des recommandations pertinentes y sont faites, et qui sont de nature à redorer le blason de l'édifice fiscal guinéen. Et, en dernier ressort, les perspectives d'avenir à court, moyen et long termes concernant les deux types d'imposition sont appréhendées.

PREMIÈRE PARTIE

Autopsie du système d'imposition sur le revenu en République de Guinée

L'imposition sur le revenu des personnes physiques et morales constitue de nos jours une préoccupation majeure à laquelle le fisc est largement confronté dans les pays d'Afrique subsaharienne. La fiscalisation normale des revenus des particuliers surtout reste l'un des défis importants à relever par ces derniers d'autant plus que leurs administrations ne sont jusqu'ici pas encore dotées de moyens techniques et technologiques nécessaires pour inverser la tendance de ce phénomène de manque d'imposition ou de mauvaise imposition des revenus qu'engrangent ces contribuables, si petits soient-ils, pouvant entrer comme leur quote- part dans l'effort fiscal national.

En effet, les maux qui assaillent le contexte contributif en matière d'imposition sur le revenu de ces pays sont de plusieurs ordres : la pauvreté, l'analphabétisme des contribuables, la faible capacité des administrations fiscale et douanière, la précarité des moyens techniques et informatiques, le manque de transparence fiscale entraînant les fraudes fiscales au préjudice du Trésor public, la corruption, le laxisme des agents du fisc, l'environnement juridique pollué ou malsain, l'incivisme fiscal, la caducité des textes juridiques contenus dans le CGI, les vides juridiques, l'émergence du secteur informel ne tenant aucune comptabilité normale et probante, l'urbanisation anarchique pénalisant la fiscalisation efficace du foncier bâti et non bâti, la mauvaise gouvernance politique, financière et économique, etc.

Notre pays, la Guinée, n'échappe point à ces facteurs désastreux que nous venons de mentionner ci-haut.

Or, l'on est persuadé que l'imposition sur le revenu a d'importantes répercussions économiques et ce d'autant plus que son poids exprimé en pourcentage du PIB est important.

En Guinée, la part de l'imposition sur le revenu des personnes physiques dans les budgets de l'Etat est très faible (0,001% en moyenne selon les lois de finances initiales de 2010, 2012 et 2013) contre 40% en moyenne pour la TVA.

Cependant, l'imposition sur le revenu des personnes morales, quoique difficile à cerner dans toutes les dimensions en termes d'assiette et de maîtrise des dispositifs techniques à cause des mouvements sans cesse croissants des entreprises multinationales qui se livrent à des opérations de fraudes fiscales internationales en matière de prix de transfert pour tirer le meilleur parti fiscal dans les pays d'accueil en Afrique ; cette imposition, en dépit de tous ces facteurs, rapporte des recettes significatives à l'Etat (environ 38% du budget).

Donc, pour une question de performance ou de rentabilité de l'imposition sur le revenu, il vaut mieux fixer nos regards prioritairement sur la problématique de l'IR des personnes physiques, où la situation en termes de rendement fiscal est très alarmante puis se pencher sur le second volet de l'analyse sur les impositions des sociétés où le mal est moins préoccupant, voire acceptable, dans notre contexte contributif.

Parler de l'autopsie du système d'imposition sur le revenu, à notre humble avis, revient du coup à mettre en lumière toutes les insuffisances qui caractérisent l'impôt sur le revenu (IR) des personnes physiques et l'impôt sur les bénéfices des sociétés (IS) et assimilés que le législateur a dû prévoir et que l'administration fiscale doit mettre en œuvre pour asseoir, liquider et recouvrer tous les droits relatifs aux revenus dont le contribuable a dû disposer pendant l'exercice fiscal concerné.

L'objectif visé au niveau de la première partie de ce travail consiste à faire une analyse critique du système d'imposition sur le revenu dans les perspectives d'apporter notre modeste contribution pour son perfectionnement, dans l'intérêt de tous les acteurs du système fiscal guinéen.

Mais, compte tenu de la diversité et de la complexité des sujets qui sous-tendent cette problématique de l'imposition sur le revenu en Guinée d'une part et pour une meilleure appréhension de notre sujet d'autre part, nous allons tout d'abord focaliser notre étude sur l'analyse conceptuelle de l'imposition sur le revenu (chapitre I) ; ensuite, nous allons aborder l'étude technique des différents régimes d'imposition sur le revenu (chapitre II) et enfin nous procéderons à l'analyse critique du système d'imposition sur le revenu en République de Guinée (chapitre III).

CHAPITRE I

Analyse conceptuelle de l'imposition sur le revenu en République de Guinée

L'expression imposition sur le revenu n'est pas du tout un vocable récent dans le système fiscal de notre pays. En effet, pour la petite histoire, ce prélèvement tire son origine du système fiscal français depuis les années 1914-1917 (période de la Première Guerre mondiale)[19]. Elle est apparue dans les annales fiscales guinéennes depuis les années 1955 où le système fiscal de la Guinée était sous dominance coloniale de la République française. Le système fiscal français était appliqué à toutes les colonies de l'Afrique occidentale dont le siège était à Dakar, capitale de la République du Sénégal. Les faits fiscaux marquant l'histoire de l'AOF seront examinés dans la section II de la première partie de ce document.

En effet, la corruption, qui est l'un des fléaux majeurs qui gangrène les systèmes fiscaux africains, reste et demeure très préoccupante au sein de ce continent. L'analyse économétrique des données du panel couvrant la période 1980-2014 permet de confirmer l'hypothèse d'un effet négatif de la corruption sur les recettes publiques. Cet effet négatif de la corruption n'affecte pas de manière identique les différentes composantes des recettes de l'Etat et ainsi modifie la structure de ces recettes. Alors que la mobilisation des impôts directs et indirects, dont la TVA, se trouve affaiblie dans les pays connaissant de forts niveaux de corruption, les droits et taxes douaniers sur les exportations et les importations sont accrus en raison sans doute des opportunités de rente. Les facteurs sociaux introduits dans le modèle en vue de capter l'influence du civisme fiscal affectent le niveau du prélèvement public.

Pour camper les problématiques diverses qui concernent ce chapitre, il serait intéressant dans un premier temps de savoir ce que sont l'imposition sur le revenu, le revenu imposable et quelles peuvent être ses caractéristiques

---

[19] Michel Bouvier, Introduction au droit fiscal général et à la théorie de l'impôt, 6ème éd, Paris, LGDJ, 2004, p.239

en Guinée (section I) et dans un second temps il serait aussi primordial de retracer l'historique et l'évolution de l'imposition sur le revenu dans notre pays (section II).

SECTION I. LA NOTION DE REVENU IMPOSABLE ET SES CARACTÈRES, DÉCRYPTAGE DU CAS GUINÉEN

La notion de revenu a fait l'objet de beaucoup de définitions dans maintes acceptions : juridique, fiscale, mathématique financière, économique, etc. Mais, pour notre part, nous n'étudierons cette notion que sous trois formes : civile, fiscale et économique.

PARAGRAPHE I. LES DIFFÉRENTES CONCEPTIONS DU REVENU

Si l'impôt sur le revenu est certainement l'impôt le mieux connu par les Français, il en va tout autrement dans la plupart des pays d'Afrique y compris la Guinée. A l'évidence, l'on s'aperçoit, tout d'abord, que, dans ces pays, l'impôt sur le revenu des personnes physiques est le prélèvement le plus mal connu, excepté celui que le fisc grève sur leurs activités commerciales, industrielles, professionnelles, etc., sous forme de retenue à la source ou par voie de coercition. Comme annoncé ci-dessus, l'on abordera successivement la notion de revenu sous ses trois formes : civile, fiscale et économique.

I. La conception civiliste du revenu

La notion de revenu peut prendre différentes formes et diverses interprétations. C'est ainsi qu'on peut parler de revenu national, de revenu patrimonial, de revenu professionnel, de revenu agraire, de revenu occulte, de revenu de transfert, de revenu de la propriété, de revenu mixte, de revenu disponible, de revenu primaire, etc. L'un des problèmes majeurs posés par le choix du revenu pour l'assiette de l'impôt est celui de sa définition : comment alors caractériser cette forme de richesse par rapport aux autres, par rapport à la dépense et au capital notamment ? C'est en ces termes que Joël Molinier et Paul M. Gaudemet se déclaraient face à la dureté de cette notion du revenu[20].

En effet, le terme de revenu a été défini depuis longtemps par le droit civil. Les civilistes dans la réglementation des régimes matrimoniaux, des successions, des pouvoirs des incapables, ont dû en effet préciser la notion

---

[20] Paul Marie Gaudemet et Joël Molinier – Finances publiques, Fiscalité Tome 2, 6ème édition Montchrestien, 1997 p.88

de revenu qui est soumis à un régime juridique distinct de celui qui est appliqué au capital. Dès lors, le droit fiscal utilisa le concept de revenu tel qu'il avait été dégagé depuis longtemps par le droit privé. A cet égard, on aurait été amené à considérer le revenu comme « une somme d'argent provenant d'une source permanente d'une manière périodique.»[21]. Ainsi, les loyers des immeubles, les arrérages de valeurs mobilières, les salaires du travail seraient des revenus. De cette définition classique du revenu se dégage un triple caractère : monétaire, fixe et périodique.

1. Le caractère monétaire du revenu imposable

Le revenu est une somme d'argent ; ou tout au moins une richesse susceptible d'être convertie directement en argent ; ainsi, la satisfaction tirée de la possession et de la contemplation d'un tableau ou la jouissance d'un mobilier ne peuvent être considérées comme un revenu parce qu'elles ne sont pas susceptibles d'être directement converties en argent.

2. Les caractères « fixe » et « périodique » du revenu imposable

Le revenu imposable revêt plusieurs caractères et l'on se penchera sur ceux liés à sa fixité d'une part et d'autre part à sa périodicité.

En effet, la source productrice du revenu, c'est le capital auquel on oppose le revenu. Ainsi, l'immeuble s'oppose au loyer, la valeur mobilière au dividende, la créance aux intérêts. Cette source peut être aussi une force de travail ou une aptitude à procurer des ressources : ainsi, la force de travail de l'ouvrier est à l'origine du salaire, le talent de l'avocat à l'origine des honoraires qu'il perçoit. La permanence de la source n'implique pas sa pérennité : la maison productrice de loyers peut être détruite, le travailleur qui gagne son salaire peut tomber malade ou être au chômage ; mais la permanence de la source indique simplement que la production du revenu ne tarit pas la source qui le produit : ainsi, le paiement du loyer ne détruit pas l'immeuble loué, l'honoraire versé à l'avocat ne diminue pas son talent.

Il est une richesse qui est susceptible de ''revenir'' : le salaire payé à la fin du mois par exemple sera renouvelé ; le dividende payé à l'actionnaire pour une année sera renouvelé l'année suivante. La périodicité n'implique pas la régularité du revenu : les actions ne produisent pas nécessairement chaque année des dividendes ; une maison peut rester sans locataire, un ouvrier peut demeurer au chômage, etc.

[21] Ibid.

II. La conception fiscaliste du revenu

La conception fiscaliste du revenu a été utilisée pour assouplir et élargir le concept de revenu. Ainsi s'est élaborée une notion fiscale de revenu plus large que la notion du droit civil. Mais, en fait, ce principe d'autonomie du droit fiscal a eu à intégrer et élargir la notion classique de revenu en rendant très souples les trois caractères ci-dessus mentionnés que les civilistes lui avaient reconnus. En guise de rappel, il s'agit : du caractère monétaire, du caractère de fixité de la source du revenu à laquelle il s'oppose et enfin de celui de sa périodicité.

1. L'extension du caractère monétaire du revenu

De ce point de vue, la notion fiscale de revenu s'étend aux revenus en nature. Par exemple, lorsqu'un agriculteur consomme les produits de sa propre récolte, bien qu'aucun revenu monétaire ne soit apparu, la valeur de ces produits sera considérée comme un revenu imposable ; c'est le principe de la taxation de l'autoconsommation agricole qui a été admis depuis longtemps, mais qui soulève en fait bien des difficultés pratiques étant donné les obstacles auxquels se heurte l'évaluation de cette autoconsommation[22].

2. L'atténuation de la distinction entre la source du revenu et le revenu lui-même

A ce niveau, le droit fiscal a fait une distinction entre la source permanente du revenu et le revenu lui-même, mais cette distinction a été atténuée, voire estompée, dans l'acception du droit fiscal.

A cet égard, l'augmentation de valeur d'un capital est taxée bien que cette augmentation de valeur ne puisse être dissociée du capital qui en a bénéficié ; c'est ainsi, par exemple, que les plus-values réalisées à l'occasion de la cession à titre onéreux de biens immobiliers par les particuliers sont soumises à l'IR en vertu de l'article 160 du CGI guinéen. Cependant, cet accroissement de valeur, dans notre cas, est inséparable du capital qui l'a produit. De même, les avantages en nature dont bénéficient certains contribuables (logement, nourriture, automobile, etc.) à usage privatif sont, en principe, soumis à l'imposition au titre de l'IR.

3. La non-exigence de la périodicité du revenu imposable

La notion de périodicité pouvait être considérée comme le caractère essentiel du revenu puisque l'étymologie indique que le revenu, c'est « une richesse qui revient ». Ce caractère semblait être la justification importante de l'imposition du revenu : le prélèvement fiscal, en s'attaquant au revenu, ne détruit pas la matière imposable et ne l'empêche pas de réapparaître dans

---

[22] J. Molinier et P. M. Gaudemet, Finances publiques, Fiscalité p .89.

l'avenir. Or, ce caractère de périodicité a été éliminé de la notion fiscale du revenu imposable ; ainsi a-t-on taxé des augmentations de valeur d'un patrimoine, même si elles avaient un caractère exceptionnel et si elles n'étaient pas susceptibles de se renouveler : c'est le cas des plus- values foncières, des plus-values d'un fonds de commerce, etc.

En somme, il convient de préciser que le droit fiscal appréhende cette notion de revenus sous plusieurs dimensions et avec des spécificités de traitement technique que la loi fiscale du pays impose. C'est pourquoi une étude approfondie des différents types de revenu en droit fiscal sera consacrée plus loin afin de permettre une meilleure compréhension.

III. La conception économique du revenu

La notion économique du revenu a depuis fort longtemps suscité l'attention des économistes, et, en fait, elle est toujours d'actualité. En effet, selon l'éminent économiste néolibéral Pascal SALIN, le revenu n'est rien d'autre que « le rendement par période d'un capital, c'est-à-dire d'un ensemble de ressources matérielles et immatérielles »[23]. Il se perçoit dans un sens large comme étant « ce que l'individu peut consommer sans s'appauvrir (le revenu est égal à tout enrichissement, renouvelable ou non)… »[24].

En effet, selon eux, le revenu peut être défini comme étant : « ce qu'un agent économique reçoit au cours d'une période sans prélever sur son capital ou son patrimoine ». Ainsi, le revenu peut être regroupé en trois grandes catégories selon Pascal Monier, à savoir : le revenu primaire, le revenu secondaire et le revenu disponible.

1. Le revenu primaire

Le revenu primaire s'entend du revenu des ménages constitué de la rémunération du travail, qu'il soit mis à la disposition d'autrui (travail salarié) ou qu'il soit exploité pour son propre compte (le travail indépendant). Ces revenus constituent des revenus d'activité. A côté de ces revenus, les ménages récoltent le fruit de leurs placements financiers ou de leurs investissements immobiliers (location de maisons ou d'appartements). Pour cela, les revenus qui en découlent sont désignés sous le nom de revenus patrimoniaux. Les revenus d'activités et les revenus du patrimoine constituent le revenu primaire des ménages[25].

---

[23] P. Salin, Arbitraire fiscal- Comment sortir de la crise ? Editions Slatkine, Paris- Genève, 1996, page 82.

[24] P.A.Leveau et G. Sauvageot, Repères pratiques- La Fiscalité, Edition 2007- 2008 NATHAN, page 8.

[25] Monier Pascal, *Economie générale* (les acteurs et les marchés économiques, la mondialisation et la régionalisation) 3ème Edition : juillet 20005.

2. Le revenu secondaire

Le revenu secondaire peut être vu sous un angle diamétralement opposé au revenu primaire ; car certains contribuables ou plus exactement certains ménages ne participent pas effectivement à l'activité économique. Ils en sont le plus souvent empêchés par des considérations indépendantes de leur volonté (maladie, retraite, chômage, etc.). Ils perçoivent dans ces conditions des revenus en provenance soit des assurances, ou des fonds de solidarité que l'on appelle des **revenus de transfert** ou des revenus secondaires.

3. Le revenu disponible

La notion de revenu disponible est une notion fondamentale en économie tout comme en droit fiscal. En effet, la science économique considère qu'un ménage perçoit souvent à la fois des revenus primaires et des revenus secondaires. La somme des deux, déduction faite des impôts, taxes et cotisations que les ménages doivent payer, constitue le revenu disponible ; c'est celui qui reste pour consommer ou épargner.

PARAGRAPHE II. LES CARACTÈRES DU REVENU IMPOSABLE

Il n'y a pas dans le CGI guinéen une définition littérale ou standard du terme « revenu imposable ». Toutefois, on va tenter de donner une approche de définition à cette expression et après de dégager les facteurs qui la caractérisent.

En effet, le revenu imposable, au regard du droit fiscal, peut être perçu comme une richesse monétaire ou en nature provenant de l'exercice d'activités commerciales, industrielles, artisanales, de prestations de services, entrant dans le patrimoine d'un contribuable dont il a eu le droit de jouir et de disposer et dont la loi juge nécessaire de faire la base de prélèvements obligatoires sous forme d'impôts et taxes après toutes réfactions autorisées par les textes en vigueur. Il peut être aussi conçu comme l'ensemble des revenus catégoriels entrant dans le foyer fiscal du contribuable susceptibles d'assurer ou de couvrir ses besoins vitaux après déduction, bien entendu, des éléments de charges dont la loi fiscale accorde la réfaction dans le revenu brut du foyer fiscal au cours d'une année. A titre d'exemples, l'on peut citer le revenu salarial imposable, le revenu imposable BIC, le revenu des capitaux mobiliers imposables provenant du placement des fonds sous forme de prêts ou d'actions ; des recettes nettes perçues par un notaire, un avocat, etc.

De cet essai de définition du revenu imposable, il nous paraît donc aisé de tirer les caractères dominants de cette notion au regard du droit fiscal.

Avant d'aborder les caractéristiques du revenu imposable, il nous faut parler prioritairement des principes directeurs qui régissent globalement le revenu imposable dans le contexte du droit fiscal guinéen. En effet, ces principes sont exprimés dans les articles 16, 17 et suivants du CGI qui stipulent que : « le revenu imposable est constitué, en ce qui concerne les contribuables domiciliés en Guinée, par le total des revenus nets catégoriels mis à la disposition du contribuable et de ses enfants qui sont à sa charge ou du foyer fiscal ....De la base d'imposition ainsi définie sont toutefois exclus les charges fiscalement déductibles ainsi que les abattements autorisés ou ceux des revenus du contribuable ou du foyer fiscal qui ont fait l'objet d'une retenue à la source ou d'un prélèvement.

Enfin, l'expression « **imposition sur le revenu** » peut être saisie, comme étant tous les prélèvements opérés par l'Etat sur les revenus de plusieurs natures issus des activités professionnelles et des affaires patrimoniales réalisées par les personnes physiques imposables à l'IR ainsi que les personnes morales (sociétés de capitaux et de personnes) taxables à l'IS.

Le revenu imposable revêt six (6) caractères que nous allons résumer en deux grandes rubriques. Ainsi, le revenu imposable est considéré comme un gain (I) d'une part, un revenu familial (II) d'autre part.

I. Le revenu imposable, un gain

Le revenu imposable est un gain pouvant revêtir plusieurs formes : un gain acquis et renouvelable (1), un gain disponible et annuel (2), que nous allons examiner successivement.

1. Le revenu imposable, un gain acquis et renouvelable

Le revenu imposable est un gain acquis ou réalisé en ce sens qu'il est revêtu de l'existence certaine d'un droit pour le contribuable (exécution d'une période de travail dans le cadre d'un contrat de travail par exemple) ou bien livraison d'un bien, dans le cas d'une activité commerciale[26].

Le revenu imposable est un gain susceptible de se renouveler pour la bonne raison que le revenu imposable implique normalement une certaine périodicité, tout au moins une possibilité de renouvellement. Ainsi, des opérations occasionnelles génératrices de profit ont la nature d'un revenu à partir du moment où elles sont susceptibles de se renouveler. Exemple : la rémunération du travail occasionnel effectué par certains employés ; la plus-value réalisée par un tiers suite à la cession d'une immobilisation corporelle ; etc. A l'inverse, la répétition de versements de fonds par un ou plusieurs individus ne peut conférer à ceux-ci le caractère de revenus imposables que dans la mesure où ils constituent la contrepartie d'une activité ou d'une

[26] E. Disle et J. Saraf – Préparation à Droit Fiscal, éditions Dunod 1995/1996, p 383.

prestation rendue à la partie versante. Dans le cas contraire, il s'agit d'une libéralité[27].

2. Le revenu imposable, un gain disponible et annuel

Le revenu imposable est un gain disponible dans la mesure où il offre au contribuable une possibilité matérielle de prélever ce revenu ou pas. En d'autres termes, l'impôt porte sur le revenu dont le bénéficiaire désigné sous le label de contribuable a eu la disposition au cours de l'année de taxation, quel que soit l'usage qu'il en a fait et même s'il choisit de ne pas le percevoir effectivement ou d'en différer l'encaissement[28]. Ainsi, tel est le cas d'une remise de chèque à l'encaissement d'un montant X au compte du bénéficiaire Y auprès d'un établissement bancaire Z : la disponibilité du revenu se justifie alors à partir de la date de remise du chèque.

En outre, comme le déclarait Marie-José FERREIRO de la DLF au sein de la DGI française, au passage, lors de ses cours de systèmes fiscaux comparés à l'Université Paris-Dauphine, « le revenu devient disponible à partir du moment où le fait générateur de ce prélèvement se produit »[29].

Le revenu imposable est un revenu annuel dès lors qu'il sert de base d'imposition à l'impôt sur le revenu du contribuable en France tout comme en Guinée, mais avec certaines particularités. En effet, c'est le total des revenus du contribuable et des membres de son foyer fiscal qui est soumis à l'impôt. Sous réserve de la situation des revenus des contribuables n'ayant pas leur domicile fiscal en Guinée. Précisément, l'impôt sur le revenu est établi d'après le revenu net annuel dont dispose chaque contribuable. Ce caractère annuel résulte du principe de l'annualité de l'impôt dans le même sens que le principe d'annualité budgétaire[30].

Mais, en Guinée, ce principe ne s'applique pas dans tous les cas. Par exemple, en matière de RTS, au sens de l'article 73 du CGI, il est dit : '' lorsque le montant des retenues mensuelles n'excède pas 100 000 GNF, le versement peut être effectué dans les quinze premiers jours de chaque trimestre pour le trimestre écoulé…''. Cela veut dire que le principe d'imposition annuelle du revenu est censé être dérogé face à la taxation de certains revenus liés au salaire dès lors que la base de taxation peut entraîner un impôt supérieur à 100 000 GNF. Dans ce cas, le revenu imposable revêt un caractère de revenu mensuel. Il en est de même pour les retenues à la

---

[27] Casimir Jean-Pierre, Contrôle fiscal : contentieux, recouvrement, 9ème éd, Paris, Groupe revue fiduciaire, 2004, p.669.
[28] Lefebvre Francis, Mémento pratique fiscal, 2005, p 22.
[29] Marie-José Ferreiro, Cours des systèmes fiscaux comparés, Master 2 administration fiscale, Paris-Dauphine, session 2005/2006.
[30] Gilles Montagnat-Rentier, Stéphane Schlotterbeck, Brin Jones, René Ossa, Kalou Doua-Bi et Vincent Koukpaïzan, Modernisation des administrations fiscales et douanières, Fonds monétaire international, Département des finances publiques.

source sur les revenus salariaux (RS/RNS) ou les bénéficiaires des biens et services provenant de leurs fournisseurs qui n'ont pas de résidence fiscale en Guinée[31]. Dans cette hypothèse, la retenue à la source doit s'opérer au niveau de l'entreprise cliente sur le montant de la facture fournisseur au taux de 10% dès lors que le fait générateur de la RS/RNS se produit.

II. Le revenu imposable, un revenu familial

A ce niveau, il sera question de parler du caractère global et net du revenu imposable.

1. Le revenu imposable, un revenu global

En Guinée, tout comme dans plusieurs pays francophones, l'impôt sur le revenu est généralement prélevé sur les revenus engrangés par le foyer fiscal. Or, qui parle de foyer fiscal doit aussitôt se pencher sur la famille (père, mère, enfants, collatéraux, etc.). L'impôt sur le revenu des personnes est calculé en tenant compte de la charge que supporte chaque foyer fiscal. En France, par exemple, le nombre de parts est fonction de l'effectif des éléments qui composent le foyer. Le quotient familial (somme des revenus catégoriels nets rapportée au nombre de parts) augmente lorsque la charge de famille en termes d'effectifs est grande et diminue dans le cas contraire.

En effet, dans la législation fiscale guinéenne, le revenu imposable est un revenu familial pour la simple raison qu'il est constitué de la somme des revenus réalisés par l'ensemble des membres du foyer fiscal, sous réserve de la situation des revenus des contribuables n'ayant pas leur domicile fiscal en Guinée ou des dispositions conventionnelles relatives à la « double imposition juridique ou classique ». Par application de la théorie de l'enrichissement, doivent également y figurer non seulement les revenus monétaires mais également, sauf exceptions, les avantages en nature[32].

En Guinée, l'article 1 du CGI précise : « il est perçu au profit du budget national un impôt annuel unique sur le revenu des personnes physiques appelé impôt sur le revenu. Cet impôt atteint, sous réserve des retenues à la source, le revenu net global constitué par le total des revenus nets catégoriels : revenus fonciers, traitements et salaires, pensions et rentes viagères, bénéfices industriels, commerciaux et artisanaux, bénéfices non commerciaux, bénéfices agricoles, revenus des capitaux mobiliers, plus-values immobilières non professionnelles ».

Bien que les textes existent en la matière, leur applicabilité reste un véritable ''goulot d'étranglement ''ou un lourd ''casse-tête'' dans le système

[31] Code général des impôts, édition mise à jour le 15 mars 2010 suivie des principaux textes fiscaux guinéens, p.93.
[32] Grosclaude et P. Marchessou, dans l'ouvrage Droit fiscal général, Dalloz, 4ème édition, p 56.

fiscal guinéen. Donc, une analyse particulière relative au constat diagnostic de l'imposition sur le revenu, dans ce contexte, sera consacrée au chapitre III de notre travail.

2. Le revenu imposable, un revenu net

L'article 16 paraphrasé du CGI guinéen précise que : « … le revenu net est constitué par le total des revenus nets catégoriels mis à la disposition du contribuable et de ses enfants qui sont à sa charge au cours de l'année d'imposition, déduction faite des charges ci-après : les intérêts afférents aux annuités de remboursement des emprunts souscrits pour l'acquisition, la construction ou les grosses réparations du logement dont le propriétaire se réserve la jouissance à titre d'habitation principale ; les pensions alimentaires versées en exécution d'une décision de justice ; les cotisations de sécurité sociale et assimilées ; les dons et subventions aux œuvres et organismes à caractère philanthropique, social, éducatif, scientifique, etc. dans la limite de 1% du revenu net global, sous réserve de la présentation des justificatifs. Une somme égale à 10% du montant du loyer annuel payé au titre de son habitation principale par le contribuable qui n'en est pas propriétaire dans la limite de 30 000 francs guinéens, sous réserve de la présentation des justificatifs[33] ».

Après avoir fait un tour d'horizon sur l'étymologie du terme revenu et ses différentes formes ainsi que le revenu imposable et ses caractères, il conviendrait de retracer historiquement l'imposition sur le revenu y compris ses phases évolutives dans le système fiscal de notre pays : d'où l'objet de l'étude de la section II du premier chapitre de la partie I de notre document.

SECTION II. HISTORIQUE ET ÉVOLUTION DE L'IMPOSITION SUR LE REVENU EN GUINÉE

Cette section sera consacrée tout d'abord à l'analyse des différentes phases de réforme de l'imposition sur le revenu depuis que la Guinée était sous domination coloniale que les politiciens ont qualifiée d'ère de la Guinée française de 1955 et au-delà post-indépendance qui constitue la première phase, ensuite, la seconde phase se focalisera sur la période allant de 1990 à 2004 ; puis, enfin la troisième phase traitera les problèmes qui ont jalonné cette imposition de 2004 à nos jours.

Pour camper les problématiques diverses qui concernent cette section, il serait intéressant dans un premier temps de présenter la réforme fiscale de la Guinée française de 1955 à 1958.

[33] CGI, de la Guinée, 2013,p.24.

Paragraphe I. La réforme fiscale de 1955 à 1958

A ce niveau nous décrirons succinctement les faits fiscaux qui ont défrayé la chronique de la Guinée avant l'indépendance de 1958 (1), y compris l'aspect psychosociologique sur la population (2) sans pour autant ignorer de démontrer comment l'impôt servait de moyen d'instrumentalisation au service de l'administration (3).

I. La chronique de la Guinée avant l'indépendance de 1958

Dans cette première phase de réforme fiscale (1955 à 1958), il convient de noter en passant que le territoire guinéen fut vaincu en 1892 par la France, qui, en 1893, fit de la Guinée une colonie. Territoire d'outre-mer en 1946, la Guinée fut le premier pays de l'AOF à accéder à l'indépendance après avoir dit non au référendum gaulliste français le 28 septembre 1958. Sékou Touré qui fut le premier président instaura un régime sanglant et dictatorial et ses options socialistes créèrent des tensions avec les pays voisins, y compris la France[34]. Mais, au bout du compte, le président Ahmed Sékou Touré finit par conquérir l'indépendance de la Guinée et la proclama solennellement le 2 octobre 1958 à Conakry devant son vaillant peuple et devant le Président français d'alors, le général Charles de Gaulle.

Avant l'indépendance, le système fiscal était purement et simplement sous domination coloniale française, et le gouvernement de la Guinée, dirigé par le colon, a eu à mettre sur pied un régime fiscal presque commun à tous les pays de l'AOF à l'image du système fiscal français. Cette communauté d'Afrique occidentale française dont le siège était à Dakar comprenait les pays suivants : le Sénégal, le Mali, le Niger, la Mauritanie, la Côte d'Ivoire, le Bénin, le Burkina Faso qu'on appelait la Haute-Volta et la Guinée-Conakry.

1. L'organisation de l'administration fiscale

L'administration des impôts dans la quasi-totalité des pays colonisés d'AOF était une administration d'émanation française. La Guinée, en tant que pays membre de l'AOF, subissait les mêmes techniques fiscales (régimes d'imposition, système fiscal, taux, structure fiscale, etc.). A la tête des grands services administratifs, était placé un administrateur blanc qui avait le pouvoir intégral.

Du point de vue de l'imposition sur le revenu d'antan faisant l'objet de notre préoccupation, il serait alors digne d'intérêt de pouvoir la classifier en deux grands types d'impositions : les impositions forfaitaires sur le revenu et taxes assimilées, et les impositions proportionnelles et progressives sur le revenu. Les impositions forfaitaires sur le revenu et taxes assimilées

---

[34] Dictionnaire Hachette, édition 2006.

comprenaient en premier lieu l'impôt du minimum fiscal qui à son tour comportait l'impôt sur la population flottante et l'impôt sur la population sédentaire ; et en second lieu la taxe de cercle.

Etant bien entendu que l'AOF comportait une structure centrale dénommée Administration générale (AG) de l'AOF et des structures décentralisées au niveau de chaque territoire appelées Administration territoriale locale (ATL). Chacune d'elles était répartie en cercles et les cercles étaient subdivisés à leur tour en cantons. Pour le cas précis de la Guinée, elle était répartie selon la position géographique en quatre régions naturelles et chaque région naturelle était aussi répartie en cercles et en cantons : la basse Guinée (2 cercles : Conakry et Kindia) ; la moyenne Guinée (1 cercle : Mamou), la haute Guinée (2 cercles : Kankan et Siguiri) ; et la région forestière (1 cercle : Nzérékoré)[35].

A cette époque, c'était le « mimétisme fiscal » français qui dominait ces pays colonisés mais à quelques exceptions près. « L'impôt per capita » ou l'impôt par tête d'habitant était une sorte de corvée qui était payée en nature ou en espèces par les populations imposables indigènes en tenant compte du nombre de personnes majeures valides appartenant à telle ou telle famille et non pas en fonction des revenus réels perçus par ces familles imposables. Les démunis subissaient des contraintes par corps ou des peines allant jusqu'à une longue année de détention avec travaux forcés pour le compte du colon blanc au détriment des intérêts populaires du territoire guinéen.

Quant aux impositions proportionnelles et progressives sur le revenu, elles embrassaient les impôts sur les bénéfices industriels et commerciaux et ceux sur les bénéfices de l'exploitation agricole réalisés par les personnes physiques et les sociétés par actions, les sociétés à responsabilité limitée, etc. ; les impôts sur les bénéfices des professions non commerciales ; les impôts sur les traitements, salaires, indemnités, émoluments, pensions et rentes viagères des secteurs publics et privés et les impôts sur le revenu des capitaux mobiliers dont les produits servaient à alimenter les budgets locaux des territoires de l'AOF[36]. Le régime fiscal du gouvernement de la Guinée française de 1955 applicable en matière d'imposition du revenu distinguait 8 tranches de revenus dont les taux applicables variaient entre 5% à 60 %. De même, la détermination des parts par foyer fiscal, totalement inspirée du système fiscal français et des montants par tranche de revenus imposables, constituait des pratiques courantes dans le contexte contributif guinéen.

Pour des raisons d'Etat de droit et de souveraineté nationale à l'actif de la Guinée, la nécessité de gérer sa propre politique de finances publiques et très

---

[35] Donant Françoise, Evolution de la fiscalité dans 13 pays d'Afrique noire francophone : Incidence de la fiscalité sur le développement, Rapport du ministère de la Coopération et des Affaires étrangères, 1982, 27p.

[36] Cissé Daniel, Problème de la formation de l'épargne interne en Afrique occidentale, Paris, Présence Africaine, 1969, p.239

précisément celle de la fiscalité s'est fait sentir[37]. C'est ainsi que la légitimité de l'imposition du revenu fut transcrite en 1966 dans le code des contributions diverses, dans les différentes lois de finances successives, dans les autres codes postérieurs à l'année 1966 dont nous parlerons ci-après.

2. L'instrumentalisation de l'impôt au service de l'administration fiscale

Les contribuables ont toujours souhaité une répartition équitable des charges publiques. A ce titre, ils trouvent parfaitement légitime que l'administration contrôle le fonctionnement du système déclaratif. Mais ils entendent que leurs droits-respect de la liberté individuelle, droit de la défense, voies de recours, sanctions équitables, soient respectés. Pour permettre à la puissance publique d'intervenir efficacement, le législateur a tenté d'organiser un système fiscal cherchant à diversifier les matières imposables en tenant compte des capacités contributives de chacun. Chaque type d'imposition donne lieu à un contrôle fiscal dont les modalités varieront en fonction des situations rencontrées par les agents des services fiscaux[38].

L'imposition sur le revenu est excessivement complexe en Guinée car elle a progressivement été conçue sous un angle colonial pour couvrir les seules dépenses publiques régaliennes, et parfois concomitamment avec une dimension interventionniste qui attribue à la fiscalité des objectifs économiques et financiers. Plus l'Etat a recours à cette instrumentalisation de la fiscalité, plus la vigilance des services fiscaux sera sollicitée afin de garantir au mieux le respect de la volonté du législateur. A cette époque coloniale, les services des impôts de la Guinée étaient des services de corvée ou de servitude. Le contribuable n'avait aucune garantie sérieuse pouvant lui permettre d'exercer ses droits de réclamation ou d'assistance ou tout au moins de conseil.

Les arguments de la justice fiscale et de la pédagogie civique sont souvent avancés pour réaffirmer les vertus de ce système déclaratif. Malheureusement, ces principes théoriques sont fréquemment remis en cause par l'inégalité qui résulte de certaines situations personnelles (notamment entre les particuliers salariés et les autres). La peur du gendarme et les mythes concernant les prérogatives des services fiscaux ont joué un rôle actif pour discipliner le comportement de la majorité des contribuables, sans pour autant les éduquer sur la nécessité de l'impôt[39].

Pour garantir au mieux l'efficacité du système, l'administration pouvait réprimer les abus constatés au moyen d'une kyrielle de sanctions fiscales et

[37] PNUD, l'Afrique et les objectifs du millénaire pour le développement, Paris, Economica, 2005, p.635.

[38] Schmidt Jean, L'impôt : politique et technique, éditions Dalloz, 1995, p.115

[39] E. Mignon, « Territorialisation de la fiscalité : le juge peut-il sauver le principe d'égalité ?», RJF, 7/99, p.511.

pénales dont la mise en œuvre est censée être graduée en fonction du comportement du contribuable. Le pouvoir discrétionnaire de l'administration est indispensable pour mener à bien une politique fiscale cohérente, plus qu'automatique.

La colonisation française a introduit un choc fiscal et bouleversé les mentalités de l'impôt chez les Guinéens. Elle a établi un nouvel ordre fiscal et ébranlé le pouvoir traditionnel partout en Guinée [40]. L'aspect psychologique questionne les relations fondamentales entre l'administration fiscale et les contribuables guinéens. Cette partie présente une revue de la littérature et des problématiques envisagées dans leur aspect sociopolitique.

En définitive, l'impôt était une corvée et l'administration fiscale servait d'instrument de vulgarisation de cette corvée pendant l'ère coloniale en Guinée, y compris dans les Etats de l'AOF.

II. Aspects psychologiques de l'administration fiscale

En Guinée, les agents du fisc sont à certains égards trop craints des contribuables qui ont la psychose ou les séquelles de l'aspect négatif de l'impôt (contrainte par corps du système fiscal colonial, gage humain ou matériel). Cet état de fait marquant de l'histoire du système fiscal, en dépit du temps très reculé et vécu du système colonial d'antan de la fiscalité, reste de nos jours gravé comme une triste réalité dans la mémoire des contribuables ou des parents de ceux-ci ou leurs collatéraux.

Mais, aujourd'hui, avec l'évolution de l'humanité et au regard de la poussée vertigineuse du vent de la démocratie grâce à la mondialisation, la donne en matière de fisc a changé. Le contribuable guinéen n'est plus un ''instrument taillable et corvéable à merci'' par l'administration fiscale mais plutôt un partenaire, un usager qui a droit à un traitement décent, à de la considération et surtout le droit de brandir en tout état de cause ses droits et garanties que la loi fiscale lui confère. Telle est aujourd'hui la devise dans les relations entre l'administration fiscale et les usagers tant en Guinée qu'ailleurs.

Plusieurs représentations sociales sont considérées : l'impôt-contribution, l'impôt-échange, et l'impôt-obligation, contrainte, mais l'élaboration d'une typologie de l'Etat fiscal met l'accent sur l'impôt-contribution payé par le citoyen qui est capable d'altruisme pour financer les politiques publiques. Dans le cadre de la démocratie fiscale, l'enjeu est d'établir un contrat social fiscal relatif aux fonctions sociales, politiques et territoriales, environnementales de l'Etat interventionniste à partir d'un dialogue critique avec l'analyse économique[41].

---

[40] Duberger, J. La psychologie sociale de l'impôt dans la France d'aujourd'hui, PUF, p.121

[41] Sociologie du contribuable et évitement de l'impôt, Archives européennes de sociologie, 2003, 213-244.

1. Aspects psychologiques du contribuable guinéen

En Guinée, la typologie de la déviance fiscale, inspirée librement de la théorie sociologique de l'administration fiscale coloniale, montre que la légitimité politique est essentielle et que l'approche par la rationalité cognitive rend compte de la décision du contribuable. La hausse des prélèvements obligatoires, le recours à d'autres moyens et l'existence de décisions financières impopulaires démentent l'inexorabilité de la crise fiscale. La relation entre la taxation et les dépenses est un choix politique selon la région coloniale. La théorie de l'impôt colonial montre que la crise sert d'argument pour justifier des changements dans la politique fiscale. Le problème est donc de favoriser l'émergence de l'impôt-contribution pour financer légitimement les politiques publiques[42].

2. La théorie de l'impôt colonial et la monnaie

En Guinée, tout comme dans les pays d'outre-mer, la France imposa un système d'administration coloniale identique à celui appliqué dans les autres territoires africains. Sous l'autorité d'un gouverneur général, le pays était divisé en vingt-neuf cercles, eux-mêmes dirigés par un commandant de cercle. Les chefferies traditionnelles étaient souvent transformées et leurs systèmes de transmissions bouleversés. L'administration coloniale a eu l'ambition d'instaurer un véritable système fiscal moderne, comme l'a indiqué le général Gallieni dans de nombreux textes (Gallieni 1899 et 1900-1902) [43] . Le système colonial français jouait un rôle important dans l'unification d'un pays artificiellement créé par les puissances coloniales au cours des conquêtes. L'exploitation des ressources s'orientait vers la satisfaction des besoins de la métropole. Au détriment des cultures vivrières, les cultures d'exportation, monopolisées par des sociétés françaises, se multipliaient. La monnaie et l'impôt se sont également généralisés durant cette période coloniale[44]. Cette monnaie coloniale de forte valeur servant de moyen de paiement des impôts des ''indigènes'' n'était pas à la portée de n'importe qui en Afrique.

A cause d'un centime de franc, les indigents n'ayant pas la capacité de payer leurs impôts étaient mis en gage pour le compte des familles riches ou plus ou moins aisées, nous contaient nos grands-parents (grands-pères et grands-mères). La monnaie ou l'argent était rare et l'Etat guinéen n'avait aucune liberté d'exercer sa souveraineté monétaire pendant cette ère

---

[42] Sociologie de l'impôt légitime : contre les poncifs économiques de l'incivisme fiscal, forthcoming, 2009, p.513

[43] L'impôt sur le revenu entre idéologie et justice fiscale : perspective de sociologie fiscale, Politiques et Management Public, 14(4) : 41-71, 1996.

[44] Laufenburger H, Théorie économique et psychologique des finances publiques, Sirey-Paris, 1956, p.193.

coloniale. Tout partait des colons et revenait aux colons français pour ainsi dire.

Le 2 octobre 1958, la Guinée accéda à l'indépendance. Mais, pour une véritable indépendance, il fallait une décolonisation fiscale de la nouvelle nation, cela, il s'agissait de fonder une nouvelle culture fiscale basée sur la souveraineté nationale. C'est dans le cadre des réformes fiscales entreprises pour optimiser le rendement des impôts et taxes, suite à l'insuffisance des ressources minières pour couvrir les dépenses publiques[45], que le peuple de Guinée s'est forgé à bâtir une fiscalité au service de l'Etat pour assurer un équilibre macroéconomique conforme à ses aspirations de développement socioéconomique. C'est pour justement répondre efficacement à cette priorité que la réforme fiscale de la période allant de 1958 à 1990 a suivi son cours.

PARAGRAPHE II. LA RÉFORME FISCALE DE 1958 À 1990

La deuxième étape de la réforme fiscale de 1958 à 1990 se focalisa sur des faits d'ordres politique et socioéconomique très remarquables dans l'histoire de la Guinée : l'accession à son indépendance le 2 octobre 1958 et le changement de sa configuration fiscale cadrant véritablement avec les aspirations de développement de la nation. A cet égard, le législateur guinéen procéda à l'élaboration d'une réglementation fiscale différente de celle du régime colonial de l'AOF. C'est ainsi qu'en décembre 1966, la plupart des lois fiscales dont l'application était confiée au service des contributions diverses furent votées.

I. La réforme fiscale de 1966 à 1991

Cette étape évolutive du système fiscal guinéen constitua un des tournants décisifs de l'histoire du pays et surtout dans le monde des affaires car le peuple de Guinée lutta pour se départir des pratiques avilissantes du système colonial d'alors et puis consentir tout effort pour faire naître un vent de renouveau fiscal consistant à mettre en place de nouveaux dispositifs fiscaux de la Guinée après huit ans d'indépendance. Est-ce un travail aisé de se débarrasser des séquelles du système fiscal colonial pour épouser un autre système fiscal où toutes les difficultés d'ordre technique, humain, économique, social étaient très préoccupantes en Guinée ? Pour notre part, nous pouvons répondre par la négative !

Mais, malgré ces difficultés de gestion technique de l'impôt par l'administration fiscale guinéenne, il n'en demeure pas moins que le

[45] Raynaud, P.L. La psychologie du contribuable devant l'impôt, Revue de science et de législation financières (Part 2 :1948), p.278

gouvernement du Président feu Sékou Touré, a eu à mettre en place un système fiscal révisé conforme aux aspirations du pouvoir. C'est ainsi que le code des contributions diverses de 1966 et celui des impôts d'Etat, dont les textes primitifs ont été projetés en 1990 et mis en vigueur effectivement en 1991, ont vu le jour. Alors, comment ces codes globalement pris en tant qu'instruments privilégiés des réformes fiscales de ces époques étaient perçus par les praticiens ou autres analystes fiscaux ? C'est ce que nous allons succinctement décrire.

1. Une faible protection du contribuable

Dans le code des contributions diverses de 1966 de la Guinée institué par la Loi n° 62 /AN/CP/66 du 20 mai 1966 et promulgué par décret n° 176/ PRG du 31 mai 1966, certains vides juridiques étaient apparents : les règles de procédures fiscales garantissant les droits et devoirs et de l'administration et de l'administré n'existaient quasiment pas. Cependant, ce document eut un intérêt certain tant pour l'administration fiscale que pour les contribuables[46].

En effet, pour imprimer un cachet particulier à cet outil, feu El hadj Saifoulaye DIALLO, à l'époque ministre des Finances et du Plan, s'exclama : « la fiscalité moderne tendant à devenir plus abondante et plus complexe, cette première édition du code des contributions diverses de 1966 sera régulièrement revue et corrigée afin que celui-ci ne perde pas son rôle d'auxiliaire utile aux fonctionnaires de l'administration fiscale et de moyen d'information et de formation civique des contribuables »[47].

Dans ce code, l'imposition sur le revenu y fut transcrite conformément aux dispositions des articles 125 à 248. L'assiette, les obligations déclaratives des contribuables, l'établissement des rôles, le recouvrement, le contrôle, les droits de communication, les sanctions fiscales et même les exploitations commerciales et non commerciales classées dans la catégorie des BIC, des BA, des BNC, des revenus liés aux salaires, etc. y furent également appréhendés par le législateur.

Les dispositifs techniques de taxation de l'ensemble des revenus nets catégoriels réalisés ou acquis par le contribuable et frappés par l'IGR avec ses taux progressifs, bien que variant d'une époque à une autre, étaient prévus par ce code et même par les textes régissant le régime fiscal de la Guinée française de 1955.

A titre illustratif, nous pouvons retracer les traits évolutifs de l'assiette fiscale des deux époques de 1955 et de 1966 : par exemple, la tranche progressive de l'IGR qui était de 8 en 1955 est restée inchangée jusqu'en 1966 et même au-delà ; le taux minimum qui était de 5% en 1955 a baissé à

[46] Balde I, Problématique de la fiscalisation du secteur informel en Guinée, DNI, 1998
[47] Régime fiscal du gouvernement de la Guinée française de 1955.

2% en 1966 ; le taux marginal qui était de 60% en 1955 n'a pas connu de variation jusqu'en 1966 ; mais seules les tranches de revenus imposables n'ont connu que d'importantes mutations à la baisse soit 181 000 FG en 1955 contre 101 000 FG en 1966 pour la tranche minimale de revenu taxable ; et au-dessus de 3 000 000 FG pour la tranche de revenu maximale en 1955 alors que celle de 1966 était de 5 000 000 FG.

En somme, il convient de noter ici que beaucoup d'éléments importants en matière de réforme fiscale entre les deux époques ont eu lieu et que nos lecteurs peuvent approfondir leurs recherches en ayant recours aux archives nationales guinéennes ou à la bibliothèque de la DNI.

2. Les solutions favorables aux droits du contribuable

L'épisode de la réforme fiscale, qui a une fois de plus marqué le système fiscal guinéen dans son ensemble et l'imposition sur le revenu dans sa singularité, est celui de 1966 à 1991. Cette période a connu une nette évolution du système fiscal de la Guinée : ''l'innovation fiscale'' due à l'institution d'un nouveau code des contributions diverses institué par la loi N°62/AN/CP/66 du 20 mai 1966 et promulgué par le décret N° 176/ PRG du 31 mai 1966. Ce fut le second code fiscal après celui de l'enregistrement dans l'histoire fiscale du pays.

Ce document mit une lumière en matière de fiscalité directe dont les produits servirent à alimenter le budget national de développement ou budget de l'Etat tout court. Aussi, il embrassa certains textes de lois de finances initiales en matière de fiscalité directe sur le revenu que le système fiscal guinéen a connus mais qui n'étaient pas compilés dans un document unique[48].

Les nécessités de développement socioéconomique du pays et l'enjeu des affaires et surtout la politique de développement vue sous l'angle de la révolution dont l'Etat et le PDG fusionnés formant le Parti- Etat, sous la conduite du président Ahmed Sékou Touré, furent, certes, des motifs valables de la réforme fiscale à cette époque. Evidemment, d'autres facteurs non négligeables doivent certainement être à l'origine de cette mutation du contexte contributif guinéen ; mais, pour notre part, nous nous intéresserons uniquement aux aspects juridiques concernant l'imposition du revenu que le CIDE a pu transcrire en textes de lois fiscales. Ce CIDE a été institué par l'ordonnance n° 91/018 / PRG/ SGG du 8 février 1991.

En effet, le CIDE a prévu, en son article 4, des dispositifs régissant les impôts cédulaires liés aux revenus dont : l'impôt sur les bénéfices industriels, commerciaux et artisanaux prévu par les articles 125 à 171 du CCD et 87 à 137 du CIDE ; l'impôt sur les bénéfices non commerciaux

[48] Diallo Mamadou Dian, DESS en administration fiscale, 2004/ Vérification fiscale dans les petites et moyennes entreprises, p.45.

prévu par les articles 172 et 173 du CCD et 138 à 152 du CIDE ; la taxe d'apprentissage prévue par les articles 174 à 186 du CCD et 243 à 244 du CIDE ; l'impôt sur les traitements et salaires prévu par les articles 191 à 209 du CCD et 50 à 86 du CIDE ; l'impôt minimum forfaitaire prévu par les articles 1 à 5 de l'ordonnance n° 090/ PRG/ SGG/ 87 du 30 décembre 1987 ; la retenue à la source sur certains revenus non salariaux instituée par l'article 19 de l'ordonnance n° 083/ PRG/ SGG/ 89 du 30 décembre 1989.

II. Les « aventures » fiscales des années 1990

En Guinée, dès la fin du régime révolutionnaire de Sékou Touré, il est apparu que le système fiscal n'était plus adapté aux besoins croissants de l'Etat : les exemptions et privilèges le rendaient trop injuste pour être supportable, l'affermage était trop coûteux et les abus poussaient à la révolte. Des tentatives eurent lieu pour modifier l'appareil fiscal et obtenir de lui le rendement nécessaire. Souvent imaginatives et courageuses, ces réformes aggravèrent, jusqu'à la rupture, parce que ne brisant pas les privilèges et exemptions, les défauts de la fiscalité révolutionnaire[49].

A la chute du régime révolutionnaire de Sékou Touré, la situation de la trésorerie était désastreuse, la source fiscale étant, dans le pays envahi, complètement tarie. L'arsenal de la législation est cependant au point bien que l'impôt sur les boissons rencontre beaucoup d'opposition et il va permettre une stabilité assez remarquable des textes pendant les années 1990.

Lors de la première restauration, le régime militaire abaisse droits de douane et modère les droits réunis. Ce fut la seule innovation fiscale de la restauration : l'assainissement financier fut cependant réalisé grâce à une politique d'emprunts et de rentes et une réglementation très stricte de la dépense et de la comptabilité de l'Etat. Il modéra les droits sur les boissons et réduisit substantiellement le droit de timbre et le cautionnement des journaux. Les bénéfices agricoles, c'est-à-dire de l'exploitant et non du propriétaire, avaient traditionnellement échappé à l'impôt, en raison notamment de leur extrême difficulté d'appréhension.

Paragraphe III. La réforme fiscale de 1991 à 2004

Il s'agit de retracer à ce niveau l'épisode du système fiscal guinéen de 1991 à 2004. L'impôt, tout en gardant hautement privilégiée sa fonction originelle de fournisseur du Trésor, s'insère dans l'éventail des instruments de politique générale. Il accroît son poids avec la complexité de la vie

[49] Bodie Balde I. Problématique de la fiscalisation du secteur informel en Guinée, DNI de la Guinée, 2008, p.45.

sociale, le développement économique de la nation, à la mesure même de la modernisation de l'Etat, tissant un réseau chaque jour plus serré de contraintes administratives.

I. La réforme fiscale de 1991 et au-delà

Il s'agit là d'une véritable « révolution fiscale » que la Guinée a connue. En effet, bien avant la parution du CGI, les changements fiscaux consignés dans les différentes lois de finances (initiale et rectificative) n'étaient pas facilement saisissables par non seulement les agents de l'administration fiscale, mais aussi par les usagers et cela de 1992 à fin janvier 2004. En clair, les textes légaux et règlementaires en matière fiscale étaient dispersés dans maints documents par-ci et par- là. Donc, les entreprises, les individus et le monde des affaires ne savaient à quel saint se vouer pour asseoir leurs impôts, et a fortiori déclarer et payer leurs droits. Ils étaient confrontés à d'énormes difficultés pouvant compromettre dangereusement la performance des finances publiques et plus précisément celle de l'administration fiscale.

Pour pallier ces difficultés majeures, les autorités du ministère de l'Economie et des Finances en étroite collaboration avec celles de la DNI, appuyées par les efforts louables de l'expert français, conseiller du directeur national des impôts (Bernard COURRAUX), et l'Assemblée nationale ont jugé nécessaire de mettre en œuvre un nouveau code plus exhaustif et plus global embrassant les anciens codes segmentés de l'enregistrement, des impôts directs d'Etat et des contributions diverses, de la fiscalité indirecte (TVA, TAF, TCA, STF, etc.), désignés sous le label de Code général des impôts (CGI). En effet, ce code a été institué par la loi de finances de 2004[50].

II. La réforme fiscale à partir de 2004

Le système fiscal guinéen avant la réforme de 2004 a connu de véritables « innovations fiscales ». On peut citer, entre autres, l'institution de la TVA en 1996 suivant la loi n° L/ 95 /035 /CTRN du 30 juin 1995 complétée par la loi n° 009/95 du 28 décembre 1995 portant loi de finances pour 1996 et du décret D/95/354/ PRG/ SGG du 28 décembre 1995 portant application de la TVA, de la TAF de la TCA ; et la suppression de la licence de certains corps socioprofessionnels : les commerçants grossistes et même détaillants de boissons alcoolisées ou non.

En somme, selon la pensée de Moussa Traoré, toutes mesures ou propositions de réformes visent à mettre l'accent sur les points suivants : la simplification des règles d'assiette et de liquidation de l'impôt ; l'allègement

[50] Code général des impôts, édition mise à jour le 15 mars 2010, suivie des principaux textes fiscaux guinéens, p88

et la meilleure répartition de la charge fiscale entre les contribuables ; la sécurisation des recettes de l'Etat ; l'élargissement de l'assiette fiscale[51].

Il est aussi important, nous l'estimons, de noter que, depuis 1984 jusqu'à nos jours, le gouvernement de la 2ème République guinéenne a mis un accent particulier sur l'exploitation judicieuse d'importantes ressources naturelles dont dispose le pays sous l'impulsion du secteur privé. A cet effet, de nombreuses réformes dans le domaine réglementaire et en matière de politique économique, principalement la libéralisation de l'économie, ont été mises en œuvre. Ce libéralisme économique a relativement entraîné la croissance macroéconomique soutenable incluant le secteur de la fiscalité. Dans le domaine fiscal on peut citer par exemple l'institution des impôts synthétiques tels que la TPU, la CFU, des taxes indirectes sur le chiffre d'affaires, notamment la TVA, la TCA, la TAF, etc.

De 2004 à 2012, sur le plan fiscal en général et sur l'imposition sur le revenu en particulier, la Guinée a connu quelques changements de moindre importance. C'est vrai qu'il n'y a pas eu de nouveaux impôts sur le revenu créés, mais il a été plutôt question d'élargir le champ d'application du précompte BIC et du rehaussement du taux de la RSRNS de 10 à 15%. Autrefois, le précompte BIC au taux de 10% visait les entreprises non assujetties à la TVA évoluant dans le secteur minier et en relation d'affaires avec l'Etat surtout dans le cadre des marchés publics où la Direction nationale du Trésor et de la Comptabilité publique procèdent à une ponction à la source de 10% sur le montant des transactions qui sont reversés sur le compte du receveur spécial des impôts. Mais, cette fois-ci, la réforme fiscale contenue dans les dispositions de la loi de finances pour 2012 a procédé à l'élargissement du champ d'application au niveau de certains secteurs d'activités tels que les banques et assurances, les activités portuaires et manutentionnaires, etc.

---

[51] Moussa Issa TRAORE, Thèse pour le doctorat en droit : politique fiscale du Mali, du 2 décembre 2005, p 22.

CHAPITRE II

L'analyse technique des régimes d'imposition sur le revenu en République de Guinée

Ce chapitre consacré à l'analyse technique de l'imposition sur le revenu se focalisera sur trois éléments caractéristiques : tout d'abord, la classification des impositions sur le revenu (section 1) ; ensuite, les régimes d'imposition sur le revenu (section 2) et, enfin, les différents modes de recouvrement liés au système fiscal guinéen et plus précisément sur l'imposition sur le revenu (section 3).

SECTION I. CLASSIFICATION DES IMPOSITIONS SUR LE REVENU EN GUINÉE

En Guinée, à l'instar des autres pays francophones d'Afrique, il existe généralement plusieurs critères de classification des impôts :

La classification économique : Cette classification permet de définir l'élément économique sur lequel la contribution est assise. Cela revient donc à mettre en évidence la matière imposable. Les impôts concernés par cette classification sont : l'impôt sur le revenu des personnes physiques ou morales. Exemples : l'IR, l'IS, etc. ; l'impôt sur la consommation ou sur la dépense : exemples la TVA, la TCA ; l'impôt sur le capital.

La classification administrative : Elle repose sur une distinction ancienne qui a conduit, à une époque, à la spécialisation des services fiscaux, mais qui n'est plus toujours aussi claire ni aussi pertinente aujourd'hui. A ce niveau, on distingue deux types d'impôts : les impôts directs et les impôts indirects. Les impôts directs, du point de vue juridique, sont perçus par voie de rôle nominatif, c'est-à-dire un document établi par l'administration fiscale au nom de chaque contribuable et portant mention de la matière imposable et de la somme due. Les impôts indirects, quant à eux, sont perçus sans rôle nominatif. Ils sont le plus généralement liquidés par les redevables eux-mêmes.

La classification selon la destination budgétaire : A ce niveau, les recettes fiscales sont classifiées selon leur destination aux budgets. C'est ainsi qu'on peut parler d'impôts d'Etat et d'impôts locaux. Les impôts d'Etat, comme leur nom l'indique, sont des impôts servant à alimenter le budget de l'Etat (exemples : la TVA, l'IMF, la TAF, la RSRNS, etc.); quant aux impôts locaux, leurs produits servent à alimenter les budgets des collectivités territoriales ou locales. On peut citer à titre d'exemples la patente, la licence, la CFU.

NB : Il existe d'autres critères de classification où l'on peut citer les impôts réels et les impôts personnels. Les impôts réels atteignent un bien sans tenir compte de la situation personnelle de son détenteur (TVA, TAF) ; alors que les impôts personnels prennent en compte l'ensemble de la charge personnelle du contribuable (IR).

D'une manière spécifique, les impositions sur le revenu dans le sens du droit fiscal guinéen peuvent être classifiées en deux grandes catégories : les impositions sur le revenu des entreprises ou sociétés et les impositions sur le revenu des personnes physiques ou particuliers.

PARAGRAPHE I. LES IMPOSITIONS SUR LE REVENU DES SOCIÉTÉS

Dans le système fiscal guinéen, à l'instar des autres systèmes fiscaux des pays membres de la CEDEAO à vocation francophone, les prélèvements, que l'Etat opère sur les revenus réalisés par les sociétés unipersonnelles à responsabilité limitée, les Sarl, les sociétés de capitaux, sont quasiment ou presque le reflet du système fiscal français.

Le CGI, à cet effet, distingue sept (7) types d'impôts percevables sur les revenus des personnes morales dites sociétés de capitaux : impôt sur les sociétés (IS), impôt minimum forfaitaire (IMF), retenue à la source sur les revenus salariaux (RSRNS), impôt sur le revenu des valeurs mobilières (IRVM), versements forfaitaires (VF), retenues sur traitements et salaires (RTS) et retenues à la source sur les loyers (RSL).

I. Les impositions prélevées sur les revenus professionnels

En Guinée, chaque type d'impôts et taxes contribue au budget national en fonction soit de l'importance du potentiel fiscal soit en fonction de certains paramètres en dehors du critère de potentiel fiscal (aspect politique, social, etc.) que nous allons présenter ci-après.

1. L'impôt sur les sociétés et ses éléments techniques

L'impôt sur les bénéfices des sociétés, comme nous l'avons souligné plus haut, n'est pas du tout un impôt nouveau dans le système fiscal de notre pays. D'origine française, cet impôt a subi de véritables réformes tant en France qu'en Guinée. Ainsi, en Guinée, avant l'institution du code des impôts directs d'Etat, les sociétés, quelle que soit leur personnalité fiscale ou juridique, étaient en général soumises à la cédule des bénéfices industriels et commerciaux suivant le même régime que les bénéfices réalisés par des personnes physiques[52].

Ce n'est qu'en 1991 que la distinction effective fut faite en termes d'imposition des bénéfices réalisés par les personnes morales fiscalement reconnues comme telles et ceux réalisés par les personnes physiques en tant que particuliers. Alors, le CIDE, institué par l'ordonnance N°91/ 018/PRG/SGG du 8 février 1991 du Président de la République de Guinée, a officialisé la mise en œuvre distincte de l'impôt BIC (applicable sur le bénéfice des particuliers) et de l'impôt sur les sociétés (adapté pour les sociétés de capitaux ou assimilées)[53].

Il faut également préciser que l'IS fut créé aux Etats-Unis en 1920 et connu sous le nom de « corporate income tax[54] ». Après la Seconde Guerre mondiale, cet impôt a été étendu dans tous les pays européens et introduit en France par le décret du 9 décembre 1948.

a) Base d'imposition et mécanismes de détermination de l'IS

Avant de parler des différents mécanismes de détermination de l'IS, essayons de définir prioritairement la notion de bénéfice au sens du droit comptable et du droit fiscal.

En effet, le bénéfice, dans la terminologie comptable, peut être perçu comme la différence excédentaire entre les produits d'exploitation ou hors exploitation et les charges correspondant aux activités ordinaires ou non ordinaires de l'entreprise. Bref, et d'une manière simpliste, **le bénéfice = produits – charges** si et seulement si le montant des produits est supérieur à celui des charges. Dans le compte de résultat de l'entreprise, tous les comptes de produits figurent au crédit et tous les comptes de charges au débit. Dès lors que le solde de ce compte est créditeur, l'on dit alors que l'entreprise a réalisé un bénéfice et, dans le cas contraire, c'est-à-dire lorsque le solde du compte de résultat est débiteur, il va sans dire que l'entreprise a réalisé un déficit ou une perte.

Du point de vue du droit fiscal, le bénéfice a été défini par un arrêt de la Cour de cassation, chambres réunies du 11 mars 1914 comme : « un gain pécuniaire ou matériel s'ajoutant à la fortune des associés [55]».

---

[52] Le guide de contribuable de la Guinée, Mars 2002, Retenue à la source sur les revenus non salariaux (LF 1992, art 18), p.44.

[53] CIDE, République de Guinée, 1991, p.379.

[54] Martine Betch, Droit fiscal, éditions Gualino, 2002, p. 103)

[55] Pierre Lasègue, Lexique de comptabilité, p.70, 6ème éditions Dunod, 2007, p.178.

Ceci étant, sur quels bénéfices, alors, est prélevé l'IS ? En fait, l'IS, que ce soit en France, ou dans beaucoup de pays d'Afrique francophone notamment la Guinée, le Sénégal, la Côte d'Ivoire, le Bénin, etc..., et les bénéfices des entreprises passibles de l'impôt sur les sociétés sont déterminés de la même manière que les bénéfices industriels et commerciaux soumis à l'impôt sur le revenu[56]. Il s'agit indubitablement du bénéfice net ou du bénéfice imposable.

En la matière, le CGI guinéen en son article 92 précise que : « le bénéfice imposable est le bénéfice net déterminé d'après les résultats d'ensemble des opérations de toute nature effectuées par l'entreprise, y compris notamment les cessions des éléments quelconques de l'actif, soit en cours, soit en fin d'exploitation. Le bénéfice net est constitué par la différence entre les valeurs de l'actif net à clôture de la période dont les résultats doivent servir de base à l'impôt diminué des suppléments d'apport et augmenté des prélèvements effectués au cours de cette période par l'exploitant ou par les associés... ».

Il est tenu compte, en vue de la détermination du bénéfice d'un exercice, des produits ou des charges ayant pour contrepartie des créances ou des dettes certaines dans leur principe et dans leur montant. « Ainsi, il est également établi sous déduction de tous les frais ou charges qui satisfont aux conditions suivantes : être exposés dans l'intérêt direct de l'exploitation ; correspondre à une charge effective et être appuyés de justifications suffisantes ; se traduire par une diminution de l'actif net de l'entreprise ; être compris dans les charges de l'exercice au cours duquel ils ont été engagés. Le bénéfice imposable, comme l'indiquait Maître Maurice Togba ZOGBELEMOU, résulte de la comparaison entre deux bilans successifs : le bilan d'entrée et le bilan de sortie ». C'est la théorie du bilan[57].

Nous reviendrons sur les mécanismes de détermination de l'IS qui fera l'objet d'une étude détaillée, mais, d'ici là, il conviendrait de noter en filigrane que l'IS s'obtient en appliquant la formule simpliste suivante :

IS = (Bénéfice comptable + Réintégrations des charges non déductibles – déductions des produits non imposables) x taux de l'IS.

b) Taux d'imposition et modalités de recouvrement de l'IS

Dans la législation fiscale guinéenne, de même que dans celle de la France ou d'autres pays d'Afrique francophone (Sénégal, Côte d'Ivoire, etc.), la base taxable de l'IS en réalité c'est le bénéfice net[58]. Les bénéfices

---

[56] Le guide du contribuable de la Guinée, Mars 2002, Retenue à la source sur les revenus non salariaux (LF 1992, art 18), p.30.

[57] Maurice Togba Zogbélémou, thèse doctorale en droit, imposition des revenus des entreprises étrangères en Côte d'Ivoire, p. 250

[58] J-B. Geffroy, Grands problèmes fiscaux contemporains, PUF, 1993, p. 189.

passibles de l'IS sont déterminés de la même manière que les bénéfices industriels et commerciaux soumis à l'IR. Ainsi, le bénéfice fiscal, comme nous l'avons indiqué plus haut, s'obtient en faisant la somme du bénéfice comptable et des charges non admises en déduction, dont la réintégration s'avère autorisée par la loi fiscale, desquels sont retranchés les produits non taxables.

Les bénéfices réalisés par les entreprises constituent des revenus soumis à l'impôt. Les règles, qui définissent le redevable, la matière imposable, le calcul et les taux applicables dépendent principalement du statut juridique de l'entreprise. Le résultat fiscal est déterminé selon les règles propres au droit fiscal et sert de base au calcul de l'impôt. Le résultat fiscal peut être imposé de deux manières : soit au titre de l'IR dans la catégorie des BIC, dans ce cas ce sont les propriétaires de l'entreprise qui sont imposables et non l'entreprise elle-même ; soit au titre de l'IS au taux de 35%, en pareil cas, c'est la société qui est redevable légale ou réelle de cet impôt[59].

En guise de rappel, notons que la base d'imposition de l'IS reste bel et bien le **bénéfice net** qui est déterminé d'après les résultats d'ensemble des opérations de toute nature effectuées par les entreprises, y compris notamment les cessions d'éléments quelconques de l'actif, soit en cours soit en fin d'exercice….Il est constitué par la différence entre les valeurs de l'actif net à la clôture et à l'ouverture de l'exercice dont les résultats doivent servir de base à l'impôt, diminuée des suppléments d'apports et augmentée des prélèvements effectués au cours de cette période par l'exploitant ou les associés[60]. Le bénéfice imposable, en réalité, est le bénéfice comptable déclaré par l'entreprise et qui doit faire l'objet d'un traitement au ''laboratoire'' de l'administration fiscale. Etant entendu que le bénéfice comptable s'obtient par la différence entre l'ensemble des produits et des charges au cours de l'année civile.

En Guinée, le taux de l'impôt appliqué sur le bénéfice des sociétés de capitaux et assimilées est de 35%/. Il peut en être autrement pour celles qui sont sous le régime des sociétés conventionnées où l'Etat parvient à leur accorder un taux de faveur de 30% en raison de l'importance de ces entreprises au sein de l'économie nationale : le cas de la société aurifère de Guinée (SAG) en est une illustration Une telle faveur pourrait constituer un obstacle à l'évolution du système concurrentiel sur le marché des entreprises. Le taux proportionnel que connaît le système fiscal guinéen étant plus fort que les taux de l'IS des autres pays voisins (Sénégal : 25%) est de nature à provoquer une délocalisation de ces sociétés vers ces Etats à fiscalité faible.

L'IS donne lieu au paiement de deux acomptes provisionnels dont l'un le 15 juin et l'autre le 30 septembre de chaque année où l'impôt devient

---

[59] Précis de fiscalité, ministère du Budget, des Comptes publics et de la Fonction publique, République française, 2008, p. 376.

[60] Francis Lefebvre, Mémento pratique fiscal 2005, p .109.

exigible. Chaque acompte est égal au tiers de l'IS de l'année précédente[61]. Le solde est réglé au plus tard le 30 avril de l'année suivante lors du dépôt de la déclaration de résultats annuels. Sont imputables à l'IS : l'impôt minimum forfaitaire ; la retenue à la source sur certains revenus non salariaux ; la retenue à la source sur les revenus mobiliers encaissés par les personnes morales[62].

En somme, l''impôt sur les sociétés ou d'une manière plus explicite l'impôt prélevé sur les bénéfices des sociétés ou assimilées n'est pas un phénomène récent dans le système fiscal de la Guinée. Il figure en bonne place dans le CGI. Mais ce qu'il faut retenir ici c'est que depuis l'ère de la colonisation jusqu'au jour d'aujourd'hui, cet impôt bien qu'ayant connu des modifications en termes de taux ou de formes de gestion administrative, n'a pas atteint une véritable réforme que l'on escompte encore de lui pour qu'il soit plus rentable pour le budget que par le passé. Beaucoup de facteurs sont à l'origine de cette contre-performance : faible capacité de l'administration fiscale, incivisme fiscal, corruption, etc. que nous allons examiner dans le chapitre II de la première partie de notre document. Néanmoins, pour l'essentiel, il faut reconnaître que cet impôt est en légère progression contrairement à la CFU.

2. L'impôt minimum forfaitaire et son imputation sur l'IS

Historiquement parlant, l'impôt minimum forfaitaire (IMF) est d'invention française. Il est connu en France sous le vocable d'IFA, c'est-à-dire imposition forfaitaire annuelle des sociétés. Son institution officielle en Guinée provient de l'ordonnance N° 090/ PRG/ SGG/ 87 du 30 décembre 1987 en ses articles 1 à 5.

Le CGI, dans le cadre du champ d'application de l'IMF, a prescrit à son article 244 ce qui suit : « les sociétés et autres personnes morales passibles de l'IS sont assujetties à une imposition forfaitaire annuelle d'un montant égal à 3 % de leurs chiffres d'affaires hors taxes de l'année précédente, quels que soient les résultats d'exploitation, et désignée sous le nom d'IMF.

Sont également redevables de l'IMF toutes les entreprises commerciales ou industrielles quelle que soit leur forme juridique dans la mesure où elles relèvent du régime déclaratif. Le montant de l'IMF ne peut en aucun cas être inférieur à 3 millions de GNF, ni supérieur à 40 millions de GNF ... [63]». Son paiement se fait spontanément au plus tard le 15 janvier de chaque année au cours de laquelle il est exigible à la caisse du receveur spécial des impôts. A

[61] J-C. Martinez, Le statut du contribuable, LGDJ, 1980, p. 231.

[62] B. Castagnède, « Comment agir sur l'économie par l'impôt : les nouvelles méthodologies de la politique fiscale », Revue politique et parlementaire, octobre-décembre 2005, p. 27.

[63] Code général des impôts de la Guinée, édition mise à jour le 15 mars 2010, suivie des principaux textes fiscaux guinéens, Droit Afrique en partenariat avec Nimba Conseil, p.47.

défaut de paiement de cet impôt dans le délai légal prévu à l'article 246 du CGI, l'imposition est établie d'office avec une pénalité d'assiette de 10%.

La fraction de l'IMF des sociétés supérieure à 3 millions de GNF peut être imputée sur les sommes dues par les personnes morales et physiques au titre de l'IS ou de l'impôt sur le BIC. L'imputation ne peut être effectuée que sur le principal de l'IS. En tout état de cause, il convient de noter que l'IMF des sociétés ne constitue pas une charge déductible. Par ailleurs, l'IMF peut être également dû par les contribuables passibles du BNC dans les règles juridiques d'assiette analogues mais à la seule différence que la fourchette de prélèvement se distingue des premiers cas que nous venons d'élucider de même que le délai légal de paiement[64]. Le seuil maximum de prélèvement est de 10 millions de GNF et le minimum de 2 millions de GNF payables en une seule fois avant le premier mars de chaque année.

***NB** : Ce seuil a été modifié par les dispositions de la loi de finances initiale pour 2011 dont le minimum est de 4 500 000 GNF et le maximum de 60 000 000 GNF.*

Le montant acquitté par les redevables est effectivement imputable sur le prélèvement du BNC dû au titre de l'année d'imposition. Le CGI a prévu des exemptions limitatives à certaines catégories de sociétés telles que les sociétés nouvelles, les sociétés ou associations à but non lucratif, les sociétés bénéficiant d'une exonération suite à l'établissement d'une convention d'établissement entre elles et le gouvernement ; les chambres de commerce, les clubs et cercles privés pour leurs activités autres que le bar, la restauration et les jeux, etc.

II. Autres impositions sur les revenus professionnels

En Guinée, outre ces impositions professionnelles mentionnées plus haut, il existe d'autres types d'impositions prélevées sur les revenus telles que la retenue à la source sur les revenus non salariaux et l'impôt sur le revenu des valeurs mobilières.

1. La retenue à la source sur les revenus non salariaux

En Guinée, la retenue à la source sur les revenus non salariaux, en abrégé RS/RNS, est un impôt institué par l'article 19 de l'ordonnance N° 083/ PRG/ SGG/ 89 du 30 décembre 1990 et transcrit dans le code des impôts directs d'Etat de 1991. Cet impôt dont les produits servent à alimenter le budget national se recouvre par le système de retenue à la source comme son nom l'indique[65].

---

[64] Lamarque J., Droit fiscal général, Litec, Les cours de droit, 3eme édition, 1998, p. 208.

[65] Code général des impôts de la Guinée, édition mise à jour le 15 mars 2010, suivie des principaux textes fiscaux guinéens, Droit Afrique en partenariat avec Nimba Conseil, p.3.

A l'origine, son taux était de 20% puis il a été ramené à 10%. A l'heure actuelle, en vertu des textes contenus dans la loi de finances pour 2012, son taux est de 15%.

Le fait générateur et l'exigibilité de cet impôt se fondent sur l'idée selon laquelle lorsqu'une somme d'argent est payée par un débiteur établi en Guinée à des personnes qui n'ont pas d'installations professionnelles permanentes ou des non-résidents fiscaux, cela se fait en contrepartie d'une activité de prestation de services ou de matériels effectivement fournis (assistance technique, travaux d'invention, d'arts, etc.) et utilisés en Guinée.

Le CGI en ses articles 198, 198 bis et 198 ter s'est effectivement penché sur les techniques et règles de prélèvement auxquelles les entreprises concernées doivent se conformer. La RS/RNS est en principe prélevée à la source par l'entreprise débitrice sur la somme totale que son fournisseur de biens et de services lui aura facturée au taux de 10% dont l'obligation est faite à cette dernière de déclarer et de reverser ce précompte à la caisse du receveur spécial des impôts de la zone administrative où l'opération a eu effectivement lieu. Le non-respect de cette règle par le débiteur l'exposerait à une sanction fiscale équivalant au double des droits indus[66].

2. L'impôt sur le revenu des valeurs mobilières

Dans le système fiscal guinéen, l'impôt sur les revenus des capitaux mobiliers encore appelé impôt sur le revenu des capitaux mobiliers, comprend en fait l'impôt prélevé soit sur les produits de placement à revenu fixe (emprunts, dépôts et cautionnements, revenus des obligations et autres titres négociables, etc.) ; soit sur les produits de placement à revenu variable (actions et parts sociales et revenus assimilés) distribués par les personnes morales passibles de l'impôt sur les sociétés[67]. Les distributions imposables dans la catégorie des revenus de capitaux mobiliers sont celles réalisées par toutes les sociétés et autres collectivités assujetties obligatoirement à l'impôt sur les sociétés, celles qui optent pour lui et les collectivités qui seraient normalement passibles de l'IS mais qui en sont expressément exonérées (article 172 du CGI).

Le taux nominal de l'IRVM qui était appliqué avant l'adoption de la loi de finances pour 1998 était de 20%. Il fut ramené à 15% suite à la promulgation de ladite loi de finances pour 1998. Ce taux s'applique sur la base taxable de l'IS après déduction de l'IS du bénéfice net taxable en vue de déterminer l'IRVM correspondant.

Comme signalé plus haut, l'imposition sur le revenu ne vise pas seulement les personnes morales, ce phénomène est aussi bien appréhendé

---

[66] Le guide de contribuable de la Guinée, Mars 2002, Retenue à la source sur les revenus non salariaux (LF 1992, art 18), p. 29.

[67] Béatrice et Francis Grandguillot, Pascale Recroix, Droit fiscal, éditions Lextenso, 2010, p. 96.

au niveau des personnes physiques et figure en première colonne dans le CGI de la Guinée ; d'où l'objet de l'analyse dans le point B.

Paragraphe II. Les impositions sur le revenu des personnes physiques

Dans le CGI guinéen, les impositions sur le revenu des personnes physiques ou particuliers figurent en première place ; mais, en raison de l'importance des sommes que les impositions sur le revenu des sociétés procurent au budget de l'Etat (35% environ), nous avons jugé nécessaire de traiter prioritairement ces dernières à des fins de commodité et, après, de jeter nos regards sur la problématique de l'imposition sur le revenu des personnes physiques. En effet, l'imposition sur le revenu des particuliers en droit fiscal guinéen comprend sept (7) types de prélèvements correspondant effectivement à chaque revenu catégoriel susceptible d'être réalisé par les contribuables ou par les foyers fiscaux. Ce sont :

- le prélèvement BIC ;
- le prélèvement BNC ;
- le prélèvement BA ;
- le prélèvement sur les revenus fonciers ;
- le prélèvement sur les plus-values non professionnelles ;
- le prélèvement sur les placements financiers ;
- le prélèvement sur les traitements et salaires, les pensions et rentes viagères.

I. Les prélèvements BIC et BNC

Les prélèvements BIC et BNC constituent des impôts levés sur les revenus dans les catégories de bénéfices industriels et commerciaux et sur les bénéfices non commerciaux que réalisent les contribuables exerçant des activités commerciales à titre habituel ou occasionnel pour les premiers et des activités non commerciales mais à but lucratif (prestations de services notariés, huissiers de justice, etc.) pour les seconds.

1. Les prélèvements sur les bénéfices industriels et commerciaux

L'impôt sur le revenu en Guinée frappe, dans la catégorie des BIC, les bénéfices qui proviennent d'une profession commerciale ou d'une activité assimilée, lorsque cette profession ou activité est exercée par une personne physique ou une société ne relevant pas de l'impôt sur les sociétés[68]. L'impôt sur les bénéfices industriels et commerciaux est un impôt qui alimente le

[68] Francis Lefebvre, Mémento pratique fiscal 2005, p.106.

budget de l'Etat. Il concerne aussi bien les entreprises individuelles que les sociétés de personnes où le principe de transparence fiscale est quasiment exigé. Les sociétés civiles peuvent être assujetties au prélèvement BIC selon certaines dispositions de la loi. Selon les textes en vigueur, les bénéfices réalisés par les personnes physiques ou membres de sociétés n'ayant pas opté pour l'impôt sur les sociétés. Le prélèvement de l'impôt BIC se fait annuellement sur la base du bénéfice net déclaré en principe par le contribuable.

Son taux est de 30% pour toutes les catégories de contribuables qui y sont assujettis. Dans le système fiscal guinéen, il existe des contribuables qui se livrent au commerce import- export. Donc, la loi a prévu un prélèvement forfaitaire au taux de 5% au cordon douanier pour ces catégories de contribuables qui font des importations et qui ne sont pas redevables de la TVA.

Mais, ce qu'il faut retenir, c'est que leur prélèvement forfaitaire acquitté au cordon douanier est imputable à l'impôt BIC dû. Le champ d'application du BIC ainsi que ses méthodes de détermination sont transcrits dans le CGI. Cependant, nous nous efforcerons de mentionner ici comment on détermine le résultat fiscal en matière de BIC. En effet, la base d'imposition pour l'entreprise assujettie au BIC est égale au résultat dégagé par la comptabilité et corrigé par voie de réfaction extracomptable en tenant compte des règles spécifiques. Les corrections sont effectuées sur le tableau de détermination du résultat fiscal qui est un formulaire élaboré par l'administration que le contribuable joint à sa déclaration de résultats annuels.

Résultat fiscal = Résultat comptable avant impôt + Réintégrations – déductions autorisées
Résultat comptable = Produits de l'exercice – Charges de l'exercice
Ou encore **Résultat Comptable** = Actif net au bilan de clôture – Actif net au bilan d'ouverture Suppléments d'apport + Prélèvements de l'exploitant ou des associés

2. L'impôt sur les bénéfices non commerciaux

En Guinée, à l'instar de la France, l'impôt sur le BNC constitue un prélèvement qui frappe l'une des catégories relevant de l'imposition sur le revenu. L'impôt sur les bénéfices non commerciaux (BNC) est un impôt perçu sur les bénéfices des professions libérales, les produits des charges et offices et les profits ne relevant d'aucune autre catégorie.

Les professions libérales sont celles où l'activité intellectuelle est prédominante et qui consistent en la pratique personnelle d'une science ou d'un art que l'intéressé exerce en toute indépendance[69]. A titre d'exemples, nous pouvons citer les avocats, les médecins, les experts comptables, les

[69] Francis LEFEBVRE, Mémento pratique fiscal 2005, p .216.

huissiers de justice, etc. Les produits des charges et offices, quant à eux, sont rangés dans la catégorie des BNC, sauf lorsque leur titulaire a la qualité de commerçant (cas des courtiers interprètes et conducteurs de navires qui sont taxables au titre des BIC). Relèvent de la catégorie des BNC les officiers publics et ministères suivants : avocats à la Cour de cassation, avoués près la cour d'appel, commissaires-priseurs, greffiers des tribunaux titulaires de leurs charges (traitements, indemnités et émoluments, etc. qui leur incombent)[70].

Les autres revenus non commerciaux concernent, en fait, les revenus des professions ou activités très diverses (intermédiaires de commerce, prêtres, pasteurs, guérisseurs, prostituées, etc.). La règle générale de détermination du bénéfice non commercial imposable est la suivante : le bénéfice non commercial taxable est celui réalisé au cours de l'année civile, même si le contribuable tient une comptabilité de périodicité différente. Il est déterminé par la différence entre les recettes encaissées et les dépenses professionnelles effectuées au cours de l'année civile. Le taux du BNC en vigueur est de 30%. L'IMF, dont le montant minimum est de 2 millions et le montant maximum de 10 millions payable par les contribuables concernés, est imputable sur le montant du BNC annuel dû. Cet IMF fera l'objet d'une analyse dans la section 2 du premier chapitre de notre étude[71].

En somme, les règles de déductibilité des charges afférentes au BNC sont identiques à celles du BIC et de l'IS dans l'optique de détermination du bénéfice net comme le prévoient les dispositions de l'article 93 du CGI : « le bénéfice net est établi sous déduction de tous les frais ou charges qui satisfont aux conditions suivantes : être exposés dans l'intérêt direct de l'exploitation ; correspondre à une charge effective et être appuyés de justifications suffisantes ; se traduire par une diminution de l'actif net de l'entreprise ; être compris dans les frais ou charges de l'exercice au cours duquel ils ont été engagés[72] ».

II. Les prélèvements sur « les bénéfices agricoles » et sur « les revenus fonciers »

A ce niveau, l'on abordera successivement quelques réalités liées à l'impôt sur les bénéfices agricoles qui frappe les agriculteurs d'une part et les prélèvements opérés par l'Etat sur les revenus perçus par les propriétaires fonciers (bâtis ou non bâtis) d'autre part au sein du contexte contributif de la Guinée.

---

[70] Le guide du contribuable en Guinée, Mars 2002, Imprimerie Nationale, p. 28.
[71] Code général des impôts de la Guinée, Droit Afrique, 2010, p.45.
[72] Ibidem

1. Les prélèvements sur les bénéfices agricoles (BA)

La Guinée, étant un pays à vocation agricole, ne contribue pas à la dimension de son potentiel fiscal dans le secteur agricole. Néanmoins, les raisons qui en découlent seront examinées dans le chapitre III de la première partie de ce travail. En effet, le CGI guinéen a prévu en ses articles 153 à 159 les dispositifs régissant les impositions des activités agricoles quoique strictement limités et étriqués.

Le taux applicable sur les bénéfices nets réalisés par les agriculteurs est de 15%. L'enjeu fiscal dans ce secteur n'est pas réellement de taille d'autant plus que le pays vit une agriculture de subsistance et est frappé par la non-alimentation ou la sous-alimentation chronique aux dires de certains économistes comme René Gendarme.

2. Les prélèvements sur le revenu foncier(RF)

L'impôt sur le revenu foncier n'est pas du tout un impôt nouveau dans notre système fiscal. Son origine remonte à la période coloniale où la Guinée était sous le joug de la France bien avant 1958[73].

En effet, la contribution sur les propriétés foncières fait partie des quatre vieilles de la structure fiscale française : la patente, la taxe d'habitation, le foncier bâti et le foncier non bâti qui ont fait couler beaucoup d'encre et de salive tant en France et en Guinée, qu'ailleurs. Cet impôt dont les produits servent à alimenter le budget de l'État et celui des collectivités locales est très vieux mais réellement impopulaire et peu rentable compte tenu de sa complexité en termes d'assiette et de recouvrement ; car force est de reconnaître que l'impôt foncier, malgré le boum de son champ d'application, c'est les propriétés immobilières ces derniers temps en Guinée, a un impact sur les différents budgets, pour lesquels il est prélevé, qui laisse encore à désirer[74].

Il a subi beaucoup de mutations que nous nous permettrons de résumer en deux étapes fondamentales. La première a trait à son évolution depuis son institution bien avant sa synthétisation. Et la seconde vise les différentes transformations que cette contribution a connues au moment de sa synthétisation jusqu'à nos jours.

a) Les prélèvements sur les revenus fonciers avant leur synthétisation

Les prélèvements sur les revenus fonciers avant la réforme de 1998 concernaient quatre types d'impôts et taxes variés qui frappaient les propriétés bâties et non bâties auxquels le code des contributions diverses de 1966 a largement fait allusion dans ses colonnes, y compris quelques lois de

---

[73] Seka Seka, P., Le mimétisme fiscal des Etats d'Afrique, Mémoire, Paris II, 1993, p. 142.

[74] PNUD, L'Afrique et les objectifs du millénaire pour le développement, Paris, Economica, 2005, p. 635.

finances, à savoir : l'impôt sur le foncier bâti ; l'impôt sur les propriétés non bâties ; la taxe d'habitation ; l'impôt sur le revenu foncier[75].

Tout d'abord, l'impôt sur le foncier bâti est un prélèvement fiscal qu'opérait le fisc sur les propriétés effectivement bâties (maisons d'habitation, immeubles, usines, outillages industriels, manufactures, etc.) fixées au sol et à perpétuelle demeure dont le contribuable avait la disposition ou la jouissance au cours de l'année d'imposition.

Son évaluation se faisait sur la base forfaitaire ou réelle ou indiciaire[76]. Le plus généralement, la valeur locative annuelle, déductions faites des charges de propriétés ou autres abattements autorisés, était prise en compte pour l'assiette de cet impôt. Le taux d'imposition applicable était de 10% pour le propriétaire occupant et de 15% pour les propriétés louées[77].

Le produit de cet impôt servait à alimenter le budget des collectivités territoriales, appelées aujourd'hui communes, préfectures et communautés rurales de développement. Ensuite, l'impôt sur les propriétés non bâties concernait un autre type de prélèvement opéré par le service des impôts sur les terrains à usage commercial mis à exploitation soit par le propriétaire soit par le bailleur ou encore le locataire au cours de l'année civile[78].

Les techniques d'assiette sont identiques à celles de l'impôt sur le foncier bâti dont le recouvrement se faisait par voie de rôle. Son produit sert également à entretenir le budget des collectivités locales. Subséquemment, la taxe d'habitation, comme son nom l'indique, était un impôt payé au Trésor public par toute personne ayant pris en location une maison à titre d'habitation[79].

La base imposable est déterminée à partir du montant des loyers que le locataire versait au propriétaire de l'immeuble au cours de l'année d'imposition. Le taux qui était applicable était de 15%. Ses recettes étaient destinées également au budget des collectivités décentralisées.

Enfin, l'impôt sur le revenu foncier (IRF) constituait le quatrième type d'impôt qui frappait le revenu foncier du contribuable guinéen. Cet impôt servait à entretenir le budget de l'Etat, contrairement aux trois premiers. La valeur locative annuelle servait de base de calcul de cet impôt dont le taux applicable était de 15%.

La lourdeur et la multiplicité de cette charge fiscale, y compris les difficultés de recouvrement par le fisc sur la tête d'un même contribuable, ont conduit le législateur à simplifier le mode de perception de cet impôt ;

---

[75] Code général des impôts de la Guinée, édition mise à jour le 15 mars 2010, suivie des principaux textes fiscaux guinéens, Droit Afrique en partenariat avec Nimba Conseil, p.78.

[76] Idem, p.79.

[77] Le guide du contribuable de la Guinée, Mars 2002, Retenue à la source sur les revenus non salariaux (LF 1992, art 18), p. 35.

[78] Salanié B. Théorie économique de la fiscalité, Economica, 2002, p. 189.

[79] Bozio A. et Grenet J., Economie des politiques publiques, La Découverte, coll. « Repères », p. 281.

d'où la nécessité d'instituer, par la loi de finances pour 1998, un impôt synthétique sur le revenu foncier appelé contribution foncière unique, en abrégé CFU[80].

b) Les prélèvements sur les revenus fonciers après leur synthétisation : la CFU

La loi de finances pour 1998 en son article 13, comme on l'a souligné plus haut, a institué en Guinée un impôt synthétique appelé contribution foncière unique, en abrégé CFU. Il faut souligner, cependant, que la CFU n'est pas le seul impôt synthétique qui existe dans notre système fiscal, il y en a d'autres, telles la taxe professionnelle unique (TPU) et la taxe unique sur les véhicules (TUV).

La CFU, pour des raisons de simplification de la législation, d'efficacité et d'aisance dans le processus de recouvrement, le législateur a jugé nécessaire de la substituer aux anciens impôts et taxes assis sur la propriété bâtie et non bâtie qui, par leur lourdeur et leur multiplicité, pénalisaient le contribuable légal ou effectif. Il s'agit : de la contribution foncière sur les propriétés bâties ; de la contribution foncière sur les propriétés non bâties ; de la taxe d'habitation ; de l'impôt sur le revenu foncier.

Elle est due par toute personne physique ou morale possédant en Guinée des propriétés foncières au 1er janvier de l'année d'imposition[81]. En cas d'impossibilité d'accéder au propriétaire, le locataire ou toute autre personne mandatée ayant droit sur le bien immobilier concerné est tenu de payer cette contribution au nom et pour le compte du propriétaire (article 259 du CGI). Sont exonérés de la CFU : les propriétés bâties publiques, les églises, les mosquées, les immeubles à usage scolaire et préscolaire publics et privés et les propriétés appartenant aux représentations diplomatiques et consulaires dans le cadre du respect du principe de réciprocité des avantages diplomatiques entre les Etats coopérants. La base d'imposition est déterminée à partir des valeurs locatives réelles des biens au 1er janvier de l'année de taxation.

Deux taux proportionnels applicables sur la base taxable (valeur locative annuelle après abattement autorisé ou déductions de charges correspondantes admises) sont en vigueur : 10% pour les immeubles occupés par les propriétaires et 15% pour les propriétés bâties mises en location. Concernant les modalités de recouvrement de cette CFU, en principe, les redevables légaux ou effectifs sont enrôlés par les services des impôts, lesquels établissent des titres de perception (avertissements, avis d'imposition, etc.) et les adressent aux ayants droit. Ils doivent s'acquitter de leurs droits au plus

[80] Code général des impôts de la Guinée, édition mise à jour le 15 mars 2010, suivie des principaux textes fiscaux guinéens, Droit Afrique en partenariat avec Nimba Conseil, p.78.
[81] Le guide du contribuable de la Guinée, Mars 2002, Retenue à la source sur les revenus non salariaux (LF 1992, art 18), p. 39.

tard le 30 juin de chaque année. Dans notre système fiscal, en la matière, le législateur a prévu des dispositifs de retenue à la source communément appelée retenue à la source sur les loyers (RSL). La RSL concerne les personnes morales assujetties à l'IS de plein droit ou sur option.

En effet, elles ont l'obligation d'opérer une retenue à la source au taux de 15% sur le montant des loyers qu'elles paient au propriétaire de l'immeuble qu'elles louent et de reverser ladite retenue à la caisse du receveur des impôts relevant de tel ou tel ressort géo-administratif. S'agissant de la répartition du produit et du contentieux de la CFU, nous invitons nos lecteurs à se référer aux articles 273 et 274 du CGI dont l'extrait en termes de l'IR est annexé au présent document[82].

III. Autres impositions sur le revenu des personnes physiques

A ce niveau, il sera question de mettre en lumière les dispositifs qui caractérisent l'imposition des plus-values non professionnelles et celle des autres placements financiers que connaît le système fiscal de la République de Guinée.

1. Le prélèvement sur les plus-values non professionnelles

La notion de plus-value n'est pas du tout pas une notion étrange ou nouvelle au monde des sciences économiques, juridiques et comptables. Il en est de même pour la Guinée. En effet, qu'il s'agisse des libéraux, des marxistes, des fiscalistes et comptables des temps anciens et contemporains, ce concept a souvent défrayé leur chronique et entraîné diverses acceptions : plus-value absolue, plus-value relative, plus-value en droit fiscal[83]. Tout de même, l'on ne s'intéressera essentiellement qu'aux aspects économiques et surtout fiscaux que nous allons décrire brièvement.

a) La plus-value dans son acception économique

Dans l'analyse marxiste, la plus-value se définit comme une augmentation de la valeur produite par le travail de l'ouvrier salarié et que s'approprie le capitaliste gratuitement ou encore la partie non rémunérée du travail de ce dernier[84]. Le taux de plus-value (Tpv) ou taux d'exploitation s'obtient par application du rapport entre la plus-value (pv) et le capital variable (cv). D'où : **Tpv= pv /cv.**

La plus-value, cependant, dans l'analyse marxiste demeure au niveau des concepts. Sa transposition moins abstraite ou sa transformation dans

[82] Code général des impôts de la Guinée, édition mise à jour le 15 mars 2010, suivie des principaux textes fiscaux guinéens, Droit Afrique en partenariat avec Nimba Conseil, p.81.
[83] J-P. Fradin, J-B. Geffroy., Traité du droit fiscal de l'entreprise, PUF, 2003, p. 194
[84] Lexique d'économie, 9ème édition, Dalloz, juin 2006, p 580.

l'économie concrète est le profit avec différentes composantes : intérêt, rente et bénéfice. Qu'entend-on par plus-value absolue ? Tout simplement, c'est la plus-value supplémentaire obtenue soit par la prolongation de la journée de travail, soit par l'augmentation de la productivité du travail. Et que signifie plus-value relative ? Elle se définit comme étant une augmentation de la plus-value liée à l'amélioration de la productivité se traduisant par la diminution du temps de travail nécessaire de l'ouvrier[85].

b) La plus-value au sens du droit fiscal

L'approche fiscale de la notion de plus- value va nous conduire à nous placer devant deux types de personnes imposables réalisant des opérations de plus-value ou de moins-value sur certains éléments d'actifs immobilisés existant, bien évidemment, dans leur patrimoine[86]. Il s'agit des plus ou moins-values réalisées par les particuliers et celles réalisées par les sociétés de capitaux. Nous ne limiterons nos réflexions que sur les plus-values immobilières du point de vue de la législation fiscale et comptable en vigueur dans notre pays.

En effet, d'une manière générale, la plus-value, par définition, n'est rien d'autre que des augmentations de la valeur observée d'un poste d'actif par rapport à sa valeur comptable nette[87]. Le traitement des plus ou moins-values diffère suivant l'occasion de leur apparition : inventaire de fin d'exercice, cession de l'élément d'actif immobilisé, réévaluation du bilan, fusion de l'entreprise.

La législation fiscale guinéenne inspirée de celle de la France, bien que n'ayant pas fait un étalage explicite de la problématique des plus- values, comme l'ont fait d'autres pays, a, malgré tout, accordé une certaine place, peut-être minime, dans le traitement des opérations engendrant des plus-values réalisées par les particuliers : individus, sociétés de personnes et organismes assimilés, etc.

En effet, les plus-values imposables déterminées par comparaison entre le prix de cession et le prix d'acquisition des biens immobiliers que les particuliers ont réalisées sont regardées comme des plus- values immobilières non professionnelles[88].

Dans ce processus, les frais supportés par le cédant sont directement acceptés en déduction de la base taxable. Et conséquemment elles doivent faire l'objet d'un prélèvement libératoire de l'IR au taux proportionnel de

[85] L., Levoyer, L'assujettissement des personnes publiques à l'impôt sur les sociétés, Dr. Fisc., 2006, n°7, p. 419.
[86] J-L., Albert, La fiscalité du patrimoine, Mél. H. Jacquot, Presses Universitaires d'Orléans, 2006, p. 71.
[87] Pierre Lassègue, 6ème édition, Dunod, septembre 2007, p.531.
[88] B. Castagnède, « Chronique de fiscalité internationale », L'Année fiscale, 2006, p. 281.

15%. Alors que pour celles réalisées par les entreprises soumises à l'IS, le traitement fiscal est tout autre.

2. L'impôt sur le revenu des placements financiers

L'impôt sur les revenus des placements financiers en Guinée, encore appelé impôt sur le revenu des capitaux mobiliers ou encore impôt sur le revenu des valeurs mobilières comprend en fait l'impôt prélevé soit sur les produits de placement à revenu fixe (emprunts, dépôts et cautionnements, revenus des obligations et autres titres négociables, etc.) ; soit les produits de placement à revenu variable (actions et parts sociales et revenus assimilés) distribués par les personnes morales passibles de l'impôt sur les sociétés[89].

Les distributions imposables dans la catégorie des revenus de capitaux mobiliers sont celles réalisées par toutes les sociétés et autres collectivités assujetties obligatoirement à l'impôt sur les sociétés, celles qui optent pour lui et les collectivités qui seraient normalement passibles de l'IS mais qui en sont expressément exonérées (article 172 du CGI).

Le taux nominal de l'IRVM qui était appliqué avant l'adoption de la loi de finances pour 1998 était de 20%. Il fut ramené à 15% suite à la promulgation de ladite loi de finances pour 1998. Ce taux s'applique sur la base taxable de l'IS après déduction de l'IS du bénéfice net taxable en vue de déterminer l'IRVM correspondant.

3. Les retenues sur traitements et salaires

Les retenues sur traitements et salaires constituent une cédule importante de l'impôt sur le revenu. En effet, tout employeur qui paie des traitements, salaires et pensions en Guinée est tenu d'effectuer pour le compte du Trésor une retenue au titre de l'impôt sur le revenu. La retenue à la source concerne aussi bien les salaires, traitements et émoluments que les autres impôts sur les revenus catégoriels tels que la RSRNS, l'IRVM, l'IS, etc. Rappelons que l'impôt retenu à la source est une technique de prélèvement fiscal qui consiste à garder ou à retenir par un tiers payeur, au fil des revenus qu'il verse à la personne concernée, l'impôt dû au titre de ces mêmes revenus.

La retenue à la source a en général le statut d'acompte sur l'impôt que devra payer le contribuable. Si l'impôt retenu permet de se soustraire au régime normal d'imposition, on parle alors de prélèvement libératoire. L'impôt retenu à la source prend l'appellation en Belgique de précompte professionnel[90].

---

[89] Béatrice et Francis Grandguillot, Pascale Recroix, Droit fiscal, éditions Lextenso, 2010, p. 96.

[90] Mamadou Aliou, BAH, L'évolution du système fiscal guinéen, thème de mémoire, Université Paris Dauphine, 2002, p. 43.

Pour le cas précis de la Guinée, la retenue à la source sur les salaires concerne aussi bien les salaires des fonctionnaires que ceux des travailleurs des secteurs mixtes et privés liés par leurs entreprises par un contrat de travail. Au niveau de la fonction publique, l'Etat, par le truchement de la direction nationale du budget, procède à la détermination du montant du précompte en matière de RTS à prélever chaque mois sur la masse salariale de l'ensemble des fonctionnaires du pays[91]. Dans la nomenclature des recettes budgétaire, ces RTS sont appelées RTS budget national.

Malgré la stabilité des précomptes mensuels de ces RTS Budget national, force est de reconnaître que leur quote-part est relativement faible dans les recettes budgétaires de l'Etat ; soit 6% en 2005 ; 5, 75% en 2006 et 5, 61% en 2007[92]. Les RTS des secteurs mixtes et privés font également l'objet d'un précompte appelé encore retenue à la source, opéré directement par les employeurs sur les salaires de leurs employés et cela en conformité avec les textes fiscaux en vigueur.

Qu'il s'agisse des RTS budget national ou RTS secteurs mixtes et privés, toutes sont déterminées en fonction du barème progressif applicable sur les tranches de revenu salarial et cela en vertu des dispositions de l'article 63 du CGI.

Ces tranches de revenus taxables ou non sont classées en 8 paliers dont le revenu plancher est de 30 000 GNF et le revenu plafond indéterminé auquel s'applique le dernier taux décroissant de 5 % et les textes régissant l'assiette de cet impôt sont prévus par la loi de finances. Les taux d'imposition applicables à ces classes de revenu varient de 0 à 28 % (taux maximum). La tranche de revenu inférieure à 30 000 GNF est exonérée de la RTS. Ainsi voici la présentation du barème de taxation par tranche de revenus (article 63 du CGI) :

Tableau 1 : Barème de taxation par tranche de revenu

De 0 à 30 000 GNF	0%
De 30 001 à 100 000 GNF	10%
De 100 001 à 150 000 GNF	5%
De 150 001 à 300 000 GNF	0%
De 300 001 à 1 000 000 GNF	.25%
De 1000 001 à 2 500 000 GNF	28%
De 2 500 001 à 5 000 000 GNF	30%
Plus de 5 000 000 GNF	5%.

NB : La loi de finances pour 2011 a modifié totalement ces barèmes progressifs de la RTS. Ils se présentent maintenant comme suit :

[91] Isaia H. et Spindler J., Histoire du droit des finances publiques, Economica, 1985, p. 113.

[92] Tableau des prévisions et réalisations des recettes fiscales de la Direction nationale des impôts de 2005, 2006 et 2007.

Tableau 2 : Les nouveaux barèmes (loi des finances 2011)

De 0 à 1 000 000 GNF	0%
De 1000 001 à 5000 000 GNF	5%
De 5 000 001 à 10 000 000 GNF	10%
Supérieur à 10 000 000	15%

Les techniques d'assiette, de liquidation, de déclaration, de contrôle et de recouvrement de la RTS sont régies par les articles 50 à 86 du CGI dont l'extrait est joint en annexe au présent document en ce qui concerne l'imposition sur le revenu dans sa globalité.

Exemple de calcul de la RTS

Soit un salarié Robert Balao, fiscalement résident en Guinée, marié et ayant à sa charge 2 enfants, a perçu les rémunérations au titre du mois d'octobre 2009 composées des éléments suivants :

Tableau 3 : Calcul de la RTS

salaire de base :	350 000 GNF
prime d'ancienneté :	24 000 GNF
indemnité pour voiture :	40 000 GNF
indemnité de représentation :	25 000 GNF
prime exceptionnelle :	170 000 GNF
Total :	609 000 GNF

Calculer, suivant l'ancien barème, la RTS due que l'employeur doit retenir et reverser à l'Etat sur le revenu de cet employé, abstraction faite des abattements de 5 % au titre des droits payés à la Caisse nationale de sécurité Sociale (CNSS) et des 10 % au titre des frais professionnels.

Solution

Détermination du revenu brut imposable : 350 000 + 24 000 + 40 000 + 25 000 + 170 000= 609 000 GNF

Abattement de 30 000 GNF par enfant ; soit pour les 2 enfants on aura : 30 000X 2= 60 000 GNF.

Revenu net imposable au barème progressif est égal à : 609 000 - 60 000 = 549 000 GNF.

Détermination de la RTS par tranche de revenu selon le barème progressif :

De 0 à 30 000 GNF, pas de RTS ; car la loi a exonéré cette tranche de revenu à la RTS.

De 30 001 à 100 000 ; soit 100 000- 30 000 = 70 000 GNF, on y applique le taux de 10% soit : 70 000 X 10% = 7 000 GNF.

De 100 001 à 150 000 ; soit 150 000 – 100 000 GNF= 50 000GNF, on y applique le taux de 15%, soit : 50 000 X 15 % = 7 500 GNF.

De 150 001 à 300 000 ; soit 300 000 – 150 000 = 150 000 GNF, on y applique le taux de 20 %, soit : 150 000 X 20 % = 30 000 GNF ;

De 300 000 à 549 000 ; soit 549 000 – 300 000 = 249 000, on y applique le taux de 25 %, soit : 249 000 X 25 % = 62 250 GNF. Le total des RTS perçues sur le revenu salarial net de cet employé et qui doivent être reversées au Trésor public par son employeur au titre de sa DMU du mois d'octobre 2009 sera de : 7 000 + 7 500 + 30 000 + 62 250 = 106 750 GNF.

SECTION II. CLASSIFICATION DES RÉGIMES D'IMPOSITION EN GUINÉE

Pour une question d'analogie, on peut classifier les régimes d'imposition sur le revenu en deux grandes catégories dans le système fiscal guinéen : le régime d'imposition sur le revenu des sociétés ou personnes morales (paragraphe I) et le régime d'imposition sur le revenu des personnes physiques (paragraphe II) que nous allons examiner synthétiquement ici.

PARAGRAPHE I. LES RÉGIMES D'IMPOSITION SUR LES REVENU DES SOCIÉTÉS

Les régimes fiscaux, dans la plupart des pays d'Afrique francophones, pour ne pas dire dans leur entièreté, dont fait partie la Guinée, sont calqués sur le système fiscal français.

I. Le régime du réel normal déclaratif et le régime simplifié

En Guinée, l'on distingue quatre (4) régimes fondamentaux en matière d'imposition sur le revenu des sociétés : le régime du réel normal ou déclaratif ; le régime du réel simplifié ; le régime dérogatoire ou conventionnel et le régime d'exemption. Nous allons passer en revue successivement les dispositifs qui caractérisent chacun de ces régimes conformément aux normes juridiques en vigueur dans notre pays.

1. Le régime du réel normal déclaratif

En Guinée, le régime du réel normal encore assimilable au régime du droit commun est le miroir de celui de la France, excepté quelques particularités qui le distinguent : niveau du chiffre d'affaires pour les entreprises soumises au régime du BIC, par exemple.

Si, pour le seuil d'assujettissement au régime du réel normal des entreprises en France, la loi a prévu un chiffre d'affaires pour les entreprises commerciales d'un montant de 763 000 euros[93], il en est autrement en Guinée où la loi a prévu un seuil de 150 millions de francs guinéens ; soit 23 076 euro pour les mêmes entreprises de ventes qui sont censées être redevables de plein droit en matière de TVA et par conséquent soumises au régime du réel normal ou déclaratif et gérées au Service des grandes entreprises de la DNI[94]. Ces entreprises ont l'obligation de déposer leur déclaration de résultats au plus tard le 30 avril de chaque année accompagnée des documents annexes que l'on appelle la « liasse fiscale ».

Ce régime s'applique aux contribuables qui perçoivent ou réalisent des revenus provenant de plusieurs revenus cédulaires visés à l'article 1 du CGI d'une part et ceux imposés au régime des bénéfices réels ayant opté pour l'imposition unique de l'ensemble des revenus du foyer d'autre part[95].

En outre, sont obligatoirement assujettis au régime normal d'imposition les contribuables mariés qui ont accepté l'option prévue à l'article 10 du CGI ci-joint en annexe. Les contribuables relevant du régime normal d'imposition sont tenus de souscrire une déclaration d'ensemble de leurs revenus perçus ou réalisés en tenant évidemment compte des différentes catégories de revenus : traitements et salaires, bénéfices industriels et commerciaux, revenus fonciers, revenus de capitaux mobiliers[96], etc.

En outre, il convient de signifier que le système de déclaration et de taxation de l'ensemble des revenus en Guinée n'est quasiment pas opérationnel.

2. Le régime simplifié

Le régime simplifié d'imposition du revenu des entreprises en France vise, en fait, le bénéfice imposable qui est déterminé à partir des créances acquises et des dettes certaines constatées au cours de l'exercice comptable de l'entreprise[97]. Ce bénéfice imposable (ou bénéfice net) est ensuite ajouté aux autres revenus du contribuable pour former le revenu global. Lorsque l'activité exercée dégage un déficit, celui-ci est reportable sur le revenu global de l'année[98].

---

[93] Mémento pratique Francis Lefebvre- Fiscal 2005, p 209.

[94] MONEMOU Ouo-Ouo Waïta, Mémoire du master professionnel 2 en Administration fiscale, Université Paris- Dauphine, session 2005- 2006, p.24.

[95] Code général des impôts, édition mise à jour le 15 mars 2010, suivie des principaux textes fiscaux guinéens, Droit Afrique.com, p.52.

[96] Dassesse, Marc-Bruylant, Droit fiscal : principes généraux et impôts sur les revenus, PUF, 2001, p. 92.

[97] G-Imbrecq Félix, Impôt sur le bénéfice global : Essai d'une refonte des impôts sur les revenus français, 1930, p.23.

[98] Pagès, Jean-Georges, De la détermination du bénéfice réel imposable par l'impôt cédulaire sur les revenus industriels et commerciaux, S.N., 1926, p.43.

En France, ce régime d'imposition du réel simplifié s'applique aux contribuables exclus du régime micro-BIC, ainsi qu'aux exploitants dont le chiffre d'affaires hors taxes est compris entre 76.300€ et 763.000€ (activités de vente et de fourniture de logement) ou entre 27.000€ et 230.000€ (prestations de services)[99].

Tandis qu'en Guinée, bien que ce régime simplifié d'imposition du revenu soit importé de la France, il n'en demeure pas moins que la structure des textes de même que leur application effective aux réalités économiques, fiscales, politiques, juridiques, du pays sont véritablement différentes[100].

Ce régime s'applique de plein droit aux contribuables domiciliés en Guinée n'ayant pas exercé l'option prévue à l'article 10 du CGI, c'est-à-dire l'imposition unique de l'ensemble des revenus du foyer (le couple et ses enfants). Il s'agit des usagers qui perçoivent exclusivement : soit des bénéfices industriels, commerciaux, artisanaux, non commerciaux ou agricoles faisant l'objet d'un prélèvement proportionnel ; soit des plus-values immobilières non professionnelles soumises à un prélèvement libératoire ; soit des revenus de capitaux mobiliers ayant supporté une retenue à la source également libératoire.

Dans le CGI, les seuils d'assujettissement à ce régime ne sont pas définis en fonction du niveau du chiffre d'affaires pour tous les contribuables réalisant des activités à caractère commercial, industriel, professionnel, artisanal, et autres[101].

En somme, il faudrait que tous les contribuables, qui devraient être soumis à ce régime en Guinée, comme les textes le prévoient, puissent s'acquitter effectivement de leurs obligations déclaratives allégées (souscription d'une déclaration particulière ou dispense de déclaration selon la nature du revenu), mais, malheureusement, la réalité en est tout autre sur le terrain[102]. L'honnêteté intellectuelle nous conduit à reconnaître que les dispositifs juridiques, c'est-à-dire les textes relatifs au régime simplifié d'imposition, sont bel et bien existants mais sans effets opérationnels.

Au cours d'une période bien définie, l'on ne peut pas dire exactement que tel nombre de contribuables relèvent du régime du réel normal ou du régime simplifié d'imposition en Guinée, que tel ou tel nombre de contribuables ont pu réaliser tel ou tel montant relatif aux différents prélèvements directs sur le revenu ; car les données statistiques en Guinée, comme le précisait un éminent professeur en économie de développement, souffrent des maux du

---

[99] Code général des impôts, édition mise à jour le 15 mars 2010, suivie des principaux textes fiscaux guinéens, Droit Afrique.com, p.41.

[100] Schweitz Nicolas, Répartition de la charge fiscale, thèse de doctorat, Université Panthéon-Assas, 2002, p. 345.

[101] Desbonnet Audrey, Incidence de la progressivité de l'impôt sur le revenu sur les inégalités de revenus et de patrimoines, PUF, 2001, p.216.

[102] Dassesse Marc- Bruylant, Droit fiscal : principes généraux et impôts sur les revenus, LGDJ, 2001, p.59.

sous-développement [103]. Les contribuables relevant d'un régime réel d'imposition (normal ou simplifié) devraient bénéficier de certains privilèges fiscaux (réduction d'impôts ou crédits d'impôts attractifs) liés à l'adhésion à un centre de gestion agréé[104].

En Guinée, c'est la loi de finances 2009 en son article 11 qui a d'ailleurs institué les centres de gestion agréés dont les adhérents doivent bénéficier d'une assistance dans leur gestion, la tenue de leur comptabilité, ainsi que l'établissement de leurs déclarations fiscales. Mais fort malheureusement, dans ce cas, rien n'est encore mis en place pratiquement sur le terrain. Le contexte contributif guinéen se trouve fortement dominé par deux secteurs importants dont la cohabitation et la maîtrise entière s'avèrent difficiles : le secteur moderne (généralement soumis au régime du réel normal) et le secteur informel (relevant en grande partie du régime forfaitaire d'imposition)[105].

Toutefois, avec l'évolution de la technique fiscale, de nos jours, les services des impôts des pays sous-développés en général et ceux de la Guinée en particulier sont à pied d'œuvre pour fiscaliser efficacement le secteur informel qui constitue un foutoir de l'économie en général et de la fiscalité en particulier.

II. Les régimes dérogatoire et d'exemption

Les régimes dérogatoire et d'exemption sont intimement liés en dépit de la nuance qui peut exister entre eux. En effet, le régime dérogatoire est propre aux sociétés ou entreprises qui viennent s'établir en Guinée pour y investir de gros moyens dans l'optique de soutenir la croissance économique dans tel ou tel secteur d'activités dont l'importance peut impacter la vie des ménages et celle de l'Etat en termes de ressources financières ou fiscales. Tandis que le régime d'exemption peut revêtir un caractère structurel ou permanent lié au système de gouvernance. Tel n'est pas le cas en régime dérogatoire (le temps d'avantages fiscaux est bien limité et non structurel). Dans tous les cas, nous allons présenter le panorama des deux régimes (dérogatoire et d'exemption) conformément au système fiscal guinéen.

1. Le régime fiscal dérogatoire ou conventionnel

Dans notre pays, le code des investissements, les conventions d'établissement et les arrêtés conjoints d'exonération signés par le ministre du Commerce, de l'Industrie et des PME et le ministre de l'Economie et des

---

[103] L. Agron, Histoire du vocabulaire fiscal, LGDJ, 2000, p.102.

[104] Suffren Michel, Imposition des revenus et la fiscalité des particuliers, Ellipses, 2000, p. 132.

[105] M. Allais, L'impôt sur le capital et la réforme monétaire, Hermann, 1997, p.88.

Finances sont les sources des textes de régime de dérogation dans notre système fiscal.

Dans le cadre des conventions d'établissement, Pierre Lalumière et B. Castagnède dans leur ouvrage intitulé « Encyclopédie juridique de l'Afrique », soulignaient que : « la procédure de la convention est utilisée pour fixer les conditions économiques et fiscales d'exploitation de certaines entreprises particulièrement importantes. Cette procédure contractuelle, qui personnalise encore plus que l'agrément l'accès aux avantages proposés par l'Etat en développement, est définie dans les codes des investissements… C'est un régime spécial, régime C au Bénin, régime B au Congo, ou régime des entreprises conventionnées au Sénégal, en Mauritanie, au Mali, en Côte d'Ivoire…[106] ».

En Guinée, le CGI a fait mention en matière de traitement des déficits des entreprises soumises au régime dérogatoire pour atténuer la'' saignée fiscale'' de l'Etat d'une part et éviter que ces entreprises vivent un temps ''le demi paradis fiscal'' dommageable au principe de la pleine concurrence d'autre part. C'est pourquoi l'article 107 du même code précise que : « … Les déficits réalisés par les sociétés exonérées d'IS et de BIC ne peuvent en aucun cas faire l'objet d'un report dans les bilans des exercices de la période de droit commun [107]».

Exemple : Soit une société anonyme dénommée CBG qui a signé le 1er janvier 2000 une convention d'établissement avec l'Etat guinéen pour une période de 10 ans. Cette entreprise a bénéficié d'une exonération du paiement de l'IS pour une période de 3 ans consécutifs.

A la clôture de l'exercice 2002, elle a enregistré un résultat déficitaire de 2 000 000 GNF contrairement aux deux années précédentes qui ont été bénéficiaires respectivement de 5 000 000 GNF et 6 000 000 GNF. Alors, dans ce cas, est-ce que l'entreprise CBG pourrait être en droit de reporter le déficit de l'année 2002 sur les autres exercices à venir non exonérés soumis au régime du droit commun ? En réponse, et conformément à l'article 107 du CGI, la CBG n'a aucun droit de reporter son déficit de 2 000 000 GNF sur le résultat des années suivantes 2003, 2004, etc.

Mais, s'il devait y avoir un redressement fiscal concernant l'année 2002, il ne se limiterait strictement qu'au montant du déficit sans entraîner un autre rappel d'impôt sur les sociétés d'autant plus que l'entreprise a bénéficié d'une exonération conventionnelle d'établissement pour une durée de 3 ans, c'est-à-dire 2000, 2001 et 2002.

---

[106] P. Lalumière et B. Castagnède, Encyclopédie juridique de l'Afrique, p. 419.

[107] O. Fouquet, Complexité et instabilité de la loi fiscale, Mél. C. David, LGDJ, 2005, p. 8.

2. Le régime d'exemption

Dans la plupart des pays en voie de développement et notamment ceux de l'Afrique subsaharienne, les gouvernants mettent en œuvre une politique d'attraction des investissements étrangers au moyen de la fiscalité[108]. Dans cette logique, ils sont contraints, en raison de leur faible niveau de développement économique caractérisé par une grave pauvreté de la population, d'accorder aux investisseurs nationaux et étrangers un régime fiscal de faveur ou d'incitation ou exceptionnel que l'on désigne sous le vocable de régime fiscal privilégié.

Ce régime est privilégié en ce sens qu'il est contraire aux dispositions régissant le régime de droit commun ; car il prévoit l'exonération de l'IS ou du VF ou de la TA, etc. pour une durée bien définie par les textes pour ces sociétés relevant de ce régime[109]. C'est ainsi qu'à titre d'exemples l'on peut citer les conventions d'établissement des sociétés d'exploitation des ressources minières (la CBG, la CBK, la SAG, etc.), des entreprises industrielles exploitant les matières premières locales ou étrangères qui sont régies par le code des investissements de notre pays.

L'on n'est pas sans savoir que la politique classique d'attractivité territoriale des investissements par le biais des exonérations fiscales en vigueur dans beaucoup de pays en développement, malgré ses impacts appréciables en termes de croissance, reste cependant largement critiquée par les fiscalistes modernes ou contemporains tels que le professeur B. Castagnède qui a fait mention des insuffisances d'une telle pratique. Il a d'ailleurs indiqué dans son ouvrage titré « Précis de fiscalité internationale » qu'au sein de l'Union européenne, actuellement le régime d'aide d'Etat est totalement prohibé.

En effet, l'article 87 du traité de la communauté européenne, à travers la commission de réflexion sur la question de l'aide d'Etat, a eu à définir quatre critères cumulatifs pour qu'une mesure fiscale soit considérée comme aide fiscale d'Etat :

- la mesure doit procurer à ses bénéficiaires un avantage qui allège les charges qui, normalement, grèvent leur budget[110]. Il peut s'agir d'une réduction de l'assiette imposable, d'une réduction totale ou partielle du montant de l'impôt ;
- l'avantage doit être octroyé par l'Etat ou au moyen de ressources d'Etat. Les mesures d'aides concernées peuvent être de nature législative ou réglementaire ;

[108] Jean-Yves Nizet, Fiscalité, économique et politique : l'impôt en France 1945-1990, L.G.D.J., 1991, p. 203.

[109] Auberger P., L'allergie fiscale, Paris, Calmann-Lévy, 1984, p. 79.

[110] Perraudin W., Pujol T., L'harmonisation fiscale en Europe et l'économie française : une approche en équilibre général. Observations et diagnostics économiques. Revue de l'OFCE, n°37, Juillet 1991, p.125.

- la mesure en cause doit affecter la concurrence et les échanges entre les Etats- membres ;
- la mesure doit être spécifique ou sélective, au sens qu'elle favorise certaines entreprises ou certaines productions[111].

En somme, il conviendrait de noter que les régimes dérogatoires ou particuliers appliqués en Guinée dont les textes de repère sont généralement transcrits dans le code des investissements et des impôts visent essentiellement les entreprises d'exploitation minière, les entreprises agro-industrielles, bref, toutes les entreprises contribuant à l'un des objectifs prioritaires de développement socioéconomique définis à l'article 8 du code des investissements. Ces objectifs sont les suivants : la promotion des petites et moyennes entreprises guinéennes ; le développement des exportations non traditionnelles ; la valorisation, par transformation en Guinée, des ressources naturelles et des matières premières locales, l'implantation d'activités dans les zones économiquement défavorisées[112].

A chacun de ces objectifs correspond un régime privilégié qualifié de régime de petites et moyennes entreprises, de régime des entreprises exportatrices, de régime valorisant les ressources naturelles et les matières premières locales et de régime des entreprises implantées dans une zone économiquement moins développée. Il existe également dans le code des investissements des conditionnalités pour pouvoir bénéficier des avantages liés à ces régimes (cf. articles 9 à 25 de ce code).

Le régime d'exonération constitue une exception au principe de droit commun. En Afrique, elles touchent aussi bien les administrations fiscales que douanières. Elles peuvent être soit d'ordre légal, c'est-à-dire prévues par les textes de loi (cas des exonérations en BIC ou en IS transcrites dans le CGI, le code des investissements en faveur des entreprises industrielles nouvellement implantées dans les pays africains pour accroître le niveau des investissements, les conventions d'établissement) ; soit d'ordre exceptionnel ou ad hoc, c'est-à-dire conjecturées par de simples décrets ou des arrêtés ministériels ; soit d'ordre délibéré, c'est-à-dire provenant de la volonté tacite des agents économiques ou agents ou dirigeants des administrations publique ou fiscale[113].

En effet, force est de reconnaître que les dispositifs techniques que détient l'appareil fiscal sont disproportionnés par rapport auxdites exonérations, à telle enseigne que leurs enjeux deviennent difficilement mesurables (en nombre et en valeur).

---

[111] B, Castagnède, Précis de fiscalité internationale, PUF, 2000, p 3.

[112] Code des investissements de la Guinée, 2004, p.135.

[113] Beau D., Laudy J., Les prélèvements fiscaux et sociaux supportés par les sociétés de l'industrie manufacturière: Essai de comparaison internationale. Banque de France 1989, p. 129.

Les exonérations peuvent également être totales ou partielles. Elles sont totales lorsque tous les impôts et taxes devant grever telle ou telle activité, telle ou telle personne, ne peuvent en aucun cas faire l'objet d'un prélèvement pour une période donnée. Elles sont partielles quand les activités ou la personne même du redevable est soumise en partie aux impôts et taxes en vigueur dans la structure fiscale[114].

Dans le système fiscal guinéen, la loi a prévu des exonérations en matière d'imposition sur le revenu. Ces exonérations touchent aussi bien les revenus de certains résidents fiscaux dans les limites prévues par la législation en vigueur que ceux des non-résidents fiscaux régis par les dispositions conventionnelles souscrites entre les Etats contractants.

Evidemment, pour chaque catégorie de revenus, ou type de contribuables, les dispositifs juridiques mis en place en matière d'exonération varient dans le temps et l'espace prenant en compte la nature des impositions catégorielles, la dimension de l'assiette fiscale et certaines considérations d'ordre socio-économique ou politique que l'Etat voudrait imprimer à tel ou tel secteur, à tel ou tel élément de revenus ou à tel ou tel impôt relatif au revenu[115].

C'est ainsi que le CGI, en son article 14, stipule que : « les agents diplomatiques et consulaires des pays étrangers établis en Guinée sont exemptés de l'IR en ce qui concerne les revenus à l'exercice de leurs fonctions diplomatiques ou consulaires à condition qu'ils ne soient pas guinéens et dans la mesure où le pays qu'ils représentent accorde les mêmes avantages aux agents diplomatiques et consulaires guinéens ». Sont affranchis également de l'IR les résidents ou ressortissants des pays signataires des conventions contre la double imposition juridique avec la République de Guinée.

Parmi les quatre régimes importants que nous venons de décrire plus haut, force est de reconnaître qu'il en existe encore d'autres tels que le régime de fusion, de mère et filiales que l'on peut assimiler à l'un de ceux-ci. Donc, ces derniers ne seront pas examinés ici.

PARAGRAPHE II. LES RÉGIMES D'IMPOSITION SUR LES REVENUS DES PARTICULIERS

L'analyse du système fiscal guinéen nous permet de distinguer trois types de régimes d'imposition sur les revenus des personnes physiques : le régime

[114] Maurice J., Villa P., Fiscalité et choix de la technique de production vus à travers une réforme de l'assiette des charges sociales. Annales de l'INSEE, n°38-39, Avril-Septembre 1980, p. 246.

[115] Mamadou Aliou BAH, La convention franco-guinéenne, Mémoire à l'Université Panthéon-Assas, 2005, p.99.

d'impôts synthétiques (I), le régime forfaitaire (II) et le régime d'exemption (III) que nous allons nous atteler à analyser respectivement.

I. Le régime d'impôts synthétiques

La philosophie de ce type d'imposition est bien connue tant en Guinée qu'au sein de la sous-région ouest-africaine (Bénin, Côte d'Ivoire, Mali, Burkina Faso, etc.). Pour des raisons de simplification et éviter une superposition d'impôts sur la tête d'un même contribuable au risque que ses revenus soient totalement confisqués pour le Trésor public, comme le déclarait P. Salin[116], un des ténors du courant de pensée libérale, corroboré par A. LAFFER que « trop d'impôts tuent l'impôt », alors, les législateurs de ces pays ont jugé utile, voire nécessaire, de faciliter l'impôt à l'usager.

C'est pourquoi ils ont mis en place des dispositifs techniques ou juridiques qui soient de nature à aider l'administration fiscale à recouvrer de façon aisée et rapide la charge d'imposition cumulée dont cet usager est redevable. D'où les impératifs de création d'impôts synthétiques dans les systèmes fiscaux d'Afrique. En effet, on peut donner à titre d'exemples comme impôts synthétiques en Guinée la taxe professionnelle unique (TPU), la contribution foncière unique (CFU), la taxe unique sur les véhicules(TUV).

La systématisation de la théorie d'**Arthur LAFFER** dont la courbe porte le nom est une modélisation économique et fiscale dont voici la présentation.

1. Présentation de la courbe de LAFFER

Figure 2 : Courbe de LAFFER

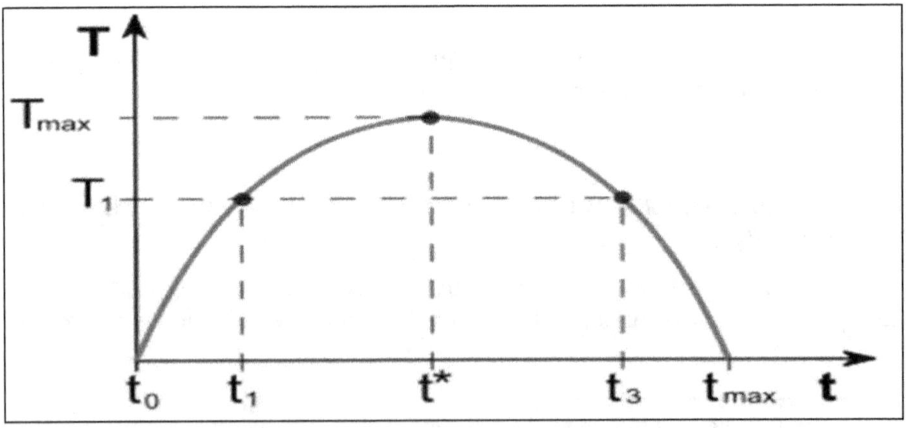

[116] Salin P., L'arbitraire fiscal, Paris Genève, Slatkine, 1996, p. 75.

Cette modélisation développée par des économistes de l'offre, en particulier Arthur LAFFER, basée sur l'idée que la relation positive entre croissance du taux d'imposition et croissance des recettes de l'État (l'État étant défini au sens large, c'est-à-dire que le terme représente ici toutes les administrations publiques), s'inverse lorsque le taux d'imposition devient trop élevé[117].

Lorsque les prélèvements obligatoires sont déjà élevés, une augmentation de l'impôt conduirait alors à une baisse des recettes de l'État, parce que les agents économiques surtaxés seraient incités à moins travailler (cela ne vaut plus la peine de travailler si les revenus issus du travail sont à plus de 50% confisqués par l'Etat sous forme d'impôts).

L'idée que « trop d'impôt tue l'impôt[118] » est ancienne : des économistes libéraux anciens avaient en leur temps déjà mené une réflexion sur ce phénomène, comme Adam Smith qui suggérait le phénomène en écrivant : « L'impôt peut entraver l'industrie du peuple et le détourner de s'adonner à certaines branches de commerce ou de travail [119]» ; et surtout Jean-Baptiste Say qui concluait « qu'un impôt exagéré détruit la base sur laquelle il porte [120] » (principe à la base de politiques anti-alcooliques ou anti-tabagiques : on impose de fortes taxes dans le but revendiqué de réduire la consommation) .

Mais il revient à l'économiste américain Arthur LAFFER, à la fin des années 1970, d'avoir tenté de théoriser ce qu'il nommait « l'allergie fiscale », et de l'avoir popularisée (au point d'être évoquée dans le débat et les choix politiques), à l'aide de la courbe qui porte son nom. Cette courbe porte, en abscisse, le taux d'imposition t et en ordonnée les recettes fiscales T. Lorsque $t = t^*$, alors $T=T_{max}$. . Lorsque $t > t^*$, le taux d'imposition est dissuasif et les recettes totales de l'État sont inférieures à T_{max}.

Pour simplifier, la courbe est bâtie sur l'hypothèse d'une économie fermée (où les échanges avec l'extérieur sont ignorés) ; prendre en compte l'ouverture des frontières ne change rien au résultat de LAFFER, puisque cela ne fait que rajouter la possibilité d'évasion fiscale pour les individus surtaxés, ce qui est susceptible d'accentuer la diminution des recettes de l'État en cas d'imposition trop forte[121].

Une hypothèse est faite sur la rationalité des agents économiques : lorsque le taux d'imposition est trop fort, les agents diminuent leur travail. Poussé à l'extrême, ce raisonnement implique que les agents cesseraient de travailler si le taux d'imposition était de 100 % (c'est-à-dire dans le cas où

[117] Salin P., L'arbitraire fiscal, Paris Genève, Slatkine, 1996, p. 55.

[118] L'économiste américain Arthur LAFFER à la fin des années 1970.

[119] Adam Smith, Recherches sur la nature et les causes de la richesse des nations, 1776, p. 234.

[120] Jean-Baptiste Say, Traité d'économie politique, 1803, p. 178.

[121] Alain Laurent, Claude Reichman, Théories contre l'impôt, Les Belles Lettres, 2000, p. 120 et 121.

ils ne touchent aucun salaire pour le travail fourni). Le niveau du seuil d'imposition au-delà duquel les agents diminuent leur offre de travail est difficile à établir, et dépend des conditions de vie (par exemple, un individu que l'État prive des revenus nécessaires pour satisfaire ses besoins primaires aura tendance à travailler davantage et à s'investir dans le travail au noir)[122].

Il existe alors mathématiquement un niveau maximal du produit de l'impôt, au taux d'impôt t^* (voir graphique) au-delà duquel le produit de l'impôt diminue lorsque le taux d'impôt t augmente, puisque cette hausse d'impôt génère une baisse de l'assiette sur laquelle s'applique l'imposition.

On peut illustrer cette relation entre niveau d'impôt et produit d'impôt par une courbe parabolique, comme celle décrite plus haut, même si, dans la réalité, il peut y avoir plusieurs maximum locaux (il en existe au moins un, mais il peut y en avoir plusieurs sans que cela change fondamentalement le résultat de LAFFER) ; on ne sait que peu de chose sur la courbe.

En fait, on sait seulement qu'elle croise la ligne horizontale (revenus fiscaux nuls) aux deux taux de 0 et 100%, mais pour le reste elle peut très bien présenter des sauts, présenter de grandes plages où les variations de taux n'ont que peu d'effet sur les recettes, monter et descendre, faire des boucles (ainsi, un même taux pourrait, selon les conditions, correspondre à plusieurs niveaux de recettes ! – ceci étant lié aux effets d'hystérésis) ; le taux donnant le maximum de revenus fiscaux peut varier au fil du temps, puisque le fonctionnement économique peut changer[123].

La courbe de LAFFER est simple à comprendre, et elle montre qu'il n'est pas fiscalement rentable de dépasser un certain taux de prélèvement (situé selon les études entre 50 et 80% du PIB). Elle illustre l'idée selon laquelle à partir de t^* l'effet non incitatif sur l'offre de travail l'emporte sur les recettes attendues.

Deux effets contradictoires entrent en jeu : un effet de substitution qui incite un agent à diminuer son temps de travail (occuper son temps à autre chose, voire émigrer), et un effet de revenu qui incite les agents à travailler plus afin de retrouver le niveau de salaire dont ils disposaient avant l'augmentation des impôts.

Pour des taux d'imposition « élevés », l'effet de substitution l'emporte sur l'effet de revenu. Toute la difficulté est de déterminer si un taux donné est « élevé » dans ce sens, et les études empiriques, qui tentent de vérifier cette relation, aboutissent à des résultats controversés[124]. Il est difficile lors d'une étude empirique de séparer les nombreux facteurs qui entrent en jeu, comme : les besoins de l'État qui peuvent être différents ou non constants ;

---

[122] Touzery M. L'invention de l'impôt sur le revenu : la taille tarifée, 1715-1789, CHEFF, 1994, p. 167.

[123] Néolibéralisme, inégalités sociales et politique fiscale de droite et de gauche dans les années 1980, Revue française de science politique, vol. 41, n°3, juin, p. 342-381.

[124] « L'inégalité devant l'impôt. Différences sociales et ordre fiscal dans la France des Trente Glorieuses », Revue d'histoire moderne et contemporaine, vol. 56, n°2, 2009, p. 164-187.

la structure des prélèvements obligatoires et la façon dont ils sont perçus auprès de la population ; l'histoire fiscale du pays, et le niveau habituel des prélèvements pour ce pays ; les croyances des agents dans la situation économique future, et le contexte économique général ; le niveau d'aversion au risque des investisseurs et des entrepreneurs[125].

2. Visions économiques de la courbe de LAFFER

Selon des théoriciens non libéraux comme Peter LINDERT, les exemples des pays scandinaves, dont l'imposition a pu dépasser les 70% du PIB à une certaine époque, sans entraîner les conséquences que prévoyait LAFFER, montreraient que si la courbe de LAFFER s'y appliquait, le niveau d'imposition pour l'atteindre serait très élevé et n'aurait donc jamais été atteint à ce jour par un quelconque pays.

Étant donnés les niveaux d'imposition actuels (entre 30 et 50% du PIB selon les pays), la majorité des pays se situeraient alors dans la première partie de la courbe ou dans la partie plate (une augmentation des impôts n'augmentant alors pas les recettes totales de l'État, mais diminue le bien-être des agents taxés)[126].

Pour les théoriciens libéraux de l'offre, le moyen d'action essentiel d'un État passe par la réduction des impôts. Cette politique économique, en diminuant le poids de l'imposition et des cotisations sociales sur les entreprises et la population, réduirait une pénalisation, considérée, par ces auteurs, comme du travail et de l'épargne. Il conviendrait, parallèlement, de diminuer les compétences de l'État-providence, qui sont généralement à l'origine de la hausse des impôts, et de diminuer l'endettement de la sphère publique. Ce fut la politique du président Ronald Reagan (États-Unis) ou de Margaret Thatcher (Royaume-Uni), dans les années 1980.

En somme, il faut noter que ladite courbe est critiquée, y compris par quelques économistes et fiscalistes [127]. Si personne ne nie qu'un taux d'imposition de 100% puisse réduire les recettes de l'État à peau de chagrin, l'évolution de la relation aux alentours du taux d'imposition optimal est remise en question[128]. La répartition des impôts selon les catégories sociales rend cette relation complexe. Les économistes critiques, comme le nouveau-keynésien Joseph E. STIGLITZ (« Quand le capitalisme perd la tête »), reprochent à LAFFER d'avoir présenté une courbe dont la forme est, en fait,

---

[125] Sabatier J-J. L'introduction en France de la retenue à la source en matière d'impôt sur le revenu, thèse de doctorat, université de Poitiers, 1982, p.159.

[126] Schumpeter J. La crise de l'Etat fiscal, Impérialisme et classes sociales, Champs Flammarion, Paris, 1984, p.155.

[127] Héritier A., « Créations fiscales et réaction des contribuables. Les projets d'impôt sur le revenu », Etudes et documents, CHEFF, vol. VIII, p. 223-259, 1996.

[128] Costes J-F., Hommes et femmes des impôts. Récits autobiographiques, 1920-1990, vol. 2, CHEFF, Paris, 2001.

inconnue, sans études empiriques spécifiques pour en déterminer les points notables.

Pour certains fiscalistes, il est bien vrai que si l'on augmente le taux d'imposition les produits correspondants peuvent s'accroître : surtout dans les cas des impôts directs sur le revenu des personnes physiques et morales tels que l'IBIC, l'IS, dès lors qu'ils sont prélevés sur les revenus des assujettis par l'application des taux proportionnels en Guinée ; et les cas des impôts directs tels que la TVA, la TAF, etc.

Mais, d'un côté, il faut retenir que la mondialisation de l'économie simulant les systèmes fiscaux des Etats, il serait mieux, à notre avis, que les taux d'imposition des impôts à fort rendement soient au niveau optimal (pas trop faible, ni trop fort), possible, supportable, incitateur, mais pas évasif pouvant baliser la délocalisation des entreprises et des forces de travail vers les paradis fiscaux[129].

II. Le régime forfaitaire

L'évaluation de l'assiette imposable emprunte des techniques différentes selon les époques et les impôts. Le XIX e siècle a vu fleurir la méthode indiciaire en France, qui permettait à l'administration de déterminer l'impôt à partir des éléments extérieurs et incontestables dont les plus célèbres furent les portes et fenêtres[130]. L'impôt frappe ici des éléments sans prendre en considération la situation personnelle du contribuable. Cette méthode privilégie l'appréhension des signes extérieurs, sans chercher à atteindre une réalité plus profonde ; donc, c'est l'imposition de l'apparence[131].

La méthode forfaitaire cherche davantage à approcher la vérité d'une situation économique mais sans pour autant l'atteindre. Elle consiste en effet, pour l'administration, à proposer au contribuable une imposition qu'elle a fixée selon des moyens empiriques. Cette approximation est permise par la loi fiscale, souvent parce que l'activité du contribuable est modeste[132]. Selon l'étymologie, le mot forfait a plusieurs origines. Celle utilisée par le droit fiscal dérive de la conjonction des racines latines « forum » (place publique, marché) et « factum » (fait). Autrement dit, un marché fait d'avance, par lequel on s'engage à faire ou à fournir une chose pour un prix déterminé, à perte ou à profit[133].

---

[129] Delmas B. Les physiocrates, Turgot et le grand secret de la science fiscale, Revue d'histoire moderne et contemporaine, vol. 56, n°2, p. 79-103.

[130] D. de la Martinière, L'impôt du diable, le naufrage de la fiscalité française, Calmann-Lévy, 1990, p. 118.

[131] J.C. Martinez, Lettre ouverte aux contribuables, A. Michel, 1985, p.97.

[132] Jacques GROSCLAUDE et Philippe MARCHESSOU, droit fiscal général, 4ème édition, DALLOZ, 2003, p 19.

[133] L. Sallèle (H. Delorme), L'impôt à l'époque du capitalisme monopoliste d'Etat, Editions sociales, 1965, p. 89.

A partir de cette origine et en fonction des modalités prévues par le CGI, on peut définir **le forfait** comme l'option simplifiée de détermination d'une donnée de l'imposition (le montant de la dette fiscale ou les charges déductibles), dans lequel l'évaluation réelle est remplacée par l'évaluation approximative fixée par la loi ou arrêtée après négociation avec le contribuable.

Selon certains auteurs, le forfait est donc un mode de fixation approché du bénéfice imposable dans la catégorie des bénéfices industriels et commerciaux (BIC) et de la TVA à payer, réservé aux petites entreprises et procédant d'une discussion entre le redevable et le fisc à partir de certains éléments de fait[134]. En substance, on peut dire que tous les contribuables en Guinée, ne tenant pas une comptabilité régulière et probante, ne relevant pas du régime de la TVA et de celui des moyennes entreprises, sont, en principe, assujettis au régime du forfait.

Ainsi, le forfait vise généralement les entreprises relevant du secteur informel[135]. Il y a eu d'autres penseurs qui se sont intéressés à cette notion de forfait. C'est ainsi que Christian de Lauzainghein, professeur émérite de l'université Paris Descartes, et Marie-Hélène Staube de Lauzainghein, maître de conférences de la même université, appréhendaient le forfait comme : « une technique d'évaluation simplifiée qui vise à substituer, à la détermination exacte de la matière imposable, un calcul approché, approximatif, fondé sur une analyse intérieure, sur des indices inhérents à cette matière imposable ».

La méthode forfaitaire se justifie lorsqu'une évaluation exacte apparaît comme pratiquement trop difficile ou trop compliquée et lorsqu'une donnée moyenne est plus adaptée qu'une évaluation exacte à une situation donnée[136]. Selon ces auteurs, la technique fiscale forfaitaire peut être classifiée en trois grands groupes, à savoir : le forfait sommaire, le forfait normal et le forfait exact.

Le forfait est sommaire quand l'évaluation de l'assiette fiscale peut se faire à partir d'un ou de quelques éléments seulement (exemple le forfait agricole) ; il est normal, lorsque l'évaluation de la matière imposable correspond à une moyenne (exemple déduction forfaitaire de 10% pour charges professionnelles des salariés en vertu des disposions de l'article 58 du CGI) ; il est enfin exact lorsqu'il vise à serrer la réalité le plus possible (tel est le cas du forfait BIC des petites entreprises) ; le forfait obligatoire et le forfait facultatif : le forfait peut être imposé par le pouvoir législatif ou une disposition expresse de la loi, alors, il devient obligatoire : tel est le cas des

---

[134] Raymond GUILLIEN et Jean Vincent, Lexique des termes juridiques 14ème édition, DALLOZ, mai 2003 p. 280.

[135] M. Lauré, Les distorsions économiques d'origine fiscale, Congrès de l'Institut des finances publiques, Viennes, septembre 1957, p. 114

[136] Marie-Hélène Staube de Lauzainghein et Christian de Lauzainghein, Droit fiscal, éditions Dalloz, avril 2009, p. 50.

indemnités, primes et gratifications versées aux employés du secteur privé en Guinée suivant l'esprit de l'article 55 du CGI dont la limite de l'exonération est fixée à 25% du montant de la rémunération versée hors primes, indemnités et autres gratifications.

Le forfait devient facultatif dès lors que les contribuables peuvent renoncer à une évaluation initiale pour lui substituer une autre évaluation réelle ou exacte de la matière imposable.

Le forfait conventionnel et forfait légal : le forfait devient conventionnel lorsque l'administration et le contribuable s'entendent sur un montant déterminé comme base de discussion tant pour l'assiette fiscale que pour les droits à payer qui en découlent ; il est légal quand l'évaluation de l'assiette fiscale relève exclusivement de la loi par laquelle le fisc détermine la charge fiscale à supporter par le contribuable ; l'on peut l'assimiler même à l'évaluation et à la taxation d'office.

De nos jours, cette méthode s'applique principalement lorsqu'il s'agit de déterminer des charges ; elle permet au contribuable de déclarer un revenu brut et de bénéficier automatiquement d'un abattement représentatif des charges supportées (exemple : déduction forfaitaire de 10% du montant des salaires représentant les frais professionnels supportés par les salariés)[137].

III. Le régime d'exonération

Ce régime est applicable tant sur les particuliers que les personnes morales assujetties au paiement des impôts d'Etat de même que les impôts locaux. Le plus généralement, ce régime s'applique dans les cas ci-après : les personnes indigentes, les activités à but non lucratif, les ONG, etc.

Ce point a été déjà étudié plus haut et, pour éviter la redondance, l'on est contraint de s'en tenir à ces éléments.

Section III. Les modes de recouvrement et contentieux fiscal en République de Guinée

Qu'est-ce que le recouvrement en droit fiscal ? Synonyme de perception de l'impôt, le terme recouvrement englobe aussi bien le versement amiable par le débiteur que la perception forcée par l'usage des voies d'exécution dont dispose l'administration fiscale comme le disaient Serge Guinchard et Thierry Debard dans leur ouvrage intitulé ''Lexique Juridique'', page 725.

En effet, le recouvrement est la dernière phase classique de la technique fiscale qui consiste à opérer l'encaissement réel de l'impôt :

[137] L. Reboud, Systèmes fiscaux et Marché commun, Sirey 1961, p. 96.

- soit spontanément, dans ce cas, le contribuable apporte lui-même, et sans recevoir de demande de l'administration, l'impôt dont il est redevable ;
- soit après appel du montant par l'administration concernée. Dans ces conditions, le contribuable reçoit alors un extrait du rôle d'imposition ou un avertissement à payer qui émane de la perception ou de la recette-perception chargée du recouvrement avec la date limite de paiement. Cette procédure concerne l'impôt sur le revenu et les impôts locaux ;
- soit enfin par retenue à la source. L'administration ou une personne agissant pour son compte effectue elle-même un prélèvement d'office sur un revenu.

Le recouvrement de l'impôt est la phase la plus complexe parmi les autres qui caractérisent l'impôt. Après l'assiette de l'impôt, puis sa liquidation, il faudra enfin constater l'effort final du fisc par la récolte des fruits de la taxation effectuée par les services d'assiette eux-mêmes ou par les contribuables qui font l'auto-liquidation de leurs droits[138]. C'est à ce moment-là qu'on peut parler des principes de portabilité et de quérabilité de l'impôt.

Le principe de portabilité de l'impôt s'entend de l'exécution volontaire par le contribuable de ses obligations de déclaration et de paiement des impôts et taxes auxquels il est assujetti, sans aucune contrainte, auprès de l'administration fiscale ou du Trésor public.

C'est le contribuable lui- même qui se déplace pour aller vers la puissance publique pour acquitter ses obligations fiscales. Tandis que le principe de quérabilité de l'impôt consiste à recouvrer les impôts et taxes émis à la charge du contribuable par le biais de l'administration fiscale elle-même qui fait le porte-à-porte chez l'usager. Sans nous étaler sur les théories classiques rébarbatives du recouvrement de l'impôt, nous allons plutôt essayer d'analyser les différents modes de recouvrement de l'imposition sur le revenu dans le système fiscal guinéen.

PARAGRAPHE I- LES MODES DE RECOUVREMENT DANS LE SYSTÈME FISCAL GUINÉEN

Les modes de recouvrement de l'impôt dans la législation fiscale guinéenne sont analogues à ceux pratiqués par la plupart des pays francophones d'Afrique et d'ailleurs. Ils peuvent être classées en deux grandes catégories : le mode de recouvrement à l'amiable (I) et le mode de

[138] Collin (P), La vérification fiscale, Economica, Paris 1979, p.123.

recouvrement forcé(II). Ces deux types de recouvrement peuvent revêtir plusieurs formes selon les cas.

I. Les modes de recouvrement à l'amiable

Les modes de recouvrement à l'amiable en tant qu'opération extra-judiciaire consistent à percevoir les créances fiscales de l'Etat sans recourir aux contraintes par force de l'ordre ou contraintes par corps. En Guinée, les modes de recouvrement des impositions sont soumis conformément aux objectifs budgétaires fondés sur des contraintes de temps (mois, trimestre, semestre, année.).

1. Le recouvrement sur DMU ou retenue à la source

Dans la législation fiscale guinéenne, plus précisément au niveau du CGI, les impositions sur le revenu sont dominées par deux modes de recouvrement : le recouvrement libre ou retenue à la source (sur DMU et le recouvrement sur avis d'imposition sur la base des rôles émis par l'administration fiscale) ; et le recouvrement forcé ou par contrainte[139].

Toutes les entreprises assujetties à la TVA et gérées par le service des grandes entreprises ont l'obligation de souscrire le 15 de chaque mois leur déclaration de TVA y compris les autres impôts assis sur les salaires (RTS, VF, TA, RSRNS, RSL). Ces déclarations transcrites sur papier imprimé conçu sans nul doute par la direction nationale des impôts doivent en principe être accompagnées des moyens de paiement (chèque barré, virement, etc.) émis à l'ordre du receveur spécial des impôts.

La retenue à la source constitue une modalité de recouvrement appliquée avec succès dans le cas des traitements et salaires au Mali, l'avait souligné Moussa TRAORE[140]. Il en est de même en Guinée, en plus des impôts sur les salaires, la TVA, et la RSRNS font l'objet de retenue à la source dans notre système fiscal en dépit de quelques faiblesses qui caractérisent ce mode de recouvrement qui seront analysées dans le chapitre III de la première partie.

2. Le recouvrement sur avis d'imposition extrait du rôle

Ce mode de recouvrement par voie de rôle procède de l'envoi d'un titre de perception appelé avis d'imposition (cas des impôts sur le BIC, l'IMF, les RTS, VF, TA, etc.) au contribuable concerné mentionnant l'adresse du redevable, la base taxable, les taux d'impositions applicables, les droits

---

[139] Dillo Amadou Billo, Précis de fiscalité guinéenne, Harmattan-Guinée, juin 2011, p.195.

[140] Thèse doctorale Moussa Issa TRAORE, politique fiscale au Mali, p.162

simples et pénalités d'imposition s'il y en a, la période d'imposition ainsi que le délai de paiement des impositions[141].

L'administration fiscale fait un extrait des rôles nominaux collectifs ou individuels à travers ces avis d'imposition qu'elle transmet au service chargé du recouvrement après validation signée concomitamment par la direction nationale des impôts et les maires des communes (pour Conakry), les préfets et les chefs de section des impôts(pour les préfectures du pays). C'est ce titre de perception appelé soit avis d'imposition (pour les impôts directs d'Etat) soit avis de mise en recouvrement (pour les impôts indirects comme la TVA) qui authentifie et valide la procédure légale de perception des droits mis à la charge du contribuable.

II. Les modes de recouvrement forcé

En Guinée, les modes de recouvrement forcé existent effectivement dans la législation. Les contribuables qui refusent de payer leur dette d'impôt auprès de l'Administration des contributions directes peuvent, le cas échéant, se retrouver face à un recouvrement forcé. Comportant une gradation de moyens, le recouvrement forcé peut se faire de deux manières différentes : la contrainte à l'égard du contribuable ; la sommation à tiers détenteur. Ces procédures de recouvrement suivent différentes phases et doivent respecter un certain nombre de conditions de fond et de formes afin d'être valables[142].

La phase administrative consiste dans un premier temps à ce que le préposé du bureau de recette compétent fasse parvenir au contribuable un avertissement par voie postale ou d'autres voies lui demandant de régler sa dette d'impôt dans les 5 jours. Si, après ces 5 jours, le paiement n'a pas été effectué, le contribuable reçoit alors un 2e et dernier avertissement lui demandant de payer dans les 5 jours.

Si le contribuable ne règle toujours pas sa dette d'impôt, la phase judiciaire s'ouvre et le contribuable redevable peut être poursuivi par toutes les voies légales. Si les avertissements de la phase administrative s'avèrent inopérants, la phase judiciaire peut commencer : Le préposé du bureau de recette dont la caisse est créancière d'arriérés d'impôts déclenche la procédure de recouvrement forcé par l'émission d'une contrainte.

La contrainte est un titre constatant que le contribuable doit à l'Etat une somme déterminée à titre d'impôts. Cette contrainte est rendue exécutoire par le directeur de l'administration fiscale ou son préposé. La contrainte est notifiée au contribuable par voie de commandement. Le commandement porte sommation au contribuable de payer les cotes d'impôts mentionnées

---

[141] G Chambas, Afrique au sud du Sahara : Mobiliser les ressources fiscales pour le développement, p. 144.

[142] Diallo Mamadou Aliou, Vérification fiscale en Guinée : matière de TVA, mémoire du DESS en Administration fiscale, Université Paris-Dauphine, 2003-2004, p. 73.

sur la contrainte, faute de quoi il sera procédé à l'exécution forcée selon le droit commun. Si le commandement de payer n'a pas été respecté, les autorités fiscales pourront procéder aux actes de saisie (exemples : expropriation des immeubles, saisie de meubles afin de les vendre aux enchères publiques) afin de payer la dette du contribuable[143].

Le mode de recouvrement forcé dans la pratique guinéenne peut revêtir deux formes : la fermeture des locaux professionnels (1) des redevables et la notification d'avis à tiers détenteur (2).

1. Fermeture des locaux professionnels

Dans le code général des impôts de la Guinée en son article 678, il est précisé que : ''le défaut ou l'insuffisance de paiement des impôts et taxes dans un délai de 20 jours suivant la réception d'un titre de perception ou d'un avis de mise en recouvrement peut entraîner l'exercice de poursuites à l'encontre du redevable défaillant, notamment : la fermeture administrative des locaux professionnels pour une durée n' excédant pas deux semaines sur autorisation écrite du Directeur national des impôts et du Directeur national du Trésor et de la Comptabilité publique…'' .

Le recouvrement forcé est fait aux assujettis ne manifestant pas la bonne foi de s'acquitter des dettes envers l'Etat. Etant donné que tout ordre de recettes fait l'objet d'un recouvrement à l'amiable ou forcé, sauf exception tenant à la nature ou à un caractère contentieux de la créance, le recouvrement forcé est toujours précédé d'une tentative de recouvrement à l'amiable.

Tous les montants dus à titre de droits, taxes et redevances non payés dans le délai légal sont inscrits dans l'état de restes à recouvrer. Ainsi, avant toute poursuite en recouvrement forcé, le service de recouvrement doit mettre en demeure les débiteurs défaillants.

La preuve de paiement des dettes envers l'Etat est constituée notamment : du bordereau de versement et de l'attestation de paiement pour le règlement en espèces ; de l'avis de débit et de l'attestation de paiement pour le règlement par voie scripturale lié soit à un ordre de paiement ou soit à un bordereau de remise de titre ; de la note de perception ou de versement émargée par l'intervenant constituant la pièce comptable de prise en charge des recettes au niveau du comptable public.

Le relevé journalier de perception des recettes publiques ; le chèque certifié et barré unique ou bordereau de versement établi par l'intervenant bancaire ou financier. Un document dressé par le receveur de la DNI appelé l'avis de fermeture des locaux professionnels pour une validité de deux semaines et rendu exécutoire par le visa du Directeur National ou son suppléant, qui annonce le début de la procédure de recouvrement forcé

---

143 Bloch-Morhan J., La révolte des contribuables, Albatros, 1983, p. 210.

auprès des assujettis qui ne se sont pas acquittés des droits, taxes et redevances conformément aux textes légaux.

C'est un document adressé à l'assujetti reprenant toutes les informations contenues dans le rôle. Ce document est établi pour informer l'assujetti de l'enrôlement de sa dette envers l'Etat et lui ordonner expressément de s'en acquitter dans les 15 jours sous peine de poursuites. Ce document est remis à l'assujetti ou à son représentant moyennant accusé de réception. Les poursuites en recouvrement de droits, taxes et redevances ayant fait l'objet de rôle sont exercées, à la requête du receveur compétent, par les agents de la DNI revêtus de la qualité d'huissier par commission du ministère ayant la justice dans ses attributions[144].

2. L'avis à tiers détenteur

L'avis à tiers détenteur est la seconde forme de recouvrement forcé dans le système fiscal guinéen. En effet, pour recouvrer leurs créances, les autorités fiscales ont également la possibilité de saisir les fonds du contribuable qui se trouvent aux mains des tiers (exemples : notaire, banque, employeur, etc.). Cette saisie-arrêt peut se faire sur tout type de bien à l'exception des valeurs mobilières et la partie des salaires correspondant aux besoins vitaux élémentaires des personnes à revenus moyens. Si le tiers ne veut pas procéder au remboursement de la créance, il se rend personnellement responsable de la dette envers les autorités fiscales guinéennes. En cas d'imposition collective, les 2 contribuables sont solidairement responsables.

L'absence de paiement dans les délais prévus (avec possibilité d'accord par l'administration de « délais de paiement ») conduit le comptable public compétent à : émettre un titre de recettes (pour les impôts qui sont recouvrés spontanément), adresser un avertissement au contribuable : une lettre de rappel de la DNI ou une mise en demeure d'engagement de poursuites juridictionnelles, après un délai de 20 jours. Les moyens sont multiples : saisie des rémunérations (une fraction est insaisissable), saisie-vente des objets mobiliers, saisie immobilière ou encore avis à « tiers détenteur ». Cette dernière technique, efficace, permet de saisir les fonds déposés par le contribuable (comptes bancaires) ou qui lui sont dus.

PARAGRAPHE II. RECOURS DU CONTRIBUABLE EN CAS DE CONTENTIEUX FISCAL

Tout contribuable domicilié ou pas en Guinée qui conteste (sous forme de contentieux d'assiette ou de recouvrement) le montant d'une imposition

[144] Dillo Amadou Billo, Précis de fiscalité guinéenne, Harmattan-Guinée, juin 2011, p.195

(surtout les impôts d'Etat tels que la TVA, l'IS, la TAF, la TCA, etc.) a l'obligation de suivre, selon la législation du pays et selon les formes et délais requis, l'une des trois voies de recours : le recours gracieux, le recours devant la commission d'appel fiscal et le recours devant les tribunaux.

Pour être valables, les contestations doivent d'abord être soumises au fisc par voie de réclamation. L'impôt contesté dû est différé en cas de demande de sursis de paiement. La réclamation est formulée sur papier libre[145]. Elle est accompagnée des pièces justifiant de l'existence de l'impôt contesté ou de son paiement.

Si le bien-fondé d'une imposition n'est pas contesté, le fisc peut accorder, sur demande du contribuable : des remises (abandon total) ou des modérations (abandon partiel), d'impôts directs (IR, IS, impôts locaux) lorsque le contribuable ne peut payer par suite de gêne ou d'indigence ; des remises totales ou partielles d'amendes fiscales ou de majorations d'impôts lorsque ces pénalités et les impositions qu'elles concernent sont définitives, c'est-à-dire lorsque les délais de réclamation ou de recours sont expirés ; par voie de transaction, une atténuation d'amendes fiscales ou de majorations d'impôts lorsque ces pénalités et les impositions qu'elles concernent ne sont pas définitives.

I. Le recours gracieux

En Guinée, lorsqu'un désaccord subsiste toujours entre le fisc et le contribuable, ce dernier peut, si la proposition de rectification fait suite à une vérification de comptabilité ou à un examen sur pièces, saisir les supérieurs hiérarchiques du vérificateur, qui lui sont désignés, afin de leur exposer ses arguments.

Il s'agit en premier lieu du Directeur national des impôts dont relève le chef de service des grandes ou moyennes entreprises avec les chefs de division et de section dont relève l'inspecteur vérificateur travaillant sous le contrôle d'un chef de brigade de vérification (pour les contentieux issus du contrôle fiscal)tous placés sous la responsabilité effective du chef de division contrôle fiscal du service des grandes entreprises ou des moyennes entreprises. Un recours qui peut s'avérer très utile en cas de tension entre le contribuable et le vérificateur. S'il demeure insatisfait de la réponse de l'administration, le contribuable peut, en principe, demander la saisine de l'autorité départementale du Budget ou du ministère de l'Economie et des Finances dans un délai de 30 jours à compter de la réception de cette réponse.

En fait, force est de noter que le recours gracieux est une procédure de gestion contentieuse partiellement amiable où le contribuable reconnaît les

[145] S. Keita, Fiscalisation du secteur informel en Guinée, mémoire à l'Université Paris-Dauphine, 2008, p. 48.

torts qu'il a commis vis-à-vis du fisc (en base et en montant des impositions) et demande à celui -ci de lui faire la décharge fiscale visant soit les pénalités soit une atténuation de la base taxable des droits éludés. Cette procédure gracieuse est la plus usitée dans le système fiscal guinéen.

Mais, attention, en France, lorsque le différend porte sur une insuffisance de prix ou d'évaluation d'un bien en matière de droits d'enregistrement, c'est la commission départementale de conciliation qui est alors compétente. Une fois la phase contradictoire terminée, l'administration fiscale peut mettre en recouvrement les impositions supplémentaires relatives aux rehaussements maintenus. Si le contribuable souhaite poursuivre sa contestation, il doit alors présenter une réclamation contentieuse à l'administration fiscale en principe au plus tard le 31 décembre de la troisième année suivant celle de la notification de la proposition de rectification.

À cette occasion, il peut demander à surseoir au paiement de l'impôt, ce qui n'aura d'effet que jusqu'à la décision définitive relative à sa réclamation (par exemple jusqu'au jugement du tribunal en cas de saisine de celui-ci). Tel n'est pas le cas en Guinée. Cette réclamation doit être signée, elle doit indiquer les impôts contestés, les faits et les motifs de contestation, et être accompagnée des avis d'imposition ou de mise en recouvrement en cause. L'administration dispose ensuite, en principe, de 6 mois (pour la France et la Guinée) afin de répondre à la réclamation. Au-delà, elle est censée avoir tacitement rejeté ou accepté la demande. A défaut de réponse de l'administration fiscale dans le délai légal de six mois suivant la date de réclamation, les contribuables requérants peuvent introduire une demande devant le tribunal compétent dans le délai d'un mois suivant l'expiration du délai de réponse (cf article 671 du CGI, alinéa 4).

II. Le recours arbitral devant la CAFISC

L'une des voies de recours en matière de contentieux fiscal en Guinée est celle que la loi confère à la commission d'appel fiscal, en abrégé CAFISC. En effet, la CAFISC est chargée d'examiner les différends entre la DNI et les entreprises. Cette commission est présidée par un magistrat désigné par la plus haute juridiction du pays (la Cour suprême).

Elle comprend en outre un membre désigné par le ministre de l'Economie et des Finances, le directeur national des impôts, un agent de la DNI ayant le grade au moins de chef de division. Elle est compétente en matière de TVA, de taxes sur les contrats d'assurance, de taxes sur les activités financières et de l'impôt sur les sociétés. Mais la compétence de la CAFISC ne s'étend pas aux procédures et aux pénalités. Elle ne rend qu'un avis et non une décision sur les dossiers contentieux qui lui sont soumis soit par la DNI soit par le contribuable assigné ou son conseil.

En effet, il est important de souligner que, depuis son institution en 2004 jusqu'en août 2012, elle n'avait pas été opérationnelle. Elle n'existait que de nom. Cet état de fait a paralysé les droits tant des contribuables que de l'administration.

De nos jours, la commission n'a pas encore siégé même pour un seul jour sur un dossier pour des raisons inavouées que le monde ignore. C'est pour dire qu'en Guinée, le système fiscal souffre de beaucoup de distorsions en matière de recours arbitral. Cela affecte non seulement le rendement de l'impôt, objet de contentieux au niveau du fisc, mais aussi et surtout bafoue ou chagrine les usagers en quête d'équité fiscale pour préserver leurs droits.

L'arbitrage est probablement le mode de règlement des conflits le plus connu et le plus populaire. À l'instar du litige, l'arbitrage est fondé sur un modèle accusatoire qui exige qu'une partie impartiale rende une décision. L'arbitrage fiscal est le processus par lequel un individu ou société bénéficie d'une transaction qui leur offre des conditions fiscales favorables. Cela peut se produire à partir des transactions qui se déroulent dans des lieux connus, comme les abris fiscaux, qui offrent des taux d'imposition supérieure à ceux d'autres endroits. En outre, l'arbitrage fiscal peut être réalisé en tirant parti des lois que les impôts sur place des sources de revenus de différentes façons et permettent d'établir des taxes à reporter, voire exempter. Même si un tel arbitrage peut être une façon courante de faire des affaires, certaines de ces pratiques peut être illégal et même nuisible à l'économie dans son ensemble.

Lorsque le désaccord persiste entre le fisc et le contribuable pourvus en appel devant la CAFISC, il revient de plein droit, selon le CGI guinéen en son article 671, de procéder à la saisine des organes juridictionnels par une demande de réclamation émanant soit de l'administration soit du contribuable concerné dans un délai d'un mois suivant l'expiration du délai de réponse de l'administration. D'où l'intérêt de l'étude du point III de notre travail portant sur le recours juridictionnel en Guinée.

III. Le recours juridictionnel

En France, il n'existe pas de juridiction spécialisée en matière fiscale et le contentieux de l'imposition est partagé entre deux branches de la juridiction française : les tribunaux judiciaires et les tribunaux administratifs.

En Guinée, tel n'est pas le cas. Toutes les affaires fiscales en contentieux sont soit portées et traitées dans les tribunaux de première instance par des juges qui ne sont pas spécialisés en droit fiscal. Et mieux, les contentieux fiscaux devant les tribunaux sont très rares pour ne pas dire inexistants en Guinée. Lorsque le contentieux vise l'obligation de payer, la juridiction compétente est la même qu'en matière d'établissement de l'imposition.

Lorsque le contentieux vise l'opposition à poursuites, la juridiction est différente puisqu'il s'agit alors du juge judiciaire de l'exécution. Le procès fiscal suit très largement les règles qui gouvernent les contentieux généraux devant les tribunaux judiciaires, en ce qui les concerne. On se limitera à préciser les particularités du procès fiscal. Le tribunal judiciaire est saisi par une demande adressée au greffe du tribunal. Le tribunal de grande instance l'est par voie d'assignation signifiée par voie d'huissier.

Dans tous les cas, le recours n'est pas subordonné à l'intervention d'un avocat. La saisine de la juridiction doit intervenir dans les deux mois de la réponse donnée à la réclamation (trois mois lorsque les contribuables résident en outre-mer ou quatre mois lorsqu'ils résident à l'étranger)[146]. Ce délai n'est opposable que si une réponse a été communiquée au contribuable. A défaut, la saisine de la juridiction n'est enfermée dans un aucun délai.

Les règles gouvernant le déroulement du procès sont sensiblement les mêmes que celles qui régissent l'instance devant les juridictions administratives ou judiciaires en contentieux général. On rappellera seulement que le quantum de la demande (montant des impositions contestées) fixé dans la réclamation ne peut être modifié à la hausse.

En revanche, les griefs invoqués dans la réclamation pour contester l'imposition peuvent être modifiés sans qu'il soit tenu compte des causes juridiques ouvertes en première instance ou dans la réclamation. Il en va cependant autrement en contentieux du recouvrement de l'imposition partant du constat que si, par exemple, des moyens nouveaux ne peuvent l'être que dans une cause juridique ouverte en première instance. La juridiction se prononce, en première instance, au moyen d'un jugement qui peut soit être favorable au contribuable, soit lui être, en tout ou partie, défavorable.

Dans cette dernière hypothèse, un recours est toujours possible, soit en appel, soit en cassation. L'appel est normalement possible devant une cour administrative d'appel ou une cour d'appel avec ministère d'avocat obligatoire[147]. Il est cependant exclu lorsque le jugement, en première instance, est rendu par un juge unique mais aussi en matière de taxe d'habitation ou de taxe foncière. La taxe professionnelle n'est cependant pas concernée par cette restriction. Le recours en cassation est toujours possible selon les règles générales qui gouvernent cette voie de droit.

PARAGRAPHE III. TRAITEMENTS FISCAUX SPÉCIFIQUES ET PRÉVENTION DE LA DOUBLE IMPOSITION SUR LE REVENU EN GUINÉE

Ce paragraphe comporte trois sous-paragraphes sur la prévention de la double imposition. Le premier traite du traitement fiscal des crédits d'impôts des sociétés(I), selon la littérature économique. Le deuxième présente le

---

[146] Doctrine fiscale : Notes de portée générale Commentaires d'annexes fiscales, Direction générale des impôts, République de Côte d'Ivoire, ministère de l'Economie et des Finances, Edition 2011,p.71

[147] Mana Nsimba Joachim, Politique fiscale et dynamique de développement en Afrique subsaharienne : Le cas du Burkina Faso, thèse à l'Université Paris I, 2000, p. 157.

traitement fiscal des crédits d'impôts des particuliers(II). Dans le dernier, est analysée la prévention de la double imposition sur le revenu(III).

I. Le traitement fiscal des crédits d'impôts des sociétés

Le CGI guinéen n'a pas défini le crédit d'impôt en tant que tel. Toutefois, il peut être conçu dans un sens comme étant un excédent des droits perçus par l'Etat sur le revenu ou sur la dépense du contribuable au bénéfice du Trésor public que le contribuable peut faire valoir sur ses charges fiscales éventuelles dès lors que la législation de son pays le prévoit. Dans une autre acception, il se définit comme un instrument de politique d'attractivité au service de l'Etat en vue de promouvoir tel ou tel secteur au moyen de la fiscalité (le crédit d'impôt cinéma en France) où le contribuable en amont ne dépense aucun fonds, mais où c'est plutôt l'Etat qui prévoit de mettre en place une enveloppe financière spécifique qui soit imputable aux droits et taxes que pourrait payer ce dernier, soit restituable selon les cas audit bénéficiaire en aval.

Certains analystes le définissent comme une aide permettant de réduire son impôt à payer, dans ce cas on parle de réduction d'impôt, ou de percevoir un remboursement via un chèque des impôts[148]. Le crédit d'impôt ainsi défini peut revêtir plusieurs formes et cela en fonction de la politique fiscale d'intérêt national ou spécifique que chaque Etat envisage dans la création du mieux-être des populations tant sur le plan économique que social.

C'est ainsi que, dans le système fiscal français, on peut parler de crédit d'impôt sur revenus mobiliers, de crédit d'impôt recherches, de crédit d'impôt pour relocalisation d'activités, de crédit d'impôt pour acquisition ou location de véhicules non polluants, de crédit d'impôt pour frais de garde des enfants, de crédit d'impôt en matière de TVA, etc.

La problématique du crédit d'impôt sur les revenus en Guinée c'est celle de savoir comment ce phénomène est appréhendé dans le cadre de la législation fiscale interne d'une part et d'autre part comment il se présente au regard des dispositifs conventionnels régissant notre pays et les autres Etats contractants[149].

1. Les crédits d'impôts directs

La législation fiscale guinéenne n'a pas fait un étalage systématique de la notion de crédit d'impôt dans le CGI. Mais à certains endroits du code précité, en matière de traitement fiscal des rémunérations, émoluments et

---

[148] cf. www. Google.impôt sur le revenu. Org.

[149] Bensalah Zemrani Anas, La fiscalité face au développement économique et social du Maroc, LGDJ, 1982, p. 271

autres avantages frappés de la RTS, du VF, de la TA, etc., le législateur a posé quelques bases en la matière notamment à l'article 80 du CGI qui stipule que : « si le montant de retenues que les membres du foyer fiscal a supportées est supérieur au montant d'impôt sur le revenu calculé sur cette base, le contribuable peut obtenir la restitution des droits qu'il a supportés en trop ... [150]».

Pour les autres revenus, au montant de l'impôt guinéen correspondant. L'exemption des revenus de source extérieure, qu'elle procède de la définition du champ d'application territorial d'un impôt, ou de la fixation de règles spéciales d'exonération, assure en principe une large protection contre les surcharges fiscales internationales. Si le revenu de source extérieure est imposé par une juridiction fiscale étrangère, du moins ne l'est-il pas dans le cadre de la juridiction nationale considérée ; à condition, toutefois, que celle-ci ne considère pas comme lui étant rattachable, en raison de ses propres règles de source, un revenu déjà taxé à l'étranger.

Dans la méthode de l'exemption, l'Etat de résidence du contribuable renonce à imposer les revenus pour lesquels la méthode comporte cependant deux variantes : dans l'exemption intégrale, l'Etat de résidence, non seulement n'impose pas les revenus concernés, mais encore ne prend pas en compte leur existence dans le calcul de l'impôt dû au titre des revenus non exemptés. Dans l'exemption avec taux effectif, l'Etat de résidence, s'il n'impose pas les revenus entrant dans la compétence fiscale de l'Etat de la source, tient compte de leur existence dans la détermination du taux d'imposition applicable aux revenus non exemptés.

En pratique, l'impôt est calculé sur la base des revenus d'ensemble, incluant les revenus exemptés de source étrangère, suivant le barème progressif de droit commun. Puis, le montant d'impôt dû est calculé en appliquant à l'impôt théorique, dégagé du premier calcul, le rapport existant entre les revenus non exemptés et l'ensemble des revenus[151].

2. Les crédits d'impôts indirects : TVA et taxes assimilées

Dans la plupart des systèmes fiscaux africains, les produits de placement à revenu variable (dividendes, parts sociales, etc.), effectivement répartis ou censés être distribués entre les actionnaires ou associés et les produits de placement à revenu fixe (obligations, dépôts, cautionnements, créances, etc.), opérés par les sociétés résidentes, font l'objet d'une retenue à la source en Guinée connue sous le nom de l'impôt sur le revenu des valeurs

[150] Code général des impôts de la Guinée, édition mise à jour le 15 mars 2010, suivie des principaux textes fiscaux guinéens, Droit Afrique en partenariat avec Nimba Conseil, p.39.
[151] BAH Mamadou Aliou, La convention fiscale franco-guinéenne, Mémoire de fin d'études, Paris-ASSAS, 2004, p.97.

mobilières (IRVM) ou l'impôt sur le revenu des capitaux mobiliers (IRCM)[152].

Le taux de cet impôt était fixé à 20 % en 1991 (selon le CIDE de 1991) et, après, il fut revu à la baisse à 15% ; et la loi de finances pour 2010 le fixa à 10%.

Le problème majeur qui se pose est celui de savoir comment peut se traiter fiscalement cette retenue à la source de l'IRVM opérée par l'Etat guinéen par rapport au système fiscal de la société mère résidant à l'étranger, qu'il y ait convention fiscale ou pas entre notre pays (pays de la source du revenu) et le pays d'implantation de la société mère étrangère (pays de résidence). C'est effectivement cela qui fait notre préoccupation que nous allons maintenant examiner au point ci-dessous[153].

Le régime d'imposition détermine les modalités de calcul du bénéfice. Il se fait en fonction du chiffre d'affaires de l'entreprise. Il est donc à différencier du régime fiscal qui lui détermine le type d'impôt à payer : impôt sur le revenu ou impôt sur les sociétés. Les entreprises soumises au simplifié peuvent toutefois choisir sur option le réel normal. Normal ou simplifié : quelles différences ?

Le régime simplifié est donc plus simple à gérer, et bien adapté aux entrepreneurs qui ne veulent pas perdre trop de temps avec des déclarations mensuelles. L'inconvénient majeur concerne les acomptes de TVA qui peuvent être sous-évalués, avec une régularisation en fin d'année difficile à supporter financièrement. Il est possible de déduire les charges de ses recettes. Les premières années, ce régime d'imposition peut être avantageux car les charges liées au démarrage sont souvent lourdes. On peut alors dégager un déficit directement imputé sur le revenu du foyer fiscal, ce qui réduit l'impôt. Attention, les déficits ne sont pas reportables au-delà de six ans.

Dans les deux cas (simplifié ou normal), il est possible d'adhérer à un centre de gestion ou une association agréé(e). Cette adhésion permet aux entreprises, soumises à l'impôt sur le revenu, de bénéficier d'avantages fiscaux. Seules les entreprises soumises à un régime réel peuvent bénéficier de crédits d'impôt, tel le crédit d'impôt recherche.

II. Traitement fiscal des crédits d'impôts des particuliers

Les administrations fiscales africaines en général et le fisc guinéen en particulier sont souvent confrontés à d'énormes difficultés relatives à la constitution du revenu global et implicitement du revenu net imposable dont les particuliers et leurs foyers fiscaux ont joui pendant l'année d'imposition.

---

[152] Grosclaude Jacques, Marchessou Philippe, Droit fiscal, 4ème édition, Dalloz, 2003, p. 221.

[153] B. Castagnède, « De la loi Pons aux lois Paul et Girardin : la rationalisation du régime d'aide fiscale aux investisseurs outre-mer », Mél. C. David, LGDJ, 2005, p.183.

Ces difficultés sont de plusieurs ordres, dont, entre autres : le manque de banques de données fiables, le contexte de pauvreté, les moyens matériels et techniques réduits de l'administration, le laxisme des agents du fisc, le manque de dispositifs de captation des revenus de sources locales et étrangères, la méconnaissance des textes fiscaux due à l'analphabétisme notoire des contribuables, l'incivisme fiscal, etc.

1. Cas des crédits d'impôts internes

Les crédits d'impôts internes visent tous les prélèvements fiscaux excédentaires par rapport aux droits normaux dus par les usagers et encaissés par le Trésor public du pays. A ce niveau des particuliers résidant en Guinée et percevant des revenus de source étrangère ayant fait l'objet d'un prélèvement à la source d'un impôt sur le revenu quelconque (tel que l'impôt foncier) opéré par un autre Etat contractant de la source, cet impôt étranger, payé par ces résidents guinéens de source étrangère, ne fait généralement pas l'objet de déclaration au fisc et a fortiori n'ouvre pas droit à un crédit d'impôt imputable sur l'impôt guinéen payable par ces derniers dans l'optique d'éviter la double imposition. Cela est dû à la méconnaissance des textes et à l'inapplication effective des dispositifs juridiques par le fisc régissant l'IR en tant qu'impôt à percevoir sur le revenu global du contribuable[154].

Somme toute, qu'il s'agisse des particuliers ou des sociétés, le crédit d'impôt sur le revenu au sens strict du terme, c'est-à-dire en droit interne, ne procure pas d'avantages aux usagers, car ils ne font pas valoir leur droit au fisc soit par méconnaissance des textes soit par peur d'être appréhendés par le fisc face aux opérations frauduleuses qu'ils effectuent au détriment du Trésor public[155].

Aussi, il convient de préciser que le crédit d'impôt sur le revenu est pris parfois en compte par la législation interne pour les revenus réalisés par les particuliers dans les catégories de revenus tels que le BIC, le BNC, le BA, etc. Mais l'enjeu et les dispositifs techniques et administratifs ne sont pas de taille. Du point de vue des personnes morales telles que les sociétés anonymes, les SARL, etc., le traitement fiscal de crédit d'impôt ou l'avoir fiscal se fait d'une autre manière dont nous en parlerons ci-après[156].

2. Cas des crédits d'impôts transfrontaliers

En principe, tous les pays qui ont conclu des conventions fiscales avec la Guinée dans l'optique essentielle d'éviter la double imposition juridique sont

---

[154] B. Castagnède, « De la loi Pons aux lois Paul et Girardin : la rationalisation du régime d'aide fiscale aux investisseurs outre-mer », Mél. C. David, LGDJ, 2005, p.163.

[155] B. Castagnède, « Comment agir sur l'économie par l'impôt : les nouvelles méthodologies de la politique fiscale », Revue politique et parlementaire, octobre-décembre 2005, p.27.

[156] J.Buisson, « Réflexion sur l'impôt et le contrat », Mél. J.-C.Hélin, Litec, 2004, p. 153.

dotés des privilèges que ces accords leur ont offerts tant sur les revenus indexés que sur les personnes imposables régies par ces dispositions conventionnelles[157].

Comme on l'avait indiqué plus haut dans le point relatif aux méthodes d'élimination de la double imposition juridique, il conviendrait encore de rappeler plus explicitement le sort qui est réservé au crédit d'impôt des sociétés offshores ou multinationales qui sont implantées dans plusieurs Etats à travers le monde au regard des conventions ou pas dont la Guinée est partie prenante. Mais, avant d'attaquer cette problématique, on voudrait préciser à nos lecteurs que la Guinée n'a conclu et signé depuis son accession à l'indépendance jusqu'à nos jours que trois (3) conventions de non double-imposition, à savoir : la convention fiscale guinéo-tunisienne ; la convention fiscale guinéo-yougoslave ; la convention fiscale guinéo-française[158].

Dans l'ensemble, excepté les pays d'Afrique du Nord tels que le Maroc, la Tunisie, le nombre de conventions fiscales conclues par les pays d'Afrique subsaharienne avec le reste du monde reste encore très insignifiant, comme l'illustre le tableau ci-dessous[159].

Tableau 4 : Conventions fiscales bilatérales et multilatérales signées par quelques pays d'Afrique avec le reste du monde

Pays	Nombre conventions Fiscales signées	Pays contractants
Bénin	3	Norvège, France et pays de l'UEMOA
Burkina Faso	3	France, Tunisie et pays de l'UEMOA
Côte d'Ivoire	9	Allemagne, Belgique, Canada, France, Italie, Norvège, Royaume-Uni, Tunisie et pays de l'UEMOA
Cameroun	4	France, Canada, Tunisie et CEMAC
Centrafrique	2	France et pays CEMAC
Congo Brazzaville	2	France, Italie, les pays de la CEMAC
Guinée	3	Tunisie, Yougoslavie et France
Niger	4	France, Bénin, Burkina Faso et pays de l'UEMOA
Sénégal	8	France, Belgique, Italie, Canada, Norvège, Maroc, Mauritanie, pays UEMOA
Tchad	2	Libye et pays CEMAC
Maroc	70	

Source : Séminaire des directeurs du CREDAF sur l'échange et l'exploitation du renseignement fiscal –la gestion des risques- tenu à Fès au Maroc du 31 mai au 2 juin 2010.

157 Gouthière Bruno, Les impôts dans les affaires internationales, éditions Francis Lefebvre, 2004, p. 134.

158 15 février 1999, Mémento fiscal, Francis Lefebvre, 2005, p. 1150

159 Chambas Gerard, Fiscalité et développement en Afrique subsaharienne, Economica, 1994, p. 159.

En revenant à notre sujet, notamment le traitement fiscal du crédit d'impôt, alors, il faudrait noter au passage que diverses techniques sont employées par des Etats comme la France, la Belgique, l'Italie, etc. Mais la Guinée s'est toujours inspirée du système fiscal français pour mettre en place certains dispositifs-clés que ce soit en droit interne ou en droit conventionnel[160].

Comme nous l'avons montré plus haut, il existe diverses techniques en matière du traitement du crédit d'impôt[161] : les techniques plus classiques adoptées en général entre les pays industrialisés et reprises par les conventions fiscales avec la Guinée (méthodes d'imputation intégrale et d'imputation ordinaire) et ensuite celles plus spécifiquement conçues et appliquées dans les relations fiscales entre pays développés et certains en voie de développement, tels que la Côte d'Ivoire (crédit d'impôt forfaitaire dans les conventions CIBEL, CIFRA, CINOR) que nous n'allons pas étudier ici.

Dans la technique de l'imputation intégrale, rappelons-le, l'Etat cocontractant de la Guinée calcule l'impôt sur le montant total des revenus de son contribuable résident puis, par la suite, il déduit du montant des impôts liquidés le montant de l'impôt guinéen. Quant à la technique de l'imputation ordinaire ou limitée, l'Etat cocontractant de la Guinée ne peut imputer que l'impôt étranger de son contribuable résident à concurrence du montant de l'impôt dont il serait redevable sur le territoire guinéen.

En somme, l'enjeu du traitement fiscal des crédits d'impôt dans les normes conventionnelles dans notre système fiscal est très faible en raison de l'inadaptation des structures. Après ce regard lumineux que nous venons de lancer sur les différentes problématiques relativement descriptives caractérisant l'imposition sur les revenus, il nous paraît beaucoup plus intéressant de faire un examen diagnostic de ce panel d'impositions en rapport avec les différentes réalités qui cadrent véritablement avec le contexte contributif guinéen intégrant tous les aspects d'ordre administratif, technique, juridique, politique, économique, etc. C'est dans ce sens que l'étude du chapitre III de notre travail viendra à point nommé : constat diagnostic du système actuel d'imposition sur les revenus en Guinée[162].

---

160 Politique fiscale au Sénégal ; l'ajustement en suspens ? (en collaboration avec A.M. GEOURJON), étude réalisée à la demande du ministère de la Coopération et du Développement, mars 1991, p.143.

161 Etudes de politique fiscale de l'OCDE : L'imposition des familles actives, une analyse de la répartition, éditions OCDE, N°12, 2005, p.51 et 52.

162 Annie Vallée, Pourquoi l'impôt : voyage à travers le paysage fiscal, éditions Publi-Union, 1997, p. 57.

III. Typologie et prévention des doubles impositions sur le revenu

Selon le professeur B. Castagnède : « le risque de double imposition internationale peut être atténué par le recours à différentes techniques, que les Etats peuvent incorporer de manière unilatérale à leur dispositif de taxation .Suivant une analyse classique, une double imposition internationale dite juridique est constituée lorsqu'un même contribuable se trouve atteint, au titre d'une même base imposable et d'une même période, par des impôts de nature comparable appliqués par deux ou plusieurs Etats, dans des conditions telles que la charge fiscale globale qu'il supporte s'avère supérieure à celle qui résulterait de l'intervention, dans des conditions de droit commun, d'un seul pouvoir fiscal ». (cf p.8 Précis de fiscalité internationale, 2ème édition, Puf, février 2006).

Les doubles impositions portent atteinte à la justice fiscale et constituent des entraves au développement des échanges. C'est à travers la recherche de leur élimination qu'ont été forgés les premiers instruments spécifiques du droit fiscal international. Il s'agit essentiellement de la double imposition juridique (1) avec les trois cas adjoints de ses méthodes de prévention (2) et la double imposition économique (3) que nous allons examiner cas par cas.

1. Les trois cas de double imposition juridique

La problématique fiscale internationale s'est initialement construite à partir d'une origine précise fondée sur l'opposition de deux faits importants : l'économie se mondialise de plus en plus ; et la fiscalité reste strictement nationale, ce qui entraîne, de facto, que chaque nation doit en principe préserver son pouvoir fiscal de manière souveraine[163].

D'une façon générale, la double imposition juridique internationale peut apparaître dans trois cas. Il s'agit de la superposition d'impôts personnels (a), de la surcharge d'impôts personnels et d'un impôt réel (b) et d'une superposition d'impôts réels selon un conflit de règles de source (c).

a) La superposition d'impôts personnels

Le premier est celui d'une superposition d'impôts personnels, deux Etats appliquant à un même contribuable un impôt sur son revenu total, ou sa fortune totale. Cette situation est le résultat d'un conflit des lois régissant l'assujettissement à l'obligation fiscale personnelle. Toute juridiction fiscale mettant en œuvre une imposition globale des revenus (ou de la fortune) doit en effet définir la condition de l'assujettissement à l'obligation fiscale illimitée. Le plus souvent, celle-ci atteint les contribuables ayant leur domicile fiscal dans l'Etat d'imposition[164].

---

[163] Mabiala Umba Di Kama Beti, (L), Le cimetière des impôts au XXe siècle, mémoire, D.E.A, Finances publiques et fiscalité, Paris II, 1996, p.92.

[164] B. Castagnède, Précis de fiscalité internationale, Paris, PUF, 2002, p.376.

Plus rarement, elle concerne les contribuables possédant la nationalité de cet Etat. Une personne domiciliée dans un Etat, mais détenant la nationalité d'un autre Etat, pourrait de la sorte se trouver assujettie à deux impôts personnels. Le domicile fiscal, d'autre part, fait en règle générale l'objet d'une définition spécifique, de la part de chaque législation nationale ; de sorte qu'un même contribuable peut fort bien satisfaire aux critères de la domiciliation dans plus d'un Etat. Un tel conflit de règles de domicile est à l'origine des cas les plus usuels de double imposition personnelle.

b) Le concours d'un impôt personnel et d'un impôt réel

Ce second cas, plus fréquent, de surcharge fiscale internationale, est celui dans lequel celle-ci résulte du concours d'un impôt personnel et d'un impôt réel. Elle peut apparaître chaque fois qu'un contribuable dispose d'un revenu (ou d'un bien) lié au territoire d'un Etat dont la juridiction fiscale s'exerce précisément sur les revenus trouvant leur source chez lui, alors que le même élément imposable ressortit à la juridiction fiscale d'un autre Etat (celui du domicile ou de la nationalité du contribuable), au titre de l'application d'un impôt personnel global.

De telles doubles impositions sont d'autant moins rares que la plupart des Etats, qui mettent en œuvre un impôt personnel sur l'ensemble des revenus imputables aux contribuables qui satisfont au critère d'assujettissement à l'obligation fiscale illimitée, n'ont nullement renoncé à appliquer simultanément leur impôt aux autres personnes, mais uniquement à raison des revenus trouvant leur source sur leur territoire.

c) La superposition d'impôts réels

La double imposition internationale peut également résulter d'une superposition d'impôts réels, causée par un conflit de règles de source. L'Etat qui met en œuvre un impôt territorial doit en effet préciser les conditions du rattachement à son territoire des différents éléments imposables.

Ces règles de source, qui font inévitablement une place à la subjectivité des législateurs, ne peuvent être rigoureusement identiques d'une juridiction fiscale à l'autre. L'application, par deux Etats, de règles de source discordantes à un même élément taxable, tel que le bénéfice d'opérations commerciales, détermine ainsi une surcharge fiscale par superposition d'impôts réels.

Comment éliminer ou prévenir les doubles impositions internationales qui portent atteinte à la justice fiscale des contribuables dans les relations d'affaires avec les Etats concernés (de source et de résidence) ? C'est justement cette préoccupation à laquelle nous allons donner des éléments de solution au point 2 ci-après.

2. Les méthodes de prévention des doubles impositions juridiques internationales

Les doubles impositions internationales, somme toute, portent atteinte à la justice fiscale et constituent des entraves au développement des échanges. C'est à travers la recherche de leur élimination qu'ont été bâtis les premiers instruments spécifiques du droit fiscal international. Pour éliminer le phénomène de double imposition internationale, il y a lieu d'avoir recours à différentes techniques que les Etats peuvent incorporer de manière unilatérale à leur dispositif de taxation dont le modèle de convention de l'OCDE exige des Etats membres l'application : la méthode de l'exemption et la méthode de l'imputation[165]. Elles ont pour but de faciliter les échanges internationaux en évitant les blocages de nature fiscale. Il s'agit essentiellement de la méthode d'exemption (a) et de la méthode de l'imputation (b).

a) La méthode de l'exemption

D'une manière générale, cette technique procède de la définition du champ d'application territorial d'un impôt, ou de la fixation de règles spéciales d'exonération, assurant en principe une large protection contre les surcharges fiscales internationales : si le revenu de source extérieure est imposé par une juridiction fiscale étrangère, à condition, toutefois, que celle-ci ne considère pas comme lui étant rattachable, en raison de ses propres règles de source, un revenu déjà taxé à l'étranger. En clair, il s'agit d'exclure de l'assiette taxable de l'IR tous les revenus de source étrangère quelle que soit leur nature. Spécifiquement en Guinée, la méthode d'exemption n'est pas aussi étrange au système fiscal de la Guinée.

En droit fiscal international, la méthode de l'exemption peut revêtir deux formes : l'exemption intégrale et l'exemption avec taux effectif.

Dans **la méthode d'exemption intégrale**, l'Etat de résidence du contribuable non seulement n'impose pas les revenus concernés, mais aussi ne prend pas en compte leur existence dans le calcul de l'impôt dû au titre des revenus non exemptés[166].

Quant à l'exemption avec taux effectif, l'Etat de résidence, s'il n'impose pas les revenus, entrant de la compétence fiscale de l'Etat de la source, tient compte de leur existence dans la détermination du taux d'imposition applicable aux revenus non exonérés. Cette variante est appropriée à la mise en œuvre de l'impôt progressif sur le revenu.

En France, dans la pratique, l'impôt est d'abord calculé sur la base des revenus d'ensemble, incluant les revenus exonérés de source étrangère,

---

[165] B. CADTAGNEDE, Précis de fiscalité internationale, PUF, janvier 2002, p 105.

[166] Mamadou Aliou BAH, Convention franco-guinéenne, mémoire, Panthéon-Assas, p. 48.

suivant le barème progressif de l'impôt sur le revenu[167]. Puis, le montant réellement dû est calculé en appliquant à l'impôt théorique, dégagé du premier calcul, le rapport existant entre les revenus non exemptés et l'ensemble des revenus[168].

b) La méthode de l'imputation

Elle consiste, de la part de l'Etat de résidence du contribuable, à accorder à celui-ci une déduction fiscale (impôt sur impôt) au titre de l'impôt payé dans l'Etat de la source.

Exemple : Soit un contribuable dénommé Mr CAMARA, résident fiscalement en Guinée et qui doit payer en 2010 au titre de la contribution foncière unique un montant de 5 000 000 FG. Aussi, il s'est avéré que ce dernier a eu à payer en France un impôt sur son revenu foncier dont il dispose sur le territoire français pour un montant de 300 euros, soit environ 2 400 000 FG.

Or, il est établi qu'une convention fiscale est déjà conclue entre les deux Etats : la France et la Guinée. Alors, la question qui se pose est celle de savoir comment l'imputation de l'impôt payé par Mr CAMARA doit s'opérer sur l'impôt payable par celui-ci en Guinée.

En réponse, la contribution sur la propriété foncière à payer selon la méthode d'imputation de l'impôt français par Mr CAMARA en Guinée sera de : 5 000 000 FG – 2 400 000 FG= 2 600 000 FG

La méthode de l'imputation, quant à elle, comporte deux variantes : l'imputation intégrale ; l'imputation ordinaire ou limitée[169]. **L'imputation est réputée intégrale** dès lors que le crédit d'impôt dont bénéficie le contribuable dans l'Etat de sa résidence correspond à l'impôt prélevé par l'Etat de la source, quel qu'en soit le montant.

Quant à **l'imputation ordinaire ou limitée,** le crédit d'impôt accordé par l'Etat de résidence ne peut excéder la fraction de son propre impôt correspondant au revenu imposable trouvant sa source dans l'autre Etat[170]. Cette variante limite, pour l'Etat de résidence, le risque de perte de recettes afférent à la fixation, par l'Etat de la source, d'un taux élevé de prélèvement.

Mais elle peut laisser des éléments de double imposition, dans la mesure où l'impôt prélevé par l'Etat de la source s'avère supérieur à celui appliqué par l'Etat de résidence[171]. Tout prélèvement fiscal, et plus précisément

---

[167] D. Gutmann, « Chronique de fiscalité européenne », L'Année fiscale, 2003, p.363.

[168] B .CASTAGNEDE, Précis de fiscalité internationale, 2ème édition 2006, PUF, p. 308.

[169] P. Cocheteux, « Impôt sur le revenu et déclaration pré-remplie : plus de communication, moins de droit ?, Dr. Fisc., 2006, n°19, p. 926.

[170] M. C. Bergerès, « L'arsenal législatif contre les expatriations », Dr. Fisc., 2001, n°5, p. 222.

[171] Mamadou Aliou BAH, Convention franco-guinéenne, mémoire, Panthéon-Assas, 2004, p.44.

l'imposition sur le revenu, affecte, bon gré mal gré, les revenus acquis ou dépensés des contribuables, tels peuvent être les obstacles qui caractérisent l'impôt sur les sociétés dans le système fiscal de notre pays.

Elle précise d'abord que les personnes visées sont les résidents d'un Etat contractant ou des deux Etats. Ensuite, il y a les impôts compris dans l'accord.

Pour la Guinée et la France, il s'agit de l'impôt sur le revenu, de l'impôt sur les sociétés, et généralement de l'impôt sur la fortune. La souveraineté fiscale de chaque Etat pose de nombreux problèmes de compatibilité entre les différentes règles de droit, que les conventions ne parviennent pas toujours à régler.

L'exemption des revenus de source extérieure, qu'elle procède de la définition du champ d'application territorial d'un impôt, ou de la fixation de règles spéciales d'exonération, assure en principe une large protection contre les surcharges fiscales internationales : si le revenu de source extérieure est imposé par une juridiction fiscale étrangère, du moins ne l'est-il pas dans le cadre de la juridiction nationale considérée ; à condition, toutefois, que celle-ci ne considère pas comme lui étant rattachable, en raison de ses propres règles de source, un revenu déjà taxé l'étranger.

Elle se situe au niveau du régime du « Bénéfice mondial », qui est pratiqué par la plupart des pays et correspond à un mécanisme « d'imputation ». Il est utilisé pour l'imposition des exploitations directes. Les résultats de B sont repris avec ceux du siège en A, l'impôt payé en B s'impute, c'est-à-dire, avec ou sans plafonnement, sur celui de A.

3. La double imposition économique

Elle désigne l'application à une même matière imposable d'impôts successifs atteignant des contribuables distincts, ainsi qu'il est fréquemment prévu en ce qui concerne les bénéfices des sociétés de capitaux, frappés par l'impôt sur les sociétés avant d'être taxées entre les mains des associés à raison des distributions effectuées[172].

a) Contexte de la double imposition économique

Chaque pays essaie d'apporter des solutions pour supprimer ou limiter les conséquences que constituent les doubles impositions économiques. Dans le cas de la Guinée on peut citer quelques exemples qui tiennent aux principes généraux du droit ou à des incitations pour encourager les agents évoluant dans tel ou tel secteur d'activités économiques à forte croissance.

On peut retenir la règle selon laquelle le contribuable domicilié en Guinée est imposable à raison de son revenu net annuel. Les impôts acquittés sur des

---

[172] GEST Guy, TIXIER Gilbert, Droit fiscal international, 2ème édition, Paris, puf, 1990, p.611.

revenus de sources étrangères peuvent être déduits de la base d'imposition. Cette disposition conduit à une atténuation de la double imposition sans la supprimer. En effet, l'enjeu de la double imposition économique n'est pas de taille dans le système fiscal guinéen, d'autant plus que si les revenus distribués entre les associés ou les actionnaires par telle ou telle société sont taxés à la source une fois au sein de la société distributrice, cette taxation n'affecte cependant pas directement les personnes bénéficiaires en matière d'IR en tant que tel. Or, cela n'est pas le cas en France.

b) Moyens de lutte contre la double imposition économique

Dans le système fiscal guinéen, il existe des dispositions légales ou réglementaires qui permettent à l'usager de rentrer dans ses pleins droits. Donc, il appartient à l'administration de préserver ces garanties pour ne pas créer ou exacerber la plaie de l'injustice fiscale qui est un des maux contre la performance du fisc qui cherche aujourd'hui et pour toutes les fois que cela s'avère nécessaire à rendre des services de qualité aux usagers. Incontestablement, toutes les administrations à l'ère de la mondialisation s'inscrivent en droite ligne dans cette logique. Et pourquoi pas la Guinée qui est un pays à faible économie et qui cherche à s'affirmer par sa fiscalité pour que celle-ci soit au service du développement socio-économique dans les mains de l'Etat !

C'est pourquoi des textes de lois en matière de crédit d'impôt restituable ou reportable sont prévus dans le code général des impôts de la Guinée pour remédier à cette prétendue ''injustice fiscale latente''. Pour cela, il existe des crédits d'impôts à restituer sur les impôts et taxes directs et les crédits d'impôts à rembourser ou à reporter qui visent les impôts et taxes indirects (TVA, TAF, TCA, etc.).

Le crédit d'impôt est restituable s'il excède le montant total d'impôts sur le revenu dû par le contribuable. La réalisation de certaines dépenses ou de certains investissements ouvre droit à des réductions ou des crédits d'impôt. S'ils viennent tous deux en diminution de l'impôt dû, les modalités de prise en compte des réductions d'impôt et des crédits d'impôt sont différentes.

En revanche, le crédit d'impôt, lui, est remboursable lorsqu'il est supérieur au montant de l'impôt, l'Etat rembourse la différence, et si le contribuable n'est pas imposable, il sera remboursé en intégralité. La réduction d'impôt n'est pas remboursable. Si son montant est supérieur à celui de l'impôt dû, la différence ne sera pas restituée et elle ne pourra pas être reportée sur l'impôt dû au titre des années suivantes (à l'exception toutefois de la réduction d'impôt pour investissement productif, de la réduction d'impôt pour investissement dans les PME)[173].

---

[173] SEKA SEKA, (P), Le mimétisme fiscal des Etats d'Afrique, Paris II, 1993, p. 223.

Le crédit d'impôt reportable vise généralement les entreprises ou personnes créditrices de TVA qui ne peuvent faire l'objet de remboursement de leurs droits. Dans ce cas la loi leur accorde de reporter leur crédit d'impôt TVA sur le mois à venir au risque de subir un tort soit de double imposition soit de non-remboursement. Mais, il n'est pas exclu en Guinée que des entreprises bénéficiaires de crédits d'impôts directs reportables puissent bénéficier de leurs droits de report. Cela n'est possible à la seule condition que ce report sur les mois ou années à venir ne porte que sur l'impôt générateur de crédits d'impôts reportables ou assimilés. En clair, le crédit d'impôt reportable en matière d'IS de l'année N ne peut s'imputer que sur l'IS à payer que l'entreprise reste à devoir pour l'année N+1 ou les autres impôts directs comme l'IS mais pas les impôts et taxes indirects tels que la TVA et assimilés.

CHAPITRE III

Analyse critique du système d'imposition sur le revenu en Guinée

En Guinée, la faiblesse des recettes publiques et surtout fiscales est considérée comme l'un des maux qui fragilisent la performance budgétaire pouvant impacter la croissance et le niveau de développement socioéconomique du pays. Il est vrai que la Guinée fait partie des pays les plus pauvres du monde et figure parmi les Etats les plus corrompus, d'après l'Agence qu'on appelle ''Transparency International'', mais ce pays regorge pourtant d'énormes potentialités humaines et naturelles qui, bien exploitées et bien gérées par l'Etat, peuvent servir de tremplin pour inverser favorablement l'indice de pauvreté et d'autres facteurs qui freinent sa vraie croissance ou son développement durable.

Il est aussi évident que la fiscalité, qui est un instrument précieux à la disposition de l'Etat pour des interventions publiques nécessaires à l'amélioration des conditions de vie de la population, reste confrontée à d'énormes facteurs fragilisant sa performance dont, entre autres : la fraude et l'évasion fiscale, l'analphabétisme, la faible prédominance et la fiscalisation du secteur informel, la mascarade judiciaire, l'incivisme fiscal, la faiblesse de l'économie par manque de politique économique efficace, etc. Voilà autant de problèmes qui nous interpellent lorsque nous abordons ce chapitre-clé de notre analyse.

L'imposition sur le revenu n'est pas le seul élément de la structure fiscale guinéenne. Il existe tant d'autres impôts et taxes d'Etat ou locaux qui alimentent les budgets de ces entités, mais à des degrés divers et dans des proportions bien définies. Par exemple, la TVA, en tant qu'impôt assis sur la dépense ou la consommation, rapporte à l'Etat près de 45% contre 0.01% pour l'IR des personnes physiques. Au vu de ces chiffres, il y a lieu de s'interroger sur le pourquoi de cette disproportion hautement significative entre ces deux types d'impôt. L'analyse peut aller au-delà de la TVA. Mais restons dans un contexte plus précis où nous pouvons ressortir des rudiments pour mieux se concentrer sur l'examen des facteurs endogènes et exogènes qui pénalisent l'imposition sur le revenu qui devrait être un pan de la fiscalité guinéenne.

Ce chapitre consacré à l'analyse critique du système d'imposition sur le revenu en Guinée est à l'épicentre de toute la problématique du système fiscal de notre pays dont l'examen sous plusieurs angles (politique, social, économique, technique, administratif, environnemental, etc.) constitue les bases essentielles auxquelles nous allons nous atteler tout au long de ce travail. Bien qu'évidemment, tout le travail de recherche que nous sommes en train de faire ne se limite pas seulement à la partie examen critique. Il prétend aller au-delà des critiques objectives à formuler et implicitement proposer des solutions pertinentes dans les perspectives de rendre la fiscalisation des revenus des entreprises et des particuliers plus dynamique, pouvant ainsi répondre aux besoins de performance non seulement des finances publiques mais aussi et surtout du système fiscal de notre pays. Tel est le chemin long que l'on cherche à baliser dans cette recherche. Cette approche va susciter beaucoup de soucis et d'interrogations que nous devons nous poser.

Est-ce que l'appareil fiscal qui a la charge de gérer l'imposition sur le revenu en Guinée est bien structuré ou pas ? Les dispositifs juridiques et réglementaires sont-ils véritablement et pertinemment adaptés au contexte contributif ou pas du pays ? La technique fiscale utilisée par les acteurs du système fiscal (usagers, Etat et ses alliés, etc.) répond-elle aux besoins de simplification pouvant accroître l'efficacité et le rendement de gestion et contrôle de l'imposition sur le revenu en Guinée ? L'incivisme fiscal des usagers dans tout le pays avec ses corollaires n'affecte-t-il pas le rendement fiscal en général et l'imposition sur le revenu en particulier ? Le secteur informel, en dépit de son importance du point de vue densité de ses acteurs, est-il normalement fiscalisé ou pas ? En clair et de manière simpliste et synthétique, quels sont en réalité les maux névralgiques qui assaillent aujourd'hui l'imposition sur le revenu dans le système fiscal guinéen de telle sorte que la part de ce prélèvement reste très minable dans le budget de l'Etat ? Quelles en sont les causes fondamentales ? C'est cette problématique que nous allons examiner élément par élément tout au long de ce chapitre.

Pour décrypter cette problématique, l'on doit tout d'abord analyser toutes les faiblesses administratives et fonctionnelles de l'appareil fiscal guinéen (section I), ensuite, nos réflexions vont se focaliser sur les limites juridiques et techniques du système fiscal de notre pays (section II) ; et enfin nous terminerons notre étude par les autres facteurs limitatifs de la performance du système fiscal guinéen (section III) en matière d'imposition sur le revenu.

SECTION I. LES FAIBLESSES ADMINISTRATIVES ET FONCTIONNELLES DE L'APPAREIL FISCAL GUINÉEN

L'administration fiscale de notre pays, que nous pouvons encore dénommer l'appareil fiscal, est l'une des vieilles directions techniques du ministère de l'Economie et des Finances. Mais depuis 2011, sa tutelle rapprochée a été modifiée par décret du Président de la République, Pr Alpha CONDE, qui a scindé le ministère de l'Economie et des Finances en deux départements dont l'un en ministère délégué au Budget comportant quatre directions techniques (direction nationale des impôts, direction nationale des douanes, direction nationale du budget et direction nationale du système informatique) et l'autre en ministère de l'Economie et des Finances comprenant six directions techniques (direction nationale du Trésor et de la comptabilité publique, direction nationale du contrôle financier, direction nationale de la dette et de l'aide publique au développement, direction nationale des marchés publics, direction nationale du portefeuille et direction nationale de l'investissement).

Pour la petite histoire, la direction nationale des impôts que l'on connaît sous ce label aujourd'hui a suivi de longues réformes en termes de dénomination. A l'ère de la colonisation, elle était connue sous le vocable de direction des contributions diverses et, après l'indépendance, de direction des impôts et domaines ; puis, enfin, de direction nationale des impôts (DNI) depuis les années 1990 à nos jours. Elle compte un effectif de 1700 travailleurs environ dont 95% sont dans la capitale et le reste dans les régions et préfectures du pays[174].

En effet, la DNI n'est pas une structure parfaite en tant que telle. Elle regorge tant au niveau central que déconcentré des faiblesses que nous allons mettre en lumière dans les perspectives d'améliorer non seulement les droits régaliens qui sont les siens mais aussi accroître la performance et l'efficacité des dispositifs de gestion de l'imposition sur le revenu en Guinée.

Pour y parvenir, nos analyses critiques doivent se fonder sur l'organisation administrative au niveau central de la DNI qui nous semble inadaptée (paragraphe 1) laquelle organisation est aggravée par une réalité fonctionnelle qui entrave son efficacité (paragraphe 2).

PARAGRAPHE I. L'ORGANISATION ADMINISTRATIVE CENTRALE INADAPTÉE

Le professeur Gérard Chambas, un des grands fiscalistes français, dans son ouvrage intitulé « l'Afrique au Sud du Sahara : mobiliser les ressources

---

[174] M.A.BAH, L'évolution du système fiscal guinéen, mémoire, Master de l'administration fiscale, Paris-Dauphine, 2001, p.36

fiscales pour le développement [175]», nota que : « la faible capacité de l'administration des impôts dans les pays d'Afrique subsaharienne est à l'origine de sa contre-performance en matière de mobilisation des ressources fiscales pénalisant ainsi tout le processus de développement socio-économique de ces pays … ». Cela veut dire implicitement que, tant qu'il existe des dysfonctionnements remarquables au niveau des structures organisationnelles des impôts en Afrique, leur politique fiscale ne sera jamais au diapason avec leur politique de développement macroéconomique envisagé par leurs Etats respectifs.

Quant à la Guinée, ce problème de dysfonctionnement de l'appareil fiscal est encore très manifeste à telle enseigne qu'il est à l'origine d'une certaine paralysie dans maints domaines et instruments qui concourent au prélèvement des impôts et taxes dans notre système fiscal. Ces maux se fondent essentiellement sur une mauvaise répartition des tâches par l'organe central de direction doublée d'une gestion inadéquate des ressources humaines (I). A cela s'ajoutent la précarité et la vétusté des moyens matériels, techniques et financiers mettant le personnel des impôts dans l'obligation de gérer jusqu'ici manuellement les impôts et taxes dans notre pays (II).

I. La mauvaise répartition des tâches doublée d'une gestion inadaptée des ressources humaines

La DNI en Guinée est confrontée depuis longtemps à de sérieuses difficultés liées à la mauvaise articulation de sa structure organisationnelle et fonctionnelle aussi bien au niveau de l'administration centrale que déconcentrée. Cela peut être à l'origine des conflits d'attribution dans l'exécution des tâches confiées aux agents d'encadrement et de métiers. Il va de soi qu'une telle situation ne peut pas rester sans conséquences désastreuses sur la gestion des ressources humaines en termes d'efficacité qui est le mobile, voire la clé de voûte, du système fiscal en général et de l'imposition sur le revenu en particulier.

1. Une confusion de rôles entre services centraux et services opérationnels de la DNI

Avant la signature de l'arrêté n°952/MEF/MDB/2011 du 27 décembre 2011 portant organisation et attributions de la Direction nationale des impôts, le FMI avait dépêché auprès de la DNI guinéenne en 2008 une mission d'AFRITAC de l'ouest en vue d'examiner l'organigramme structurel et opérationnel de cette direction.

---

[175] Chambas, (G), L'Afrique au Sud du Sahara : mobiliser les ressources fiscales pour le développement, éditions Economica, 2009, p.182.

Chemin faisant, cette mission a eu à faire l'analyse approfondie de la situation et conséquemment en tirer les leçons qui s'imposent dans un rapport qui a été communiqué tant au département de tutelle qu'à la DNI à cet effet[176]. Les points forts de ce document tournaient autour des éléments ci-après :

- confusion d'attributions entre les services centraux de pilotage et les services centraux opérationnels ;
- chambardement d'attributions entre les services déconcentrés de pilotage et les services déconcentrés opérationnels ;
- proposition d'un nouvel organigramme plus pertinent et plus adapté aux réalités des services.

Concernant le premier point, la mission a constaté qu'il y a des services au niveau central qu'il faut nécessairement dissocier du pilotage de l'opérationnel : le service des grandes entreprises (SGE), le service des moyennes entreprises (SME) et quelques divisions techniques telles que la division fiscalité immobilière, la division communication, etc.

Autrefois, le SGE et le SME avaient la double casquette de pilote et de gestionnaire, donc juge et partie en matière fiscale. Or, en cas de dérapage ou de contentieux d'assiette des impôts lors d'un contrôle sur pièces ou sur place de tel ou tel contribuable, ils avaient toute la suprématie nécessaire liée au processus à tel point qu'on les appelait quelquefois les « services omnipotents de la DNI ». Les corollaires d'une telle situation consistent d'une part à porter préjudice aux droits et garanties du contribuable en cas de réclamation contentieuse suite à l'excès de pouvoir d'un service du fisc sur l'usager.

D'autre part, ce genre de structure est à l'origine de l'amoindrissement du rendement fiscal dû au protectionnisme et au détournement des recettes au détriment du fisc par les responsables de ces entités, si des mesures de contrôle efficaces internes liées à l'analyse des risques ne sont pas prises par les autorités de la DNI.

Enfin, ce genre de situation pourrait entraîner une paralysie généralisée de toute l'administration fiscale si des dispositions urgentes ne sont pas prises par leurs supérieurs hiérarchiques.

Somme toute, la mission d'AFRITAC de l'Ouest du FMI, la DNI et le ministère délégué au Budget (MDB) ont tous déploré ce dysfonctionnement organisationnel de la DNI. Pour éradiquer cette léthargie dysfonctionnelle, il a été question de donner l'autorisation aux experts et cadres de la DNI de mettre sur pied un autre organigramme bien adapté aux réalités de l'administration fiscale guinéenne.

---

[176] Direction de la prévision et de la conjoncture, Rapport sur l'étude des incitations industrielles en Guinée, ministère de l'Economie et des Finances, Conakry, mai 1986, p.912.

Quant au second point, il est la conséquence logique du premier en ce sens qu'au niveau des inspections régionales des impôts, il a été constaté que certains inspecteurs régionaux des impôts avaient la latitude de gérer et contrôler à la fois certains impôts tels que les impôts et taxes sur les propriétés bâties ou non bâties. Mais cet état de fait n'était que comportemental et non structurel ou légitime, on aurait dû le penser ainsi. Donc, tous les maux assaillant l'administration fiscale déconcentrée doivent être abordés au paragraphe 2 de cette section.

Enfin, la proposition d'un nouvel organigramme efficace et pertinent par les experts du FMI en étroite collaboration avec la DNI a été faite. Cet organigramme amélioré, joint en annexe est l'une des mesures de réformes administratives que nous allons aborder dans la seconde partie de notre document.

2. La mauvaise gestion des ressources humaines

La gestion des ressources humaines reste et demeure un problème entier au sein des administrations fiscales des pays d'Afrique en général et de la Guinée en particulier[177]. Ce problème est tellement important sinon capital dans le fonctionnement et le dynamisme d'une structure administrative bien définie.

Par conséquent, une mauvaise gestion des ressources humaines d'un service peut inéluctablement entraîner le mauvais fonctionnement de ce service. C'est effectivement ce constat amer que l'on a fait de l'administration fiscale guinéenne où les agents et cadres subissent des sorts affectant négativement leur vie professionnelle dont les causes sont d'ordre institutionnel (manque de plan de carrière officiel), social(corruption, affinité parentale ou ethnique), systémique (manque de structures de formation professionnelle adéquate, etc.).

Quant aux conséquences lourdes et multiples de ce phénomène, on peut noter entre autres : la démoralisation des travailleurs, le manque de motivation, le fossé de l'inégalité de compétences, la révolte, le faible rendement aux postes de travail des cadres et agents, etc.

En somme, comme s'y est penché l'atelier du CREDAF, tenu du 03 au 07 juillet 2013 au TOGO, axé sur la problématique de gestion des ressources humaines dans les administrations fiscales, il a été mentionné dans le document de synthèse que quatre éléments essentiels caractérisent ce phénomène qu'il est intéressant de connaître :

- le recrutement du personnel ;
- la formation professionnelle du personnel ;
- l'évaluation du personnel ;

[177] Moisseron (J-Y), Pression, structure fiscale et niveau de prélèvement, DIAL, Paris, Avril 1999, p.211.

– l'organisation et les attributions des services (qui ne seront pas examinées infra, compte tenu du fait que ce point a été déjà traité au paragraphe I).

Donc, nous allons passer au peigne fin tous les facteurs liés à cette problématique de gestion des ressources humaines au sein de notre système fiscal.

a) Un recrutement inapproprié du personnel des impôts

En Guinée et dans bien des pays d'Afrique, seul le ministère de la Réforme administrative, de la Fonction publique et du Travail (MRAFPT) a compétence de recruter, soit sur dossier, soit par voie de concours, tous les fonctionnaires de tels ou tels services publics sans que ces derniers n'aient exprimé préalablement auprès de ce ministère leurs besoins réels en ressources humaines[178].

Le plus généralement, les recrutements faits sur dossier sont à l'origine d'une anarchie sans précédent constatée çà et là dans les différents ministères publics où les fonctionnaires engagés et affectés dans les services publics concernés n'ont pas les compétences professionnelles nécessaires ou le niveau académique qu'il faut pour servir dans telle ou telle direction ou dans tel ou tel poste.

C'est la corruption totale qui est à l'origine de cette pagaille sans précédent organisée par le MRAFP où les acteurs ou co-acteurs exigent de leurs clients une certaine somme d'argent pour qu'ils soient engagés dans la fonction publique pour aller servir dans tel ou tel ministère. Peu importe le niveau et, quelquefois les diplômes falsifiés viennent aggraver cette situation. Les plus ou mieux lotis en termes d'argent seraient les mieux engagés et les mieux affectés dans les départements stratégiques de l'Etat pour aller servir au ministère des Finances et implicitement à la DNI ou à la direction générale des douanes.

Il n'est pas rare de constater en Guinée que certains agents des impôts ou des douanes qui n'ont même pas fait d'études universitaires peuvent se trouver au sommet de la hiérarchie administrative (hiérarchie A), même des vendeurs d'arachide, disait un jour un professeur d'université Général Lanana Conté à Conakry, sont aujourd'hui engagés dans la fonction publique et classés dans la catégorie ou hiérarchie A au même titre que ceux qui ont trimé pendant plus de dix-huit ans d'études sur les bancs de la fac avec le niveau bac plus 4 ou 6. Face à une telle situation comment l'administration peut être efficace ou crédible ?

---

178 CREDAF tenu du 03 au 07 juillet 2013 au TOGO, axé sur la problématique de gestion des ressources humaines, pp : 721-805.

Quant au recrutement par voie de concours, cette procédure est rarissime pour ne pas dire compromise encore par les autorités du ministère de la Fonction publique.

Le paradoxe de tous les services publics, et notamment de l'administration fiscale, c'est le fait que 90% des travailleurs sont cadres de la hiérarchie A et que les 10% des agents d'exécution qui ne savent même pas à quelle hiérarchie ils doivent s'attacher en matière de commandement managérial. C'est de l'anarchie à tous les niveaux sans compter celle des administrations fiscales et douanières où les effectifs sont pléthoriques et peu rentables. Si l'on pense décortiquer tous les maux qui assaillent la fonction publique guinéenne, l'on ne tarirait pas de verbes ou de qualificatifs pernicieux et cela peut être un autre sujet bateau de thèse doctorale.

b) Un plan de formation non fiable et un plan de carrière du personnel inexistant

L'un des maux névralgiques qui pénalisent la fonction publique guinéenne en général et l'administration fiscale en particulier c'est le faible niveau ou le manque de formation professionnelle des ressources humaines à tous les niveaux de la hiérarchie. La formation professionnelle initiale et celle continue au niveau des services publics ne sont pas inscrites dans un programme formel et bien établi.

La DNI qui compte un effectif de plus de 1 700 travailleurs ne dispose d'aucun budget de formation des ressources humaines. Chaque année, la coopération française n'accorde que deux places à la Guinée pour la formation des inspecteurs des impôts à l'Ecole de régie financière (Ecole nationale des impôts de Clermont-Ferrand et Université Paris-Dauphine). Or, si l'on fait le ratio de formation par rapport aux besoins exprimés du personnel formable, l'on peut environ être dans l'ordre de 0, 003, soit 0, 3%. Le manque de plan de carrière, de motivation du personnel et d'un plan stratégique de formation à l'échelon national couvert par des moyens financiers et techniques est l'une des causes de la mauvaise gestion et de la non-rentabilité des ressources humaines de toutes les administrations du pays y compris celle des impôts.

La deuxième cause, non des moindres, de la mauvaise gestion du personnel de la DNI dépend du fait qu'elle ne dispose d'aucune école de formation professionnelle des agents. Toutes les formations domestiques sont généralement financées soit par la France, soit par la BAD, mais non par le budget national. Le gouvernement n'en fait pas une priorité. Les agents et cadres sont laissés pour compte et l'Etat ne parvient même pas à inscrire le problème de formation dans sa politique de bonne gouvernance.

En outre, le plan de carrière permettant de suivre l'évolution de chaque cadre ou agent dans sa vie professionnelle n'existe pratiquement pas. Les cadres et agents sont nommés à des postes de décision sur des bases irrationnelles (affinité, parenté, copinage, ethnocentrisme, régionalisme, etc.). Voilà d'autres tristes réalités qui fragilisent le système fiscal de la Guinée dans son entièreté. En aucun cas, le directeur national des impôts n'a la liberté du choix des cadres valeureux et compétents pour occuper tel ou tel poste en dépit du contrat de performance qui lie la DNI au ministère délégué au Budget. Interdiction formelle lui est faite de prendre même une petite note de service pour affecter tel ou tel chef de service (chef de bureau, de section, de division, etc.) sans se référer à la hiérarchie supérieure qui, d'ailleurs, dénature le choix judicieux du directeur.

Le manque d'autonomie de gestion des ressources humaines, marqué par le manque d'autorité allouée au directeur national des impôts, constitue d'autres facteurs qui sont à l'origine de l'aggravation de la faiblesse du rendement fiscal et de l'imposition sur le revenu en Guinée.

Le pouvoir législatif tout comme l'exécutif devraient faire, du problème d'institution de plan de carrière des fonctionnaires, une priorité si l'on compte imprimer une nouvelle dynamique au bon fonctionnement de l'administration publique de notre pays où les valeurs intrinsèques et extrinsèques doivent être des indicateurs de choix des agents et cadres pour occuper tel ou tel emploi. Voilà une autre cause des maux dont souffre l'administration publique, et notamment celle des impôts, dont les conséquences sont néfastes pour l'économie et les finances publiques de notre pays.

La formation professionnelle devrait constituer un investissement pour les administrations en assurant l'acquisition, le maintien et le développement des qualités professionnelles des agents. Elle permettrait l'obtention des fondamentaux lors de la formation initiale ou en cours de carrière, en cas d'adaptation au poste de travail ou d'évolution prévisible des métiers. Elle favoriserait également le développement des compétences et des qualifications. La formation professionnelle serait aussi un élément facilitateur dans les processus de changement.

Son rôle dans l'accompagnement de la modernisation, tout comme dans les évolutions stratégiques, est certain. Universelle, elle permettrait de s'associer à l'effort de coopération et de favoriser la mutualisation internationale. Mais, malheureusement, le problème de formation professionnelle constitue un grand goulot d'étranglement qui pénalise encore très fort les services publics guinéens y compris ceux de l'administration fiscale de notre pays. Cet état de fait doit nous interpeller à plus d'un titre si l'on envisage de mettre sur pied une administration fiscale au vrai service du développement à l'instar des pays développés comme la France, la Belgique, le Canada, etc.

Plus indirectement, la formation professionnelle constitue un excellent levier managérial. Elle va, en effet, permettre de valoriser l'action des personnes méritantes en leur donnant l'accès à un niveau supérieur de connaissances ou en leur offrant des possibilités de promotion. Métier à part entière, la formation pourra aussi être utilisée comme un signe de reconnaissance des mérites. L'animation de stages, tout comme la participation à l'élaboration de la documentation pédagogique, pourront être confiées aux meilleurs collaborateurs. Initiale ou continue, la formation professionnelle ne doit pas, en raison même de sa nature et de ses effets, être perçue comme une variable d'ajustement. Sa mise en œuvre passe par la définition d'un cadre stratégique précis, l'élaboration d'une architecture opérationnelle claire, la détermination d'une offre de formation la plus adaptée possible au contexte et la mise en place d'un accompagnement rationnel de l'activité pédagogique.

c) Une évaluation professionnelle du personnel inadéquate

Evaluer est bien souvent assimilé, dans l'absolu, à une action à vocation coercitive et peut, de ce fait, être volontairement extrait de la gestion des ressources humaines. Or, tout comme la formation professionnelle, l'évaluation constitue un excellent moyen d'accompagnement des agents dans le cadre de leur activité. Elle est en soi un exercice professionnel qui vise plusieurs objectifs :

- apprécier la valeur professionnelle d'un collaborateur en faisant le bilan de l'activité écoulée ;
- faire part d'attentes particulières en fixant des objectifs précis ;
- faire le point sur les perspectives d'évolution professionnelle et les besoins de formation ;
- reconnaître ou non les mérites.

La vocation première de l'évaluation professionnelle est de ce fait managériale. Elle est un moment d'échanges privilégiés. Elle va permettre ainsi de mieux connaître ses collaborateurs, d'aborder leurs qualités mais aussi leurs défauts en vue de progresser collectivement. Elle constitue un exercice professionnel qui, dès lors, mérite d'être déployé dans un cadre spécifiquement aménagé. Elle obéit à des principes bien établis qui doivent être partagés par le plus grand nombre.

Mais, malheureusement, en Guinée tous les principes et règles qui sous-tendent la mise en place d'un système d'évaluation efficace des ressources humaines ne sont que feu de paille et ne répondent quasiment pas aux besoins de qualification ni du service ni du personnel vers les objectifs de performance.

Si les problèmes les plus brûlants de notre administration touchent les ressources humaines, il n'en demeure pas moins que les moyens matériels et informatiques que doivent utiliser celles-ci ne sont pas au centre de nos préoccupations, car l'un ne peut pas aller sans l'autre.

II. La vétusté des moyens matériels et la gestion manuelle de l'impôt

A ce niveau, l'on analysera d'une part comment la situation des moyens matériels et mobiliers de bureau se présente et d'autre part, l'on décrira tous les aspects liés au système de gestion manuelle de l'impôt due au manque ou à l'insuffisance de moyens informatiques au sein de l'administration fiscale guinéenne.

1. La précarité des moyens matériels de la DNI

Au sein de l'administration fiscale guinéenne, les moyens matériels et mobiliers de bureau pouvant lui permettre de fonctionner normalement n'existent pas. Les locaux de la DNI de 2008 à 2013 étaient occupés par diverses personnes çà et là. L'administration fiscale centrale n'a pas son propre Hôtel des impôts, a fortiori les services déconcentrés qui vivent dans des bâtiments archaïques, étroits et présentant un état délabré sans aucun soin en matière de propreté. Vous pouvez quelquefois vous rendre compte que cinq petits bureaux sont affectés à plus 20 agents soit au minimum 4 agents par bureau très réduit et inconfortable.

Face à cet état de fait, comment ceux-là peuvent réfléchir et être compétents à leur poste de travail si le minimum de place où s'asseoir leur manque ? Le budget de fonctionnement est largement insignifiant par rapport aux besoins exprimés par la DNI. En 2012, il était de l'ordre de 1.5 milliard de francs guinéens contre 1.5 milliard de francs CFA soit 24 milliards de francs guinéens comme dotation budgétaire mensuelle de la Direction générale des impôts du Sénégal. L'écart en termes de budget de fonctionnement entre les deux administrations est considérable, voire incomparable. Cet état de fait affecte négativement la gestion des impôts et taxes en Guinée.

En somme, ce qu'il faut retenir essentiellement par rapport à ce point c'est que l'administration fiscale guinéenne n'a jamais eu concrètement les moyens de sa propre politique de performance tant souhaitée. Elle devrait en principe avoir à sa disposition tous les moyens matériels et financiers nécessaires et suffisants pour mener à bien sa politique caractérisée par une forte autonomie de gestion, d'autant plus que la DNI est chaque année jugée ou évaluée aux résultats assignés par le ministère de tutelle traduits dans un contrat d'objectifs de performance. Mais, bizarrement, tel n'est pas le cas en Guinée.

2. La gestion manuelle des impôts et taxes

En Guinée, en dehors de la capitale, toutes les structures de gestion de la DNI gèrent manuellement les impôts et taxes. Les dossiers des usagers, y compris les pièces de procédures (rôles, avis d'imposition, répertoire des contribuables, etc.) liées à l'assiette, à la liquidation et au recouvrement de l'impôt, sont établis à la main surtout dans les services déconcentrés. Les inspections régionales des impôts ainsi que les sections des impôts des préfectures du pays sont confrontées au manque criant de moyens informatiques pour pouvoir travailler en temps réel et avec efficacité les dossiers des contribuables. Dans un tel contexte, comment l'administration fiscale peut-elle être qualifiée de performante ? Une question à laquelle il est extrêmement difficile de répondre en raison de la croissance exponentielle de la technique et de la technologie dans ce monde d'aujourd'hui !

Dans la structure centrale, l'offre informatique est très insuffisante. L'informatisation des opérations n'est pas satisfaisante. L'application disponible assure l'enregistrement des données mais ne constitue pas une véritable aide à la gestion.

Certaines fonctionnalités essentielles sont indisponibles ou simplement inutilisées : le compte contribuable, le suivi des dégrèvements, le suivi des échéanciers de paiement, le suivi des remboursements de crédits de T.V.A, la constitution du fichier des assujettis par impôt. Pour remédier à cette situation, un projet de refonte du système d'information de la DNI est proposé dont les principaux objectifs sont présentés : actualisation des modules de relance des défaillants et de gestion des pénalités, formation des informaticiens et transfert des compétences, informatisation des postes de recettes, mise en place d'un infocentre, interconnexion des sections préfectorales et communales, mise à niveau de la plateforme d'exploitation, mise en œuvre des serveurs frontaux, mise en place des déclarations en ligne et enfin mise en place de la solution antivirale.

L'option d'un développement sur site est naturellement souhaitable. Elle présente l'avantage de contribuer à une amélioration significative du savoir-faire des informaticiens et des utilisateurs en matière de conception, développement, et maintenance d'un système intégré d'informatisation. On peut regretter toutefois que ce projet ait été lancé sans associer les responsables concernés de la DNI dans l'élaboration du cahier des charges. Le système d'information à mettre en place doit être au service de la stratégie de gestion intégrée de l'ensemble des missions fiscales.

Les modules prioritaires à développer sont : le traitement des déclarations et des paiements, l'identification des défaillants et l'édition des relances, la tenue d'un compte courant fiscal des contribuables (le suivi de l'action en recouvrement, la prise en charge jusqu'à l'apurement de la créance), un module d'aide à la sélection des dossiers (requête des bases de données et recoupements), la gestion du NIF, la gestion des statistiques (indicateurs de gestion), l'automatisation des liaisons avec toutes les applications de la DNI et des autres administrations du ministère des Finances.

3. Un énorme déficit de moyens de communication

Par communication, il faut entendre l'art de communiquer, d'établir avec autrui une relation, de transmettre quelque chose à quelqu'un. Elle peut aussi désigner l'ensemble des moyens et techniques permettant la diffusion d'un message auprès d'une audience plus ou moins vaste ou hétérogène (...) ou l'action d'informer et de promouvoir son activité auprès d'autrui, d'entretenir son image par tous procédés médiatiques. Comment est la facette du système de communication au sein de la DNI ? Une très grande question à laquelle nous allons tenter de donner quelques éléments de réponse.

a) Des moyens de communication très insuffisants

Au sein de l'administration fiscale guinéenne, l'on s'aperçoit que le service chargé de la communication était une petite section animée par deux agents dépourvus de tous moyens de bord dans le cadre du pilotage de ce service extrêmement important de la structure de la DNI. Comment pouvez-vous comprendre qu'un tel service aussi important que celui de la communication ne peut être animé que par deux agents à partir du moment où la DNI ambitionne d'être une administration de référence pour rendre des services de qualité à plus de dix millions d'usagers surtout en matière d'informations ? Est-ce qu'à ce niveau une politique de communication stratégique et opérationnelle est élaborée et adaptée aux besoins des usagers ? Par quels moyens et dans quel timing ? Voilà toutes ces problématiques que l'on doit analyser et auxquelles il faut trouver des remèdes. La seconde partie de ce travail nous aidera à faire des approches de solution à ces préoccupations.

Le manque de dispositif de communication n'est pas le seul problème qui pénalise la DNI, la faible capacité des moyens financiers vient s'ajouter encore aux maux dont souffre cette administration et dont nous allons permettre de voir l'enjeu.

b) Des dispositifs d'internet limités et d'intranet inexistants

L'internet, communément appelé ''toile mondiale '' ou ''autoroute de l'information'', est faiblement utilisé dans notre système d'exploitation fiscal. En dehors de la capitale et plus précisément au siège de la DNI, l'internet n'est nullement à la portée des agents et cadres de l'administration fiscale. Et d'ailleurs même au siège de la DNI, seuls les chefs de service et de division sont connectés à la toile mondiale. C'est pour dire que la DNI est largement en retard par rapport à d'autres administrations de la sous-région ouest-africaine (cas du Sénégal) où l'appareil fiscal dispose à tous les niveaux de la structure d'outils informatiques et interconnectés au réseau internet.

Les services déconcentrés de la DNI n'ont aucun moyen de recoupement en ligne pouvant leur permettre d'analyser, d'asseoir ou de liquider tel ou tel impôt d'un contribuable fraudeur sur l'arène nationale, voire internationale. Aucun travailleur des services déconcentrés de la DNI ne dispose de connaissances ou de compétences nécessaires pouvant lui permettre de faire des recherches fiables sur le net. Cet état de fait compromet dangereusement l'efficacité des agents du fisc dans le cadre de la mobilisation des ressources fiscales.

L'intranet, en tant que réseau informatique interne que peuvent utiliser les travailleurs ou employés ou autres personnes habilitées d'un même service, d'une même direction, d'une société ou d'un groupe de sociétés dans le cadre des échanges d'informations liées à leurs activités professionnelles ou autres, n'est jusqu'ici pas à la portée de toutes les administrations de notre pays. Le cas de la Direction nationale des impôts est beaucoup plus alarmant en raison de la dimension internationale que prend le droit fiscal de nos jours.

En effet, l'une des difficultés majeures auxquelles l'administration fiscale guinéenne est confrontée c'est bel et bien le manque de communication rapide de l'information par le Web de la base au sommet et inversement. Lorsque la DNI exige de ses structures de base de produire telle ou telle information dans un temps record, il est certain que l'opération devient comme l'eau de mer, difficile à boire. Car aucun dispositif technique en matière d'intranet n'est mis en place pour permettre aux agents du fisc d'échanger les informations comme c'est le cas en France sur tel ou tel contribuable évoluant dans plusieurs zones du pays.

Paradoxalement, il n'existe pas de site intranet dans la gestion fiscale au sein de l'administration. Excepté le téléphone mobile qui constitue aujourd'hui un moyen de communication rapide et sûr, la DNI serait incapable de produire en temps réel toutes les informations fiscales dont auraient besoin les autorités ou toutes autres personnes habilitées. Mais, malgré tout cela, le téléphone ou les SMS ne peuvent pas répondre de façon prépondérante aux besoins énormes d'échanges d'informations que la DNI doit faire avec toutes ses structures déconcentrées. Il faut pour cela de l'intranet aux fins de visualisation et conservation des informations fiscales. Pour cela, un grand challenge reste à relever par le fisc guinéen.

Paragraphe II. Une réalité fonctionnelle difficile entravant l'efficacité du systeme d'imposition sur le revenu

Dans le système fiscal guinéen et surtout en matière d'imposition sur le revenu, beaucoup de facteurs sont à l'origine de sa contre-performance et de son inefficacité dont les plus remarquables portent, à notre avis, sur les éléments de dysfonctionnement de l'appareil fiscal(I) qui a la charge de gérer les impôts et taxes au niveau central et déconcentré où l'autorité compétente est outragée dans l'exercice de ses fonctions, où tous les problèmes matériels, financiers, le déficit de formation du personnel, l'influence négative des autorités de la base au sommet doivent être le socle premier de notre analyse. Puis, dans une seconde étape, nous examinerons les conséquences néfastes de tous ces phénomènes en termes de rentabilité financière sur les produits des impositions sur le revenu dans le budget de l'Etat(II).

I. Les facteurs de dysfonctionnement du système d'imposition sur le revenu en Guinée

En Guinée, beaucoup de facteurs sont à l'origine des maux qui pénalisent le système d'imposition sur le revenu au niveau de l'appareil fiscal qui a la charge de gérer les impôts et taxes dont on se permettra de décortiquer quelques-uns des plus redoutables.

1. L'autorité outragée des dirigeants de l'administration fiscale

Rien de plus grave et de plus dangereux que de voir une administration, aussi importante que celle de la DNI, ne pas avoir à sa portée son autorité dans la prise de décision si minime soit-elle. Le Directeur national des impôts n'a aucun pouvoir de décision dans la gestion des ressources humaines, matérielles et financières. Tout part du ministère délégué au Budget et tout revient à lui : nomination des chefs de brigade, chefs de centre des impôts, chefs de cellules, chefs de service, chefs de division, assistants du directeur national, etc.

Les dotations budgétaires et les moyens matériels sont de l'apanage direct du ministre ou de son cabinet. Avec ce genre de comportement du ministère, comment l'autorité des directeurs de la DNI peut-elle être respectée et comment les services peuvent-ils bien fonctionner ?

Voilà, une fois de plus, l'un des maux qui gangrènent le système fiscal et qui sont de nature à impacter négativement la rentabilité de la DNI. Les organes centraux de la DNI (services de pilotage et services opérationnels) ne disposent d'aucun espace de liberté d'action de gestion même si celle-ci s'inscrit dans la logique d'accroître la performance et la rentabilité des services que ces chefs pilotent ou gèrent. Telle est encore une des causes de la paralysie de la gestion fiscale de notre pays.

Si un agent sait que celui qui le commande n'a aucune autorité sur lui en termes de contrôle ou de sanctions (positive ou négative), il va de soi que les relations fonctionnelles peuvent être affectées et implicitement engendrer un échec ou une contre-performance en termes de rendement de l'agent et puis du résultat fiscal d'ensemble à engranger par le service fiscal. Voilà encore une autre problématique qui assaille le système fiscal y compris l'imposition sur le revenu en Guinée. Ce mal ne se limite pas seulement au niveau de l'autorité de l'administration centrale, il touche aussi bien les services centraux que déconcentrés de la DNI.

2. Des structures administratives centrales et déconcentrées mal pilotées et non opérationnelles

La bible dit que : « ce sont les beaux arbres qui font de bons fruits, et les vilains arbres de mauvais fruits ». Cette citation, à notre sens, veut dire que, si au sommet de l'administration fiscale les services centraux fonctionnent bien, il va sans dire que les résultats tant escomptés seront au rendez-vous, mais si c'est le contraire, l'on aboutira à la catastrophe. Il en est de même pour les services de l'administration déconcentrée qui dépendent directement de la structure centrale de la DNI. Cette structure étant mal pilotée, il va de soi que c'est le même sort que subiront les services déconcentrés.

a) Les services centraux de pilotage

Pour la petite histoire, à titre de rappel, il convient de vous signifier ici que la DNI, sur le plan organisationnel, n'avait pas de services de pilotage distincts des services opérationnels tant au niveau central qu'au niveau déconcentré. Cette analyse pertinente tire son origine de la mission FMI qui a émis son rapport de travail en juillet 2011 à l'endroit des autorités du ministère des Finances et du Budget où, dans la définition des normes stratégiques de modernisation de l'administration fiscale, un accent particulier fut mis par le FMI sur cette question de séparation des fonctions de pilotage et de l'opérationnel.

C'est ainsi que les recommandations contenues dans ce document ont été prises en compte et adaptées aux réalités de notre pays en se fondant évidemment sur celles de la sous-région ouest-africaine. C'est pour cette raison que quatre postes d'assistants au directeur national chargés respectivement du pilotage des réformes, du suivi des activités de recouvrement, du suivi des activités de gestion et du suivi des activités de contrôle, y compris les enquêtes, ont vu le jour. D'autres organes centraux ont également été mis en place tels que la division communication et relations publiques, l'inspection des services fiscaux actualisés, etc.

En effet, avant la signature de l'arrêté relatif à la mise en place de cette nouvelle structure organisationnelle de la DNI en décembre 2011, tous les chefs de division de la DNI étaient copilotes avec les directeurs nationaux. Mais, grâce à l'appui du FMI, une lueur d'espoir s'est fait sentir en termes d'efficacité sur l'organisation structurelle et fonctionnelle de la DNI, dont nous recommandons la mise en œuvre effective pouvant répondre au mieux aux repères de performance structurels tant exigés par les partenaires au développement.

La direction nationale des impôts est coordonnée par un directeur national assisté d'un directeur national adjoint. La direction est appuyée par des services de pilotage qui ont pour mission d'assurer le suivi et l'évaluation de tous les services centraux et déconcentrés opérationnels de toute l'administration fiscale. Ils comprennent :

- Quatre assistants du directeur national chargés respectivement du suivi des réformes et stratégies, du suivi des activités des services de recouvrement, du suivi des activités des services du contrôle fiscal et des enquêtes et du suivi des activités des services de gestion ;
- Une division fiscalité immobilière ;
- Une division informatique ;
- Une inspection générale des services fiscaux ;
- Un service logistique et patrimoine ;
- Une division communication.

A l'exception des quatre assistants de l'inspection générale des services fiscaux et du service patrimoine et logistique, les autres services de pilotage que nous venons d'énumérer n'existaient pratiquement pas. Ils étaient tous dilués dans l'opérationnel et le pilotage avec double casquette.

b) Les services opérationnels

Les services opérationnels de la DNI sont composés essentiellement des services centraux et déconcentrés. Au niveau central ces services sont :

- le service des grandes entreprises avec ses trois divisions (gestion, contrôle fiscal et recouvrement et remboursement de crédit de TVA) ;
- le service des moyennes entreprises structuré en trois divisions à l'image des grandes entreprises (gestion, contrôle fiscal et recouvrement), et dotée de 4 à 5 sections chacune ;
- une division enregistrement et taxe unique sur les véhicules avec trois sections ;
- une division enquêtes et investigations également structurée en 5 sections ;
- une division comptabilité et statistique comportant 3 sections.

Quant au niveau déconcentré, on y trouve sept (7) inspections régionales des impôts situées chacune dans les régions administratives du pays que sont : Boké, Kindia, Faranah, Mamou, Kankan, Labé et N'Nzérékoré. Chaque inspection régionale est structurée, en plus des 3 bureaux des impôts, en 5 à 7 sections préfectorales des impôts. Dans la zone spéciale de Conakry, il y a 5 sections communales des impôts et une section des impôts du gouvernorat de la ville.

En effet, il convient de noter que les inspections régionales des impôts constituent des organes de pilotage relevant de l'inspection générale des services fiscaux de la DNI ; tandis que les sections préfectorales ou communales des impôts sont des organes opérationnels de l'administration fiscale. Mais, paradoxalement, malgré le potentiel fiscal qu'ils gèrent, ces services ne produisent même pas un pour cent (1%) des recettes totales réalisées par la DNI. Quel mauvais résultat ! Et pour quelles raisons ? Force est de reconnaître que toutes ces structures sont dans un état de dysfonctionnement accru : le manque de personnel qualifié et compétent, l'éloignement par rapport à la capitale (cas de Yomou situé à 1 060 km), le faible niveau du tissu fiscal, la pauvreté des contribuables, etc.

En effet, dans les structures administratives déconcentrées (préfectures et communes, y compris les inspections régionales des impôts) tout est désordonné. Les services de pilotage que sont les inspections régionales des impôts et les services opérationnels que sont les sections des impôts sont toujours confrontés à des conflits d'attribution. Tantôt l'inspecteur régional s'érige en gestionnaire et le gestionnaire en inspecteur et vice versa.

Cependant, pour remédier à cet état de fait, la DNI a eu à mettre en place une nouvelle structure fonctionnelle et organisationnelle en 2011 sur la base d'un arrêté signé du ministre délégué au Budget, qui est restée lettre morte jusqu'au jour d'aujourd'hui. Le directeur national des impôts avait fait des propositions de nomination des cadres pour rendre quasiment opérationnelles ces structures en 2011 et 2012 ; mais en vain. De tels comportements peuvent-ils rentabiliser la gestion fiscale et plus spécifiquement l'imposition sur le revenu ? A notre avis non purement et simplement non. Les maux affaiblissant l'administration fiscale ne sont pas seulement de sources internes c'est-à-dire propres au fisc, ils en sont aussi de sources extérieures, c'est-à-dire les autorités locales du pays ayant droit de regard sur la gestion des impôts et taxes en Guinée.

c) L'influence négative des autorités locales sur le fisc

Il est très fréquent de constater dans les préfectures et communes urbaines que les préfets et les maires imposent leur droit de véto aux chefs de service des impôts relevant de leur juridiction géopolitique et administrative. Ces autorités créent parfois des structures parallèles de gestion des impôts devant revenir au budget national ou au budget des collectivités locales. Pire est le cas des agents qui n'ont eu aucune formation en fiscalité et qui sont directement impliqués dans la gestion des taxes ou impôts à produit partagé comme la CFU (dans la capitale). Donc, ces agents locaux mandatés soit par le maire ou le préfet ne travaillent que pour les mandants. Ils se livrent à toutes sortes de pratiques illicites (détournement des deniers publics, concussion, fraude fiscale, etc.) non sanctionnées par la loi au détriment du Trésor public et du budget local des collectivités concernées.

Pour quoi ceux-là ne sont-ils pas inquiétés ? Parce qu'ils agissent tout simplement sous l'influence des autorités soit du maire ou du préfet qui n'ont de compte à rendre à personne sauf au chef de l'Etat ou à Dieu. Ces autorités ne font qu'intimider en permanence les agents des impôts de leur zone d'autorité. Car, selon eux, ils représentent soit Dieu soit le chef de l'Etat dans leur localité respective et ils sont omnipotents et omniscients.

C'est justement ces pratiques qui sont réellement à la base de la faiblesse du rendement fiscal et de l'imposition sur le revenu dans les milieux ruraux et qui sont de nature à rendre contre-performants nos services fiscaux lors des évaluations. Beaucoup de pratiques frauduleuses existent dans les services déconcentrés des impôts que nous ne pouvons décrire ici.

3. Le manque de personnel, de matériels et de moyens financiers adéquats

Dans les services centraux et déconcentrés de la DNI, la pénurie des ressources humaines qualifiées est l'un des talons d'Achille du système fiscal guinéen et cela se trouve exacerbé par l'insuffisance des moyens matériels et financiers qui sont le plus souvent à l'origine des maux qui affectent le système de prélèvement fiscal dans son ensemble et l'imposition sur le revenu dans sa singularité.

a) Le manque de personnel qualifié

Le manque de personnel compétent et bien qualifié constitue l'un des maux majeurs qui fragilisent le système guinéen dans son ensemble et l'imposition sur le revenu dans sa particularité. Cet état de fait s'aggrave par la précarité des moyens matériels et financiers que les services du fisc vivent dans l'exercice de leurs missions. Car, comme disait notre professeur dans son cours de gestion des entreprises, M. Amadou Koré BAH : « un cadre mal formé ou non formé est un fossoyeur en puissance de l'économie d'entreprise et pourquoi pas de l'économie nationale, et pour mieux le former il faut que l'entreprise ou l'Etat investisse des moyens et surtout financiers adéquats ».

En effet, à la DNI tant au niveau central que déconcentré le problème de formation du personnel reste entier. Et la dotation de cette administration en ressources matérielles et financières reste encore très préoccupante.

Dans la logique du contrat de performance, la DNI doit pouvoir disposer de ressources pérennes lui permettant de s'engager sur des objectifs prioritaires et être jugée équitablement sur leur niveau de réalisation. Mais elle doit gérer correctement ces marges de manœuvre. Jusqu'ici, le manque de professionnalisme des agents de la DNI, de gestion des ressources humaines et budgétaires, n'a probablement pas incité les autorités à renforcer l'autonomie de la DNI dans ce domaine.

Il est donc important pour la DNI de développer ses compétences en matière de gestion prévisionnelle des ressources humaines et budgétaires. La structure chargée des ressources doit assurer une allocation optimale des effectifs dans les différents services en fonction de leur importance et des enjeux. Elle doit aussi assurer une répartition effective et efficace des dotations de fonctionnement entre les services selon les mêmes critères (coût/efficacité).

Elle doit globalement garantir que ses ressources concourent directement à la réalisation des objectifs stratégiques en couvrant notamment les priorités. En dépit de quelques actions initiées grâce à la coopération française, les besoins de formation continue restent insatisfaits. A titre d'exemples, sur 495 cadres de catégorie A en service à la DNI, seuls 43(à peine 9%) ont suivi un cursus régulier en fiscalité en France. Quel fantasme humain et fiscal !

En plus des besoins de formation des ressources humaines, il faut mentionner la répartition incohérente de ces ressources. Tous les agents et cadres des impôts sont fortement concentrés dans la capitale Conakry. Personne souhaite être muté dans les préfectures du pays. Et pour quelle raison ? Parce que le potentiel fiscal, selon certains, n'est pas conséquent et, s'ils y vont, ils vont désapprendre ou même ils seront indigents, et pour d'autres aller servir dans les préfectures c'est un enfer pour eux. Mieux vaut avoir de grandes et fortes relations pour servir dans la capitale que d'aller servir ou vivre dans des taudis.

b) Le manque de moyens matériels adéquats

La DNI de la Guinée manque réellement de moyens matériels : mobiliers de bureau vétustes, outils informatiques ne dépassant pas un total de 250 pour un effectif de 1800 travailleurs, matériels roulants (véhicules de service n'atteignant pas une trentaine pour tout le pays) ; les dispositifs de communication propres de la DNI n'existent pas, il en est de même des groupes électrogènes devant desservir les services déconcentrés en cas de rupture de courant public dans la capitale. Pire est le cas des services des impôts à l'intérieur du pays qui n'ont aucun dispositif en courant électrique. Le travail demeure encore manuel en grande partie et entraîne des retards considérables dans la distribution des avis d'imposition.

De plus, il est difficile au personnel de porter aisément des contraintes à l'encontre des contribuables débiteurs car il doit toujours se servir de matériels roulants de fonction, soit du maire, soit du préfet, pour assumer cette tâche ; or, ce véhicule de la commune ou de la préfecture n'est pas souvent disponible.

Certes, le personnel de la DNI chargé du recouvrement fournit des efforts pour recouvrer les ressources au regard des maigres moyens mis à sa disposition (pas de véhicules de service dédiés aux brigades de recouvrement, ni de motos). Toutefois, il reste beaucoup à faire dans ce domaine, car le taux de recouvrement des impôts (restes à recouvrer en général et de l'IR des personnes physiques en particulier) demeure faible par rapport aux prévisions, soit 0.01% selon les données statistiques de 2013 de la DNI. Les raisons sont, entre autres : l'insuffisance de personnel qualifié ; la méconnaissance de la valeur du patrimoine de l'Etat ; la faible couverture des services administratifs surtout dans les zones rurales ; manque ou insuffisance des moyens financiers non prévus au budget de l'Etat en faveur de la DNI.

Face à tous ces problèmes graves identifiés et dommageables, il va de soi que l'administration fiscale est en deçà de ses objectifs de mobilisation des ressources fiscales pour les budgets et de l'Etat et des collectivités locales ! En effet, il importe de signifier de manière capitale que qui parle de pénurie matérielle dans une telle entité doit logiquement se pencher sur la pénurie des moyens financiers qui servent à cette entité pour acquérir ces biens matériels pour son existence comme c'est le cas de la DNI.

c) La pénurie de moyens financiers

L'argent, comme certaines personnes aiment à le dire, est le nerf de la guerre ! Si les moyens financiers manquent aujourd'hui dans n'importe quel projet ou organisation, dites-vous que ce projet ou cette organisation est automatiquement voué à l'échec. Alors, au sein de l'administration fiscale guinéenne, nous assistons à une véritable pénurie de moyens financiers pour pouvoir piloter notre politique de gestion fiscale.

En guise de rappel, il a été mentionné plus haut que la DNI a bénéficié, au titre de l'année 2012, d'un budget de fonctionnement d'un montant total de 1.5 milliard de francs guinéens. Cette somme devrait servir à la couverture des charges d'assiette, de contrôle et de recouvrement des impôts et taxes non seulement de la structure centrale mais aussi des structures de base de la DNI.

Or, les prévisions de recettes fiscales que la DNI devait mobiliser pour le budget de l'Etat s'élevaient à 2 198 milliards de GNF. Si nous faisons le rapport entre cette prévision et les moyens financiers que l'Etat a accordés en revanche à la DNI pour la même période (soit 0.06%), l'on se rend effectivement compte qu'il n'existe pas d'adéquation entre ces deux variables. Cet état de fait signifie que la DNI n'a pas véritablement les moyens financiers de sa propre politique de promotion fiscale. N'eussent été les appuis des bailleurs de fonds (FMI, BAD, BM, etc.), la DNI aurait tiré le diable par la queue !

Or, au Sénégal, par exemple, il n'est pas question de comparer la Guinée à ce pays, mais il faut parfois comparer pour mieux apprécier, l'Etat sénégalais accorde à son administration fiscale chaque mois un budget avec autonomie de gestion s'élevant à 1.5 milliard FCFA ; soit 21 milliards de GNF, ce qui correspond à 14 ans de budget de fonctionnement pour la Guinée contre 1 mois de budget de fonctionnement du Sénégal.

Au fait, si l'Etat guinéen veut que sa politique fiscale soit efficace, il faudrait qu'il accorde les moyens financiers nécessaires à toutes les régies financières, leur permettant de couvrir leurs charges de fonctionnement normal tout au moins. Mais, paradoxalement, la réalité est encore très triste dans ce domaine en Guinée.

II. La conséquence : le faible niveau de rentabilité financière et de performance du système d'imposition sur le revenu en Guinée

Nous avons dépeint plus haut quelques maux majeurs qui sont à l'origine de la contre-performance de l'administration fiscale guinéenne dans l'exercice de ses missions régaliennes et c'est sûr et certain que ces maux ne peuvent pas exister sans avoir des répercussions graves sur la rentabilité fiscale et, plus en clair, sur les impositions sur le revenu, objet de notre étude au point II.

En effet, pour mieux cerner cette problématique, nous allons tout d'abord concrétiser en chiffres le faible niveau de recouvrement des impôts prélevés sur le revenu des personnes physiques(1). Ensuite, il sera question de mettre en lumière, pour mieux comprendre cet état de fait, la tendance de l'IR et de l'IS dans l'ensemble des recettes totales réalisées par la DNI au titre de la période allant de 2001 à 2010 (2) ; et enfin nous nous plencherons sur la représentation graphique des éléments qui composent l'imposition sur le revenu en Guinée(3).

1. Faible niveau de recouvrement des impositions sur le revenu

Nous venons de décrire plus haut que l'imposition sur le revenu des personnes physiques devrait être un pan du système fiscal guinéen. Mais, malheureusement, cette gamme d'impôts que doivent acquitter les contribuables reste encore très faible dans l'ensemble des ressources publiques n'atteignant pas même 1%. Or, l'IR des personnes physiques a un champ d'application très vaste et comprend en son sein une gamme variée d'impôts cédulaires que sont le prélèvement BIC, le prélèvement BNC, le prélèvement sur le revenu foncier, le prélèvement sur le revenu des capitaux mobiliers, etc. Quel paradoxe subissent les budgets de l'Etat et des collectivités locales face à leur rendement précaire !

Lorsque l'on s'intéresse aux données statistiques recueillies auprès de la DNI, il est aisé de comprendre que le niveau de recouvrement des recettes sur exercices clos en matière d'IR et d'IS est très faible tandis que le montant global des restes à recouvrer en matière d'imposition sur le revenu est très important. Pourquoi ce paradoxe ? C'est que justement en Guinée, l'IR est un impôt mal géré, voire inappliqué, en tant que tel par la DNI et mal connu des foyers fiscaux, où 75% des contribuables ne savent ni lire ni écrire, à plus forte raison remplir un formulaire complexe de déclaration de revenu des particuliers qui devrait provenir des administrations fiscales.

2. Tendance des impositions sur le revenu de 2004 à 2010

Pour mieux comprendre la tendance de l'imposition sur le revenu dans l'ensemble des prélèvements fiscaux internes recouvrés par les services des impôts, l'on a essayé d'élaborer un tableau prenant en compte toutes les données statistiques recueillies auprès de la DNI pour la période allant de 2004 à 2010. Or, il est tellement important de rappeler ici que l'IR en tant que tel ne représente même pas 1% des recettes totales engrangées par cette administration.

Cependant, l'impôt sur le revenu des personnes morales qualifié dans notre jargon d'IS occupe une place prépondérante dans les ressources publiques (près de 35%). Mais son système de gestion, de contrôle et de recouvrement reste encore une problématique au sein de notre pays. Des problèmes liés au ''prix de transfert ''ne sont jusqu'ici pas maîtrisés par la juridiction fiscale, les fraudes fiscales internationales mal connues et insaisissables, etc.

Pour mieux comprendre ce phénomène, l'on a essayé de bâtir ci-dessous un tableau statistique des données de la DNI rubrique d'impôts par rubrique d'impôts. Ainsi, nous avons six rubriques (en milliers de francs guinéens):

- rubrique des impôts sur les sociétés ;
- rubrique des retenues à la source ;
- rubrique des impôts sur le revenu des personnes physiques ;
- rubrique des impôts et taxes indirects ;
- rubrique des impôts sur le patrimoine ;
- rubrique des produits de l'enregistrement ;
- rubrique des taxes sur les salaires.

A titre de rappel, il faut signaler que l'imposition sur le revenu comprend deux grands types d'imposition : l'imposition sur le revenu des personnes morales (l'IS, la RS/RNS, l'IRVM, le VF et la RSL) et l'imposition sur le revenu des personnes physiques (le BIC, le BNC, le BA, la RTS, et la CFU).

3. Tendance des impositions sur le revenu

Excepté les impositions sur le revenu des personnes morales qui se portent bien dans les ressources publiques réalisées par le fisc, les impositions sur le revenu des personnes physiques par contre laissent à désirer. Le tableau 5 et les graphiques ci-dessous sont largement illustratifs.

Tableau 5 : Tendance des impositions sur le revenu de 2004 à 2010 (en milliers) de GNF

Part des impôts dans la LFI	**2004**	**2005**	**2006**	**2007**	**2008**	**2009**	**2010**
Impôts sociétés minières	12 625 000	32 602 514	79 064 887	31 137 585	59 936 915	231 969 462	359 510 262
Impôts autres sociétés	31 080 719	57 853 164	109 583 250	180 312 603	160 963 318	244 257 904	204 830 869
Impôt minimum forfaitaire	6 155 094	7 500 806	7 339 523	8 870 070	9 956 892	11 249 672	10 667 311
Recouvrements sur exercices clos	212 938	218 259	115 000	552 681	5 000	142 719	593 996
Amendes et pénalités	39 252	175 262	332 919	251 542	319 939	1 643 517	473 502
Impôts sociétés	**50 113 003**	**98 350 005**	**196 435 579**	**221 124 481**	**231 182 064**	**489 263 274**	**576 075 940**
Retenues salaires BN	17 484 984	19 183 991	29 368 703	36 926 412	55 115 342	63 708 849	111 255 324
Retenues salaires autres sociétés	23 262 822	33 303 006	49 269 546	77 587 399	105 561 613	141 141 065	151 799 579
RS/Revenus non salariaux	8 778 172	11 926 071	21 430 724	33 397 240	58 569 960	64 012 980	62 963 736
RS/Loyers	343 955	29 973	378 461	56 574	1 781 548	2 600 370	10 030 491
Impôt sur revenu des créances mobiliers	2 160 054	5 797 455	8 131 877	12 009 978	17 018 199	17 963 767	35 898 938
RS/Avantage en nature	536 654	602 068	795 963	236 807	402 180	984 185	950 217
Recouvrements sur exercices clos	117 813	946 163	1 400	2 370 717	1 942 835	1 414 457	216 485
Amendes et pénalités	254 121	524 280	983 576	937 532	4 757 517	5 132 260	1 717 255
Retenues à la source	**52 938 575**	**72 313 007**	**110 360 250**	**163 522 659**	**245 149 194**	**296 957 933**	**374 832 025**
Prélèvement sur BIC	640 110	770 976	2 032 342	2 609 718	2 671 702		1 454 806
Prélèvement sur BNC	8 304	12 622	22 729	38 374	42 831	2 175 620	509 209
Prélèvement forfaitaire à l'importation	10 758 595	15 255 298	14 011 892	23 625 347	31 557 998	453 230	40 050 704
Prélèvement forfaitaire sur les achats locaux	3 472 229	6 860 530	6 039 114	10 788 752	12 339 756	35 535 923	50 414 382
Impôts sur les plus-values immobilières	0	0	0	0	0	19 268 380	0
Impôt proportionnel unique	0	13 800	0	0	0	0	0

Recouvrements sur exercices clos	0	0	0	0	1 004 512	13 755	26 648
Amendes et pénalités	49 873	9 186	26 346	118 698	295 420	48 633	439 961
Impôts sur le revenu des personnes physiques	**14 929 111**	**22 922 412**	**22 132 423**	**37 180 889**	**47 912 219**	**57 495 541**	**92 895 710**
Droits de mutation d'immeuble	554 914	325 981	1 376 224	935 362	1 453 682	1 733 120	6 994 236
Contribution foncière unique	595 862	1 303 995	1 144 108	2 195 775	488 598	939 016	281 713
Autres droits de mutation	0	0	0	0	0	0	0
Recouvrements sur exercices clos	0	0	0	0	0	0	0
Amendes et pénalités	0	5 588	0	0	0	0	0
Impôts sur le patrimoine	**1 150 776**	**1 635 564**	**2 520 332**	**3 131 137**	**1 942 280**	**2 672 136**	**7 275 949**
Taxe sur la valeur ajoutée	57 246 219	66 532 093	115 177 595	224 064 583	275 915 214	307 135 249	421 693 655
Taxe unique sur les véhicules (TUV)	2 994 598	3 158 713	1 950 000	3 077 055	3 196 000	10 694 715	5 504 336
Taxes sur les contrats d'assurance	767 573	930 748	1 785 440	2 542 417	2 675 230	2 924 316	5 204 300
Taxe sur les activités financières	7 865 973	13 224 177	18 982 745	27 670 951	29 127 345	32 512 156	39 662 946
Taxes supportées par l'état ttc Finex	14 661 054	7 720 026	9 888 580	3 914 162	11 019 022	14 471 797	16 907 211
Surtaxe fiscale	825 340	790 994	817 638	1 150 321	1 196 237	858 896	954 592
Recouvrements sur exercices clos	2 768 681	486 184	4 272 865	7 188 075	5 389 775	6 002 067	112 538
Amendes et pénalités	215 237	322 520	578 602	637 771	1 180 562	1 210 118	818 724
Taxe sur biens & services non miniers	**87 344 675**	**93 165 455**	**153 453 465**	**270 245 335**	**329 699 385**	**375 809 314**	**490 858 302**
Droits sur les sociétés	396 057	2 402 086	9 962 440	282 400	2 862 724	5 489 619	940 925
Droits sur marchés BND	122 267	301 598	654 676	228 633	841 136	1 513 963	4 666 917
Autres droits d'enregistrement	294 801	333 421	212 621	104 845	199 263	132 756	614 424
Recouvrements sur exercices clos	0	1 336	0	0	0	0	0
Amendes et pénalités	0	0	0	0	0	0	0

Produits de l'enregistrement	**813 125**	**3 038 441**	**10 829 737**	**615 878**	**3 903 123**	**7 136 338**	**6 222 266**
Versement forfaitaire	7 489 352	10 434 851	13 732 685	22 666 211	32 915 186	41 692 554	47 237 527
Taxe d'apprentissage	325 470	395 718	323 962	615 951	883 049	1 740 908	2 205 531
Recouvrements sur exercices clos	36 001	1 217 513	1 200	101 443	15 294	1 273 598	323 261
Amendes et pénalités	97 931	124 149	206 090	428 345	521 445	850 956	466 770
Taxe sur les salaires	**7 948 754**	**12 172 231**	**14 263 937**	**23 811 950**	**34 334 974**	**45 558 016**	**50 233 089**
Total	**215 238 019**	**303 597 115**	**509 995 723**	**719 632 329**	**894 123 239**	**1 274 892 552**	**1 598 393 281**

Part des Impôts dans LFI	**2004**	**2005**	**2006**	**2007**	**2008**	**2009**	**2010**
Impôts autres sociétés LF	31 080 719	57 853 164	109 583 250	180 312 603	160 963 318	244 257 904	204 830 869
Impôt minimum forfaitaire	6 155 094	7 500 806	7 339 523	8 870 070	9 956 892	11 249 672	10 667 311
Retenue sur salaires autres sociétés	23 262 822	33 303 006	49 269 546	77 587 399	105 561 613	141 141 065	151 799 579
RS/Revenus non salariaux	8 778 172	11 926 071	21 430 724	33 397 240	58 569 960	64 012 980	62 963 736
RS/Loyers	343 955	29 973	378 461	56 574	1 781 548	2 600 370	10 030 491
Impôt sur revenu des créances mobilières	2 160 054	5 797 455	8 131 877	12 009 978	17 018 199	17 963 767	35 898 938
Contribution foncière unique	595 862	1 303 995	1 144 108	2 195 775	488 598	939 016	281 713
Versement forfaitaire	7 489 352	10 434 851	13 732 685	22 666 211	32 915 186	41 692 554	47 237 527
Taxe d'apprentissage	325 470	395 718	323 962	615 951	883 049	1 740 908	2 205 531
Total	**80 191 500**	**128 545 039**	**211 334 136**	**337 711 801**	**388 138 363**	**525 598 236**	**525 915 695**
Total général	215 238 019	303 597 115	509 995 723	719 632 329	894 123 239	1 274 892 552	1 598 393 281

Source : Direction nationale des impôts et lois de finances de la Guinée de 2004 à 2010 – NB : 1 dollar = 7 100 GNF en 2010

4. Représentation graphique des impositions sur le revenu de 2004 à 2010 par type d'impôts

Les différentes représentations graphiques que nous allons illustrer ici permettent de comprendre scientifiquement, voire statistiquement, comment l'imposition sur le revenu évolue par rapport à l'ensemble des prélèvements contenus dans les lois de finances de 2004 à 2010 en République de Guinée. A chaque nature d'impôts sur le revenu correspondent non seulement un tableau établi sur la base des données chiffrées exprimées en pourcentage par rapport aux recettes fiscales totales contenues dans les lois de finances de 2004 à 2010, mais aussi un graphique en histogramme à deux bâtonnets dont l'un en bleu signifie la part d'un impôt sur le revenu et l'autre en rouge indique l'ensemble des recettes fiscales réalisées par la DNI pendant la période de référence.

a) Cas de l'IS, de l'IMF et de l'IRVM

A ce niveau, il faut voir ci-dessous les tableaux statistiques 6, 7 et 8 correspondant aux graphiques ou figures 3, 4 et 5 infra.

Tableau 5 : Evolution de l'imposition sur le revenu (IS de 2004 à 2010)

Part dans les LFI	**2004**	**2005**	**2006**	**2007**	**2008**	**2009**	**2010**
IS	14,44%	19,06%	21,49%	25,06%	18,00%	19,16%	12,81%
Autres Impôts	85,56%	80,94%	78,51%	74,94%	82,00%	80,84%	87,19%

Source : Direction nationale des impôts

Figure 3 : Part de l'IS par rapport aux réalisations annuelles de 2004 à 2010

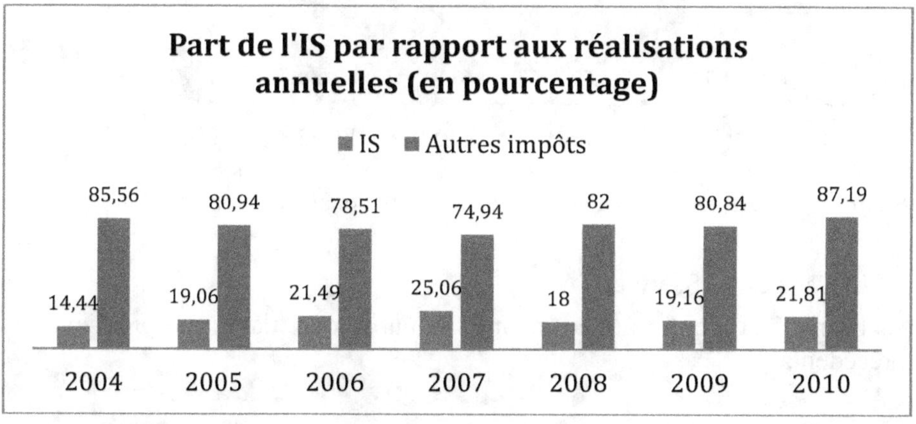

Source : Fait par nos soins, d'après la direction nationale des impôts

Tableau 6 : Evolution de l'IMF de 2004 à 2010

Part dans LFI	**2004**	**2005**	**2006**	**2007**	**2008**	**2009**	**2010**
IMF	2,86%	2,47%	1,44%	1,23%	1,11%	0,88%	0,
Autres Impôts	97,14%	97,53%	98,56%	98,77%	98,89%	99,12%	99,33%

Source : Fait par nos soins, d'après la direction nationale des impôts

Tableau 7 : Evolution de l'IRVM de 2004 à 2010

Part dans LFI	**2004**	**2005**	**2006**	**2007**	**2008**	**2009**	**2010**
IRVM	1,00%	1,91%	1,59%	1,67%	1,90%	1,41%	2,25%
Autres Impôts	99,00%	98,09%	98,41%	98,33%	98,10%	98,59%	97,75%

Source : Direction nationale des impôts

Figure 4 : Part de l'IRVM par rapport aux réalisations annuelles

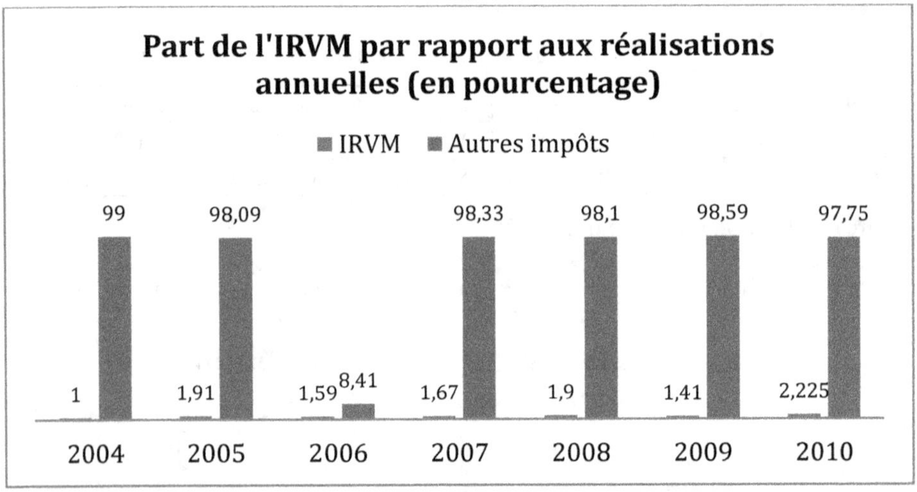

Source : Fait par nos soins, d'après la direction nationale des impôts

b) Cas des RTS, VF et TA

L'on s'est conformé au même scénario que dans les premiers cas précédents.

Tableau 8 : Evolution de la RTS de 2004 à 2010

Part dans LFI	2004	2005	2006	2007	2008	2009	2010
RTS	10,81%	10,97%	9,66%	10,78%	11,81%	11,07%	9,50%
Autres Impôts	89,19%	89,03%	90,34%	89,22%	88,19%	88,93%	90,50%

Source : Direction nationale des impôts

Figure 5 : Part des RTS par rapport aux réalisations annuelles

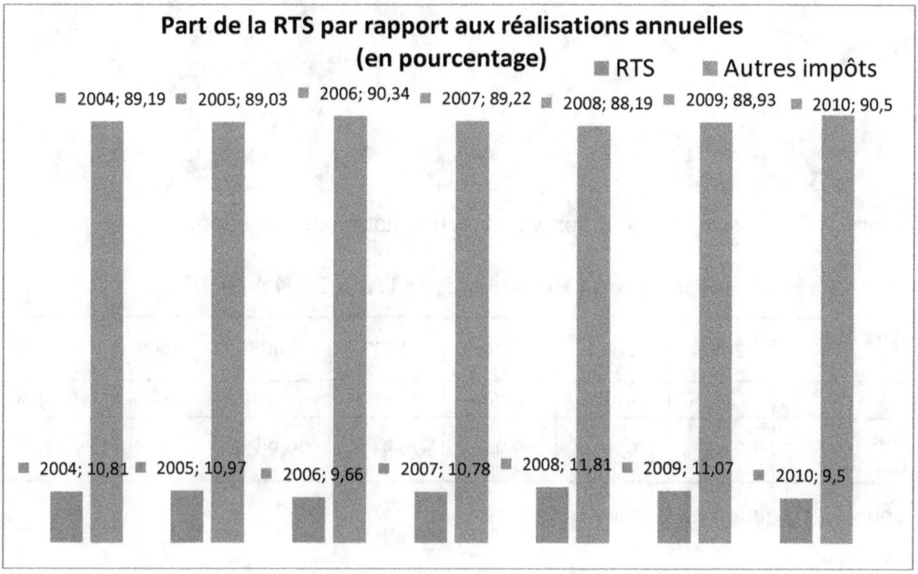

Source : Fait par nos soins, d'après la direction nationale des impôts

Tableau 9 : Cas des VF

Part dans LFI	2004	2005	2006	2007	2008	2009	2010
VF	3,48%	3,44%	2,69%	3,15%	3,68%	3,27%	2,96%
Autres Impôts	96,52%	96,56%	97,31%	96,85%	96,32%	96,73%	97,04%

Source : Direction nationale des impôts

Figure 6 : Part des VF par rapport aux réalisations annuelles

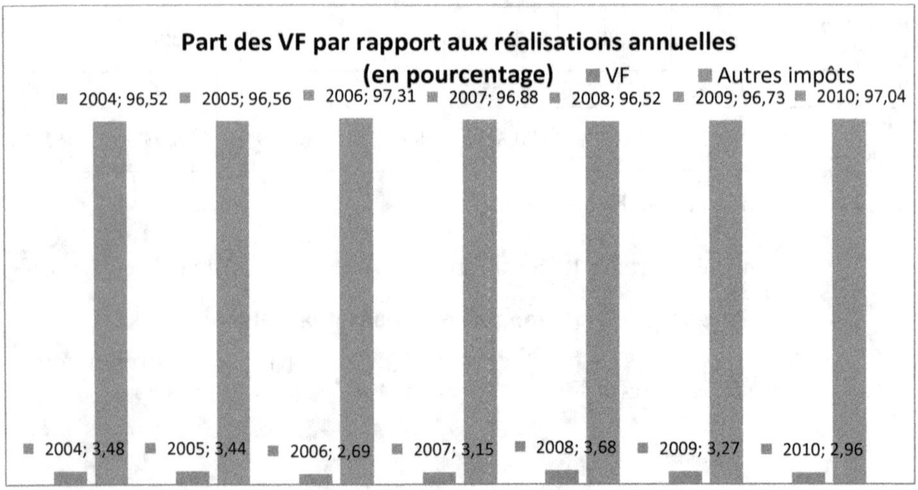

Source : Fait par nos soins, d'après la direction nationale des impôts

Tableau 10 : Evolution de la TA de 2004 à 2010

Part dans LFI	**2004**	**2005**	**2006**	**2007**	**2008**	**2009**	**2010**
TA	0,15%	0,13%	0,06%	0,09%	0,10%	0,14%	0,14%
Autres Impôts	99,85%	99,87%	99,94%	99,91%	99,90%	99,86%	99,86%

Source : Direction nationale des impôts

Figure 7 : Part de la TA par rapport aux réalisations annuelles

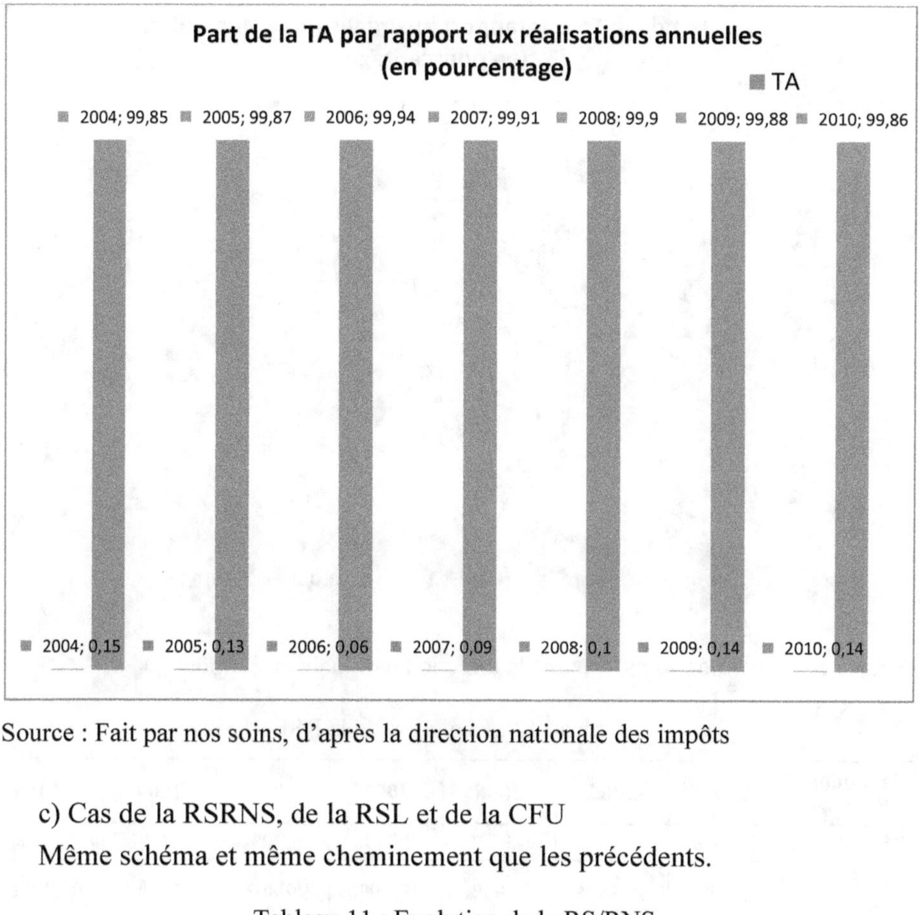

Source : Fait par nos soins, d'après la direction nationale des impôts

c) Cas de la RSRNS, de la RSL et de la CFU

Même schéma et même cheminement que les précédents.

Tableau 11 : Evolution de la RS/RNS

Part dans LFI	**2004**	**2005**	**2006**	**2007**	**2008**	**2009**	**2010**
RS/RNS	4,08%	3,93%	4,20%	4,64%	6,55%	5,02%	3,94%
Autres Impôts	95,92%	96,07%	95,80%	95,36%	93,45%	94,98%	96,06%

Source : Direction nationale des impôts

Figure 8 : Part des RS/RNS par rapport aux réalisations annuelles

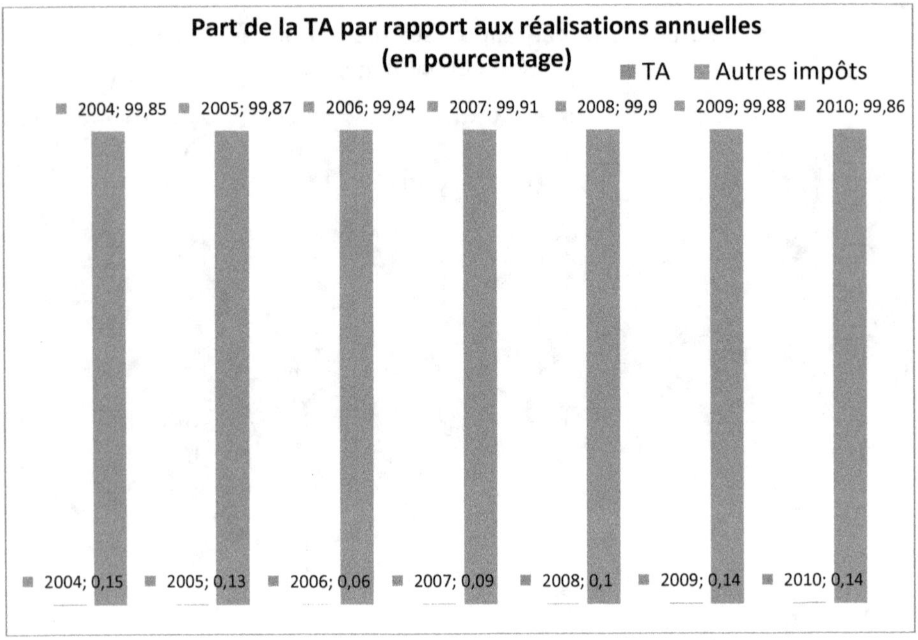

Source : Fait par nos soins, d'après la direction nationale des impôts

Tableau 12 : Evolution de la RSL

Part dans LFI	**2004**	**2005**	**2006**	**2007**	**2008**	**2009**	**2010**
RS/Loyers	0,16%	0,01%	0,07%	0,01%	0,20%	0,20%	0,63%
Autres Impôts	99,84%	99,99%	99,93%	99,99%	99,80%	99,80%	99,37%

Source : Direction nationale des impôts

Figure 9 : Part des RS/Loyers par rapport aux réalisations annuelles.

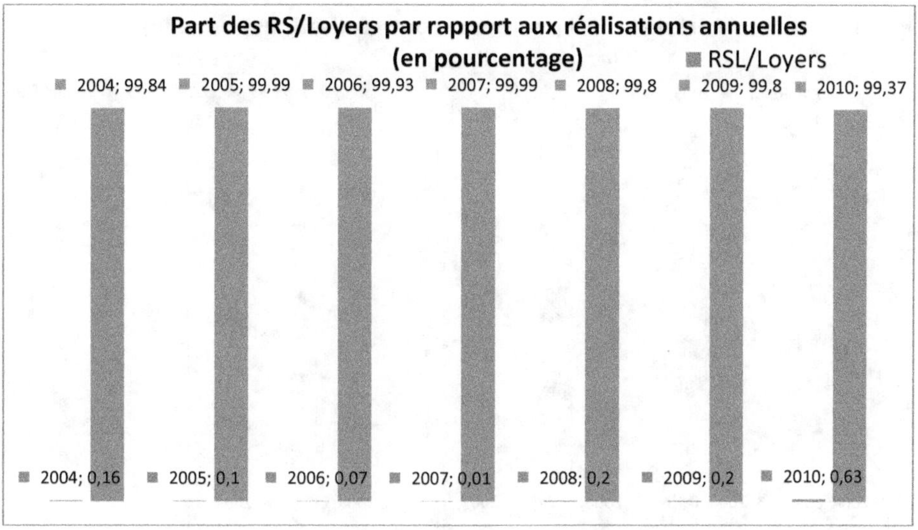

Source : Fait par nos soins, d'après la direction nationale des impôts

Tableau 13 : Evolution de la CFU

art dans LFI	**2004**	**2005**	**2006**	**2007**	**2008**	**2009**	**2010**
CFU	0,28%	0,43%	0,22%	0,31%	0,05%	0,07%	0,02%
Autres impôts	99,72%	99,57%	99,78%	99,69%	99,95%	99,93%	99,98%

Source : Direction nationale des impôts

Figure 10 : Part de la CFU par rapport aux réalisations annuelles

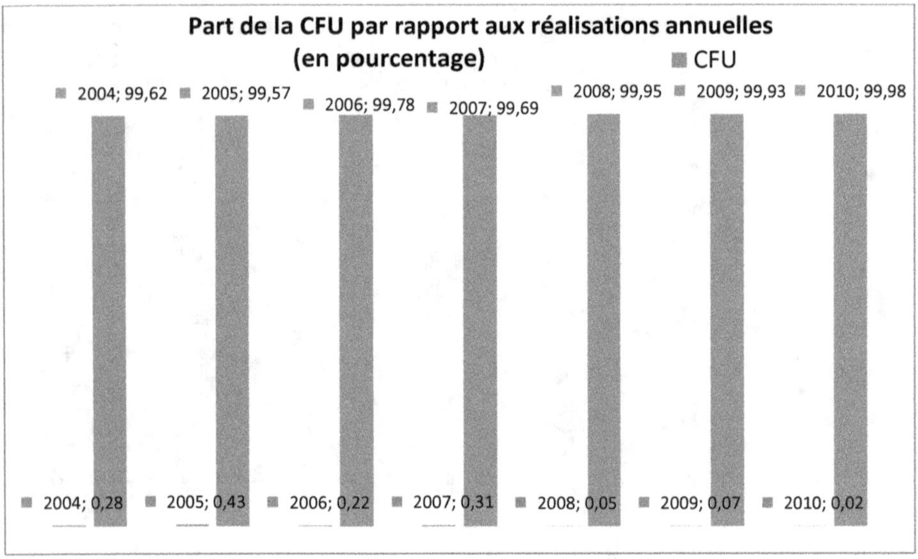

Source : Fait par nos soins, d'après la direction nationale des impôts

SECTION II. LES LIMITES JURIDIQUES ET TECHNIQUES DU SYSTÈME D'IMPOSITION SUR LE REVENU EN GUINÉE

Le CGI guinéen adopté par la loi de finances pour 2004 en son article 22 a remplacé notamment le code des impôts directs d'Etat promulgué par la loi n°91/18 du 8 février 1991 et le code de l'enregistrement, et codifie les dispositions relatives à la TVA issues de la même loi de finances.

En effet, ce document précieux symbolisant la souveraineté fiscale de la Guinée comprend cinq (5) parties[179] ou titres principaux : la fiscalité directe (titre I), la fiscalité indirecte (titre II), les autres impôts, redevances, droits et taxes (titre III), l'enregistrement et les droits de timbre (titre IV) et les procédures fiscales (titre V).

Aux dispositions du code ont enfin été ajoutés les principaux textes fiscaux applicables en Guinée, notamment en matière d'incitations fiscales aux investissements, la convention fiscale franco-guinéenne, la fiscalité minière et le régime fiscal des marchés publics. Cet outil de travail au service de l'administration et des usagers regorge de qualités mais aussi de limites tant du point de vue des textes que du point de vue technique. Mais nous limiterons nos analyses sur les problèmes liés aux textes en matière d'imposition sur le revenu.

[179] DNI : Code général des impôts, 2004,

Parler des limites juridiques et techniques du système d'imposition sur le revenu en Guinée revient à cerner du coup toutes les faiblesses inhérentes aux textes légaux et règlementaires qui régissent les prélèvements fiscaux en matière d'IR et d'IS d'une part ainsi que l'arsenal de méthodes appelées techniques qu'utilise le fisc pour asseoir, liquider, contrôler, recouvrer et gérer les contentieux liés à ces prélèvements d'autre part. Or, les textes légaux et réglementaires dont on parle sont consignés dans un seul et unique document, appelé code général des impôts, en abrégé CGI.

En effet, le CGI que certains contribuables mal intentionnés qualifient de ''bible fiscale'' retrace la législation fiscale d'un pays. Pour le cas précis de la Guinée, ce précieux instrument juridique est et demeure avant tout une œuvre humaine qui recèle des qualités mais aussi des faiblesses. Ce sont justement ces faiblesses que nous allons examiner ici et nous allons éventuellement proposer, dans la seconde partie de nos travaux de recherche, des pistes d'amélioration de ce document en vue d'asseoir une base juridique efficace acceptée par les contribuables où les droits et devoirs des usagers et ceux de l'administration avaient '' valeur de chemin'' et seraient renforcés par un système de ''démocratie fiscale'' où ''tout part du peuple et revient au peuple'',[180] comme le soulignait le président de la République de Guinée feu Ahmed Sékou Touré.

Beaucoup d'interrogations doivent sous-tendre notre curiosité lorsque nous parlons de limites juridiques et techniques en matière d'imposition sur le revenu auxquelles nous devons nous intéresser fortement. Mais, pour une raison de synthèse, nous nous limiterons à deux principales questions.

La première est celle de savoir si oui ou non les textes actuels du CGI transcrits dans les normes juridiques internes de la Guinée sont fiables, pertinents et répondent effectivement aux enjeux contributifs en matière d'imposition sur le revenu. En dernier ressort, existe-t-il dans le système fiscal guinéen des normes juridiques externes (conventions ou traités) adaptées aux réalités sociale, économique, politique et fiscale du pays face aux enjeux de la mondialisation ?

Pour répondre à ces préoccupations, nous allons examiner dans une première phase les limites imputables aux normes du droit interne de la Guinée en matière d'IR et d'IS (paragraphe I), puis dans une seconde phase nous traiterons des limites imputables aux normes juridiques externes du pays, c'est-à-dire les conventions fiscales (paragraphe II).

[180] Président Ahmed Sékou Touré, Tome 13, l'Afrique et la révolution- 1974

Paragraphe I. Les limites imputables aux normes de droit interne guinéen

A ce niveau, l'on analysera successivement tous les facteurs qui sont à l'origine de la désuétude du code général des impôts guinéen (I) et les principaux problèmes liés à l'inadaptation des textes face aux réalités contributives du pays(II).

I. Les caractères désuets du code général des impôts guinéen

Les caractères désuets du CGI guinéen sont bâtis autour de quelques éléments fondamentaux : la non-mise à jour ou la non-révision du même code, le vide juridique en matière d'examen de la situation fiscale personnelle, l'étroitesse des textes en matière de bénéfice agricole et beaucoup d'autres éléments que nous traiterons au paragraphe II.

1. La non-mise à jour du CGI

Depuis 2004 jusqu'à nos jours, le CGI guinéen n'a jamais été mis à jour encore moins révisé. Cependant, chaque année, le gouvernement élabore des textes de lois de finances (initiale et rectificative) où de nouvelles dispositions fiscales sont instituées. Mais, malheureusement, l'administration fiscale qui est le'' père fondateur ''de ces dispositions fiscales n'a jamais été dotée de moyens financiers nécessaires pouvant lui permettre de mettre à jour ce précieux document. Ce sont d'ailleurs des entités privées qui soulagent un peu la DNI en procédant au raccommodage des textes sans respecter pour autant les règles qui sous-tendent la mise à jour ou la révision d'un code général des impôts comme le nôtre.

En principe, ce sont les cadres de la DNI appuyés par les bailleurs de fonds ou le gouvernement surtout qui devraient soutenir fortement celle-ci dans ce travail. Cet état de fait noie davantage les contribuables dans la mesure où les textes fiscaux sont dispersés ou parsemés par-ci par-là dans les différentes lois de finances. Voilà encore de tristes réalités que traverse le pays et qui sont de nature à freiner l'effort de prélèvement fiscal des agents et des contribuables qui perdent leur temps à rechercher l'information fiscale pour remplir leurs obligations fiscales sans erreur ou sans entrave. Ce CGI devrait être mis à jour tous les ans et révisé autant que nécessaire en fonction des enjeux contributifs du pays ; mais hélas !

Ce code ne répond pas aux besoins de la simplification fiscale que vise la DNI dans ses objectifs de performance pour rendre des services de qualité aux usagers.

En effet, lorsqu'on l'ouvre on est submergé. Par exemple, en parcourant les 691 articles de la version 2010 de l'éditeur « Droit Afrique » (Est-ce qu'il a le droit ?), avec les différents styles de numérotation, complétés de lettres majuscules et minuscules, on s'égare dans un maquis de 250 articles d'annexes et de convention fiscale franco-guinéenne maintenus dans le CGI. Le lecteur se perd au milieu de 267 renvois d'un article à l'autre et se noie dans les centaines d'abattements d'exonération, d'imputation, de déduction ou de crédits d'impôts, qui, en plus, sont plafonnés en francs guinéens(FG) ou en pourcentages aux montants variables. Il est difficile de voir là une pensée en action.

Il faut deux (2) mois pour lire le CGI et des années pour le comprendre. La plupart des contribuables s'y perdent.

2. L'inexistence des textes en matière de contrôle fiscal de la situation fiscale personnelle

Dans le CGI guinéen, il n'y a aucune disposition légale qui traite cette question de contrôle fiscal de la situation personnelle du contribuable. Cela constitue déjà un autre vide juridique très remarquable et préjudiciable à la performance de la DNI. Or, Dieu seul sait comment les particuliers étrangers et guinéens résidents sont nantis. Au regard de cet état de fait, l'ex-ministre des Finances, M. Kerfalla Yansané, lors d'une conférence de presse avec les mass médias nota que : ''la Guinée est pauvre mais les citoyens sont riches''.

Ce paradoxe de dissimulation de richesses non taxées en IR des personnes physiques que ce soit suite à leur propre déclaration de revenus ou suite à un contrôle sur pièces de la situation fiscale personnelle des citoyens contribuables, riches, moins riches ou pauvres n'existe pratiquement pas dans la législation fiscale guinéenne. Tel n'est pas le cas en France.

3. L'étroitesse des textes en matière de bénéfice agricole

La Guinée, étant un pays à vocation agro-pastorale, devrait avoir un système fiscal bien approprié et pouvant générer des recettes importantes pour le budget de l'Etat. Mais, paradoxalement, les textes du CGI qui régissent ce prélèvement issu des bénéfices de l'exploitation de la terre ou de la forêt sont très étriqués. Ils sont traités par les dispositions des articles 153 à 159 du même code, soit 6 articles seulement.

C'est évident que, dans le secteur agricole, la couche paysanne n'a pas les moyens financiers et techniques de ses ambitions, mais cela ne veut pas dire que l'Etat doit rester indifférent pour transformer ou galvaniser ce secteur pour qu'il soit un gros secteur porteur de croissance du pays.

Bien sûr que oui, si l'Etat s'y investit par une volonté politique concrète, il peut inverser la tendance. Et, pour conséquence, le secteur engrangerait des revenus agricoles taxables en BA et pourquoi pas les autres impôts prélevés sur les salaires des employés de ce secteur. Finalement, le système fiscal serait amélioré et la rentabilité fiscale accrue et l'imposition sur le revenu bien améliorée au sein du pays. Mais ''la plaie fiscale'' est encore profonde et difficile à soigner !

Quand on analyse les dispositifs juridiques qui encadrent l'imposition sur le revenu en Guinée, l'on s'aperçoit que ceux qui traitent le cas des bénéfices agricoles sont encore peu significatifs dans les causes de la ''pathologie fiscale'' en Guinée. Le régime fiscal inexistant de promotion des petites entreprises vient encore aggraver cette cause pathologique d'ensemble.

En effet, il devrait exister dans le CGI guinéen des dispositions relatives à la promotion des petites et moyennes entreprises. Elles pourraient servir de relais dans la mobilisation des ressources fiscales grâce à une politique d'encadrement que mettrait en place l'Etat : crédit d'impôts de création de moyennes et petites entreprises, abattements fiscaux, etc. Voilà certes des pistes de solution que le gouvernement devrait mettre en exergue pour relever le défi dans ce secteur encore négligé en Guinée.

Dans la législation fiscale guinéenne, il n'existe pas non plus de textes en faveur de la promotion des PME comme c'est le cas en France ou au Sénégal. C'est le code des investissements révisé de l'année 2013 qui offre la possibilité d'expansion des PME, mais pas sur le plan fiscal.

Après ce tour d'horizon sur certaines limites imputables au droit interne contenues dans le CGI, l'on doit s'intéresser chemin faisant aux problèmes liés à l'inadaptation des textes face aux réalités contributives du pays.

II. L'inadaptation des textes face aux réalités contributives du pays

Le contexte socio-économique n'est pas sans influence sur l'acceptation ou non de l'impôt. L'adaptation de la législation fiscale moderne dans ce contexte n'est pas du tout facile comme le disait M. DALLAH Tchimby, lorsqu'il établissait le lien entre les textes fiscaux et les réalités contributives du Tchad[181].

Or, qui parle de réalités contributives d'un pays doit aussitôt penser aux activités socio-économiques, à la richesse nationale, c'est-à-dire le PIB, et par ricochet aux facultés contributives morales et matérielles des citoyens contribuables sur la base desquelles le législateur analyse et prescrit des textes de loi.

A cela s'ajoutent les effets pervers de la mondialisation caractérisés par la tendance des pays vers l'harmonisation de leurs systèmes fiscaux, sans oublier les crises économiques occidentales et américaines qui frappent de plein fouet ces Etats dont les retombées deviennent de plus en plus graves sur les fiscalités des pays en voie de développement comme la nôtre. Donc,

---

[181] Mémoire en master 2 administration fiscale, Université Paris-Dauphine, P.8 session 2005-2006.

en un mot, il n'y a aucune adéquation entre les textes fiscaux et les réalités contributives dans presque tous les pays d'Afrique, y compris la Guinée.

Le taux d'imposition en matière de CFU (contribution foncière unique) par exemple est le même aussi bien pour les maisons en dur que celles en banco (10% ou 15% selon les cas). Ce taux ne distingue pas le pauvre et le riche, tous sont frappés de la même manière à la seule différence que les revenus des riches produisent beaucoup plus d'impôts que ceux des pauvres, mais l'assiette taxable reste identique, à notre avis. Voilà encore d'autres pathologies qui frappent toutes les administrations fiscales africaines, y compris celle de la Guinée, et dont les effets négatifs se font sentir tant sur les impositions directes sur le revenu que sur d'autres impôts indirects prélevés par l'Etat pour sa vie budgétaire.

La République de Guinée est aujourd'hui confrontée à un contexte difficile lié aux problèmes de l'opacité des textes fiscaux qui ne cessent de s'aggraver. La conception du système fiscal de notre Etat dans le développement économique et social change désormais. Cette situation de crise des textes fiscaux a entraîné une détérioration des capacités de gestion de l'Etat qui est le plus important agent économique ; ce qui ne fait qu'accroître la crise de l'ensemble de notre système économique et social. La crise a mis en exergue les difficultés d'organisation des autorités publiques et les dysfonctionnements de l'administration publique[182].

L'inadaptation des textes dont il s'agit au sein de la législation fiscale guinéenne vise essentiellement des cas concrets traités par le CGI tels que les règles du système d'imposition générale sur le revenu non respectées, les textes en matière de fiscalité immobilière, véritable talon d'Achille, d'injustice fiscale, sources de discrimination à laquelle les contribuables guinéens sont confrontés.

1. Les cas d'inadaptation des textes en vigueur en matière d'imposition sur le revenu

Il existe dans notre système fiscal plusieurs cas d'inadaptation des textes relatifs à l'imposition sur le revenu, mais pour une question de synthèse nous nous intéresserons seulement à quelques cas : l'inapplication de l'imposition générale sur le revenu, l'imposition sur le revenu foncier en tant que talon d'Achille du système fiscal du pays et le non-respect du principe d'abattement selon la charge fiscale.

a) L'inapplication de l'imposition générale sur le revenu

Les dispositions du CGI guinéen en son article 1 stipulent que :'' il est perçu au profit du budget national un impôt unique sur le revenu des personnes physiques appelé IR. Cet impôt atteint (...) le revenu net global du

---

182 Carre (E) : Divergence entre fiscalité et comptabilité, Dunod, Paris, 1960, p.133.

contribuable. Ce revenu net global est constitué par des revenus catégoriels : revenus fonciers, traitements et salaires, pensions et rentes viagères, BIC, BNC, BA, revenus des capitaux mobiliers et les plus-values immobilières non professionnelles.

En principe, l'imposition générale sur le revenu devrait atteindre l'ensemble des revenus du contribuable, quelle qu'en soit l'origine ; mais, en Guinée, cette méthode n'est pas de mise. C'est le système de taxation par cédule de revenus qui est largement appliqué par l'administration fiscale. Les conséquences qui en découlent sont, entre autres : l'injustice fiscale discriminatoire pour les usagers ; la perte de ressources pour l'Etat, etc.

Il est évident que la méthode d'imposition générale sur le revenu reste une technique fiscale de taxation très compliquée et qui parfois crée d'énormes difficultés aux fiscalistes de métier, cependant, cela n'empêcherait en aucun cas son abandon par les services du fisc. Il serait louable que des solutions appropriées soient trouvées à ces difficultés pour que les textes en la matière puissent connaître une application correcte, normale, voire légale, dans leur ensemble.

L'application de l'IGR peut susciter d'importantes difficultés. Avec un tel impôt, l'administration fiscale a la tâche difficile dans les pays à faible capacité administrative de déterminer et de vérifier, pour un foyer fiscal ou un individu, les déclarations reportant la somme des revenus de toute nature perçus[183].

b) L'imposition sur le revenu foncier : véritable talon d'Achille

La problématique de taxation du secteur immobilier guinéen constitue un véritable casse-tête tant pour les services des impôts que pour les gouvernants qui utilisent les produits de cet impôt pour couvrir les charges publiques. En effet, ce secteur souffre de beaucoup de ''pathologies'' dont, entre autres : l'urbanisation anarchique due au non-respect des normes cadastrales, les droits de propriété confus, l'incivisme fiscal dû à la non-déclaration des revenus fonciers réellement encaissés par les propriétaires fonciers, l'incapacité notoire de l'administration à gérer efficacement les fichiers immobiliers par la non-constitution des banques de données, etc.

En plus, lorsque nous examinons les données statistiques en matière de réalisation des recettes fiscales de la DNI dans les dernières décennies, l'on s'aperçoit que la part de la CFU ou de la retenue à la source sur les loyers a été extrêmement faible. Cette baisse de recettes dans ce secteur est due au fait que la gestion de cet impôt a été décentralisée sans qu'il n'y ait eu de mesures d'accompagnement de cette décentralisation : personnel non formé, mauvaise maîtrise du potentiel fiscal, corruption généralisée dans le pays et

---

[183] Gérard Chambas, Afrique au sud du Sahara : Mobiliser les ressources fiscales pour le développement, p.80.

détournement des deniers au préjudice du Trésor public, tout cela couronné par le manque de volonté et l'impunité de la justice.

En Guinée, force est de reconnaître que le secteur immobilier a connu dans les dix dernières années un accroissement exponentiel à telle enseigne que, dans la capitale Conakry, certains fiscalistes ont dû le qualifier de ''Boum immobilier ''du pays. Mais, paradoxalement, les recettes prélevées sur ces patrimoines immobiliers sont et restent encore en deçà de nos attentes budgétaires.

c) Le non-respect du principe d'abattement selon la charge de foyer

L'imposition générale sur le revenu en Guinée, de même que celle appliquée en France exige que la charge des personnes par foyer soit prise en compte. Cela se concrétise par les dispositions pertinentes de l'article 9 du CGI guinéen qui stipulent que :'' Chaque contribuable majeur, célibataire ou marié est imposable en raison de ses revenus personnels et de ceux des enfants dont il a la charge''. En outre, la faiblesse du montant de l'abattement, 30 000 FG soit 3.5 euros est celui légalement autorisé par chaque foyer ayant un enfant. Cependant, cette disposition limite le nombre d'enfants à six enfants par foyer.

En Guinée, il faut retenir que, dans le système d'imposition sur le revenu des foyers fiscaux, les règles déterminant le nombre de parts et le quotient familial sont inexistantes. C'est dire que le système d'imposition sur le revenu, au lieu d'apaiser les charges par foyer, crée d'autres problèmes budgétaires à la charge de l'Etat[184].

2. Les cas d'injustice fiscale

Il existe dans la législation fiscale guinéenne surtout en matière d'imposition sur le revenu plusieurs facettes ou cas d'injustice fiscale. Mais, pour une raison de simplification et de compréhension aisée, nous n'en citerons que quelques-uns : l'injustice de la progressivité par tranche sur le revenu liée au salaire, l'injustice liée à l'application du taux proportionnel sur certains revenus : BIC et dividendes.

a) L'injustice de la progressivité par tranche sur le revenu en matière de salaire

Le système fiscal guinéen avant la réforme de 2011 en matière d'impôt sur les salaires, notamment la RTS, était un système réellement injuste. Et pour cause : c'est que les tranches de revenu variant entre 30 000 FG et 500 000 FG, les taux applicables étaient progressifs allant de 5% jusqu'à

[184] Augmentation anarchique du nombre d'enfants entraînant un accroissement du niveau des salaires et de la pension de retraite des bénéficiaires.

25%. Alors que la tranche supérieure à 500 000 FG n'était taxée qu'au taux régressif de 5%. Conséquence, les hauts revenus, dépassant les 500 000 FG, subissaient une faible pression fiscale contrairement aux revenus détenus par les pauvres et les contribuables de la classe moyenne dont le revenu avant la réforme fiscale de 2011 ne pouvait pas excéder 500 000 FG pour les fonctionnaires de la hiérarchie A. Voilà un triste cas d'injustice fiscale. C'est au vu de ce ''désastre fiscal'' que le gouvernement du Pr Alpha CONDE a jugé nécessaire de réformer l'assiette des salaires en amenuisant ces distorsions préjudiciables aux ménages ou aux contribuables assujettis à ce prélèvement[185].

b) L'injustice liée à l'application du taux proportionnel sur certains revenus : BIC et dividendes

En Guinée, les bénéfices provenant des activités commerciales, industrielles et artisanales sont taxés aux taux proportionnels de 30% pour les personnes physiques sous forme d'impôt BIC et 35% pour les personnes morales sous forme d' IS et cela quel qu'en soit le montant ou le niveau de bénéfice réalisé par les contribuables assujettis à ces prélèvements.

Le premier élément d'injustice se situe sur la distinction en termes de taux entre personnes physiques et personnes morales. En principe, il ne devrait pas y avoir une distinction entre les personnes redevables car, comme le disait P. SALIN dans son cours d'économie de la fiscalité, l'entreprise ne paie pas d'impôts, mais ce sont plutôt les personnes qui s'unissent sous forme de contrat qui subissent des charges fiscales qu'il a souvent qualifiées de coin fiscal.

Le second élément d'injustice fiscale vise les dividendes qui subissent une double taxation économique : le revenu dividende est taxé dans l'entreprise distributrice des dividendes entre les associés ou actionnaires d'une part et taxé chez les bénéficiaires de ces dividendes sous le label de l'IR, d'autre part.

II. Les insuffisances inhérentes aux autres instruments juridiques

Le code général des impôts guinéen n'est pas le seul instrument juridique qui foisonne de limites dans le contexte contributif de notre pays. Il y a, cependant, déficit d'autres outils juridiques que l'administration fiscale devrait élaborer, voire améliorer, et dont elle devrait se servir en vue de garantir l'Etat de droit ou tout au moins instaurer et redynamiser la justice fiscale à l'ère de la démocratie et de la mondialisation que connaît le pays. Il s'agit, entre autres, du livre de procédures fiscales aux textes étriqués (1),

---

[185] Loi de finances 2011 et CGI guinéen 2013 article 63, Droit Afrique, éditions Nimba Conseil, 2013.

puis de l'inexistence du bulletin officiel des impôts et du code de déontologie de l'agent du fisc (2) et, enfin de la charte des contribuables qui, de nos jours, reste inadaptée aux attentes des usagers.

1. Le livre de procédures fiscales aux textes étriqués et imprécis

Les procédures fiscales codifient les relations qu'entretiennent le contribuable et l'administration [186] . D'après certains spécialistes, les procédures fiscales reflètent les préoccupations antagonistes de l'Etat qui veut assurer la perception de l'impôt pour financer ses dépenses d'intérêt général et du contribuable qui entend consentir à son obligation avec une exacte mesure.

En Guinée, le livre de procédures fiscales intégré au CGI comprend deux grandes divisions avec ses annexes : il s'agit des droits de communication et de vérification et des procédures de recouvrement.

En effet, qu'entend-on par droit de communication et de vérification ?

Selon la législation fiscale de la Guinée, **le droit de communication** est tout pouvoir permettant à l'administration fiscale de relever des renseignements utiles en vue de l'assiette et du contrôle de l'impôt sur le revenu dû par des tierces personnes. Pour cela, elle peut demander communication : des documents de services ou comptables détenus par les administrations de l'Etat, les collectivités territoriales, les établissements publics ; des livres et documents dont la tenue est obligatoire par la loi en vigueur… [187] . Ce droit de communication transcrit dans le CGI est étriqué et ne se résume qu'à sept articles.

Quant au **droit de contrôle**, il se définit comme étant tout pouvoir reconnu à l'administration fiscale d'exercer des vérifications sur pièces et sur place des déclarations fiscales souscrites par tout contribuable soumis au régime réel d'imposition. Ce droit est régi par les dispositions des articles 654, 655 et suivants du CGI, dont le nombre est extrêmement réduit à quatorze articles brefs et imprécis. L'un des articles imprécis du CGI en la matière concerne celui de 666 qui stipule :''A la réception de la notification de redressement, les contribuables peuvent formuler des observations ou accepter les redressements envisagés dans un délai de 30 jours''. A ce propos et selon nous, il serait mieux de le préciser ainsi : '' A la réception de la notification… formuler des observations pertinentes, précises non lacunaires''.

En outre, il convient de noter enfin que, dans le CGI de la Guinée, il y a un vide juridique en matière d'examen de la situation fiscale personnelle.

---

[186] Jacques Grosclaude et Philippe Marchessou/ Procédures fiscales/ 3e édition 2004 Dalloz/ Page : 1.

[187] CGI de la Guinée 2004 en son article 648.

2. L'inexistence du bulletin officiel des impôts et du code de déontologie

Le Bulletin officiel des impôts n'existe pas en Guinée. En France, le Bulletin officiel des impôts (B.O.I.) est une publication périodique rédigée et éditée par la direction générale des finances publiques (anciennement la direction générale des impôts), une administration française du ministère du Budget, des Comptes publics et de la Réforme de l'État[188].

Le principal intérêt des BOI est de commenter une législation et un dispositif réglementaire souvent complexes en matière fiscale. Le bulletin, appelé aussi instruction, peut cependant parfois porter lui-même des dispositions réglementaires nouvelles relatives à l'assiette des impôts concernés.

En ce cas, il devient opposable à l'administration, et les contribuables peuvent s'en prévaloir lorsque tel est leur intérêt. En principe, les services fiscaux ne l'opposent pas directement aux contribuables. Au sein de l'administration, les BOI s'imposent aux agents des services fiscaux (anciennement DGI), qui sont tenus de les appliquer. Les BOI constituent, avec la documentation de base, les réponses aux parlementaires et les décisions de rescrit, ce que les fiscalistes appellent la doctrine administrative. Celle-ci revêt la plus grande importance, d'autant plus que la norme fiscale est parfois susceptible d'interprétation. Les cabinets fiscalistes et les grandes entreprises sont en général abonnés à cette publication. Elle fait elle-même l'objet de commentaires immédiats par les revues de droit fiscal[189].

Quant au **code de déontologie**, c'est le même constat que celui du premier : manque total de ce précieux document dans les dispositifs juridiques guinéens. Cet outil juridique complémentaire et nécessaire pour le fisc réglemente les droits, les devoirs ainsi que les sanctions de l'agent du fisc dans l'exercice de son métier vis-à-vis de son administration et vis-à-vis des usagers.

En effet, c'est un code d'honneur revendiqué par tous ceux qui, en l'appliquant, partagent la même vision noble de notre profession. Par le respect de la déontologie et des grandes valeurs de notre profession, nous faisons la promotion de son image et de son éthique, en valorisant toujours plus la qualité de nos prestations.

C'est par la compétence, la formation, la rigueur et la passion que notre profession sera largement reconnue car nous apportons, à nos clients chefs d'entreprise, la sécurité, la sérénité, la transparence, la qualité, la garantie du sérieux de nos travaux et surtout l'accompagnement dans leur développement économique.

---

[188] Seka Seka (P), le mimétisme fiscal des Etats d'Afrique, Paris II, 1993,

[189] Jacques Grosclaude et Philippe Marchessou, Droit fiscal général, Dalloz, 1997, pp. 441 à 468.

Les auditeurs internes respectent la valeur et la propriété des informations qu'ils reçoivent ; ils ne divulguent ces informations qu'avec les autorisations requises, à moins qu'une obligation légale ou professionnelle ne les oblige à le faire[190]. Les auditeurs internes utilisent et appliquent les connaissances, les savoir-faire et expériences requis pour la réalisation de leurs travaux.

Le contexte socioéconomique, le surnombre des agents dans les services, des procédures et un contrôle hiérarchique peu formalisés, sont des facteurs propices à la corruption. Il semble de surcroît très difficile d'imposer des sanctions disciplinaires en cas de manquement.

Pour répondre à cette situation, le programme de modernisation devrait intégrer un plan d'amélioration de l'éthique professionnelle qui irait de pair avec l'ensemble des mesures susceptibles d'avoir un impact positif sur l'éthique. Le plan devrait équilibrer les actions préventives et répressives.

Le délai raisonnable, entre la réception de l'avis et le début de la vérification, n'est pas certain, voire inexistant, dans le code général des impôts. Le code pénal guinéen avait indiqué qu'était suffisant un délai de 7 jours entre la réception de l'avis et le début de la vérification. Cela a été approuvé par une cour d'appel qui a énoncé que l'administration des impôts a pris toutes les précautions pour que l'avis de vérification soit adressé au contribuable.

En l'espèce, la cour d'appel de Conakry a pris en compte la date d'envoi de l'avis, 20 jours avant la vérification, et non la date de sa réception, le pli recommandé n'ayant été retiré que 4 jours avant la vérification, soit 15 jours après sa présentation. Ce qui pose le problème de la charte du contribuable, la charte du contribuable vérifié, le bulletin officiel des impôts, le code de déontologie de l'agent du fisc.

3. La charte des contribuables inadaptée aux attentes des contribuables

En Guinée, tout comme en France, la charte du contribuable vérifié ou la charte du contribuable tout court constitue un guide des relations entre les contribuables et l'administration fiscale. Elle est également un document de référence permanent qui expose les droits et devoirs de chacun. Son objectif est d'établir une relation de confiance réciproque, fondée sur trois valeurs : la simplicité, le respect et l'équité.

Dans la législation fiscale guinéenne, cet outil d'information juridique nous semble être un outil étriqué, d'autant que les différents textes fiscaux qui y sont résumés et pouvant édifier le contribuable en termes de délai de la vérification, des périodes soumises à vérification, tout comme les autres droits reconnus aux usagers en matière de contrôle fiscal, etc., sont, de toute

[190] Roland Atanga Fongue, Contrôle fiscal et protection du contribuable dans un contexte d'ajustement structurel, le cas du Cameroun, l'Harmattan, 2004, p.147.

évidence, très rudimentaires et ne répondent effectivement pas aux attentes des usagers en ces temps modernes dominés par la technique et la technologie. Ce qui est paradoxal et préjudiciable aux usagers, c'est le fait que ce document ne contient que 2 pages liminaires prêtant à confusion en matière de procédures ou de conduite à tenir d'une entreprise vis-à-vis d'une opération de contrôle sur place qu'ordonne la DNI à un inspecteur des impôts.

Le développement du civisme fiscal suppose aussi une relation responsable et personnalisée entre le citoyen et le fonctionnaire : la simplicité, le respect et l'équité doivent guider l'action administrative. Symétriquement, le citoyen responsable a aussi des devoirs[191]. La « Charte du contribuable » récapitule de façon claire et synthétique, autour de ces idées simples mais fondatrices, ses droits et ses devoirs vis-à-vis de l'administration fiscale.

Il pourra se prévaloir de la "Charte" auprès de l'ensemble des agents de l'administration fiscale. L'ambition est, avec ce document, de trouver le juste équilibre entre l'exercice légitime de la mission du service public fiscal et les attentes, tout aussi légitimes, qui sont les siennes et d'ancrer cet équilibre dans une relation apaisée et fondée sur la confiance mutuelle.

Après avoir dépeint certains facteurs paralysant le système fiscal guinéen dans le cadre des textes juridiques complémentaires, il sera maintenant question de focaliser notre analyse sur les limites imputables aux normes supranationales (conventions ou traités fiscaux).

Paragraphe II. Les limites imputables aux conventions fiscales internationales

Dans un premier temps, nous procéderons à la définition de la notion de convention fiscale internationale et, dans un second temps, nous nous intéresserons aux facteurs limitatifs des conventions fiscales caractérisant le système fiscal guinéen.

Qu'entend-on par convention fiscale internationale ?

Par définition, **une convention fiscale internationale** est un accord établi entre deux ou plusieurs Etats contractants dans le domaine de la fiscalité. L'objectif ultime recherché dans cet accord n'est rien d'autre que l'élimination de la double imposition juridique[192] sur le revenu. Cette convention fiscale peut revêtir deux formes : bilatérale et multilatérale.

La convention fiscale internationale est dite bilatérale lorsque l'accord portant élimination de la double imposition sur le revenu n'est signé qu'entre

---

[191] J. Maïa, La charte des droits et obligations du contribuable vérifié. Son utilité et son opposabilité, RJF, 4/01.

[192] B Castagnède, Précis de fiscalité internationale, 2ème édition ; PUF, février 2006. P.233

deux Etats contractants. Par exemple, la convention fiscale guinéo-française signée depuis 2004.

La **convention fiscale internationale est dite multilatérale**, dès lors qu'elle porte sur l'accord signé entre plusieurs Etats contractants dans le domaine d'une fiscalité harmonisée en vue d'éliminer fondamentalement la double imposition sur le revenu, favoriser et protéger les investissements des pays membres adhérents à l'accord. On peut citer par exemple les cas de la CEMAC, de l'UEMOA, de la CEDEAO, de l'UE, etc.

Après la définition de la notion de convention fiscale, comme indiqué dans la partie introductive de ce paragraphe, nous allons essayer de mettre en lumière l'étroitesse des conventions fiscales bi ou multilatérales (I) puis celle relative à la juxtaposition des textes supranationaux sur les textes internes (II) au sein du système fiscal guinéen.

I. L'étroitesse des conventions fiscales bi et multilatérales en Guinée

Jean Bodin (1576) est l'un des premiers économistes à s'intéresser depuis le XVIème siècle à la question de la convention fiscale. S'ensuivront, à partir du XVIIème siècle, d'autres auteurs, mais ceux-ci s'intéressaient au rôle financier de la convention fiscale.

Ce fut ainsi jusqu'à la naissance de l'école classique au XVIIIème siècle. C'est à partir du 18ème siècle que la convention fiscale a été perçue comme pouvant influencer l'activité économique. Cependant, le rôle de la convention fiscale a été différemment traité selon les écoles de pensée. Dans les lignes qui suivent, nous présenterons les conventions fiscales étriquées en République de Guinée.

En effet, la Guinée, étant un pays à faible économie et classée parmi les nations les plus pauvres du monde subit une certaine restriction dans le domaine conventionnel en fiscalité. Depuis son indépendance jusqu'à nos jours elle n'a signé que 5 conventions fiscales bilatérales la liant avec ces Etats contractants que sont : l'Algérie, la Tunisie, l'Ukraine, la France et le Maroc. Ce nombre extrêmement réduit ou étriqué de traités fiscaux constitue un facteur majeur de limitation des capacités techniques des administrations fiscales des pays d'Afrique à cerner efficacement l'assiette fiscale taxable des sociétés multinationales[193] qui se livrent à des opérations en matière de **''prix de transfert''** non encore maitrisées par ces administrations. Conséquences : baisse de bénéfices taxables, émergence des fraudes et évasions fiscales internationales, etc.

---

193 Les cas des sociétés minières, des compagnies pétrolières et des banques étrangères implantées dans les pays en développement frappent de plein fouet les systèmes fiscaux de ces pays.

Or, avec l'ère de la mondialisation et de l'évolution vertigineuse des technologies de pointe dans le secteur de la télécommunication (internet, intranet) et au regard de l'accroissement inquiétant des pratiques de fraudes et d'évasion fiscale, si un Etat qui a des impératifs de développement socio-économique ne se limite qu'à 5 conventions fiscales dans le monde, comment peut –il s'ouvrir au monde et atteindre ses objectifs de croissance ou de développement ? Question à laquelle il est difficile de répondre.

En outre, la Guinée est un pays membre de la CEDEAO parmi les 15 pays qui composent cette institution qui ne parvient pas encore à respecter les traités qui régissent ces Etats dans les domaines économique, social et fiscal. Ceci est encore un autre goulot d'étranglement auquel la fiscalité guinéenne est confrontée.

La plupart des conventions fiscales conclues par la Guinée, reproduisant la formule de l'article 7 paragraphe 1 de la convention modèle de l'OCDE, précisent expressément que le droit d'imposition de l'Etat sur le territoire duquel se trouve un ''établissement stable'' d'une entreprise résidente de l'autre Etat contractant ne peut s'exercer qu'à l'égard des bénéfices « imputables à cet établissement stable ».

Par établissement stable au sens du CGI guinéen, entendons une installation fixe d'affaires par l'intermédiaire de laquelle une entreprise exerce tout ou partie de ses activités[194]. Cette expression d'établissement stable comprend notamment : un siège de direction, une succursale, un bureau, une usine, un atelier, un magasin de vente, une mine, un puits de pétrole ou de gaz, une carrière, ou tout autre lieu d'extraction de ressources naturelles.

A l'égard des bénéfices de ventes ou d'autres activités commerciales, la règle exprimée par cette formule a pour effet de priver la juridiction fiscale sur le territoire de laquelle se trouve l'établissement stable du droit d'imposer les bénéfices d'opérations réalisées directement par le siège de l'entreprise, en dehors de toute intervention de l'établissement[195].

II. La juxtaposition des textes supranationaux sur les textes internes

En Guinée, tout comme dans la plupart des pays africains, il n'est pas rare de constater une juxtaposition des textes supranationaux sur les textes internes. Car, fréquemment, ces pays signent avec des entreprises étrangères importantes venues s'implanter sur leur territoire des conventions d'établissement. Or, du point de vue des normes juridiques, ces conventions

---

[194] Voir article 5 de la convention guinéo –française annexée au CGI guinéen mis à jour en 2013 par Nimba conseil, Editions Droit Afrique.

[195] Gouthiere Bruno, Les impôts dans les affaires internationales, 6ème éd, Francis Lefebvre, 2004, p.1056.

priment sur les normes internes. Donc, lorsque les entreprises multinationales s'implantent dans ces Etats africains, elles sont confrontées à une juxtaposition des textes supranationaux et des textes du droit fiscal interne.

Dans les conventions d'établissement, les entreprises sont placées sous un régime fiscal privilégié ou dérogatoire offrant ainsi la possibilité ou l'avantage d'exonération fiscale[196]. Les impôts les plus visés par cette exonération sont : l'IS, la patente professionnelle, la contribution foncière, l'IMF, le VF et la TA. Le plus souvent, ces entreprises peuvent contourner les conventions de telle sorte que les effets sont dommageables au système fiscal de la place et que les normes de droit interne sont incompétentes à les résoudre.

Nous venons d'aborder plus haut la problématique liée à l'imposition sur le revenu sous plusieurs angles : administratif, technique et juridique, il nous revient à présent, de nous pencher, dans les lignes qui suivent, sur d'autres problèmes limitatifs, et non des moindres situés à l'épicentre des contre-performances du système d'imposition sur le revenu en Guinée.

SECTION III. AUTRES FACTEURS LIMITATIFS DE LA PERFORMANCE DU SYSTÈME FISCAL GUINÉEN

Les autres facteurs limitatifs à l'origine de la contre-performance du système d'imposition sur le revenu en Guinée visent essentiellement les acteurs non institutionnels (paragraphe I) dont en premier lieu la primauté est accordée à tous les problèmes néfastes caractérisant l'attitude des contribuables dont l'impact s'avère catastrophique sur l'efficacité et la rentabilité du système fiscal et implicitement de l'imposition sur le revenu. En second lieu, nous allons étudier tous les grands fléaux et les pratiques récurrentes qui sont nuisibles à ce prélèvement en Guinée (paragraphe).

PARAGRAPHE I. LES LIMITES LIÉES AUX ACTEURS NON INSTITUTIONNELS DU SYSTÈME FISCAL

En Guinée, à l'instar du Mali, du Sénégal, du Niger, etc., les contribuables(gros, moyens, petits) appartiennent fondamentalement à deux secteurs de la vie économique nationale : d'un côté, le secteur moderne(respectant en grande partie ses obligations déclaratives) vise les grandes entreprises étrangères ou nationales soumises au régime du réel normal ou déclaratif et de l'autre le secteur dit informel(où 99% des

[196] Les sociétés minières ou les entreprises industrielles et agricoles exploitant les ressources naturelles ou les matières premières guinéennes capables d'employer une masse importante de main-d'œuvre locale sont les plus visées par les conventions d'établissement.

contribuables, se livrant à toutes sortes d'activités frauduleuses, sont illettrés ou analphabètes).

Face à cette problématique de dualité entre secteur formel (où les techniques frauduleuses modernes sont apprises ou inventées par les sociétés multinationales pour échapper à l'impôt) et celui informel, où les agents économiques ne tiennent pas de comptabilité tandis qu'ils brassent des milliards de nos francs non soumis à la taxation ou soumis à une taxation forfaitaire ; alors comment l'administration pourrait avoir une visibilité claire sur cette situation et en tirer meilleur parti ? Donc, cela va nous conduire, dans une première approche, de faire la lumière sur les difficultés inhérentes au niveau d'instruction des contribuables avec toutes ses conséquences fâcheuses en matière fiscale (I) et puis, dans une seconde démarche, l'on traitera les problèmes assaillants liés au secteur informel en République de Guinée(II).

I. Les difficultés inhérentes au niveau d'instruction des contribuables

Deux fléaux majeurs caractérisant la vie du contribuable guinéen sont à l'origine de la contre-performance du système fiscal dans son ensemble et de l'imposition sur le revenu dans sa singularité en République de Guinée.

1. L'analphabétisme des contribuables

Qu'est-ce qu'un analphabète ?

Un analphabète, à notre sens, est celui qui ne sait ni lire ni écrire. Le Petit Larousse 2003 le définit comme celui ou celle qui n'a jamais appris à lire ni à écrire. Ce fléau qui frappe tous les pays d'Afrique en général et la Guinée en particulier reste et demeure très préoccupant que ce soit dans le secteur éducatif ou dans maints domaines de la vie économique et sociale des nations exposées à ce danger.

En Guinée, 70 % de la population sont analphabètes ou illettrés. Cet état de fait n'est pas sans conséquences sur la vie économique nationale et implicitement sur le système fiscal du pays. Il est à l'origine de l'incivisme fiscal dans le pays car la plupart des contribuables ne savent même pas pourquoi ils paient l'impôt et en retour quelle en est son importance. Beaucoup ne savent même pas ce qu'on entend par formulaires de déclaration de revenu, à plus forte raison se déplacer et aller payer librement leur droit à l'Etat. Une telle situation a des répercussions extrêmement graves sur la fiscalité du pays. Ce phénomène est beaucoup plus accentué dans les milieux d'hommes d'affaires évoluant dans l'informel. C'est effectivement là l'une des causes non négligeables de la faiblesse de l'imposition sur le revenu en Guinée.

La faiblesse du niveau d'instruction de la population est l'un des freins au civisme fiscal en Guinée. L'instruction civique n'est pas dispensée à grande échelle aux intellectuels et analphabètes. Pour ce faire, l'interrogation sur l'utilisation de l'impôt est quasiment inexistante. La compréhension des dispositions fiscales est assez difficile en ce moment. Les rapports alors entretenus avec le fisc deviennent compliqués et problématiques. La majorité des contribuables est constituée par des citoyens qui ont peu ou pas du tout fréquenté l'école sauf la nouvelle génération.

Toutefois, il est démontré que l'analphabétisme a un effet limité sur l'importance de recouvrement de l'impôt. La célérité de traitement des dossiers n'est pas observée dans la communication de l'information désirée par le contribuable. Or, il est en droit d'avoir l'information en premier lieu auprès du service des impôts. Du fait de certaines relations particulières, des dossiers de contribuables sont traités avec rapidité au détriment d'autres. Les sanctions sont appliquées à la tête du contribuable.

Des agents gèrent personnellement les dossiers de certains contribuables. Ils n'hésitent pas à intercéder auprès des équipes gestionnaires ou du responsable de service afin d'obtenir des arrangements pour ceux-ci. Il est ainsi fréquent que les agents vérificateurs ou enquêteurs subissent les assauts afin d'être cléments dans le traitement d'un dossier. Ils sont souvent l'objet de tentatives de corruption de la part de ces agents atypiques. Cette complicité est de nature à propager cet autre fléau au sein de notre direction nationale, mais surtout à encourager l'incivisme fiscal. Ces inégalités dans l'application de la loi fiscale engendrent des frustrations et incitent les autres à frauder ou à corrompre les agents.

Ce phénomène est assimilé à une géométrie à plusieurs variables dont la plus dominante reste et demeure l'incivisme fiscal figurant au point (2) de notre réflexion.

2. L'incivisme fiscal des contribuables : source de fraudes et d'évasion fiscales en Guinée

La problématique de ce point 2 doit tourner autour de deux questions fondamentales à poser, auxquelles nous essayerons d'apporter des éléments de réponse. La première est celle de savoir ce qu'on entend par incivisme fiscal. Et la seconde porte sur celle de savoir comment l'incivisme fiscal peut être source de fraudes et d'évasion fiscales dans le système fiscal guinéen.

En réponse à la première question, l'on peut être amené à définir l'incivisme fiscal de façon simpliste comme une absence de civisme fiscal. Et le mot civisme vient du sens civique et civique vient du latin ***civis*** qui signifie citoyen[197]. Alors que le terme '' fiscal'', quant à lui, dérive de fiscalité, étymologiquement du latin ''fiscus'', ce qui veut dire panier. De

[197] Définition étymologique donnée par le Petit Larousse, édition 2003, p.222

nos jours, on peut définir la fiscalité comme étant l'ensemble des lois et règles régissant le système de perception des impôts et taxes dans un territoire ou pays bien défini. Donc, l'incivisme fiscal qui est l'opposé de cette expression de civisme fiscal est l'ensemble des comportements qu'adoptent un citoyen, un groupe de citoyens, une entreprise ou groupe d'entreprises à ne pas respecter les obligations déclaratives et de paiement d'impôts et taxes auxquels ils sont assujettis.

Quant à la seconde question, en réponse, l'on peut dire sans risque de nous tromper que l'incivisme fiscal est effectivement à l'origine de fraudes et de l'évasion fiscales en Guinée. Et voici les arguments qui concrétisent cette affirmation.

En effet, lorsqu'un contribuable ne connaît pas ses obligations fiscales ou s'il refuse catégoriquement de les connaître ou de s'y soumettre, eh bien, cela dénote en toute objectivité le manque de volonté et l'intention délictuelle face à l'exercice du droit civique indispensable pour la vie d'une nation ou de la collectivité à laquelle il appartient. Par conséquent, son refus de payer ses impôts et taxes pénalise le Trésor public d'une part et d'autre part la politique budgétaire de l'Etat visant à créer le bien-être des citoyens en matière de santé, sécurité, formation, infrastructure routière ; etc. L'incivisme fiscal entraîne, de facto, la fraude fiscale en ce sens que la mauvaise volonté ou le refus de payer ses impôts à la bonne caisse de l'Etat par un redevable peut entraîner le percepteur d'impôt indélicat à s'accaparer le produit de l'impôt de ce ''délinquant contribuable'' pour satisfaire ses besoins personnels au détriment de ceux de l'Etat.

L'incivisme fiscal ouvre grandement la porte au banditisme ou délinquance fiscal et impacte négativement la capacité contributive du pays en termes de flux de recettes, d'injustice fiscale et de frein au développement socio-économique du pays, dans lequel la fiscalité a son mot à dire. Tout cela concourt à amenuiser le rendement fiscal et en clair celui de l'imposition sur le revenu dans notre pays.

Il se traduit dans le comportement du citoyen par une plus grande préoccupation pour ses intérêts personnels que pour ceux de la collectivité dans laquelle il vit. L'incivisme fiscal se caractérise par une négligence, voire une ignorance totale ou partielle, des règles de conduite en matière fiscale. Le but principal du système fiscal étant de procurer des ressources budgétaires à l'Etat et aux collectivités publiques, un mauvais comportement du contribuable face aux obligations qu'il contient a un impact négatif sur la performance de l'impôt.

La Guinée est classée parmi les pays les plus pauvres du monde depuis ces dernières années. Cela traduit effectivement l'état de pauvreté endémique de la population. Cette pauvreté est concentrée en milieu rural. Or, la pression fiscale s'exerce sur une portion de la population active. Aussi, certains ne respectent pas les échéances de paiement par manque de moyens financiers. La croissance du P.I.B. global autorise toujours les prévisions budgétaires conséquentes mais il ne faut pas ignorer que le P.I.B. par tête d'habitant montre que la pression fiscale semble élevée si l'on prend en considération que la majorité de la population ne contribue pas.

Avec la fraude, une économie parallèle se développe car, par découragement, les contribuables, auparavant honnêtes et persuadés par les mauvaises pratiques de certains, préfèrent imiter les autres et évoluer en dehors de toute règlementation fiscale. Les desseins de développement économique du gouvernement sont quelquefois hypothéqués. Les grands paramètres des agrégats étant perturbés, le pilotage de l'économie est quelque peu mis en difficulté. Ce qui amène à des estimations et des prévisions qui ne reflètent pas la réalité économique du pays.

Cependant, l'incivisme fiscal du contribuable est dû au fait qu'il paie l'impôt sans comprendre en quoi cela peut améliorer ses conditions de vie et l'héritage sociologique négatif ne le prédispose pas au meilleur accomplissement du devoir fiscal. L'agent des impôts est le premier informateur du contribuable dans ses rapports avec l'administration fiscale. De par sa formation initiale, il doit être en mesure de renseigner ce dernier sur ses obligations fiscales et ses droits dérivés. Cependant, l'agent n'a pas toujours à sa disposition les instruments d'information comme les différents codes, les instructions et les notes administratives, les lettres à portée générale, en somme, le minimum de documentation fiscale d'appui[198].

La courtoisie doit être de rigueur dans leur management. Autrement dit, les contribuables sont trompés par les « auxiliaires informels » du fisc qui véhiculent des informations inexactes. Ces contribuables malchanceux sont souvent victimes d'escroquerie de leur part. Certains usagers du service public ont donc peur d'approcher l'administration publique en général et celle des impôts en particulier et vont se renseigner à la mauvaise source.

En vue de prévenir de tels agissements, l'information fiscale doit être largement diffusée. L'impôt est un prélèvement sur la richesse des hommes. Ce caractère pénible explique la non- spontanéité de l'acquittement du devoir fiscal. Les contribuables répugnent généralement à accomplir les formalités fiscales. Or, l'impôt est originellement et essentiellement une coercition. Il est la conséquence du pouvoir de contrainte, qui est le monopole de l'Etat. « La colonisation a créé (...) une mentalité éminemment antifiscale, une répugnance sans égale à l'impôt[199]. »

En effet, les travaux forcés qui ont fait des milliers de victimes, les contributions en nature par la fourniture de vivres, les travaux domestiques, l'assistance à l'administration coloniale puis les peines et sévices corporels ou moraux ont laissé des souvenirs tragiques sinon traumatiques dans la conscience collective. Tout cela a souvent été utilisé comme un instrument

---

[198] Schmidt Jean, L'impôt : politique et technique, 2ème éd. Paris, Dalloz, 1995, p.79

[199] Bah Mamadou Aliou, L'évolution du système fiscal guinéen, Mémoire de fin d'étude, université Paris-Dauphine, 2002, p.77.

de soumission ou d'humiliation de sorte que des stigmates demeurent ancrés dans le subconscient de la population.

Par ailleurs, il n'y a pas de visibilité des investissements publics. Il n'est pas indiqué que le paiement des impôts est à la base de ces réalisations de l'Etat. L'utilisation à des fins politiques et de propagande desdits investissements crée une confusion dans l'esprit des uns et des autres. Les contribuables estiment alors que les ressources budgétaires sont utilisées seulement à des fins politiques.

Les contribuables sont très sensibles au niveau et à la qualité des services publics rendus (éducation, santé, infrastructures routières, etc....). Que fait-on des ressources collectées ? Il existe un lien évident entre la qualité de la dépense et l'adhésion du citoyen à l'impôt. Le peu ou l'absence de transparence dans les procédures de dépenses publiques est un facteur aggravant de l'incivisme fiscal [200]. Face à ces constats évoqués très fréquemment par le citoyen et qui expliqueraient en grande partie l'incivisme fiscal, l'administration des impôts ne saurait continuer à faire la politique de l'autruche. Même si certains reproches sont exagérés, le contribuable guinéen moyen étant réfractaire à tout impôt, que fait le fisc pour promouvoir le civisme fiscal ?

L'analphabétisme et l'incivisme fiscal sont deux fléaux majeurs qui pénalisent le rendement de l'impôt en général et celui de l'imposition sur le revenu en particulier. Sans doute, il existe encore d'autres éléments complémentaires liés à ces phénomènes qui, en toute évidence, affectent l'efficacité du système fiscal de notre pays. Il s'agit du phénomène du secteur informel qui est largement prédominant dans le système économique de la République de Guinée, dont nous étudierons les tenants et aboutissants au point II.

II. La prédominance du secteur informel dans l'économie du pays

Nous parlerons à ce niveau de l'enjeu du secteur informel, de sa définition et des causes de l'informalité dans le contexte contributif guinéen.

1. Enjeux du secteur informel en Guinée

L'économie nationale guinéenne, à l'instar de celle des pays d'Afrique subsaharienne, est fortement dominée par la cohabitation de deux secteurs principaux : le secteur formel ou moderne et le secteur informel ou frauduleux. En effet, 80% du poids des impôts et taxes sont supportés par le secteur moderne. Tandis que le secteur informel, en dépit de sa diversité et

[200] ROUX Jean, la fiscalité de demain et ses trois impôts, Paris, les éditions du Panthéon, 1994, p.79

de son importance, ne produit même pas les 20% des recettes fiscales budgétaires en Guinée. Quel paradoxe !

2. Approche de définition de la notion de secteur informel

La notion de secteur informel ou d'économie informelle ne s'est véritablement imposée dans la littérature économique qu'à partir des années 1970, notamment avec la publication en 1972 du célèbre rapport du BIT « Rapport Kenya[201] » à partir duquel les auteurs ont utilisé pour la première fois l'expression « secteur informel ».

Ce rapport décrit sept caractéristiques spécifiques qui permettent d'appréhender ce secteur non formalisé, à savoir : la facilité d'accès à l'activité ; l'utilisation de ressources locales ; la propriété familiale de l'entreprise ; l'échelle d'activité réduite ; l'usage de techniques qui privilégient le recours à la main-d'œuvre ; les qualifications requises hors du système officiel de formation ; les marchés concurrentiels et sans réglementations. L'emploi extensif du terme « secteur informel » est à l'origine d'une grande confusion en raison de la multiplicité des acceptations de ce terme. Certains auteurs « Lauter ; 1994, Morrison et Mead. 1996 » ont rejeté la terminologie « secteur informel » en raison de l'hétérogénéité des éléments le composant.

Pour éviter des confusions dans la politique de mobilisation des ressources fiscales, il convient de distinguer parmi les activités non enregistrées, en fonction de la nature de leur relation avec la fiscalité et avec la légalité[202], trois catégories d'activités : les activités informelles au sens strict sont constituées de micro-entreprises qui ne sont ni consignées, ni enregistrées dans les statistiques officielles (et qui) opèrent sur une très petite échelle et avec un faible niveau d'organisation. La majorité d'entre elles implique un très faible niveau de capital, de productivité et de revenu (Haussmann, 1997).

Concrètement, il s'agit de petits artisans et de petits prestataires de services. Les activités frauduleuses de petite envergure sont constituées essentiellement d'activités import-export réalisées par une multitude de micro-opérateurs. Il s'agit par exemple de petits opérateurs pratiquant des trafics de fourmis à la frontière de certains pays, on peut citer des trafics de bidons d'essence et de denrées alimentaires achetés en Guinée et transportés dans les pays limitrophes.

Les activités frauduleuses d'envergure correspondent également à des activités mal appréhendées par les administrations fiscales et douanières

[201]-Le terme secteur informel est apparu en 1972 dans le cadre d'une analyse effectuée par le BIT sur l'emploi au Kenya.

[202] BAGACHWA, NAHO, Le principe de légalité est un critère souvent utilisé dans la littérature, 1995, p. 197.

mais, contrairement aux activités frauduleuses de petite envergure, les entreprises concernées opèrent à grande échelle.

Dans certains cas, l'ensemble de l'activité est souterraine mais, dans d'autres cas, il s'agit d'entreprises répertoriées dont une partie de l'activité est frauduleuse. Cette distinction illustre la difficulté de trouver une dénomination qui regrouperait dans un seul ensemble ces activités hétérogènes comme le cirage de chaussures, le commerce illégal de drogue, le gardiennage dans les parkings, la vente du charbon de bois, les contrats de conduite de véhicules (taxi-maîtres), les artisans, les commerçants…

L'économie informelle est un ensemble d'activités économiques qui nécessitent beaucoup de main-d'œuvre, avec une productivité relativement faible et se situant essentiellement en dehors du domaine de la réglementation ou de l'assistance gouvernementale. Les différentes économies informelles sont : l'économie familiale et domestique, l'économie conviviale et l'économie clandestine ou souterraine et le secteur informel.

3. Les causes et effets de l'informalité du secteur

Divers facteurs sont causes du secteur informel et peuvent être déterminés en fonction des objectifs retenus par la recherche. Nous en citons quelques-uns : comme tout phénomène social, l'informel peut résulter de l'interaction de plusieurs éléments intervenant à des degrés divers. Nous citerons quelques éléments explicatifs de ce phénomène, notamment l'exode rural et l'explosion démographique, le programme d'ajustement structurel, la faible capacité de contrôle étatique, l'excès de l'interventionnisme de l'Etat et la tolérance étatique. Cette dernière fut la première cause évoquée par les économistes de développement et qui a été à l'origine même de la création du concept « secteur informel » comme indiqué plus haut.

De ce point de vue, le secteur informel a vu le jour à la suite de l'incapacité du secteur moderne à résorber le surplus de main-d'œuvre ayant quitté les milieux traditionnels pour aller à la recherche d'un emploi dans les grands centres urbains.

L'élément explicatif essentiel serait alors l'augmentation exponentielle[203] de la population active dans les grandes villes à la suite non seulement de l'exode rural, mais également du taux élevé de natalité. Ainsi, en l'absence de toute prise en charge sociale officielle, ces populations urbaines marginalisées et confrontées à l'impératif de survie n'ont pas d'autres choix que de démontrer leurs capacités autonomes à générer des revenus propres issus de leurs propres emplois auto-créés. Ce phénomène est évidemment aggravé par manque de politiques publiques efficaces à réorganiser ou redynamiser ce secteur, créateur d'entreprises ou d'emplois.

---

[203] Plus que proportionnelle.

En somme, le secteur informel dans le système fiscal guinéen contribue faiblement aux budgets de l'Etat et des collectivités. Cependant, des milliards de revenus y sont brassés mais sans incidence positive sur l'économie nationale en général et sur les finances publiques, y compris des recettes fiscales notamment l'impôt sur le revenu. C'est un secteur fourre-tout où tous les maux assaillant le système fiscal guinéen se donnent rendez-vous : anarchie, analphabétisme, incivisme, corruption, concussion, pauvreté, tontine, vol, détournement, fraude et évasion fiscales, etc.

Paragraphe II. Les autres fléaux et pratiques nuisibles à la rentabilité fiscale en République de Guinée

Les autres fléaux et pratiques nuisibles à la rentabilité fiscale en général et à l'imposition sur le revenu en particulier dans le système fiscal guinéen sont variés et diversifiés. Mais, pour une question de précision et de synthèse, nous nous pencherons successivement sur la problématique des pratiques récurrentes que sont la fraude et l'évasion fiscales couplées avec la corruption et autres éléments (I) et puis celle relative à la pauvreté et au non-respect des lois fiscales dans certains cas (II) et, enfin, celle traitant de quelques externalités défavorables au niveau des organes judiciaires du pays (III).

I. Des pratiques récurrentes : la fraude, l'évasion fiscales, la corruption et autres

La fraude, l'évasion fiscales et la corruption sont des fléaux qui paralysent tous les systèmes fiscaux dans le monde. Ces phénomènes se manifestent différemment d'un continent à un autre, d'un pays à un autre et d'une région à une autre sans pour autant perdre leurs tares et leurs ampleurs. Les effets négatifs de ces vrais ennemis sus cités de la fiscalité sont préjudiciables au rendement fiscal et à l'imposition sur le revenu en Guinée plus précisément.

1. La fraude et l'évasion fiscales en matière d'imposition sur le revenu en République de Guinée

La fraude fiscale en Guinée en matière d'impositions directes sur le revenu (IS, RTS, VF, RSRNS, etc.) tout comme en impôts indirects d'Etat (TVA, TAF, TCA, etc.) peut se manifester de diverses manières : tantôt le contribuable pour éluder l'impôt n'hésite pas à contrevenir formellement à la loi fiscale : c'est le procédé de la fraude proprement dite. Parfois, au contraire, sans recourir à une violation de la loi, le contribuable réussit à éluder l'impôt ; c'est le procédé de l'évasion fiscale, susceptible de revêtir elle-même diverses formes.

a) La fraude fiscale

Qu'est-ce que c'est la fraude fiscale ?

La fraude fiscale est une violation directe et volontaire de la loi fiscale. Selon le Lexique des termes juridiques, la fraude fiscale est la soustraction illégale à la loi fiscale de tout ou partie de la matière imposable qu'elle devrait frapper[204].

Le délit de fraude fiscale consiste à « se soustraire frauduleusement ou à tenter de se soustraire frauduleusement à l'établissement ou au paiement total ou partiel de l'impôt ». Elle suppose ainsi des faits matériels tendant à éluder l'impôt et une intention délibérée de fraude. Elle peut prendre des formes variées : omission volontaire de déclaration, dissimulation volontaire de la matière imposable, organisation d'insolvabilité, autres manœuvres, etc. En Guinée, on peut donc distinguer divers types de fraudes fiscales[205] :

a.1) La dissimulation matérielle

La dissimulation matérielle de l'objet imposable est la forme la plus grossière de la fraude. On peut citer à titre d'exemple la dissimulation d'une partie du patrimoine du défunt pour échapper aux droits de succession, ou bien, encore, la dissimilation de marchandises importées pour échapper aux droits de douane.

a.2) La dissimulation comptable

Une deuxième forme de fraude plus élaborée est celle qui résulte de la dissimulation comptable. Pour les impôts établis sur déclaration, la comptabilité sert fréquemment de base aux vérifications du fisc. La fraude comptable apparaît en effet comme un procédé classique de fraude fiscale. Sans doute, l'administration se méfie des fraudes comptables et elle n'ignore pas que certaines entreprises pratiquent un triple bilan : un bilan fiscal qui est présenté au fisc pour l'établissement des impositions, un deuxième à l'intention de sa banque pour l'obtention des crédits et un bilan commercial retraçant la réalité de leurs opérations.

La dissimulation comptable permet aussi d'éluder les taxes sur le chiffre d'affaires. Deux méthodes sont surtout pratiquées. La « vente sans facture » est la technique la plus ancienne. Elle permet de ne pas faire entrer certaines affaires en comptabilité et de diminuer d'autant le chiffre d'affaires imposable. La « facture sans vente » est un procédé plus élaboré engendré par le mécanisme de la taxe sur la valeur ajoutée, il permet d'obtenir des déductions de taxes pour des opérations fictives pour lesquelles le redevable

---

[204] Serges Guinchard et Thierry Debard, Lexique des termes juridiques, 19ème édition 2012. P.418.

[205] Séminaire de formation des cadres des impôts en 2011 sur le thème : promotion du civisme fiscal en Guinée.

s'est procuré de fausses factures. Ce procédé a donné naissance à toute une industrie de fournisseurs de fausses factures permettant des déductions de taxes ; elles sont appelées dans le jargon des fraudeurs : les factures « taxis ».

a.3) La dissimulation juridique

Cette troisième forme de fraude consiste à maquiller une situation de fait derrière une situation juridique apparente moins imposée : ainsi on maquillera une participation aux bénéfices sous forme de salaires ; ou bien encore on fera passer une vente pour une donation dont le prix ne sera jamais payé.

a.4) La présomption de fraude

Il existe enfin des cas où la fraude est présumée avoir été commise, dès lors que certains éléments se trouvent réunis, à charge pour le contribuable d'apporter la preuve contraire. Ainsi, il existe certaines présomptions légales de fraude : par exemple, sont présumées introduites en fraude sur le territoire national des marchandises trouvées dans une certaine zone frontière à l'intérieur de ce que l'administration des douanes appelle le « périmètre » lorsque le détenteur de ces objets ne peut pas prouver qu'il a acquitté les droits de douane sur eux.

De même, en France par exemple, il existe une présomption de transfert indirect de bénéfices lorsque des avantages particuliers – par voie de majoration ou de diminution des prix d'achat ou de vente, ou par tout autre moyen – sont consentis par une entreprise française à une entreprise étrangère.

b) L'évasion fiscale

En Guinée, tout comme ailleurs, quelle que soit la perfection d'un système fiscal, la matière imposable réussit toujours en partie à passer entre les mailles du filet tendu par le fisc pour la saisir ; le contribuable réussit à éluder l'impôt sans violer la loi : c'est ce qu'on appelle l'évasion fiscale. Cette évasion fiscale peut revêtir diverses formes dont voici la configuration développée infra.

b.1) L'évasion fiscale interne

La première forme de l'évasion fiscale consiste pour le contribuable, tout en restant sous la souveraineté fiscale nationale, à essayer d'échapper à l'imposition en profitant des failles du système fiscal. Plusieurs procédés s'offrent à lui.

b.2) L'abstention

L'abstention est le procédé le plus simple de fuite devant l'impôt : pour éviter l'impôt, le contribuable s'abstient d'accomplir l'acte taxé ou de posséder la matière imposable.

b.3) L'utilisation des lacunes du système fiscal pour éluder l'imposition

Le contribuable peut aménager son patrimoine et ses intérêts de telle manière que le fisc ait le moins de prise possible sur lui. C'est un droit pour chacun d'agencer ses affaires de manière à payer le moins d'impôts possible.

b.4) L'évasion par abdication de la loi

En dehors de ces cas où l'évasion fiscale est possible en raison de l'imperfection de la loi fiscale, il en est d'autres où le législateur lui-même admet l'évasion, c'est ce qui se produit en cas d'évaluation forfaitaire de la matière imposable. Ici, le législateur renonce à appréhender l'intégralité de la matière imposable ; il admet de ne la saisir que partiellement par le procédé du forfait. A côté de ces hypothèses, où le contribuable échappe à l'imposition en profitant des imperfections du système fiscal mais en restant sous la souveraineté fiscale de l'Etat, dont il relève, il est une autre forme d'évasion fiscale : l'évasion internationale.

b.5) L'évasion fiscale internationale

Le contribuable ici profite du caractère territorial de la souveraineté fiscale pour échapper à l'imposition. En faisant passer ses biens ou sa personne sur un territoire étranger, il a la possibilité de se soustraire à l'imposition : c'est l'évasion fiscale au sens strict du mot.

L'évasion fiscale au sens strict peut se définir comme le fait pour un redevable de soustraire à l'impôt auquel la législation fiscale d'un pays déterminé l'assujettit les biens ou revenus situés ou acquis dans un ou plusieurs autres pays où la pression fiscale est moins forte.

Cette évasion fiscale internationale peut se présenter, elle-même, sous diverses formes. On peut distinguer : **L'évasion de l'assiette de l'impôt.** C'est le cas où la matière imposable elle-même est soustraite au fisc national et placée sous une souveraineté étrangère. **L'évasion fiscale à l'établissement de l'impôt** : est une forme d'évasion par laquelle le redevable lui-même se dérobe au pays où il doit l'impôt : c'est l'évasion personnelle. Si le contribuable ne laisse aucun bien sur lequel il soit possible de recouvrer l'impôt, c'est l'évasion matérielle.

La fraude et l'évasion fiscales, causes de l'incivisme fiscal en Guinée comme on l'a déjà noté plus haut, ont des conséquences regrettables tant pour le rendement de l'impôt que pour la justice fiscale et pour l'économie où elles amènent des distorsions.

2. La corruption en matière d'imposition sur le revenu en Guinée

La corruption est un autre phénomène à tête d'hydre qui entrave sérieusement le développement de l'Afrique. Elle constitue l'un des grands fléaux dévastateurs de l'économie des pays africains, comme le sida et la fièvre hémorragique à virus Ébola qui sévit actuellement dans quelques pays d'Afrique de l'Ouest (Guinée, Liberia et Sierra Leone), qui extermine les bras valides de ce continent africain. Pour être illégale partout sur le continent, la corruption n'en est pas moins omniprésente.

Transparency International classe les pays africains parmi les plus corrompus au monde. La corruption a atteint un degré critique pour les chefs d'Etat africains, amenant l'Union africaine (U. A) à commander une étude sur ce problème en 2002. Le rapport, qui en a résulté en septembre 2002, estime le coût de la corruption en Afrique à 148 milliards de dollars US par an[206]. La corruption affecte négativement non seulement les dépenses publiques mais aussi les recettes fiscales à l'origine de ces dépenses de l'Etat. Sous l'angle du droit fiscal, elle amoindrit l'assiette fiscale et altère les prévisions en luttant contre la performance et l'efficacité des services des impôts. Elle fausse les priorités sectorielles, les choix technologiques et nuit à l'efficience en superposant des pratiques informelles à des procédures régulières du gouvernement, décourage l'investissement et la croissance.

En effet, Frisch résume parfaitement l'impact de ce fléau sur la gouvernance en disant : ''…***La corruption tue l'esprit de développement. Rien n'est plus destructeur pour une société que la tentation de l'argent facilement et rapidement gagné, qui ridiculise tous ceux qui peuvent travailler de manière honnête et constructive***''[2].

Pour le cas de la Guinée, la corruption a pris une allure vertigineuse et très inquiétante à tel point que tous les secteurs de l'économie nationale sont profondément touchés (administration publique et privée : service des impôts, du Trésor, des douanes, corps militaire et paramilitaire, banques, éducation, santé, etc.). D'ailleurs, l'organe mondial chargé d'examiner cette question dénommé Transparency International a classé la Guinée au quatrième rang mondial en 2007 en matière de corruption. Mais face à l'ampleur grandissante de ce fléau dans le domaine de la fiscalité, malheureusement, l'on ne dispose pas jusqu'ici des données statistiques fiables au niveau national pour réellement apprécier ce phénomène de façon convaincante.

Toutefois, il est à noter que ce mal existe dans toute la structure de l'administration fiscale de même qu'au niveau des contribuables du secteur formel et du secteur informel. Mais, les degrés diffèrent d'un secteur à un autre, d'une région à une autre et d'une administration à une autre.

---

[206] Rapport sur le développement en Afrique 2003, mondialisation et développement de l'Afrique, Economica, p. 48.

2. Ibd : Rapport sur le développent en Afrique 2003, p.49.

Il convient de souligner avec beaucoup plus d'amertume que la corruption et le détournement des deniers publics vont de pair, car l'une ne peut aller sans l'autre et inversement. En effet, si nos souvenirs sont bons, il y a eu, au service des grandes entreprises de la DNI en Guinée au titre de l'année 2000, un important scandale financier au détriment du Trésor public d'environ 1,6 milliard de GNF destinés au paiement d'un acompte provisionnel de l'IS d'une société minière de la place dont certains cadres ont été à l'origine. Or, cet acompte provisionnel de l'IS constitue un des éléments constitutifs de l'IR des personnes morales.

En droit fiscal, la notion de corruption met en lumière trois éléments caractéristiques : le corrupteur (celui qui intente le phénomène), le corrompu (celui qui adhère au phénomène intenté par le premier) et enfin l'objet de la corruption (qui peut être en argent liquide, en pot- de-vin, en nature, etc.).

La corruption est tellement manifeste et produit un enjeu tellement considérable tant sur l'économie que sur les finances publiques, notamment les recettes fiscales, et surtout les impositions sur le revenu, qu'il serait prudent de limiter nos réflexions pour ne pas abîmer la dignité de la nation guinéenne.

3. Les enseignes des entreprises non fixées à leur siège

L'un des constats amers que nous avons fait au sein du contexte contributif guinéen est que, dans le secteur informel, la plupart des contribuables pour ne pas dire la quasi-totalité de ceux-ci n'affichent pas du tout de façon claire et visible leur enseigne ou leur identifiant fiscal sur l'entrée de leur siège socio-professionnel. Pour la simple et bonne raison que beaucoup de ces opérateurs économiques extrêmement riches ne veulent pas être dénichés par le fisc et souhaitent toujours travailler au noir sans payer d'impôts.

Mieux, il n'y a eu aucun dispositif juridique ni dans le CGI ni dans le code de commerce contraignant ces contribuables à respecter cette pratique importante qui devrait être une obligation de leur part. Peut-être dans les dispositions régissant les traités de l'OHADA, cette norme a été prévue. L'on en doute ! Mais ce qui reste important à retenir, c'est que les concernant contribuables très riches en Guinée, la plupart de ceux-ci évoluent dans le noir, en cachette. Ils prétendent toujours faire des arrangements avec des agents indélicats, que ce soit du fisc, des douanes, ou autres, pour avoir le postulat suivant : ''Tu ne m'as pas vu et moi non plus je ne t'ai pas vu''. Ce mal affecte aussi les entreprises du secteur formel qui ont toujours eu l'intention de frauder ou d'éluder l'impôt auquel elles sont assujetties.

Quelle source de fraude et d'évasion fiscales qui caractérisent le système fiscal par la non mise en œuvre d'une telle opération simple dans sa pratique mais délicate et délictuelle dans le manquement de sa mise en œuvre. Voilà encore l'un des maux qui paralyse le système fiscal de la Guinée et plus précisément l'imposition sur le revenu.

Après avoir dépeint l'un des maux qui fragilisent le système de notre pays qui est la non-observation de l'affichage des enseignes et identifiants fiscaux sur les locaux professionnels des contribuables, essayons d'analyser comment d'autres fléaux, et non des moindres, continuent de fragiliser le système fiscal et précisément l'impôt sur le revenu en Guinée.

II. Des fléaux récurrents : la pauvreté et le non-respect de la loi fiscale

La pauvreté et le non-respect de loi fiscale en Guinée restent des sujets très préoccupants défrayant la chronique des fiscalistes, des penseurs, des économistes ainsi que des gouvernants de notre pays.

1. La pauvreté

La pauvreté est définie par Le Petit Larousse 2003 comme un manque d'argent, de ressources. Le mot dérive de l'adjectif qualificatif pauvre, en ***latin ''pauper''***, qui signifie qui a peu de ressources, de biens, d'argent ; dépourvu de biens, de richesses, de ressources misérables.

En Guinée, la pauvreté est très accentuée dans les zones rurales. En effet, la nécessité d'améliorer le cadre global de son développement socio-économique a conduit le gouvernement guinéen dès l'avènement de la 2ème République, en 1985, à mettre en œuvre un vaste programme de réformes économiques et financières. Ce programme visait à promouvoir un développement rationnel du potentiel du pays, en réduisant les déséquilibres macro-économiques dans le cadre d'un système économique libéral.

La mise en œuvre du volet stabilisation au cours des dix premières années a permis de maîtriser l'inflation, d'obtenir des progrès significatifs dans le domaine des finances publiques, et de réaliser des taux moyens de croissance économique supérieurs à la croissance démographique. Entre 1995 et 1999, par exemple, le taux de croissance économique était en moyenne de 4,4 pour cent alors que le taux de croissance de la population se situait autour de 2,8 pour cent, ce qui représente un taux de croissance per capita de 1,6 pour cent.

Par ailleurs, la mise en œuvre de programmes et projets dans les secteurs sociaux a fait passer le taux brut de scolarisation de 29 pour cent en 1989 à 53,5 pour cent en1999, et le taux de mortalité infantile de 136,3 pour mille en 1992 à 98 pour mille en 1999. L'accès à l'eau potable est passé de moins de 30 pour cent en 1989 à 49 pour cent en1999.

Malgré ces acquis sur le plan social, la Guinée continue à être classée parmi les derniers pays selon l'indice du développement humain publié par le PNUD. Entre 1992 et 1994, la Guinée a été classée 174 ème sur 174 ; et en 1999 et 2000, respectivement 161ème et 162 ème sur les 174 pays couverts par le rapport mondial sur le développement humain[207]. A cela il faut ajouter le défi que constitue la propagation silencieuse du SIDA dans le pays : en 1998 le taux de prévalence du VIH au sein de la population adulte était estimé de 2 à 4% aggravé par la forte propension du virus Ebola. Cette épidémie qui menace la population risque de s'étendre à des proportions compromettant tout l'équilibre économique et social du pays y compris le secteur fiscal.

Par ailleurs, le profil de la pauvreté élaboré en 1994/95 avait révélé que 40,3 pour cent de la population vivaient encore en dessous du seuil de pauvreté, évalué à l'époque à environ 300 $ US par an et par personne. Cette situation ne semble pas s'être améliorée. En effet, ces dernières années, la performance globale de l'économie a été instable, marquée par des phases de progrès suivies de dérapages importants. Une telle situation est un handicap sérieux dans la lutte contre la pauvreté et reste en deçà des potentialités naturelles et humaines du pays et des attentes des populations guinéennes.

C'est pourquoi le gouvernement a formulé entre 1996 et 1998 une vision globale du développement consignée dans le document "Guinée, vision 2010" et basée sur les principes de : justice, responsabilité, solidarité, et participation ; l'objectif ultime étant l'amélioration des conditions de vie des populations. Mais, malgré ces mesures visées par l'Etat dans le cadre de la lutte contre la pauvreté, force est de reconnaître que sa politique de croissance pour sérieusement impulser la croissance économique du pays reste encore inefficace.

Et d'ailleurs le budget national et les budgets des collectivités qui devraient servir de levier de croissance ou de développement sont considérés comme des budgets consommation aux yeux des opposants du régime en place. Tous les indicateurs macroéconomiques sont au rouge le signifiait Sidya Touré, député à l'Assemblée nationale, leader du Parti d'opposition UFR en Guinée lors de la session budgétaire de 2014 au palais du peuple à Conakry.

En Guinée, 53,6% de la population vivent en dessous du seuil de pauvreté. Cet état de fait touche fortement le secteur fiscal et surtout en milieu rural où l'agriculture et l'élevage sont très précaires.

Cinq ans après le lancement en 2002 de la mise en œuvre du premier document de stratégie de réduction de la pauvreté (DSRP 1), la Guinée se trouve confrontée à une situation économique et sociale particulièrement difficile. Entre 2002-2005, le taux de croissance économique annuel moyen s'est établi à environ 2,3%, contre un objectif de 5% initialement fixé dans le premier DSRP. Quant à l'inflation, en glissement annuel, elle est passée de 5,4% en 2002 à 39,1% en 2006, contribuant ainsi à une détérioration du pouvoir d'achat des populations.

---

[207] Document de stratégie de réduction de la pauvreté en Guinée.

Ces contre-performances, auxquelles s'ajoutent une baisse drastique des financements extérieurs et la mauvaise gestion des ressources disponibles, ont fortement affecté les conditions de mise en œuvre du DSRP1 et limité les progrès accomplis dans le sens de la réalisation des objectifs du millénaire pour le développement (OMD). Ainsi, l'incidence de la pauvreté au niveau national, qui était de 49,2% en 2002, est passée à 53,6% en 2005. De même, l'offre et la qualité des services publics de base se sont sensiblement détériorées.

2. Le non-respect de la loi fiscale

Quant à la loi fiscale, il n'est pas rare de constater que la Guinée est dominée fortement par le social qui, d'ailleurs, prime davantage sur les normes juridiques ou légales. Si la loi fiscale existe quelque part et peut être appliquée dans une certaine mesure comme elle devrait l'être, il est cependant regrettable de constater que son application est mitigée. Elle ne s'applique pas avec rigueur.

3. La non-tenue de comptabilité

L'une des caractéristiques du secteur informel, c'est la dissimulation perpétuelle des revenus des agents de ce secteur au fisc. Le travail au noir, le camouflage des informations fiscales et comptables, etc. viennent compléter les traits notoires de ce secteur contrairement au secteur formel ou moderne où les agents économiques sont très soucieux de connaître leur situation patrimoniale par la tenue d'une comptabilité régulière et probante.

Or, la législation fiscale exige que tout assujetti à la TVA tienne une comptabilité probante et régulière ou tout au plus certains documents comptables nécessaires à l'exploitation de l'entreprise : livre journal de ventes et d'achats, livre d'inventaire, livre de trésorerie[208].

Mais, dans notre pays, la situation reste encore compromise au niveau de ce secteur informel où beaucoup d'opérateurs économiques, redevables potentiels de la TVA, réalisent d'importants chiffres d'affaires non déclarés au fisc, soit par incivisme fiscal, soit par méconnaissance des textes fiscaux soit par habitude traditionnelle de travailler toujours au noir....Cette situation constitue une des problématiques non négligeables de la gestion déconcentrée de la TVA en Guinée.

---

[208] Monèmou Ouo Ouo Waita, Master 2 administration fiscale, Université Paris-Dauphine p.65 2005-2006.

III. Des externalités défavorables au niveau des appareils judiciaires

Le système fiscal dans tous les pays du monde ne peut pas évoluer en vase clos. Il a besoin de l'action ou même de la relation ou de l'interaction des autres organes du pays tels que les tribunaux pour mener à bien les fonctions régaliennes qui sont dévolues aux hommes pour mener à bien les objectifs auxquels s'assignent les organes qui sont étroitement liés à ce système fiscal.

Mais, malheureusement, en Guinée, dans le cadre fiscal, il existe des distorsions voire des externalités défavorables, entre l'administration fiscale et les appareils judiciaires. Ces distorsions se manifestent par l'absence d'un juge de l'impôt au sein des organes juridictionnels, et pourquoi ? Evidemment, c'est ce que nous allons examiner au point (1). En plus, d'autres facteurs négatifs non négligeables en termes d'effets sur le système fiscal polluant l'environnement fiscal, que nous pouvons appeler la corruption des mêmes entités judiciaires, doivent nous préoccuper au point (2). Et, enfin, le troisième élément encore redoutable, causant à certains égards l'incivisme fiscal que l'on doit qualifier d'interventionnisme fiscal, doit faire l'objet de notre réflexion au point (3) infra.

1. Le manque d'un juge de l'impôt

Un juge de l'impôt est, selon nous, un magistrat de l'ordre administratif placé au niveau d'un tribunal administratif ayant pour mission de gérer toutes affaires contentieuses en matière fiscale dès que ce dernier a eu la saisine par voie officielle desdites affaires.

En effet, dans tous les organes judiciaires en République de Guinée, il n'existe pas un tribunal administratif en tant que tel. Et cet état de fait est aggravé par le manque d'un juge de l'impôt. Pour quelle raison ? Tout simplement parce que les organes judiciaires des pays pauvres comme le nôtre ne sont pas bien restructurés d'une part et que des compétences professionnelles des magistrats en droit fiscal font encore défaut d'autre part.

Ces vides d'instruments judiciaires, provoquant l'inadéquation entre l'administration fiscale et les contribuables ainsi que les organes juridictionnels, sont défavorables au rendement fiscal en général et à celui de l'impôt sur le revenu en particulier. Peut-être c'est la complexité du droit fiscal qui est cause de ce phénomène de rareté ou de manque de juge de l'impôt dans notre pays ou bien c'est le fait que ce métier n'est pas porteur ou quoi, vraiment nous en sommes halluciné ! Voilà encore d'autres interrogations que nous nous faisons par rapport à l'imposition sur le revenu dans une infime partie juridique ou judiciaire.

2. La corruption des organes judiciaires

La corruption des organes judiciaires n'est pas un phénomène nouveau dans les pays en voie de développement. Son envergure diffère selon les pays. En effet, en Guinée, l'intensité de ce fléau est encore beaucoup plus accentuée par rapport à certains pays de la sous-région ouest-africaine tels que la côte d'Ivoire, le Ghana, etc.

La justice guinéenne est tellement corrompue que les justiciables ont même peur de traiter ou de transférer leurs litiges devant les tribunaux et pour cause : c'est que, dans toutes les juridictions du pays, c'est le riche qui a toujours raison et le pauvre qui a toujours tort.

Cette formule a toujours fait tache d'huile dans toutes les instances administratives du pays : enseignement, santé, administration fiscale, police, gendarmerie, armée, etc.

La corruption des organes judiciaires en Guinée porte atteinte à l'Etat de droit, favorise l'impunité, entraîne l'iniquité des procès et rend plus difficile la lutte contre l'incivisme fiscal dans la mesure où les contribuables les plus nantis chercheraient à tout prix à passer à la barre en payant moins d'impôt dans une procédure compromise mais dite légale que de payer leur droit au fisc avec un montant normal ou élevé correspondant à leur capacité contributive. Voilà encore un autre aspect dangereux qui fragilise le système fiscal et en clair l'imposition sur le revenu en République de Guinée.

3. L'interventionnisme fiscal : un frein à l'épanouissement des appareils judiciaires en Guinée

L'interventionnisme fiscal dans ce cas précis est une autre forme de manœuvre qui consiste à avoir recours aux détenteurs des pouvoirs politique, administratif, ou judiciaire en vue de payer moins ou pas d'impôts qui devrait être mis ou mis préalablement à la charge d'un contribuable qui a de grandes relations au sein des hiérarchies supérieures de commandement dans le pays. Ce sont des pratiques très courantes que subit l'administration fiscale guinéenne dans les préfectures, communes, structures centrales et déconcentrées, où l'influence des préfets, maires, ministres, président de l'Assemblée nationale, etc. pèse lourdement sur le système fiscal. De tels phénomènes sont généralement sources de discrimination, d'incivisme fiscal, de frustrations sociales, etc. qui compromettent le rendement de l'impôt en général et l'imposition sur le revenu en particulier dans notre pays.

CONCLUSION DE LA PREMIÈRE PARTIE

A la lumière de tout ce qui précède, il convient de noter de façon capitale que le système fiscal guinéen est calqué sur le système fiscal français historiquement parlant. La faible contribution de l'IR au budget national (0.01%)[209] reste très préoccupante. Cependant, ce prélèvement a un champ d'application très large et diversifié en Guinée prenant en compte les revenus catégoriels BIC, BNC, BA, RCM, etc. Mais, en matière d'IS prélevé sur les bénéfices des sociétés anonymes, des sociétés à responsabilité limitée, etc. sa part proportionnelle dans les ressources publiques n'est pas négligeable (30 à35%). Cette part, par rapport à la matière imposable qui n'est pas en totalité prise en compte par le fisc, reste de toute façon à améliorer.

En effet, force est de reconnaître que ce système d'imposition sur le revenu a subi et continue de subir toutes les vicissitudes qui assaillent le contexte contributif du pays et qui l'ont affecté négativement dans maints domaines : social, technique, éthique, juridique, administratif, budgétaire, fiscal, politique, économique, etc. depuis le système fiscal de la guinée française en passant par l'ère de l'indépendance pour aboutir à l'ère contemporaine. C'est justement l'examen de tous les maux dominants affaiblissant la rentabilité de l'imposition sur le revenu qui ont été examinés dans la première partie de notre recherche que nous avons titrée : ''Autopsie du système d'imposition sur le revenu en Guinée''.

En effet, cette première partie s'est intéressée, de prime abord, à la genèse de la notion de revenu sous plusieurs formes (civil, fiscal et économique), de celle relative à l'imposition sur le revenu des personnes physiques et morales ; sans pour autant perdre de vue ses caractères et son évolution auxquelles plusieurs penseurs et spécialistes en droit fiscal tant en Europe qu'en Afrique ont pu apporter leurs idées pour fonder et bâtir cet ''édifice'' qu'on pourrait appeler impôt sur le revenu. Dans cet ordre d'idées, l'on a focalisé notre réflexion sur l'analyse technique des différents régimes régissant l'impôt sur le revenu en Guinée : régime normal déclaratif, régime simplifié, régime conventionnel ou dérogatoire, régime forfaitaire, régime de l'impôt synthétique y compris la législation fiscale en la matière qui se

[209] Lois de finances de la République de Guinée des années 2005, 2006 et 2007

trouve transcrite dans ''la bible fiscale'' du pays que l'on appelle le code général des impôts, en abrégé CGI.

En dernier ressort, notre étude n'aurait pas eu de valeur scientifique ni de portée juridique véritable, si l'on ne mettait en lumière toutes les faiblesses qualifiées de ''pathologies'' qui caractérisent le système d'imposition sur le revenu en Guinée que nous avons tenté d'analyser sous trois angles essentiels :

Tout d'abord, sous l'angle administratif, l'on s'est penché sur diverses problématiques dont, entre autres : la mauvaise organisation de l'appareil fiscal, la faible capacité de l'administration fiscale, la non-maîtrise des techniques fiscales dans le domaine des prix de transfert, le laxisme et la concussion des agents du fisc, la mauvaise gestion des ressources humaines, la précarité des moyens matériels et financiers, le manque d'outils informatiques, l'outrage de l'autorité de la DNI, etc..

Ensuite, sous l'angle juridique, plusieurs questions importantes ont été soulevées et traitées dont, entre autres : la vétusté du CGI, l'inapplication des textes existants, l'injustice fiscale dans les mécanismes de taxation, le manque de quelques supports juridiques importants tels que la charte du contribuable, le code de déontologie inexistant, l'étroitesse des conventions fiscales, le caractère abusif des exonérations, l'interventionnisme fiscal, etc.

Enfin, sous d'autres angles, il a été question de faire l'analyse diagnostic de certains fléaux non négligeables liés à l'environnement contributif guinéen qui sont quasiment à l'origine de la faiblesse de l'impôt sur le revenu en Guinée tant sur le budget de l'Etat que sur celui des collectivités territoriales. Ces fléaux sont, entre autres : l'analphabétisme des contribuables provoquant l'incivisme fiscal, la prédominance du secteur informel incivique, la fraude et l'évasion fiscales, le détournement des deniers publics, la pauvreté des contribuables, la corruption des appareils judiciaires et fiscaux, etc.

En somme, il est évident que le système fiscal guinéen dans son ensemble, y compris l'imposition sur le revenu, se porte mal. Il devient alors opportun pour les gouvernants et les gouvernés d'en faire une préoccupation majeure pour remédier à cet état de fait. Cependant, il reste possible de réorganiser et de redynamiser le système guinéen en matière d'imposition sur le revenu en exploitant quelques mérites et atouts existants et en apportant les mesures idoines dans les perspectives de réformes liées à son amélioration pour répondre aux exigences de développement socio-économique du pays tant attendu par la population guinéenne, gage certain de l'amélioration des conditions de vie de celle-ci dont l'Etat doit faire un défi majeur à relever.

C'est justement pour parvenir à cette fin que nous allons proposer dans la seconde partie de notre travail '' les perspectives de réforme et d'amélioration de l'imposition sur le revenu en Guinée''.

DEUXIÈME PARTIE

Les perspectives de réforme et d'amélioration de l'imposition sur le revenu en Guinée

Dans la seconde partie de notre travail de recherche, il y a lieu de signaler que deux choses importantes nous frappent et méritent notre attention toute particulière en guise d'introduction :

La première a trait à l'existence de quelques fondamentaux non négligeables caractérisant le système fiscal guinéen en général et le système d'imposition sur le revenu en particulier. En effet, cela revêt néanmoins quelques atouts et mérites qu'on aurait tort de ne pas évoquer.

D'une part, ce système existe effectivement : l'Etat guinéen s'est doté de textes juridiques qui devraient être normalement appliqués. Mais, malgré l'existence de textes juridiques en la matière, force est de reconnaître qu'ils sont insuffisants et déficients d'un côté, dépassés et inadaptés de l'autre, et finalement peu propices à une gouvernance fiscale dynamique.

D'autre part, il existe objectivement un système fiscal guinéen, piloté par une administration fiscale en République de Guinée malgré son mauvais déploiement ou sa mauvaise couverture territoriale, son état de sous-équipement, ses carences fonctionnelles et ses nombreux dysfonctionnements, son absence relative d'éthique et de civisme fiscal… qui peuvent caractériser cette administration.

Enfin, il existe bel et bien un système fiscal guinéen, car il a toujours existé au moins une volonté marquée de la part des autorités guinéennes d'asseoir et de mener une politique fiscale tant à l'échelle de l'Etat qu'au niveau local… Certes, comme nous l'avons relevé plus haut, des insuffisances et des maladresses sont à déplorer.

Bref, il y a un véritable système de l'imposition des revenus basé sur des textes, piloté par une administration et soutenu par une volonté de politique fiscale.

Mais, si l'on a tort d'ignorer l'existence d'un tel système, on aura également tort de manquer de plaider en faveur de son évolution, de son amélioration et de sa refondation. Ceci devient une nécessité et une exigence absolues. Les raisons ?

D'abord, comme dans les grands Etats, l'imposition des revenus, imposition citoyenne par excellence, doit remplir ses objectifs ou ses finalités à la fois financière, économique et sociale : il importe donc de la rebâtir et ainsi l'orienter vers l'atteinte de ces objectifs.

Ensuite, justement, cette refondation passe par des réformes institutionnelles majeures : il faudra donc des réformes à la fois normatives, administratives et fonctionnelles. Mais il faudra aussi, en Afrique et donc en République de Guinée, ce que nous osons appeler ici une réforme ou des réformes culturelles dans le domaine de la fiscalité, en particulier en matière d'imposition sur le revenu. A cet égard, des réflexions profondes et originales, citoyennes et démocratiques, sont à mener pour parvenir le plus tôt possible à asseoir les bases d'une véritable et salutaire gouvernance fiscale qui, entre autres, catalysera l'émergence économique et sociale de nos Etats trop longtemps réputés sous-développés.

La question à laquelle voudrait répondre cette deuxième partie de notre thèse peut sembler simple, mais elle est d'une redoutable complexité : comment réformer au mieux le système guinéen en matière d'imposition sur le revenu pour l'ancrer durablement dans l'efficacité au regard non seulement de ses finalités, mais aussi dans l'efficience au regard de ses performances ?

Pour y parvenir, nous osons penser qu'il importe de l'asseoir sur trois bases essentielles.

C'est ainsi qu'il faudra tout d'abord reconstruire, en l'actualisant, le cadre juridique de l'imposition sur le revenu et l'adapter aux enjeux et défis réels en Guinée (Chapitre I) ; puis, il importera de redéployer et de réorganiser le cadre administratif affecté à la gestion de l'imposition sur le revenu en Guinée (Chapitre II) ; il sera urgent, enfin, de « conscientiser » tous les acteurs du système guinéen de l'imposition sur le revenu, c'est-à-dire à la fois de promouvoir le civisme fiscal, les bonnes pratiques fiscales et l'intégration fiscale du secteur informel (Chapitre III).

CHAPITRE I

Adapter les textes juridiques aux enjeux et défis réels à relever en matière d'imposition sur le revenu en Guinée

Revisiter en profondeur les textes applicables en matière d'imposition sur le revenu, c'est-à-dire adapter les textes juridiques applicables au contexte contributif de la République de Guinée constitue en substance l'une des préoccupations majeures pour redorer le blason de l'administration fiscale de notre pays d'une part ainsi que la rentabilité de l'imposition sur le revenu conformément aux attentes de l'Etat sur le plan financier d'autre part.

En effet, rien de bien ne peut se faire sans des règles claires, compréhensibles et respectées par tous les acteurs impliqués de près ou de loin dans la gestion fiscale et, plus précisément, dans la gestion de l'imposition sur le revenu en République de Guinée. La règle de droit ayant pour fonction et vertu de réguler la société, par ses prescriptions, ses autorisations ou permissions et ses interdictions, il devient impératif que le système fiscal guinéen repose sur des normes intelligibles, à même de permettre de mieux appréhender tant la technique que la politique fiscales de la Guinée.

Au demeurent, plusieurs questions se posent : quels sont les domaines ou les matières que les pouvoirs législatif et réglementaire ont l'impérieux devoir de régir pour sortir le système de l'imposition du revenu de son état de balbutiement actuel ? Au regard des insuffisances précédemment relevées, des textes juridiques doivent être pris à tous les niveaux dudit système, soit pour améliorer les dispositifs juridiques déjà existants, soit pour créer de nouvelles normes destinées à régir les activités qui ne le sont pas encore, soit pour réorganiser ou restructurer l'administration fiscale en la redéployant sur le territoire, en la dotant de moyens d'action plus efficaces, en mettant en place et en œuvre de nouveaux mécanismes de contrôle, de vérification, de sanctions, voire en instituant de nouvelles règles de gestion des carrières des agents.

On le voit, le législateur ne peut, ne doit faire l'économie d'aucun secteur, d'aucun domaine, car c'est l'environnement tout entier du système de l'imposition sur le revenu qu'il est urgent de construire. On ose insister sur cet aspect car le système fiscal guinéen, comme tout système, a besoin, pour bien fonctionner, de tous ses éléments, ceux-ci devant être bien conçus et bien intégrés les uns dans les autres et fonctionnant en synergie... pour assurer sa dynamique d'ensemble et son efficacité. La loi et le règlement, bref, les textes juridiques ont un grand rôle à jouer dans la reconfiguration institutionnelle dudit système.

Concrètement, il faudra asseoir ce système sur trois socles juridiques. La machine législative devra tourner à plein régime pour :

- revisiter et renforcer les textes applicables aux matières imposables et aux contribuables de l'impôt sur le revenu ;
- améliorer la carte de redéploiement géographique de l'administration fiscale et refonder à plusieurs égards cette administration ;
- repréciser davantage les techniques et mécanismes fiscaux applicables tout au long de la procédure fiscale qui va de l'identification de l'assiette et des contribuables au contentieux fiscal en passant par la liquidation de l'impôt, son recouvrement et le contrôle fiscal.

C'est à ce prix, et à ce prix seulement, que l'on parviendra à éluder les nombreux dysfonctionnements constatés, causes de la faible rentabilité de l'imposition sur le revenu en Guinée.

Dans ce chapitre, l'on analysera dans un premier temps tous les facteurs pouvant renforcer le cadre juridique relatif à l'assiette de l'imposition sur le revenu (section I) puis dans un second temps, nous allons mettre en lumière les dispositifs nécessaires permettant de redynamiser ou réformer le statut de l'agent du fisc (section II) dans les perspectives d'accroître la rentabilité des services fiscaux pouvant impacter positivement l'imposition sur le revenu en Guinée.

Section I. Renforcer le cadre juridique de l'assiette de l'imposition sur le revenu

L'opération de renforcement du cadre juridique de l'imposition sur le revenu en Guinée doit prendre plusieurs formes, à savoir : tout d'abord adapter les dispositifs juridiques anciens encore applicables (paragraphe I) ; ensuite supprimer les dispositifs devenus dépassés ou caducs (paragraphe II) et, enfin, avoir recours à d'autres instruments juridiques complémentaires pour redorer le blason en matière d'imposition sur le revenu (paragraphe III).

Paragraphe I. Adapter les dispositifs juridiques anciens encore applicables

Parler d'adaptation des dispositifs juridiques anciens encore applicables revient du coup à comprendre qu'il est important que l'administration fiscale, qui gère l'impôt en République de Guinée en synergie avec tous les organes habilités (CAFISC, ministère en charge des Finances et du Budget, les régies financières, etc.) sont actives dans l'application des textes déjà existants mais que l'on a tendance à voir affaiblis. Le cas le plus frappant en la matière est relatif aux textes du CGI régissant le système de taxation globale des revenus catégoriels qui, de nos jours, sont soumis au système de taxation cédulaire. Il en est de même pour les dispositions contenues dans le CGI en matière de CFU. Bien que ces dispositions soient vieilles, il faudrait que les agents des impôts en Guinée puissent avoir la maîtrise technique nécessaire pour gérer cette fiscalité qui nous semble non efficiente en dépit de son potentiel très important dans le pays. Il en est de même de la fiscalité agricole dont la contribution au budget national est encore nulle.

Pour relever le défi dans ces cas, nous allons proposer des mesures juridiques et administratives allant dans le cadre de l'amélioration de la fiscalité immobilière (I) puis l'on va proposer des mesures dans le domaine de la fiscalité agricole pour la rendre beaucoup plus efficace au sein du système fiscal et implicitement de l'imposition sur le revenu en Guinée (II). Enfin, la mise à jour et la révision du CGI au regard des différentes lois de finances (initiale et rectificative) s'avéreraient nécessaires dans cette dynamique de réforme des textes juridiques.

I. Mesures d'amélioration de la fiscalité immobilière

Parler des mesures d'amélioration de la fiscalité immobilière revient à se pencher sur deux dimensions de mesures qui caractérisent ce phénomène : mesures juridiques et mesures administratives.

1. Mesures d'ordre juridique

Du point de vue des mesures d'ordre juridique à appliquer dans le cadre de la fiscalité immobilière, il y a lieu de mettre effectivement les textes traités par les articles 257 ; 258 jusqu'à 274 du CGI[210]. Mais, dans la pratique, tel n'est pas le cas. Pourquoi, ce sont peut-être les textes qui ne sont pas faciles à appliquer par les agents du fisc ou c'est parce qu'ils se refusent de les appliquer ou encore c'est parce que ces agents n'ont pas la compétence nécessaire ou la formation adéquate pour gérer cette fiscalité ou c'est peut-être leur complaisance qui est cause de cette déficience de la rentabilité de cette fiscalité immobilière.

---

[210] CGI guinéen édition 2013, Nimba Conseil. P.79 et 80.

Face à cette problématique, il serait important pour capitaliser cette fiscalité immobilière sous l'angle juridique :

- d'apurer les textes qui ne cadrent pas effectivement avec le contexte contributif du pays ;
- de revoir l'assiette fiscale et de proposer des taux raisonnables en matière de CFU, au lieu de 10 et 15%, l'on proposerait par exemple des taux légers de 5 à 8% selon la destination de l'immeuble (usage d'habitation, usage professionnel, etc.). Puis, il serait nécessaire de faire la démarcation entre fiscalité urbaine et fiscalité rurale.

En Guinée, précisément dans la capitale Conakry, beaucoup d'immeubles de haut standing sont construits en bordure de mer pénalisant ainsi la jouissance naturelle (plaisir de bordure mer, vent doux, etc.) de la majeure partie de la population et en revanche les propriétaires de ces immeubles ne sont pas conséquemment taxés par le fisc en raison de leur niveau de vie. Donc, il serait important pour créer une équité ou justice fiscale que les taux d'imposition applicables à ces usagers en matière de fiscalité immobilière ne soient pas les mêmes que pour les autres propriétaires fonciers ne jouissant pas de ce privilège naturel de mer. En principe, les propriétaires immobiliers en bordure de mer devraient être plus taxés ou devraient avoir un taux d'imposition plus élevé que celui des autres contribuables du même secteur immobilier. La même règle devrait s'appliquer aux immeubles situés dans les zones commerciales, résidentielles et ceux hors zones commerciales et résidentielles. Une telle mesure, selon nous, permettrait au fisc d'accroître les recettes fiscales de l'immobilier qui, en réalité, pourront avoir des effets positifs en matière d'imposition sur le revenu où l'impôt sur le foncier bâti ou non bâti doit occuper une place de choix dans le système fiscal guinéen en pleine mutation.

Compte tenu de l'enjeu de la fiscalité immobilière en Guinée, le gouvernement de mission dirigé par le Premier ministre Said FOFANA en a fait son cheval de bataille pour que le ministère en charge des Finances et du Budget puisse l'inscrire prioritairement dans son plan d'action décliné à la direction nationale des impôts au titre de l'année fiscale 2014. C'est pourquoi la DNI est en train de faire une réforme du systématique de la fiscalité immobilière comme secteur phare qui doit rapporter en 2015 au budget national 14 milliards[211] de francs guinéens et 40 milliards de GNF pour les budgets des collectivités contre 10 milliards de GNF et 25 milliards en 2014 respectivement pour les deux types de budget.

[211] Voir exposé des motifs du projet de textes fiscaux de la DNI relatifs au projet de la loi de finances pour 2015

2. Mesures d'ordre administratif

Dans le cadre des mesures de réformes administratives allant dans le sens de l'amélioration de la fiscalité immobilière, l'on proposera quelques solutions. Tout d'abord, la gestion administrative de la fiscalité immobilière doit être centralisée en ce qui concerne les propriétés immobilières sises à Conakry. Car c'est dans la capitale que le potentiel fiscal immobilier est très important, mais, depuis que la gestion de la fiscalité foncière a été déconcentrée dans les services communaux des impôts de Conakry, les recettes y afférentes ont drastiquement chuté. Ensuite, la réforme des structures de gestion de cette fiscalité s'impose avec acuité.

Sur le plan de la réforme des structures administratives, l'on préconise la mise en place d'un Service fiscalité immobilière(SFI) à l'instar des services des grandes entreprises et moyennes entreprises de la DNI. Cela serait un renouveau dans le dispositif de gestion dans notre pays en matière de fiscalité foncière.

Donc, le SFI[212] sera restructuré comme suit :

– une division gestion de la fiscalité immobilière comportant 5 sections de gestion dont une pour chacune des 5 communes de la capitale (Matam, Kaloum, Dixinn. Ratoma et Matoto) ;
– une division recouvrement fiscalité immobilière composée de 5 sections correspondant à chacune des 5 communes de la capitale, et une section encaissement des recettes de la fiscalité immobilière qui pourra comptabiliser distinctement les recettes de la fiscalité immobilière des personnes physiques et des personnes morales ;
– une division de contrôle fiscal fiscalité immobilière comprenant également 5 sections dont une pour chaque commune de la capitale.

Enfin, le contrôle interne tout comme le contrôle externe doivent accompagner cette mesure.

II. Mesures de renforcement de la fiscalité agricole

L'article 153 du CGI dispose que : ''sont considérés comme bénéfices de l'exploitation agricole pour l'application de l'IR, les revenus procurés par l'exploitation des biens ruraux. Ces revenus s'entendent de ceux résultant de la culture et de l'élevage….de la production forestière, avicole, agricole, piscicole, etc.

En Guinée, l'on a constaté que le secteur agricole n'apporte rien au budget national ni au budget des collectivités. C'est ainsi que, fort de ce triste constat, l'on a jugé utile d'envisager des mesures objectives pouvant renforcer ce secteur en termes de rentabilité plus efficace tant pour le

[212] L'organigramme relatif à cette nouvelle structure est joint au présent document (voir annexe 2).

système fiscal que pour l'économie nationale. Ces mesures sont entre autres :

- la création par les promoteurs publics ou privés de banques de développement agricole capables de financer efficacement toutes les activités de ce secteur par le mode d'octroi de crédit uniquement agricole ;
- créer des partenariats techniques entre les acteurs du secteur agricole et les autres pays ayant d'énormes expériences en agro-industrie, en agroalimentaire, etc. comme c'est le cas en Chine ;
- l'encadrement systématique de ce secteur par l'Etat en le dotant des ressources en moyens techniques et financiers sous forme de subvention ou de prêts ;
- créer l'émulation entre les acteurs du secteur agricole par la tenue régulière de foires et expositions dans les zones agricoles comme la région administrative de Nzérékoré ;
- organiser efficacement les agriculteurs, éleveurs, pisciculteurs en coopératives ou sociétés basées sur la gestion moderne où le critère de rentabilité doit être fortement exigé ; où la tenue des documents et pièces comptables doit être de rigueur.

1. Mesures juridiques

En Guinée, l'imposition des bénéfices agricoles n'existe que de nom dans les textes juridiques, compte tenu du fait que l'agriculture traditionnelle pratiquée par 70 % de la population reste et demeure très rudimentaire. Néanmoins, le législateur a prévu dans le CGI sept(7) articles de 153 à 159 qui réglementent le prélèvement sur le bénéfice agricole. C'est bien paradoxal que la Guinée soit un pays à vocation agropastorale et qu'elle ne puisse pas disposer d'outils techniques et financiers adéquats pour relever le niveau de développement socio-économique à partir de ce secteur dont les paramètres favorables et d'opportunités sont réunies : fertilité du sol(en Guinée forestière), vaste étendue de plaines (en haute et basse Guinée), etc.

Vu l'enjeu de ce secteur, l'on préconise les mesures juridiques suivantes pour l'améliorer en termes de fiscalité :

- exonérer pour une durée de 7 à 10 ans les entreprises du secteur agricole en prélèvement BA au lieu de 5 ans prévus à l'article 155 du CGI[213] ;
- instituer le système de crédit d'impôts attractifs au sein du secteur agricole ;
- créer une synergie entre les banques agricoles de financement et les entreprises agropastorales pour lesquelles les taux d'emprunts

[213] Voir le CGI guinéen de 2013 en son article 155, alinéa 3.

bancaires, y compris la fiscalité applicable, seraient attractifs, faibles et émulatifs ;

- créer un système qui inviterait à intégrer les exploitants agricoles au tarif de l'impôt synthétique. Et à cet égard, il existe un modèle probant dans un pays voisin. En Côte d'Ivoire, l'impôt synthétique est applicable aux exploitants agricoles, planteurs et éleveurs, lorsque leur chiffre d'affaires annuel toutes taxes comprises n'excède pas 30 millions de FG[214]. Cela étant, une première difficulté qui résulte de la confusion des textes doit être tranchée. En effet, aux termes de l'article 288 du CGI malien « Toute personne qui exerce sur le territoire de la République de Guinée une industrie, une profession non explicitement comprise dans le champ d'application de la taxe professionnelle unique et les exemptions déterminées par le présent texte, est assujettie à la contribution des patentes ».

Ainsi, par exemple, les sociétés minières comme la CBG, la SAG ne figurent pas au tarif de la patente. Ce n'est pas dire pour autant que cette activité soit exonérée de taxe, elle est imposée au titre des industries de transformation. Une pareille méthode ne paraît pas applicable au secteur agricole. Dès lors que le législateur a décidé d'imposer les exploitants agricoles à la patente, il reste à définir les modalités d'imposition. En définitive, aucune raison majeure ne s'oppose à la taxation des exploitants à la patente. Ainsi, le nouvel impôt devrait être déterminé de sorte que le montant de la cotisation exigible corresponde à la part représentative de la patente (a) augmentée de la taxation du bénéfice de l'exploitation (b) et de l'application d'un taux de 5 à 10% à la valeur locative pondérée.

a) 1ère étape la détermination de la valeur locative des terres

Le tarif de l'impôt envisagé serait déterminé à partir d'éléments indiciaires simples à repérer lors de recensements administratifs : superficie des terres, localisation de la ferme (Conakry, Mamou, Labé, Nzérékoré...), outillage, nombre d'employés, nature de la culture (bananes, mangues, agrumes, aviculture, etc...).

Pour ce faire, il sera traité de la détermination de la valeur locative des terres, de la pondération de la valeur en fonction des indices retenus et du calcul de l'impôt.

L'on calcule la valeur locative de terre qui représente ce que la terre aurait rapporté au propriétaire s'il l'avait laissé exploiter par une autre personne en la donnant en bail. Cette valeur est augmentée du coût des aménagements. Pour ne pas entraîner une fuite de l'assiette ou d'opposition brutale, le taux doit être modéré. En outre, il faut tenir compte d'une

[214] Thèse doctorale de Moussa Traoré sur la politique fiscale du Mali.

spécificité de l'agriculture guinéenne : la lente rotation du capital due au faible niveau du chiffre d'affaires par rapport au capital investi. Cette dernière considération nous a porté à ne pas retenir les autres moyens d'exploitation dans l'assiette de l'impôt. Ainsi donc, il est suggéré un taux de 6 ou 9% de la valeur du terrain aménagé.

b) 2ème étape la valeur est pondérée en fonction des indices retenus

Pour tenir compte de l'importance des équipements, il est suggéré les coefficients ci-après : niveau d'équipement faible (charrettes, charrues, bœufs de labour, pompes mécaniques coefficient), niveau d'équipement moyen (motopompes jusqu'à 20 CH, petits véhicules utilitaires coefficient), niveau d'équipement important (tracteurs, motopompes au-delà de 20 CH, coefficient).

c) 3ème étape le calcul de l'impôt par l'application d'un taux de 5 à 15% à la valeur locative pondérée

La patente ainsi calculée présente la faiblesse, d'un point de vue théorique, de s'apparenter à un impôt foncier. Ce vice nous paraît mineur, nous avons privilégié d'autres aspects que sont le rendement, la mise en œuvre pratique. Au demeurant, l'impôt envisagé s'écarte des traits purs d'une taxe foncière en raison des éléments de pondération retenus.

2. Mesures administratives

L'enquête[215] sur le potentiel agricole en Guinée a révélé la difficulté de connaître les rendements effectifs des exploitations. Cette difficulté n'est pas propre à la Guinée. A défaut de rendements réels, il est possible de retenir des rendements présumés. Toutefois, il est nécessaire de faire une distinction entre le bénéfice agricole des plantations(a) et celui des fermes avicoles (b).

a) La majoration représentative de l'impôt sur le bénéfice agricole des plantations

La majoration représentative de l'impôt sur le bénéfice agricole peut être déterminée de deux manières : l'évaluation forfaitaire (a) et l'évaluation objective (b).

Les inconvénients d'un système de taxation forfaitaire des revenus ont été rappelés ci-avant. Ce schéma peut être amélioré. Le montant de l'impôt est déterminé par la loi à partir d'un revenu virtuel. Le revenu virtuel peut être défini comme la production que fournirait la terre dans des conditions de gestion d'efficacité moyenne.

---

[215] Pamori, Etude sur la fiscalisation des revenus agricoles, août 2000, p 22.

Cet impôt s'applique donc au potentiel de production à l'hectare et non à la production réelle. L'impôt sur le revenu virtuel est un impôt foncier forfaitaire. L'avantage de cet impôt est de prendre comme assiette la capacité des fermes afin d'inciter les agriculteurs à exploiter leur terre au maximum et à atteindre une meilleure productivité. Il est tenu compte pour la fixation du revenu virtuel de l'importance plus ou moins grande de l'outillage, de l'orientation de la ferme (mangues, agrumes, bananes, aviculture, etc.) et de la localisation.

La base d'imposition serait égale au point du revenu virtuel par la superficie des terrains exprimée en hectares. Le revenu virtuel est obtenu en déduisant du revenu brut potentiel une part représentative de frais d'exploitation.

Le niveau des charges qui ressort est élevé, souvent le montant des charges est supérieur à celui des produits. L'on peut estimer que les propriétaires ont tendance, à l'instar d'autres contribuables, à sous-évaluer les produits et à surévaluer les charges. Dès lors, il est suggéré de retenir un montant d'abattement qui se situerait entre 50% et 75%. L'on applique à ce revenu virtuel un taux d'imposition égal à 5% ou 10%.

L'impôt est calculé à partir de la cotisation des patentes. Et l'on peut la faire varier en fonction de l'importance de plantations.

b) La majoration représentative de l'impôt sur le bénéfice agricole des fermes avicoles[216]

Pour l'aviculture, l'assiette est calculée en fonction du nombre de sujets dans chaque exploitation. On prend en considération le rendement net moyen présumé par an et par tête qu'il suffit d'appliquer dans chaque cas concret pour évaluer l'assiette exacte. Le revenu net est obtenu en déduisant du revenu brut potentiel une part représentative de frais d'exploitation (l'on pourrait retenir un montant d'abattement qui se situe autour de 50%).

Nous proposons d'appliquer à ce revenu un taux d'imposition compris entre 10% et 15%

Le potentiel fiscal lié à une imposition du revenu des fermes agricoles des zones péri-urbaines de Conakry, Kindia et Nzérékoré comporte beaucoup d'incertitudes en raison du manque de données chronique sur la question. En effet, aucune source statistique ne donne d'informations exhaustives et précises sur le nombre de terrains attribués à des fins d'activités agricoles, le nombre de fermes mises en valeur, l'importance et la nature de la mise en valeur des terrains, les éléments d'exploitation des fermes (les rendements, les productions, les ventes et les charges d'exploitation). Nous avons dû faire de nombreuses hypothèses pour estimer ces éléments sur la base d'une

[216] Ce qui exclut le bétail en général qui est un secteur très peu structuré et difficilement quantifiable.

enquête réalisée auprès des professionnels du secteur. La plus ou moins bonne vraisemblance de celles-ci détermine donc la validité de nos résultats.

Pour des raisons de facilité de mise en œuvre eu égard au contexte d'exploitation des fermes agricoles et de la capacité institutionnelle limitée de l'administration fiscale guinéenne, nous avons proposé un système d'impôt synthétique à taux relativement faible pour l'imposition de ce revenu : entre 5% et 10%.

Aussi faible soit-il, il existe un potentiel fiscal non négligeable au niveau des fermes agricoles modernes. Il est toutefois nécessaire de souligner qu'une pareille mesure ne peut être envisagée que sous certaines conditions :

- l'administration doit disposer d'une capacité d'identification et de recouvrement de l'impôt sur les revenus agricoles. Ceci est très important dans le contexte guinéen où il est particulièrement difficile de cerner correctement le revenu agricole, en raison : du caractère aléatoire de l'activité (aléas climatiques) qui rend difficile l'appréciation de la vraisemblance des déclarations. Or, le forfait présente un danger réel, en ce sens qu'il ignore les situations exceptionnelles et qu'il peut ainsi conduire à prélever des impôts à des contribuables ayant exercé à perte, à cause de la méconnaissance de normes précises de coûts, de rendement, et de revenu, de l'absence de suivi permanent de la mise en valeur des fermes. Les problèmes qui sont ici posés eu égard à l'administration fiscale sont en fait les problèmes de capacité institutionnelle, d'effectifs de personnel, de procédures, de méthodes de rigueur et de moyens matériels requis. Pour ce faire, la DNI devra être bien dotée en ressources humaines, matérielles et techniques suffisantes pour gérer la fiscalité agricole dès lors qu'elle serait en pleine propension dans les dix années à venir ou plus ;
- la mesure de fiscalisation des revenus agricoles doit être suffisamment justifiée par son rendement : l'opportunité de la mesure repose sur le niveau du rapport « recettes fiscales agricoles/ coût de mobilisation de ces recettes ». Une étude de plus grande envergure s'impose en conséquence pour avoir plus d'assurance sur le rendement de l'impôt agricole.
- la fiscalisation du secteur doit être envisagée dans un mouvement de généralisation et d'extension de la base imposable pour que l'imposition soit facilement acceptée par les fermiers imposables. La mesure doit être compatible avec les mesures de politique économique et sociale en ce sens qu'elle suppose un choix de politique économique à assumer.

Paragraphe II. Supprimer les dispositifs devenus caducs

Parler de la suppression de certains dispositifs juridiques en matière d'imposition sur le revenu en Guinée va nous conduire à appréhender deux éléments fondamentaux de cette mesure. Le premier vise l'élimination, dans les textes, sur le système de taxation proportionnelle, de certains impôts directs sur le revenu tels que l'IS, l'IMF et l'IR global (I) et le second élément de la mesure est de prévoir quels sont les impôts qui vont se substituer aux anciens pour maintenir l'équilibre fiscal pour mieux remplir le rôle financier que l'impôt doit remplir pour le budget de l'Etat et des autres collectivités locales. D'où la nécessité d'instituer un nouvel impôt dénommé ''impôt de solidarité sur la fortune'' (II) dans le système fiscal guinéen au niveau de la rubrique impôt sur le revenu des personnes physiques.

I. Suppression du système de taxation proportionnelle de certains impôts

Les impositions sur le revenu des personnes morales et physiques en Guinée déterminées par le système de taxation proportionnel sont essentiellement de deux ordres : l'IMF, l'IS et/ou prélèvement BIC.

1. Cas de l'IMF

Dans le CGI de la Guinée en ses articles 244, 245 et suivants, il est stipulé que l'IMF est prélevé sur le chiffre d'affaires de l'année précédente réalisé par les personnes physiques ou morales assujetties à l'IS ou prélèvement BIC au taux proportionnel de 3%, avec un montant minimum de 15 000 000 GNF et un montant maximum de 60 000 000 GNF.

En analysant ce dispositif juridique, l'on s'aperçoit qu'il y a injustice fiscale par le simple fait que, d'abord, si une entreprise ne réalise qu'un chiffre d'affaires en deçà du seuil de 500 000 000 GNF, elle doit obligatoirement payer 15 millions de francs guinéens. Ensuite, les entreprises qui peuvent réaliser un chiffre d'affaires supérieur à 2 000 000 000 GNF sont favorisées par la mesure, elles ne payeront que 60 000 000 GNF, et, enfin, celles qui réalisent strictement un chiffre d'affaires de 2 000 000 000 sont bien taxées par cette loi autrement que les deux premiers cas illustrés.

Ainsi, pour atténuer le poids d'injustice fiscale en la matière, l'on préconiserait de supprimer le système de taxation proportionnelle en matière d'IMF et de le remplacer par le système de taxation par tranche progressive du chiffre d'affaires dont le plancher et le plafond, y compris les taux applicables, seraient bien définis en tenant compte des réalités objectives (capacité contributive des usagers, politique fiscale du pays, besoins budgétaires, etc.) peut-être, comme c'est le cas en France et en Côte d'Ivoire.

2. Cas de l'IS ou P/BIC

L'impôt sur les sociétés en Guinée régi par les dispositions des articles 219, 220 et suivants du CGI, de même que le prélèvement BIC encadré par les dispositions des articles 87, 88 et suivants du même code précité, y compris le prélèvement BNC, sont prélevés aux taux proportionnels de 35 % pour l'IS et 30% pour les deux derniers cas. Ce constat est identique au premier cas relatif à l'IMF.

Ainsi, pour des raisons de justice, d'équité et d'efficacité fiscales, l'on proposerait la mise en application du système de taxation progressive par tranche de bénéfices réalisés par les assujettis selon les personnes en tenant compte des taux progressifs ou régressifs en fonction des besoins de notre Etat en matière de ressources fiscales. La Guinée ne serait pas le seul pays à appliquer une telle mesure, l'exemple des USA est très illustratif en la matière[217].

3. Cas de l'impôt sur le revenu net global

Dans la première partie de cette thèse, l'on n'a pas manqué de souligner que l'IR en Guinée était prélevé sur l'ensemble des revenus catégoriels nets réalisés par les foyers fiscaux. Mais, compte tenu de la complexité du système de taxation globale, nous estimons qu'il vaut mieux le supprimer et le remplacer systématiquement par la méthode d'impôt cédulaire. La première raison qui justifie cette suppression dépend du fait que le système de taxation cédulaire nous paraît simple, facile et aisément compréhensible par les agents des impôts et les contribuables assujettis au paiement de l'IR. La seconde raison tient au fait que le système cédulaire est très rentable pour le budget de l'Etat (cas des RTS, VF, RSRNS, etc. qui apportent des recettes substantielles à la DNI environ 5à 10% par rapport aux recettes totales en 2013 par exemple[218]).

II. Institution de l'impôt de solidarité sur la fortune

En France, l'impôt de solidarité sur la fortune est un impôt payé par les personnes et les foyers détenant un patrimoine immobilier important en France pouvant être évalué à 770 000 euros[219] au moins. La liquidation de l'ISF se fait sur la base de sept(7) taux progressifs allant de 0.55 à 1.8% dont voici les mécanismes d'assiette relatifs à la valeur nette taxable du patrimoine. Donc la fraction de la valeur nette taxable du patrimoine :

---

[217] Voir cours des systèmes fiscaux comparés dispensés par Madame Ferrero, Master administration fiscale Université Paris-Dauphine, session 2005-2006.

[218] Loi de finances initiale de la République de Guinée de 2013.

[219] Lamy Fiscal, tome 2, édition 2008, page 1267.

- N'excédant pas 770 000 euros : 0%
- Comprise entre 770 000 euros et 1 240 000 euros : 0.55%
- Comprise entre 1 240 000 euros et 2 450 000 euros : 0.75%
- Comprise entre 2 450 000 euros et 3 850 000 euros : 1%
- Comprise entre 3 850 000 euros et 7 360 000 euros : 1.3%
- Comprise entre 7 360 000 euros et 16 020 000 euros : 1.65%
- Supérieure à 16 020 000 euros : 1.8%

Pour le cas guinéen, l'on proposerait aux autorités gouvernementales et celles parlementaires d'instituer l'ISF. Car les détenteurs de très hauts revenus sont nombreux et ne sont pas taxés conséquemment (les cas des diamantaires et des hommes d'affaires qui évoluent dans les rouages des marchés publics de même que les hommes qui pratiquent le blanchiment de l'argent sont révélateurs).

PARAGRAPHE III. AUTRES INSTRUMENTS JURIDIQUES DE MESURES DE PERFORMANCE

Pour renforcer les capacités juridiques de l'administration fiscale en Guinée, d'autres instruments, et non des moindres, tels que la charte des contribuables (I) et le livre de procédures fiscales (II) doivent être bien présents dans notre système fiscal afin d'accroître non seulement la rentabilité fiscale mais aussi garantir aux usagers les droits qui sont les leurs dans un contexte de démocratie en perpétuelle mutation que traversent tous les pays de la planète.

I. La charte du contribuable

La charte du contribuable, de quoi s'agit-il ?

Plusieurs pays, à l'instar de la Guinée, ont adopté une charte du contribuable ou une ''déclaration'' indiquant les droits et obligations du contribuable. Concrètement parlant et dans une large mesure, cette charte ne fait pas partie des instruments juridiques en soi ; mais elle rend publics les droits et obligations existants, ce qui contribue positivement à l'accroissement du civisme fiscal. La charte renforce la légitimité de l'impôt tout comme elle reconnaît la bonne foi présumée du contribuable qui remplit ses obligations. Alors que la charte du contribuable vérifié s'applique lorsqu'un contribuable fait l'objet d'un contrôle. Différentes raisons amènent les pays à se doter d'une charte du contribuable, telles que les priorités et orientations gouvernementales, la responsabilisation de l'administration fiscale envers la population et les élus, la promotion des valeurs comme l'équité et le respect des droits du contribuable, l'amélioration de la qualité des services et la mobilisation du personnel.

La charte permet d'informer les contribuables non seulement sur leurs droits, mais aussi sur leurs obligations, selon l'approche retenue. Elle peut les renseigner sur les services offerts et les normes de service, tout comme sur l'obligation de coopérer et de payer les impôts dus dans les délais prévus.

La charte a un caractère public et renforce la confiance réciproque entre l'administration fiscale et les contribuables. Elle crée les conditions pour des changements de comportement de part et d'autre.

1. Les sources de la charte du contribuable

En Guinée, tout comme dans plusieurs Etats africains et européens, les droits et les obligations des contribuables tirent leur origine de la Constitution, des lois, des ordonnances, des conventions, décrets et autres arrêtés, ainsi que de diverses dispositions administratives qui régissent les rapports entre les membres d'une société. Les principaux textes répertoriés par les administrations fiscales du CREDAF sont les suivants : Déclaration universelle des droits de l'homme, Déclaration des droits de l'homme et du citoyen, Charte des droits et libertés, Charte des droits fondamentaux de l'Union européenne, Charte africaine des droits de l'homme et des peuples, Convention de sauvegarde des droits de l'homme et des libertés fondamentales, documents juridiques (Constitution, lois, traités, conventions fiscales, arrêtés, codes fiscaux, code général des impôts et taxes, etc.), documents administratifs (Charte du contribuable, déclaration de service, normes, guides, instructions, livre de procédures fiscales, circulaires, décisions et tout autre document de portée générale).

2. Les principes de la charte du contribuable

De façon générale, les administrations publiques sont régies par certains grands principes, notamment le respect de la Constitution et des lois, l'intérêt public, le service aux citoyens et le traitement équitable. D'autres principes constituent des fondements propres aux administrations fiscales :

Le système déclaratif (observation volontaire), le civisme fiscal, la légitimité de l'impôt, la présomption d'honnêteté ou de bonne foi et le droit de recours.

3. Les valeurs

Les valeurs représentent un cadre de croyances et de convictions qui motivent les comportements et qui aident à orienter les choix à exercer entre différentes lignes de conduite. La liste qui suit confirme les valeurs reconnues et préconisées dans les pays membres du CREDAF[220] et est

---

[220] Travaux du groupe de travail du CREDAF sur le guide d'élaboration de la charte du contribuable en 2009.

accompagnée d'une brève définition rédigée par les participants au groupe de travail. Il s'agit entre autres de la collaboration, de travailler efficacement avec un ou plusieurs autres à une œuvre commune, de la considération et de l'attention particulière que l'on porte à quelqu'un, de la courtoisie et de la civilité, de la politesse, etc.

En somme, les éléments que nous venons de décrypter ci-dessus sont favorables à l'amélioration du système fiscal de notre pays, particulièrement de l'imposition sur le revenu en Guinée à la seule condition que les administrés et les administrations les respectent en tant que tels. Les textes contenus dans la charte du contribuable vérifié en Guinée étant très étriqués, il s'avère alors nécessaire de les améliorer conformément à la norme standard internationale.

II. Le livre de procédures fiscales

Le livre de procédures fiscales est un document juridique intégré au CGI à la disposition de l'administration fiscale et des usagers qui a pour but de retracer les méthodes ou voies de contrôle fiscal des impôts et taxes ainsi que les droits et garanties qui en découlent tant pour l'administration fiscale que pour l'usager ; puis les procédures de recouvrement des impôts et taxes qu'exerce celle-ci vis-à-vis du contribuable.

En effet, ce document s'intéresse particulièrement aux droits de communication, de contrôle, de reprise, de réclamation, de compensation, aux procédures de recouvrement ainsi qu'aux voies de recours de l'usager dans ses relations d'affaires avec le fisc.

Or, force est de reconnaître que ce livre de procédures en Guinée contient des insuffisances et des vides juridiques qu'il est nécessaire de corriger pour l'améliorer. Pour cela, nous envisageons les mesures correctives ci-après :

- prévoir des textes en matière de méthodes de détermination des prix de transfert qui ne figurent jusqu'ici pas dans ce document ;
- étoffer les dispositifs en matière de réponses aux observations dilatoires ou lacunaires fournies par les usagers dans leur lettre suite à une notification de redressement adressée par les services du fisc après l'exercice d'un droit de contrôle sur pièces ou sur place ;
- étoffer les dispositifs en matière de recouvrement et de saisine.

Après ce tour d'horizon sur les mesures juridiques de renforcement de l'assiette de l'imposition sur le revenu, il nous paraît important, voire indispensable, de nous pencher sur les mesures d'amélioration du statut des agents du fisc, cheville ouvrière du système fiscal en Guinée (section II).

SECTION II. REFORMER LE RÈGLEMENT DES AGENTS DU FISC

En Guinée, les départements ministériels en général et leurs directions techniques en particulier sont régis par le statut général de la fonction publique. Ce statut se penche sur les droits et garanties dont un fonctionnaire doit jouir tout au long de sa carrière d'une part et les avantages qu'il peut en tirer après la fin de ladite carrière, d'autre part.

En effet, le grand problème qui se pose est celui de savoir si le fonctionnaire guinéen de l'administration jouit effectivement et favorablement de ses prérogatives en contrepartie des services rendus conséquemment à l'Etat. Autrement dit, si le statut général de la fonction publique guinéenne demeure une réelle panacée du système administratif public pris globalement et de celui de l'administration fiscale en particulier.

Cette problématique a été abordée en termes de constat dans la première partie de notre travail. Cette fois-ci, notre souci consiste à trouver ou proposer des mesures idoines pour améliorer ou renforcer le statut des fonctionnaires de l'Etat, y compris ceux des services des impôts.

Pour y parvenir, notre analyse doit s'appesantir sur la formation des agents des impôts en tant que mesure prioritaire de performance (paragraphe I), puis sur l'institution à la DNI d'un statut particulier renforcé par un code de déontologie de l'agent du fisc (paragraphe II).

PARAGRAPHE I. LA FORMATION DES AGENTS : UNE PRIORITE DE MESURES DE PERFORMANCE

La formation des agents et cadres de la DNI guinéenne doit être au cœur de la politique des autorités non seulement du ministère de tutelle mais aussi et surtout de l'administration fiscale qui a un défi majeur à relever dans le cadre de la réalisation des objectifs de performance qui lui est assignée tous les ans.

En effet, la formation initiale tout comme la formation continue du personnel doivent être l'un des critères de choix pour affecter tel ou tel agent, tel ou tel cadre à un emploi bien déterminé selon le profil et le niveau de formation des intéressés. Or, comme on l'a décrit plus haut dans la première partie de ce travail, la DNI n'a jusqu'ici pas son propre centre ou sa propre école de formation. Les étudiants nouvellement sortis de nos universités sont affectés dans les emplois actifs sans avoir les notions fondamentales de la technique fiscale. C'est vrai, ils peuvent avoir quelques aperçus généraux du droit fiscal mais sans pour autant avoir le professionnalisme en eux. Justement, ce sont des tares auxquelles il faut remédier, sans quoi la DNI ne serait jamais performante. Car plus de 98.5% de l'effectif de la DNI n'a pas subi de formation professionnelle spécialisée. La décision d'affectation d'un agent ou cadre dans n'importe quel ministère relève directement et exclusivement du ministère de la Fonction publique sans consultation de ces ministères concernés en termes de besoins. Ces agents et cadres n'ont aucune base, ni expériences, ni vision en droit, ni technique fiscale, etc. D'où la nécessité de mise en œuvre de mesures de formation initiale et continue du personnel de la DNI soumis aux contraintes d'objectifs de performance.

I. La formation initiale des agents

« Un agent ou cadre des impôts mal formé est un criminel financier en puissance », disait M. YAYO Mohamed Lamine[221]. En effet, la formation initiale des agents en fiscalité au grade d'inspecteur ou de contrôleur devrait figurer en droite ligne dans les objectifs de performance de la DNI. Mais malheureusement, la DNI ne dispose pas d'infrastructures pérennes et adaptées aux besoins de formation. Or, les aspects avantageux de la formation initiale d'un agent du fisc sont énormes : l'accroissement de la technicité, de la compétence, de l'efficacité et la création de la valeur ajoutée bien entendu du rendement ou rentabilité au poste de travail. Ce sont là des prérequis qui manquent encore à l'administration fiscale et qu'il importe de mettre en place et enfin de redynamiser. Pour que les agents voient l'intérêt que cela revêt, il serait indispensable que la DNI mette en œuvre les mesures efficaces ci-après :

- mettre en place une structure de formation pérenne (initiale ou continue) des agents nouvellement admis à faire carrière au service des impôts ;
- créer une école des impôts pour former les agents recrutés par la fonction publique selon les grades (inspecteur ou contrôleur) ;
- établir au niveau du service du personnel un plan annuel de formation accompagné de moyens de financement ;
- ne jamais attribuer un poste à n'importe quel agent ou cadre sans qu'il n'ait fait l'école des impôts soit en Guinée soit ailleurs : donc faire respecter le principe de l'homme qu'il faut à la place qu'il faut ;
- recruter les chefs de division ou de service par voie de concours sur la base également du profil et des diplômes correspondants.

C'est en tenant compte de ces mesures dégagées ci-dessus que l'administration fiscale guinéenne pourrait être qualifiée d'administration performante à l'instar des autres de la sous-région comme le Sénégal, la Côte d'Ivoire, etc. C'est également à ce seul prix que les ressources humaines de la DNI dédiées à la gestion de l'imposition sur le revenu pourraient

[221] Tiré du discours du chef de cabinet du ministère délégué au Budget en 2013 lors d'une cérémonie de clôture d'un séminaire de formation des agents du SME et SGE de la direction nationale des impôts à Conakry

améliorer le niveau de perception de cette imposition si composite en République de Guinée.

II. La formation continue des cadres

La formation permanente ou la formation continue est le renouvellement des connaissances pendant une période donnée selon une fréquence régulière. Elle a pour but d'accroître l'efficacité des agents dans l'accomplissement des tâches qui leur sont confiées et de contribuer à une meilleure utilisation des ressources humaines dans la fonction publique.

La formation permanente est, à la fois, un droit pour l'agent de l'Etat et un devoir pour l'employeur.

La formation en général favorise l'émergence d'élites dans une administration ou dans une structure, et crée la différence entre les agents qui acceptent de se former et ceux qui estiment qu'ils n'ont plus besoin d'acquérir d'autres connaissances supplémentaires. La formation favorise la promotion des plus compétents.

La promotion a pour objectif l'amélioration de la carrière des agents, par un passage à une catégorie supérieure. La promotion ou le reclassement est l'avancement de catégorie ou d'échelle. Elle fait passer le fonctionnaire ou le non-titulaire normalement à la catégorie ou l'échelle immédiatement supérieure à celle qu'il a occupée précédemment. La formation ainsi que la promotion des agents de l'Etat posent un sérieux problème dans l'administration publique guinéenne.

La formation continue des agents et cadres des impôts en Guinée pose de sérieux problèmes dans la mesure où la DNI ne dispose pas en son sein des moyens qu'il faut pour mener à bien sa politique de qualification continue de ses ressources humaines dont l'effectif (hommes et femmes) avoisine les 1 800 travailleurs sur toute l'étendue du territoire national. Pour atténuer l'ampleur de ce déficit de formation continue des agents et cadres de la DNI, c'est le service de coopération et d'action culturelle de l'ambassade de France en Guinée qui accorde tous les ans des bourses de formation ou des séminaires de courte durée en France dans les domaines du contrôle fiscal, du recouvrement, de la formation des formateurs et de la gestion de la TVA. Toutes ces formations sont entièrement financées par le budget de la coopération française. Car la Guinée ne dispose d'aucune infrastructure ou ressource de formation adaptée. Même dans le cadre de la formation initiale des élèves inspecteurs des impôts pour les écoles de finances publiques et de l'université Paris-Dauphine en France, deux ou trois cadres admis à bénéficier de ces formations sont financés par le budget de l'Egide[222].

[222] L'Egide est un organisme de gestion de bourses des étudiants étrangers en France dont le siège est à Paris.

Alors, pour que la DNI réussisse le pari de la performance en matière de gestion fiscale, y compris celle de l'imposition sur le revenu en Guinée, il faudrait que le ministère délégué au Budget en partenariat avec la DNI observe les mesures ci-après :

- prévoir un budget substantiel de formation continue ;
- créer ou signer des accords de partenariat entre la Guinée et les organismes de financement étrangers (France, Canada, FMI, BAD, etc.) pour créer une école des impôts digne de ce nom avec tout son arsenal pédagogique ;
- prévoir et mettre en œuvre une structure organisationnelle et fonctionnelle dynamique de formation continue du personnel sur la base d'un plan de formation préalablement établi : stage, séminaire, table ronde, conférence, etc.

En somme, il ne s'agit pas seulement pour le personnel d'avoir un bon niveau de formation en initial ou en continu, mais il s'agira plutôt que ce personnel soit bien encadré et renforcé par des dispositifs juridiques réglementant ses activités dans ses relations vis-à-vis de ses collaborateurs d'une part et vis- à- vis des citoyens contribuables dont il a la lourde charge de gérer les contributions pour les besoins publics que l'Etat prévoit au budget tous les ans. D'où l'intérêt du code de déontologie de l'agent du fisc ainsi que du statut particulier de la DNI que nous allons aborder au paragraphe II.

PARAGRAPHE II. LE CODE DE DÉONTOLOGIE DE L'AGENT DU FISC ET LE STATUT PARTICULIER DE LA DNI

Le code de déontologie de l'agent du fisc en Guinée tout comme le statut particulier de l'administration fiscale constituent deux choses d'inspiration française.

En effet, le code de déontologie est un instrument juridique qui a pour objet de régir les droits et devoirs de l'agent du fisc dans une double dimension relationnelle pendant l'exercice de ses activités socio-professionnelles. La première dimension vise les rapports entre l'agent des impôts et ses collaborateurs directs ou hiérarchiques. Quant à la seconde dimension, elle s'intéresse aux relations entre ce dernier et les usagers.

Dans notre analyse, nous allons parler au premier plan du code de déontologie conformément à la législation fiscale guinéenne (I) puis au second plan des problèmes qui caractérisent le statut particulier de la DNI (II).

I. Le code de déontologie de l'agent du fisc à élaborer

Le comportement exemplaire des agents (écoute, équité, probité, etc.) est la contrepartie naturelle du respect de leurs obligations par les contribuables.

Quelques administrations fiscales des pays membres du CREDAF disposent d'un code ou d'un guide de déontologie qui leur est spécifique. À défaut d'un tel code, les obligations en matière de déontologie sont notifiées dans divers documents : code de bonne conduite, code ou guide de déontologie applicable à tous les agents des services publics de l'État, statut général de la fonction publique, textes légaux, charte du contribuable, instructions, notes de service, etc.

Les spécificités du secteur fiscal justifient la mise en place d'un code ou guide de déontologie propre à l'administration fiscale et cela, même s'il existe un code ou guide plus général dans l'administration publique.

Ce code de déontologie traduisant les relations comportementales (droits et devoirs) entre l'agent du fisc et son environnement contributif et professionnel n'existe pas au sein du système fiscal guinéen. Donc, pour combler le vide en la matière, nous proposons aux autorités du département de tutelle dont relève la DNI que ce document d'une telle importance soit mis en place.

1. Les obligations de l'agent du fisc vis-à-vis des usagers

Les obligations de l'agent du fisc envers le contribuable sont essentiellement les suivantes : obligation de réserve et secret professionnel, transparence, neutralité, impartialité et équité envers les contribuables ; courtoisie, sensibilité, compréhension, indépendance et professionnalisme dans l'exercice de ses fonctions ; obligation d'information du contribuable, probité dans sa conduite personnelle et dans l'exercice de ses fonctions ; éviter des situations pouvant entraîner des conflits d'intérêt réels, potentiels ou apparents ; s'abstenir de retenir, recevoir, solliciter, s'assurer ou acquérir une rémunération, des honoraires ou des avantages à l'insu ou venant du contribuable ; ne pas consentir des avantages indus à un contribuable ; engagement au service de l'État et respect des règlements intérieurs de l'administration, éviter de conseiller un contribuable déjà en contrôle fiscal ; s'abstenir d'intervenir dans les affaires personnelles du contribuable, etc.

Il est à noter que plus de la moitié des administrations n'ayant pas de code déontologique qui leur est propre ont entrepris des démarches pour en mettre un en place.

2. Les droits de l'agent du fisc

L'agent des impôts dans l'exercice de ses activités professionnelles est investi d'une gamme variée et diversifiée de droits dont, entre autres : le droit au congé, droit à la retraite, droit au salaire, droit aux primes, droit à l'avancement et à la promotion dans le service, droit à la mutation, droit aux soins médicaux, droit à la courtoisie, etc.

3. Les sanctions

Les sanctions positives ou négatives sont des vertus qui caractérisent la vie de l'agent du fisc dans l'exercice de son métier depuis son engagement en passant par l'évolution jusqu'au jour de son admission à faire valoir ses droits à la retraite.

Dans le cadre des sanctions positives il faut citer, entre autres : la promotion, l'augmentation de salaire, le bénéfice des primes et avantages en nature, des bourses et stages de formation, etc.

Quant aux sanctions négatives, on peut énumérer, entre autres : avertissement (1er ou 2ème) ; blâme, suspension, limogeage, radiation des effectifs de la fonction publique, poursuites judiciaires, etc.

II. Statut particulier de la DNI à instituer

En Guinée, il n'existe pas au sein de la DNI un statut particulier régissant l'évolution de l'agent ou cadre des impôts à commencer par son engagement dans la fonction publique jusqu'à son départ à la retraite. 90 % de l'effectif des travailleurs sont classés dans la hiérarchie A sans en avoir le mérite. Puis les grades d'inspecteur simple, d'inspecteur principal, de chef de section, de division, de service et de directeur général adjoint ou directeur général, etc. ne sont pas régis par un statut particulier ou même général. Cet état de choses crée la cacophonie voire le désordre total au niveau des agents et cadres des impôts. En effet, les postes s'octroient par complaisance ou par affinité relationnelle ou parentale aggravée par l'ethnocentrisme ou le régionalisme. Donc, face à un tel désastre, comment la DNI peut-elle être une administration de service de qualité, pendant que les cadres inférieurs non formés commandent les cadres supérieurs mieux formés qu'eux ?

C'est dans ce sens que nous proposons la mise en place d'un statut particulier à la DNI pour remédier à ce phénomène dangereux qui paralyse la rentabilité des ressources humaines qui gèrent les impôts en République de Guinée.

1. Le plan de carrière des agents et cadres

Le plan de carrière des agents et cadres n'existant pas dans les normes légales ou réglementaires en Guinée, pour y remédier, nous proposons que la DNI fasse un effort pour instaurer cette mesure de gestion et de suivi normal du personnel au fur et à mesure qu'il évolue. L'intérêt que cela entraîne c'est le meilleur suivi des ressources humaines qui pourraient impacter celles-ci tout au long de leur carrière.

2. La motivation du personnel

La motivation du personnel de la DNI en Guinée peut prendre plusieurs formes : la promotion administrative sur mérite et sur formation, l'octroi des pénalités des impôts recouvrés que l'Etat a depuis fort longtemps accordé à la DNI (voir loi de finances de 2001) en fonction des mérites des services d'assiette et de recouvrement, etc.

Somme toute, si ces mesures que nous venons de proposer ci-dessus sont mieux observées, il va sans dire que la gestion des impôts et taxes en général et l'imposition sur le revenu en particulier connaîtront une amélioration substantielle en termes de recettes pour satisfaire le budget national et celui des collectivités afin de promouvoir le développement socio-économique de la Guinée qui vit dans un état de pauvreté inquiétant.

Après notre parcours tendanciel en termes de mesures de renforcement de l'assiette relative à l'imposition sur le revenu en Guinée, il nous importe maintenant de focaliser notre réflexion sur d'autres mesures spécifiques à l'administration fiscale qui a la charge de gérer l'imposition sur le revenu et qui nous paraît mal organisée ou mal structurée. D'où l'ultime nécessité de restructurer celle-ci en profondeur en vue de réussir le pari de performance, objet du chapitre II de notre étude.

CHAPITRE II

Restructurer en profondeur l'administration guinéenne affectée à la gestion de l'imposition sur le revenu

La restructuration en profondeur de l'administration fiscale guinéenne doit être faite à notre humble avis sous deux angles fondamentaux : la restructuration administrative et la restructuration fonctionnelle.

En effet, il s'agit à la fois de restructurer l'appareil administratif lui-même et de repenser la manière d'administrer l'imposition sur le revenu en Guinée. Soucieux d'une meilleure gouvernance fiscale, nous plaidons résolument en faveur d'une revue générale du cadre administratif et du cadre fonctionnel de l'imposition sur le revenu.

En effet, restructurer l'administration fiscale guinéenne passe par l'amélioration de la gestion des administrés. Ce qui est l'un des plus grands défis de la réforme à relever. En ce sens qu'une meilleure prise en charge des contribuables conduira à une meilleure compréhension de l'impôt et peut même être un facteur à sa meilleure acceptation.

Pour ce faire, renforcer le cadre administratif et institutionnel de l'imposition sur le revenu s'avère être un préalable indispensable à une gestion améliorée de l'impôt (Section I). Cette amélioration passe par une meilleure prise en charge des services offerts par l'administration et par l'amélioration des règles régissant la qualité de contribuable surtout dans un climat de suspicion (Section II). Ce qui permettra une meilleure compréhension de la notion de participation à la charge publique et conduira à une certaine confiance quant à la gestion des litiges pouvant naître des rapports entre l'administration et le contribuable.

SECTION I. RENFORCER LE CADRE ADMINISTRATIF ET INSTITUTIONNEL DE L'IMPOSITION SUR LE REVENU

Dans les rapports entre l'administration et les contribuables, il est important que la règle fiscale soit connue de tous ou tout du moins assez vulgarisée pour en permettre un accès facile. Pour une meilleure diffusion et une transparence de la règle fiscale au profit des administrés, il est nécessaire de revoir au préalable un certain nombre de choses parmi lesquelles : la création et le renforcement des relations entre administration et administrés (Paragraphe I), la mise en œuvre effective des contrats d'objectifs : levier de performance entre la DNI et le ministère délégué au Budget (Paragraphe II) et la création renforcée des structures administratives (Paragraphe III).

Paragraphe I. Créer et renforcer les relations entre l'administration fiscale et les administres

L'amélioration de la gestion des administrés passe par une meilleure prise en charge de la diffusion et la transparence de la règle fiscale (I). Pour ce faire, l'amélioration du statut de contribuable reste indispensable à une gestion améliorée de l'impôt (II).

Ce qui permettra une meilleure compréhension de la notion de participation à la charge publique entre l'administration et le contribuable.

I. La diffusion et la transparence de la règle fiscale

Dans les rapports entre l'administration et les contribuables, il est important que la règle fiscale soit connue de tous ou tout du moins assez vulgarisée pour permettre un accès facile. Pour une meilleure diffusion et la transparence de la règle fiscale au profit des administrés, il est nécessaire de revoir au préalable un certain nombre de choses parmi lesquelles la refonte du code général des impôts (1), la mise en œuvre de la doctrine fiscale (2) et aussi l'amélioration des services offerts aux administrés (3).

1. La refonte du code fiscal

Ainsi que cela a été souligné plus haut, l'imprécision, les lacunes voire les contradictions, des textes fiscaux constituent des obstacles majeurs à une bonne administration de l'impôt et créent pour les contribuables un élément d'insécurité particulièrement néfaste. Les aménagements fiscaux qu'implique la réforme proposée ne pourraient qu'aggraver la confusion si une refonte complète des textes fiscaux n'était pas entreprise.

L'édition d'un nouveau code général des impôts, rédigé de manière accessible et débarrassé de toutes dispositions inutiles, est à réaliser de manière urgente. En effet, le code général des impôts qui est appliqué en Guinée est la version 2004. Depuis cette date, aucune autre version de ce code n'a été publiée, les autorités guinéennes se contentent des publications du Journal officiel portant modification du code général des impôts. De ce fait pour consulter le code, il faut faire appel à son génie de documentaliste et surtout connaître très bien la matière.

Pourtant, un célèbre adage dit que « nul n'est censé ignorer la loi », de ce fait, pour appliquer de façon sérieuse et équitable aux Guinéens les dispositions législatives, il faudrait déjà qu'il existe un code général des impôts digne de ce nom.

Aussi, la rédaction de précis de fiscalité (un spécifique aux impôts, un autre à la réglementation douanière) traitant de la législation et de la doctrine applicable permettrait la diffusion d'une information claire. Assurer une large diffusion des textes fiscaux et de leurs modalités d'application est indispensable. Cependant, le plus souvent, un effort supplémentaire devrait être engagé pour rendre le langage de l'administration fiscale accessible au grand public ne connaissant souvent pas la langue officielle. La diffusion par des voies diverses (affiches, radio, télévision) de messages sur la fiscalité en langues locales, éventuellement illustrés, peut concourir à rapprocher l'administration fiscale des contribuables et à mieux faire admettre l'impôt.

2. L'élaboration et la diffusion de la doctrine fiscale

La doctrine, qui permet de préciser dans quelles conditions s'applique la loi fiscale, est créée par les décisions de l'administration et à l'occasion de contentieux. Afin que cette doctrine soit connue du plus grand nombre, deux suggestions sont possibles. L'incapacité constatée des juridictions traditionnelles à juger en matière fiscale conduit à proposer la création d'une commission de conciliation réunissant des représentants de l'administration et des contribuables. Le rôle de cette commission serait de trancher les litiges fiscaux et d'assurer la diffusion de l'information sur les décisions arrêtées. Afin de réduire les situations d'incertitude, source de litiges, il pourrait être prévu l'obligation pour l'administration de répondre dans un délai, par exemple de six mois maximum à toute demande d'un organisme représentatif (syndicat, association d'experts comptables) afin de fournir son interprétation de toute disposition fiscale publiée. Passé ce délai, l'interprétation la plus favorable au contribuable devrait être appliquée.

3. L'amélioration des services offerts aux administrés

Cette amélioration des services offerts par l'administration fiscale aux administrés passe par l'adaptation de l'offre de service (a), par l'adoption de meilleures stratégies de communication (b), et par une administration plus proche des contribuables(c).

a) L'offre de services comptables adaptés

Les services des experts comptables traditionnels répondent bien aux besoins d'entreprises de taille moyenne et importante qui disposent par ailleurs de leur propre service comptable. Cependant, en raison de leur coût et de leur conception, ces services sont beaucoup moins adaptés aux petites entreprises dont la comptabilité est souvent rudimentaire. Il serait certainement souhaitable de favoriser le développement de « comptables agréés » de niveau inférieur à celui des experts comptables qui puissent répondre à la demande de petites unités sans service comptable propre. Cette mesure pourrait inciter des contribuables à satisfaire à leurs obligations comptables et à opter pour le régime du réel sans contraintes excessives. Un dispositif transitoire pourrait alléger le coût de la régularisation de leur situation vis-à-vis de l'administration fiscale.

b) L'amélioration des stratégies de communication

La qualité des relations avec le contribuable est fondamentale pour améliorer le civisme des contribuables et ainsi stimuler la croissance des recettes fiscales guinéennes. La définition d'une stratégie de communication dans le cadre du projet de la SFI ainsi que sa réalisation permettraient de mettre en évidence que l'administration fiscale projette une image négative dans la population, au même titre, d'ailleurs, que la fonction publique en général. Cette mauvaise perception est encore plus accusée dans le cas de l'impôt. Les agents du fisc ont la réputation d'être riches et facilement corruptibles, et les structures administratives sont vues comme des « machines à sous » ou comme « des organismes officiels de racket[223] ».

Ces sentiments sont tels que la population a plutôt tendance à valoriser la désobéissance civile et la fraude que le civisme fiscal. Tel que souligné dans la stratégie de communication du projet, il est évident qu'il existe une « opposition » entre les contribuables et les services de l'Etat chargés de confidentialité et que la probité du personnel responsable est très négative.

Plusieurs actions en direction du contribuable sont possibles afin de faciliter et de rendre plus transparente sa relation avec le fisc. Ces mesures peuvent toucher plusieurs aspects, dont notamment :

- l'amélioration de la qualité des déclarations des contribuables en leur ouvrant l'accès à un support reconnu (centres de gestion agréés, label de qualité en matière fiscale, etc.) et de qualité pour l'établissement de leurs déclarations d'impôts directs et indirects ;
- l'introduction de principes de divulgation volontaire et de dénonciation pour respectivement régulariser une situation jugée incertaine par le contribuable après coup ou encore pour contribuer à dissuader du recours aux comportements frauduleux.

[223] Dans PAMORI, Stratégie de communication visant une mobilisation des recettes fiscales, janvier 2000.

Parmi les mesures de soutien au contribuable, plusieurs approches peuvent être mises en valeur, dont la reconnaissance officielle de services en matière fiscale par voie d'accréditation et la mise en place d'un service d'opinion préalable. Il est aussi possible de favoriser la création et l'accréditation de centres de gestion agréés (CGA) ou encore de reconnaître à des structures existantes un « label » de qualité en matière fiscale. Quelle que soit l'option retenue, il s'agit pour l'Etat d'une manifestation claire de sa volonté de voir les contribuables bien informés afin qu'ils s'acquittent de leurs obligations et bénéficient de tous leurs droits.

Par ailleurs, le maintien de niveaux de qualité élevés exige des mesures de contrôle de performance et de suivi. Cela signifie que les CGA ou les personnes et sociétés accréditées devront se soumettre à un cadre d'intervention et à des directives uniformes. L'autorité fiscale devra s'assurer de la qualité des prestations par des contrôles inopinés aussi bien auprès des structures accréditées que de leurs clients. Des travaux de piètre qualité devraient entraîner la suspension ou l'annulation de l'accréditation.

4. Une administration plus proche des contribuables

L'administration des Douanes en suivant la marchandise à l'import ou à l'export entretient des contacts fréquents avec les contribuables ou leurs représentants. En revanche, il convient de rapprocher aussi l'administration des impôts des contribuables. Les modalités de ce rapprochement dépendent étroitement de l'utilisation de relais (a) et de la restauration de l'autorité hiérarchique (b).

a) L'utilisation de relais

Dans l'hypothèse où des zones, en raison d'un potentiel fiscal faible, ne justifient pas une déconcentration de l'administration, il serait opportun de rechercher des relais aux centres des impôts trop éloignés pour assurer efficacement une présence sur le terrain. Les collectivités locales (communes) pourraient être associées au recensement et au recouvrement des impôts synthétiques, l'établissement d'une liaison avec l'administration fiscale serait alors nécessaire. Cette association pourrait être facilitée par le partage du produit de ces impôts.

Cependant, la capacité administrative souvent faible des collectivités locales incite à ne pas négliger des solutions alternatives.

Une autre catégorie de relais non exclusifs des précédents peut être recherchée dans d'autres administrations financières et notamment auprès des services du Trésor. Dans divers pays, les services du Trésor forment un réseau bien implanté sur l'ensemble du territoire. Par contre, en Guinée, en dehors de celui à Conakry, il n'existe qu'un seul service du Trésor par préfecture. Il serait donc utile et possible de rechercher des complémentarités et de confier aux services du Trésor des missions de recensement, d'évaluation de l'assiette et de recouvrement, notamment pour les impôts synthétiques mobilisables dans leur circonscription géographique.

Ceci est d'autant plus facile à envisager que de telles tâches entrent actuellement dans le champ de compétence du Trésor. Ainsi, dans l'hypothèse où l'administration fiscale cumulerait les fonctions d'assiette et de recouvrement, le réseau du Trésor pourrait être chargé de ces missions dans des zones où la présence de l'administration fiscale ne serait pas assurée ou ne serait pas indispensable. Encore, faut-il que l'Etat procède à une déconcentration des services du Trésor en les implantant de façon large sur l'ensemble du territoire.

b) La restauration de l'autorité hiérarchique

La restauration de l'autorité hiérarchique dans les administrations financières africaines et en particulier en Guinée est très dépendante de la situation des Etats africains. Cependant, des actions spécifiques communes à ces Etats pourraient être engagées.

Une première catégorie d'actions consisterait à mieux former les personnels. Les cadres des administrations financières (catégorie A) ont le plus souvent bénéficié d'une assez bonne formation initiale. Cependant, compte tenu de la technicité de leur fonction, il serait souvent nécessaire de prévoir une plus grande spécialisation de la formation : une école inter-état des administrations financières africaines constituerait probablement la meilleure solution car les flux de cadres nécessaires à chaque pays sont trop faibles pour justifier une telle structure dans les différents pays. Les employés non-cadres des administrations financières sont souvent formés sur le terrain et ne bénéficient pas ou peu de formations organisées au cours de leur vie professionnelle. Des formations spécifiques, notamment des recyclages, seraient donc utiles et nécessaires. Une politique de promotion interne serait de nature à accroître la motivation de ces personnels.

De plus, il serait utile d'amender les méthodes d'animation des services. Des instructions précises accompagnées d'objectifs quantifiés (nombre de dossiers à traiter, taux de recouvrement à atteindre…) devraient être adressées aux services. Il serait utile, comme dans toute organisation importante, qu'un corps de fonctionnaires de haut niveau soit mis en place pour contrôler, animer le fonctionnement des services et veiller à l'application de sanctions en cas de manquements. Ce corps de fonctionnaires aurait aussi pour mission de proposer à la demande des autorités des mesures destinées à améliorer le fonctionnement des services financiers.

II. L'amélioration du statut de contribuable

Tout système fiscal fixe un cadre général à l'intérieur duquel se nouent des relations entre l'administration fiscale et les contribuables. Ce cadre prévoit un ensemble d'obligations dont le non-respect expose le recouvrement à des sanctions pécuniaires, voire pénales. En contrepartie, la loi fiscale confère droits et garanties permettant aux contribuables d'avoir avec le fisc des rapports normalisés et équilibrés, ceci en vue de préserver et améliorer le principe du consentement à l'impôt.

Les systèmes fiscaux des développés offrent aux citoyens un ensemble très développé de garanties et de voies de recours aussi bien administratives que juridictionnelles qui équilibrent les pouvoirs dont dispose l'administration fiscale de ces pays. Globalement, dans les pays africains, les obligations fiscales sont peu nombreuses en raison de la nature même de leurs systèmes fiscaux qui reposent largement sur des techniques indiciaires ou forfaitaires, lesquelles font peu appel à la collaboration du contribuable. De même que les droits et garanties accordés restent embryonnaires en raison du caractère non consensuel de la fiscalité de ces pays.

La législation fiscale guinéenne présente à peu près les mêmes droits, obligations et garanties que celle française[224]. Toutefois, la densité et l'abondance de la législation française, tant au niveau des textes que de leur application, créent la différence. Dans le cadre de la réforme fiscale que nous préconisons, il paraît utile de revisiter le statut du contribuable guinéen, à travers les garanties procédurales (1) et les garanties en matière de vérification (2).

1. Les garanties procédurales

En vue de réunir les informations qui lui sont nécessaires pour contrôler la régularité des déclarations à souscrire par les contribuables et d'en vérifier la sincérité, l'administration fiscale dispose d'un arsenal juridique complet et recourt à des procédures de contrôle diversifiées et précises. Parallèlement, ces pouvoirs d'investigation et ces procédures sont insérés dans un cadre juridique visant à protéger les droits des contribuables. En matière de procédure, ces garanties sont mises en œuvre aussi bien lors des procédures de contrôle (a) que lors des procédures de redressement (b).

a) Garanties au niveau des procédures de contrôle

Le contrôle est « l'action de l'administration fiscale qui consiste à vérifier a posteriori les déclarations des contribuables[225] ». C'est l'une des principales activités de l'administration fiscale dans sa gestion de l'impôt. Il

[224] Ce fait résulte, entre autres choses de l'attachement d'une ancienne colonie à son ancien maître.

[225] Lexique fiscal, 2ème éd., 2005, p.48.

permet par des procédures et des techniques, prévues par le législateur, de s'assurer que les contribuables ont souscrit à leurs obligations et, au besoin, de réparer les préjudices causés au Trésor public par les infractions à la législation fiscale. Ces procédures prévues par le législateur constituent les pouvoirs dont disposent les services de contrôle pour mener à bien leurs missions. En Guinée, le cadre légal des procédures de contrôle fiscal est fixé par les dispositions des articles 648 et suivants du CGI. Elles renferment le droit de communication et les garanties en matière de vérification.

b) Le droit de communication

Le droit fiscal est dans son ensemble dominé par les prérogatives de puissance publique. Sa mise en œuvre confère à l'administration fiscale d'importantes prérogatives comme le droit de communication[226], qui lui permet de prendre connaissance et, au besoin, copie d'un certain nombre de documents en vue de leur utilisation à des fins d'assiette, de contrôle ou de recouvrement de tous les impôts[227]. Ces documents peuvent être exigés des contribuables mais aussi des tiers.

Ce droit est distinct de l'obligation de communication faite à certaines personnes : employeurs, contribuables, versant des rémunérations aux tiers, redevables opérant la retenue de l'impôt. Il est également distinct du droit de vérification car il ne peut pas directement aboutir à l'établissement d'impositions supplémentaires. Sont assujettis à ce principe général, d'une part les organismes publics (art.650, bis-LF.2011), d'autre part, de façon générale, tous les commerçants et en particulier les banquiers, administrateurs de biens et autres commerçants faisant profession de payer des revenus de valeurs mobilières ou dont la profession comporte à titre accessoire des paiements de cette nature[228].

La mise en œuvre du droit de communication est à l'initiative de l'administration, et ne peut s'exercer que sur demande écrite. En principe le droit de communication peut s'exercer sur place et dans les locaux des personnes physiques et morales intéressées où sont détenus les documents. Toutefois, les personnes auprès desquelles est exercé ce droit de communication doivent recevoir une décharge dûment signée par l'agent de l'administration fiscale habilité à cet effet.

Si l'exercice du droit de communication pose, d'une manière générale, dans la pratique, peu de problèmes juridiques et contentieux, dans le

---

[226] CE, 1er juillet-1987, n°54222, Marcantetti, Concl.Fouquet, RJF 1987, n°10, P.505 à 507 et GAJF, thème, n°54, pp.844-851.

[227] Articles L 81 et suivants du livre de procédures fiscales français.

[228] Contrairement en Guinée où les autorités judiciaires ne sont pas astreintes au droit de communication, en France, le droit de communication peut s'exercer même auprès « des autorités judiciaires selon un processus qui sauvegarde leur indépendance », (articles : L.82 C et L.101 du LPF).

contexte guinéen, ses modalités d'exercice n'étant pas encore bien définies, son application donne lieu à toutes sortes d'abus. D'abord, parce qu'il n'est pas encore entré dans les mœurs, et que les administrations et organismes publics qui y sont assujettis renâclent à répondre aux demandes des services du fisc.

Dans un tel contexte, les agents du fisc, pour dégager leur responsabilité, et garder la trace des démarches effectuées auprès des contribuables, en sont très souvent réduits à envoyer leur courrier en recommandé, hors délai, de façon discontinue et partielle. Et puis, ils ont parfois tendance à confondre le droit de communication et le droit de vérification.

En définitive, nous retenons que le domaine d'application du droit de communication est bien large en Guinée, mais que les règles définissant cette procédure et le manque de jurisprudence fiscale limitent pleinement son exercice. Outre les observations sus-indiquées, il doit rester cantonné dans son domaine propre, à savoir celui du relevé des écritures contrairement à la vérification de procédure.

c) Garanties en matière de vérification

Contrairement au droit de communication, le pouvoir de vérification est l'opération qui consiste à s'assurer de la sincérité d'une déclaration fiscale en la confrontant à des éléments extérieurs[229]. Autrement dit, il a pour objet d'examiner la sincérité et la régularité des déclarations souscrites et d'assurer, le cas échéant, les redressements nécessaires.

En Guinée, ce pouvoir prend deux variantes : la vérification sur place et la vérification sur pièces. En Guinée, l'administration fiscale dispose du seul droit de vérification qui peut revêtir plusieurs formes : la vérification sur la base d'une procédure contradictoire, ou encore selon la procédure d'office ou la vérification sur demande du contribuable. Ainsi, chaque fois que l'administration se propose de rectifier les déclarations souscrites par le contribuable, elle recourt à son droit de vérification qu'elle tire de la législation fiscale réglementant l'impôt à contrôler. Mais ce droit de contrôle ne doit pas aller jusqu'à l'arbitraire et l'administration est tenue de respecter certaines règles de procédure sous peine de nullité de son action. En la matière, les dispositions de l'article 666 du CGI encadrent parfaitement ce droit.

Ces garanties liées au droit de vérification sont à distinguer de celles qui sont prévues en matière de redressement. Elles sont multiples et renferment notamment l'obligation d'information du contribuable. La vérification ne peut être engagée que si le contribuable a été informé par l'envoi ou la remise d'un avis de vérification. L'avis doit laisser au contribuable un délai

---

[229] P.Sorlooten, La fiscalité française, éd.Dalloz, 2000,p.35. Voir aussi J.Grosclaude, P.Marchessou, Procédures fiscales, 3ème éd.2004, p.155.

raisonnable lui permettant d'user de la faculté de se faire assister d'un conseil de son choix.

1. Garanties au niveau des procédures de redressement

La mise en œuvre des procédures de contrôle peut permettre de constater des omissions, insuffisances ou des dissimulations commises par le contribuable. Mais le paiement des suppléments de droit, majorés pour cause de retard ou sanction, ne peut être réclamé qu'après l'aboutissement d'une procédure de redressement. Le droit fiscal prévoit plusieurs procédures de redressement, applicables selon la situation des contribuables au regard de leurs obligations déclaratives ou selon les impôts concernés. Mais, quelles que soient autant de garanties accordées au contribuable vérifié, les procédures de redressement peuvent résulter soit de la procédure de droit commun (a), soit de la procédure de taxation d'office (b).

a) La procédure de droit commun

La recherche de la matière imposable s'effectue suivant deux modalités ou procédures de droit commun : la déclaration contrôlée ou l'évaluation forfaitaire.

Les procédures de droit commun de redressement ont pour caractéristique essentielle d'être contradictoires, en ce sens qu'elles visent à préserver les droits des contribuables en obligeant l'administration à ne pas établir d'imposition supplémentaire correspondant à des rectifications portant sur des questions de droit et de fait.

Enfin, qu'il s'agisse d'une vérification sur pièces ou sur place, l'administration doit toujours porter à la connaissance du contribuable les résultats du contrôle. Si aucune anomalie n'a été constatée ou si les justifications fournies ont été jugées satisfaisantes, l'administration doit adresser un avis d'absence de redressements. Si, au contraire, des redressements sont envisagés, l'administration doit en informer le contribuable par l'envoi d'une notification de redressements. Dans cette hypothèse, le contribuable doit avoir le droit de demander quelles sont les conséquences de son acceptation éventuelle des redressements envisagés[230].

b) La taxation d'office

Les procédures de taxation d'office sont en principe mises en œuvre dans le cas où les contribuables n'auraient pas respecté leurs obligations déclaratives de tenue de comptabilité et de respect du droit de contrôle. Elles permettent à cet effet à l'administration fiscale « d'imposer à partir des éléments dont elle dispose tout en mettant à la charge de l'intéressé la preuve

---

[230] J Grosclaude, P. Marchessou, Procédure fiscale, 3ème éd. 2004, p.174.

de l'inexactitude des impôts ainsi établis[231] ». Ces procédures, malgré leur caractère contraignant, sont soumises à certaines règles visant à instituer un dialogue entre l'administration et cette catégorie de contribuables. Elles accordent à ceux-ci toutes les garanties en vue de contester les impositions mises à leur charge. Avant de voir les conditions d'amélioration de ces garanties tant au niveau du déroulement que des effets de la procédure de taxation d'office, examinons d'abord son domaine d'application qui est strictement délimité par la loi contrairement à la procédure contradictoire.

En Guinée, la taxation d'office, prévue à l'article 27(L.F. 2012) et suivants du CGI, tient lieu de droit en cas d'absence de déclaration ou de déclaration tardive. Il en est ainsi lorsque le contribuable n'a pas produit sa déclaration dans les délais prévus à cette fin par l'article 19 CGI, ou a produit une déclaration incomplète, sur laquelle manquent les renseignements nécessaires à l'assiette et au recouvrement de l'impôt. Par ailleurs, le contribuable qui se place à tort sous le régime du forfait alors qu'il doit être imposé sous le régime réel, est, lorsqu'il n'a pas produit les documents comptables qu'il doit tenir normalement, taxé d'office. Peuvent subir la sanction de taxation d'office tous les usagers qui s'opposeraient volontairement de leur propre chef ou par autrui à un contrôle fiscal.

Paragraphe II. Mettre en œuvre les contrats d'objectifs : levier de performance de la DNI

Les autorités guinéennes souhaitent faire évoluer le modèle de gestion des administrations fiscales vers un pilotage par objectifs. Elles envisagent la mise en place de contrats de performance entre le ministère des Finances et la DNI[232]. Ce dispositif moderne offre de multiples avantages : accroître les ressources budgétaires, responsabiliser la DNI dans ses devoirs régaliens, motiver le personnel de cette entité, mutualiser les efforts entre le ministère de tutelle et l'administration fiscale, etc. Compte tenu des avantages certains que ce contrat doit impulser, il s'avère nécessaire de le maintenir et de le renforcer annuellement.

[231] D. Richer, Les procédures fiscales, QSJ, n°2565, PUF, 1990, p.49 et J. Grosclaude, P. Marchessou, op. cit., p.200.

[232] Gilles Montagnat –Rentier, Stéphane Schlotterbeck, Brian Jones, René Ossa, Kalou Doua-Bi et Vincent Koukpaïzan, Fonds monétaire international, Département des finances publiques, Modernisation des administrations fiscale et douanière, Décembre 2007 p. 23

I. Renforcer le contrat de performance entre le ministère délégué au Budget (MDB) et la DNI

L'idée de mise en œuvre d'un contrat de performance prend sa source au niveau du système fiscal français. Ce n'est qu'en 2008 que la Guinée a connu une telle technique managériale.

En effet, ce contrat oblige la direction nationale des impôts à s'engager autour d'un nombre limité d'objectifs stratégiques, déclinés en objectifs opérationnels fixés en fonction des priorités du gouvernement. Il engage en revanche, le ministère délégué au Budget à mettre à la disposition de la direction nationale des impôts des ressources matérielles et financières et à lui apporter l'appui nécessaire pour la réalisation de ses objectifs.

Chemin faisant, pour réussir sa politique budgétaire dans une dynamique tant recherchée, et pour accroître les recettes fiscales dans une perspective d'efficacité touchant l'imposition sur le revenu également, il s'est avéré nécessaire que le département en charge des finances publiques se penche sur la problématique ou politique d'objectifs contractualisés entre les grandes régies de recettes du pays (DNI, et DGD) et lui. Ce contrat de performance vise deux grands objectifs (stratégiques et opérationnels).

Quels sont, à cet égard, les objectifs stratégiques et opérationnels visés par ce contrat de performance que signent tous les ans les régies financières avec le département de tutelle ?

1. Les objectifs stratégiques[233]

Concernant les objectifs, ils sont fondés sur quatre piliers fondamentaux à savoir :

- la promotion du civisme fiscal grâce aux services de qualité que l'administration fiscale doit rendre aux usagers et à la simplification des procédures et des textes qui régissent le droit fiscal en vue de faciliter l'acceptation de l'impôt et son paiement aux assujettis ;
- la mobilisation accrue des recettes fiscales de l'Etat et des collectivités en vue de couvrir les besoins budgétaires sans cesse croissants de la puissance publique et de ses démembrements ;
- la lutte contre la fraude et l'évasion fiscales par le renforcement des dispositifs en matière de contrôle fiscal ;
- l'élargissement de l'assiette fiscale en mettant dans le panier ou paquet fiscal les contribuables qui échappent à la gestion et au contrôle du fisc, d'une part, et en fiscalisant pertinemment et efficacement les opérateurs économiques évoluant dans le secteur informel, d'autre part.

---

[233] Contrat de performance signé entre le ministère délégué au Budget et la DNI en 2012.

2. Les objectifs opérationnels

En revanche, les objectifs opérationnels sont des variables liées au fonctionnement des éléments constitutifs de la technique fiscale que sont : l'assiette, la liquidation, le contrôle et le recouvrement des impôts et taxes. Ce sont des variables de plusieurs natures exprimées en pourcentage par rapport à telle ou telle activité spécifique liée à la gestion fiscale en Guinée. Il s'agit entre autres :

- de la réduction drastique du taux de défaillance déclarative en matière de TVA et d'IS ou de BIC ;
- de l'affaissement du taux des restes à recouvrement au minimum possible ;
- du traitement diligent des contentieux fiscaux dans les délais par l'administration fiscale ;
- du taux de couverture des risques en matière d'enquêtes qui doit être conséquent ;
- du taux de couverture du contrôle fiscal dans l'ordre de 20% avant 2013 doit être rehaussé passant de 20 % à 30% pour 2014.

Somme toute, il appartiendra à toutes les parties contractantes de respecter scrupuleusement les termes de ce document si l'Etat veut réussir ce pari qui nous semble incontournable pour accroître la performance du système fiscal guinéen et particulièrement l'imposition sur le revenu. En d'autres termes, pour répondre aux impératifs de performance et d'efficacité du système fiscal, nous recommanderions que les indicateurs de performance décrits ci-dessus soient révisés et bien adaptés au contexte contributif réel du pays et que l'autonomie de gestion et de décision soit absolument accordée à l'autorité de la DNI. Dans le cas contraire, ce contrat de performance serait une simple coquille vide.

II. Renforcer le contrat de performance entre la DNI et ses services centraux

La direction nationale des impôts (DNI), dans le souci d'accroître ses performances traduites dans le contrat qu'elle signe tous les ans avec le ministère de tutelle, se voit également dans l'obligation de décliner le même contrat entre ses services centraux et elle. Cela, dans l'optique d'assurer une gestion participative saine et efficace au niveau de tous les maillons de la chaîne de l'appareil fiscal impliqués surtout dans les opérations d'assiette, de contrôle et de recouvrement des impôts et taxes relevant de leur compétence. Au niveau de l'administration centrale de la DNI, les services concernés sont :

- le service des grandes entreprises (SGE) comprenant en son sein trois (3) divisions : gestion des dossiers, contrôle fiscal et recouvrement et remboursements crédit TVA. Chaque division comporte au moins trois sections ;

- le service des moyennes entreprises (SME) comprend également trois divisions : gestion des dossiers, contrôle fiscal et recouvrement. Chacune des divisions comporte au moins trois sections à l'instar du SGE.

Dans le processus de déclinaison du contrat de performance, le directeur national des impôts signe ce contrat a priori avec les chefs du service des grandes entreprises et moyennes entreprises et a posteriori les deux chefs des services concernés signent avec les chefs de division et les derniers signent avec les chefs de section de leur ressort administratif.

En somme, les indicateurs de performance dans le contrat initial signé entre le département et la DNI sont presque identiques à ceux déclinés entre la DNI et les services centraux opérationnels. Il convient de noter en passant que les services centraux de pilotage, excepté l'inspection générale des services fiscaux, ne sont pas concernés par ce contrat de performance en termes de déclinaison.

III. Décliner le contrat de performance entre la DNI et ses services déconcentrés

Les services déconcentrés de la direction nationale des impôts du point de vue étendue territoriale, débutent par les cinq communes de la capitale Conakry, y compris le gouvernorat de la ville du même nom, pour finir par les 33 préfectures de la Guinée sans ignorer les sept régions administratives.

En effet, dans chaque commune et préfecture la DNI est représentée par un chef de section des impôts. Tandis qu'au niveau régional, elle est représentée par un inspecteur régional des impôts.

Dans le cadre de la déclinaison du contrat de performance entre les autorités de la DNI et les services déconcentrés concernés, il appartient dans un premier temps au directeur national des impôts par délégation accordée à l'inspecteur général des services fiscaux signe ce contrat avec les inspecteurs régionaux des impôts, et, dans un second temps, ce document est signé entre les inspecteurs régionaux des impôts et les chefs de section des impôts des préfectures ; puis, enfin, l'inspecteur général des services fiscaux avalise ce contrat avec les chefs de service communaux des impôts de la ville de Conakry, y compris le gouvernorat du même nom.

En définitive, ce qui est important de souligner ici est que le contrat de performance ne peut avoir sa vraie portée en termes d'efficacité si et seulement si les dispositions qu'il contient sont strictement respectées par les différentes parties, si l'autonomie de gestion des ressources matérielles, financières et humaines est observée à la lettre par le département de tutelle.

C'est à ces seuls prix que le contrat de performance pourrait avoir sa justification et sa raison d'être en tant que levier d'efficacité pour améliorer le système fiscal et implicitement l'imposition sur le revenu en République de Guinée.

PARAGRAPHE III. CRÉER ET RENFORCER LES STRUCTURES ADMINISTRATIVES

Créer et renforcer les structures administratives centrales et déconcentrées de la DNI chargées de la gestion fiscale en général et de l'impôt sur le revenu en particulier passe nécessairement, selon nous, par deux principales voies. La première se focalise sur les organes administratifs chargés de la gestion des dossiers de déclarations des contribuables (I) et la seconde est basée sur les dispositifs administratifs chargés du contrôle des dites- déclarations (II).

I. Réorganiser les dispositifs de gestion de l'imposition sur le revenu

Au niveau des organes de gestion des impôts et taxes dans la structure centrale (SGE, SME) de la DNI, beaucoup de tares ont été détectées dans la partie I de cette thèse dont entre autres : le dysfonctionnement entre services centraux de pilotage et services centraux opérationnels, la concussion, la mauvaise tenue des dossiers déclaratifs des usagers, la non-maîtrise des outils techniques et informatiques de gestion au niveau de la plupart des agents, le manque de connaissances des notions de comptabilité et de droit fiscal, etc.

Face à ces maux désastreux constatés au sein du système fiscal guinéen pénalisant le rendement de tous les impôts d'Etat, y compris les impôts sur le revenu ; il nous a paru important de proposer quelques mesures pertinentes de réformes :

- mettre en place des dispositifs administratifs consistant à bien distinguer les services centraux opérationnels des services centraux de pilotage ;
- bannir entièrement le système de concussion qui gangrène l'esprit des gestionnaires des dossiers ;
- former en comptabilité et en droit fiscal les cadres n'ayant pas reçu de formation au métier de fiscaliste ;
- former continuellement les gestionnaires des dossiers à l'outil informatique ;
- centraliser la gestion de la fiscalité immobilière qui, de nos jours, constitue un des talons d'Achille de notre système fiscal en dépit de la croissance exponentielle de la matière imposable dans le secteur

immobilier et des revenus importants qu'encaissent les propriétaires fonciers.

II. Renforcer les organes du contrôle fiscal en matière d'imposition sur le revenu

En Guinée, tout comme dans beaucoup de pays d'Afrique, d'Europe et d'Amérique, le système fiscal est déclaratif. Or, l'on n'est pas sans savoir que, dans le régime déclaratif, l'administration fiscale accorde aux contribuables une certaine garantie que l'on peut appeler ''présomption de sincérité''. Cependant, la contrepartie de cette sincérité ou liberté de déclaration c'est le contrôle fiscal ou droit de reprise de l'administration. Ce contrôle peut revêtir plusieurs formes : sur pièces et sur place.

1. Contrôle sur pièces des déclarations souscrites par les usagers

En Guinée, il existe deux types essentiels de déclaration : déclaration mensuelle unique et déclaration de résultats annuelle. Les deux formes de déclaration sont gérées par les services d'assiette de la DNI (au niveau central : le SGE et le SME habilités à gérer la TVA et les autres impôts indirects et les impositions sur le revenu ; et, au niveau déconcentré : les services communaux et préfectoraux qui ne gèrent que les impôts locaux et faiblement quelques impôts d'Etat, y compris l'IR).

Au niveau central, la DMU qui est un formulaire de déclaration comporte deux volets (recto et verso). Au recto de cet imprimé technique, figurent quelques impôts sur le revenu tels que la RTS, le VF, la TA, la RSRNS, la RSL. Tandis qu'à son verso, c'est seulement la TVA qui est concernée. Ainsi, au plus tard le 15 de chaque mois, l'obligation est faite à tous les usagers soumis au régime du SME et du SGE de souscrire leur déclaration d'impôts directs et d'impôts indirects visés par la loi. Au sein des structures de gestion, l'on a constaté que les dossiers déclaratifs des usagers étaient mal tenus, les défaillants déclaratifs n'étaient pas relancés, les agents animant les cellules de gestion des dossiers n'avaient pas la compétence professionnelle requise, etc.

Alors, pour pallier ces insuffisances de gestion et accroître la performance liée à l'imposition sur le revenu, l'on envisagerait les mesures suivantes :

- réorganiser les méthodes de tenue des dossiers déclaratifs des usagers basées sur des diagnostics plans d'action où chaque agent devrait avoir une norme de travail qui serait quotidiennement appréciée et évaluée par son supérieur hiérarchique ;
- former les agents à la compétence métier ;
- n'affecter aux postes stratégiques de gestion des grandes et moyennes entreprises que des agents et cadres ayant régulièrement suivi leur

formation au sein des écoles de régie financière en France (Clermont – Ferrand ou Université Paris- Dauphine, etc.).
– sanctionner positivement ou négativement les agents en fonction de leur mérite.

2. Contrôle sur place des déclarations ponctuelles et annuelles des usagers

Le contrôle fiscal sur place en Guinée comme ailleurs consiste à faire examiner par les inspecteurs vérificateurs de l'administration la situation fiscale des entreprises par rapport à leur obligation déclarative d'impôts et taxes auxquels elles sont assujetties.

En effet, ce contrôle, conformément à la législation fiscale guinéenne, revêt deux formes : le contrôle ponctuel qui vise les déclarations des impôts et taxes sur DMU et le contrôle de comptabilité encore appelé contrôle exhaustif qui vise les déclarations annuelles en matière d'IS ou de prélèvement BIC.

Dans la première partie de ce travail, l'on a dépeint les maux majeurs qui paralysent le système fiscal sans pour autant oublier l'imposition sur le revenu dont le contrôle fiscal était partie prenante de cette pathologie : corruption des inspecteurs vérificateurs, incompétence professionnelle, manque de motivation, pas de plan d'action, manque de logiciels de programmation informatique, etc.

Pour justement inverser la tendance et accroître la performance du contrôle fiscal pouvant impacter l'imposition sur le revenu en Guinée, les mesures suivantes seraient envisagées :

– réorganiser et renforcer toutes les structures de contrôle fiscal des grandes et moyennes entreprises en créant des brigades spécialisées dans le contrôle des dossiers à fort enjeu tels que les dossiers des sociétés minières qui font usage de prix de transfert non encore maîtrisés par les équipes de vérification dans le seul dessein de frauder le fisc ;
– former initialement et continuellement à la technique de contrôle fiscal les agents et cadres dédiés à ce métier ;
– sanctionner toutes les pratiques frauduleuses tant chez les contribuables récalcitrants que chez les fonctionnaires affectés au contrôle fiscal ;
– créer la motivation au sein des cadres et agents intègres : en leur accordant des promotions et des primes spéciales en fonction de leur valeur intrinsèque ;
– élaborer et mettre en œuvre un plan d'action du contrôle fiscal prenant en compte la politique de performance contractualisée de la DNI ;
– mettre en place des logiciels informatiques bien précis et adaptés aux exigences du contrôle fiscal efficace et moderne.

PARAGRAPHE IV. RENFORCER LES MESURES INSTITUTIONNELLES DE CONTRÔLE

Les mesures administratives renforcées au sein de l'administration fiscale ne suffisent pas quand on envisage d'accroître les capacités de gestion des finances publiques d'une part et les produits des impôts et taxes d'autre part au sein de notre pays. Il faudrait, alors, en toute réalité que celles-ci soient nécessairement appuyées par d'autres dispositifs institutionnels de contrôle tels que l'inspection générale des finances dont relève la DNI, le contrôle d'Etat relevant de la présidence de la République, la Cour des comptes et le comité anticorruption.

I. Le renforcement de l'inspection générale des finances

L'inspection générale des finances est un organe de contrôle technique rattaché au ministère de l'Economie et des Finances qui a pour mission le suivi de tous les flux de recettes et dépenses de l'Etat dans le cadre de l'exécution budgétaire de tous les départements ministériels de la République de Guinée. Elle a le pouvoir d'exercer des contrôles stricts au niveau de toutes les directions techniques du ministère des Finances telles que : la direction nationale des impôts(DNI), la direction générale des douanes (DGD), la direction nationale du Trésor et de la comptabilité publique (DNTCP), la direction nationale des marchés publics (DNMP). Mais, paradoxalement, comme nous avons souligné dans la première partie de ce travail, cet organe n'est quasiment pas dynamique et opérationnel par rapport aux attentes de performance de l'Etat.

Pour que l'inspection générale soit performante dans le but d'impacter les résultats de l'administration fiscale dans le processus de gestion de tous les impôts et taxes en Guinée, l'on proposerait les mesures ci-après :

- restructurer l'inspection générale des finances en tant que service phare et d'appui du ministre des Finances dans le cadre du suivi des opérations budgétaires liées aux recettes et dépenses de l'Etat : prévoir un nouvel organigramme sérieux piloté par des ressources humaines hautement qualifiées et professionnellement bien formées, patriotes et incorruptibles ;
- programmer chaque mois ou chaque trimestre des contrôles au sein des directions des régies pour évaluer leur performance en conformité avec la vision politique et économique du département de tutelle ;
- établir un contrat de performance entre cet organe de contrôle et le ministère de tutelle soumis à l'évaluation par semestre et sous l'autorité du ministre en charge de l'Economie et des Finances.

II. Le contrôle d'Etat ou l'Inspection générale d'Etat

Le contrôle d'Etat (ancienne appellation) ou l'inspection générale d'Etat (dénomination actuelle) est un haut organe de contrôle rattaché à la présidence et placé sous l'autorité directe du président de la République de Guinée. En effet, il a le même rang et les mêmes distinctions honorifiques que l'administration du contrôle général au Mali. Mais, en Guinée, cet instrument précieux de contrôle est encore paralysé et pourquoi ? L'on ne saurait le dire ! C'est un puits profond.

De toute façon, pour relever le défi dans ce domaine, l'on envisage l'application par les gouvernants des mesures idoines ci-après :

- faire renaître effectivement cet organe de contrôle et le restructurer tant sur le plan organisationnel que sur le plan fonctionnel ;
- doter cette nouvelle structure des ressources humaines compétentes, loyales et incorruptibles sans distinction de sexe, de couleur, d'ethnie, etc.
- renforcer l'autorité de l'Etat et du président de la République grâce aux résultats positifs que cet organe engendrerait par son travail bien fait sur le terrain

III. La mise en place de la Cour des comptes

La Cour des comptes a cessé d'exister en Guinée depuis plus de trente ans. Elle avait été créée par l'ancien régime de feu Ahmed Sékou Touré, premier président de la Guinée depuis son accession à l'indépendance en 1958 jusqu'en 1984[234]. Son rôle était fondamental dans le gouvernement de Sékou Touré, car elle avait pour missions essentielles d'examiner ou d'approuver ou pas la sincérité de tous les comptes publics tenus au sein des entreprises d'Etat (Entreprises régionales de commerce, en abrégé ERC, banques étatiques et sociétés d'économie mixte par les comptables assignataires) : bilans, comptes de résultats, etc.

Cet organe de contrôle étatique était hautement positif pour le budget de l'Etat ainsi que pour l'économie nationale, car tous les mauvais gestionnaires appréhendés suite à un contrôle étaient non seulement inquiétés professionnellement mais poursuivis et sanctionnés juridiquement si bien que les biens de l'Etat étaient sérieusement préservés.

Mais ce dispositif a cessé d'exister. Compte tenu de l'ampleur des détournements des deniers publics en Guinée et vu l'explosion des mauvaises pratiques de gestion des choses publiques, il serait donc nécessaire que cet organe de contrôle renaisse et qu'il soit bien restructuré et bien fonctionnel, car cela permettrait à l'Etat de voir son autorité réinstaurée

[234] 3 avril 1984, constitua une date historique du peuple de Guinée où l'armée guinéenne a pris le pouvoir sous le règne du colonel Lansana CONTE. Ce dernier s'est éteint fin 2008.

et sa politique de bonne gouvernance économique assurée dont l'impact pourrait se ressentir sur les finances publiques et implicitement sur la fiscalité à propos de laquelle l'imposition sur le revenu a son mot à dire.

IV. Le comité anticorruption

Le comité anticorruption est un organe créé depuis le régime de feu Lansana CONTE, président de la deuxième République de Guinée. En effet, comme son nom l'indique, ce comité devrait avoir pour mission la lutte, l'atténuation et l'éradication de toutes les formes de corruption qui ont gangrèné jusque-là les 4 quatre régions naturelles du pays : la basse Guinée, la moyenne Guinée, la haute Guinée et la Guinée forestière.

En effet, connaissant l'enjeu ou l'ampleur très élevée de ce phénomène, en 2012, le pays a été classé en bonne place parmi les Etats les plus corrompus au monde. Face à ce fléau dangereux qui n'épargne aucun secteur de la vie socio-économique et politique de notre nation que faut-il faire pour lutter efficacement contre lui ?

Une très grande problématique à laquelle nous allons donner quelques pistes de solutions. Il faut :

- renforcer les dispositifs juridiques et judiciaires dans tout le pays par la lutte contre l'impunité au sein de l'appareil judiciaire ;
- généraliser la lutte contre l'impunité à tous les niveaux de l'appareil étatique ;
- sanctionner visiblement les auteurs de la corruption devant le peule ;
- faire restituer l'objet de la corruption au bénéfice du Trésor public ;
- radier des effectifs de la fonction publique tout agent ou cadre se livrant à des actes de corruption ;
- faire des battages médiatiques réguliers ou permanents (radio, télévision, presse écrite en ligne, ou sur support journal, etc.) à l'endroit des citoyens à quelque niveau que ce soit.

Le renforcement des capacités institutionnelles en Guinée étant une étape cruciale lorsque l'Etat envisage de se doter de toutes les vertus de la performance, alors cet état de choses doit aussi être appuyé par le cadre opérationnel et fonctionnel des instruments importants permettant à l'administration fiscale de gérer techniquement l'imposition sur le revenu dont elle a la charge (section II).

SECTION II. RENFORCER LE CADRE OPÉRATIONNEL ET FONCTIONNEL DE L'IMPOSITION SUR LE REVENU

La direction nationale des impôts connait de sérieux dysfonctionnements qui perturbent ou affectent sa rentabilité. Les services centraux opérationnels importants que sont le SGE, la SME, la division enquêtes etc. échangent difficilement, voire n'échangent pas du tout d'informations entre eux. Cependant, tous ces services relèvent d'une même direction et devraient faire front commun et communiquer efficacement entre eux pour gérer les dossiers déclaratifs ou pas des usagers d'autant plus que ces deux services constituent les services phares de la DNI. Mais, malheureusement, ils n'observent pas encore les pratiques de transparence dans les échanges d'informations.

Pour pallier efficacement cet état de fait, l'on se propose de procéder à l'analyse de tous les facteurs importants permettant de renforcer le système d'informations entre les services centraux de pilotage du SGE et du SME (paragraphe I) d'une part et proposer d'autres outils précieux (comme les manuels de procédures inexistants) dont l'administration fiscale devrait se servir pour relever ce défi majeur en termes de performance dans le processus de gestion des impositions assises sur le revenu (paragraphe II) d'autre part.

PARAGRAPHE I. REDYNAMISER LE SYSTÈME D'INFORMATIONS ENTRE LES SERVICES DE GESTION ET DE CONTRÔLE DES DÉCLARATIONS

La DNI ne dispose pas encore ou n'a pas encore mis en place un dispositif sous forme de synergie dans le domaine de communication ou d'échanges d'informations fiscales gérées par les deux services poumons : le SGE et le SME. Or, cet exercice de communication et d'échanges d'informations constitue la matière première de réussite dans le traitement des déclarations à impact fiscal. Les documents techniques contenant essentiellement les données des contribuables sont : la DMU et ses tableaux récapitulatifs de déduction de la TVA, les bilans, les données recoupées des enquêtes, etc., pour lesquels nous nous proposons d'envisager des mesures correctives pour chaque palier de service.

I. Synergie entre les services de gestion et de contrôle des DMU et DA au SGE

Dans le processus de gestion et de traitement efficaces des documents déposés par les contribuables relevant du SGE : liasse fiscale (bilans, comptes de résultats, tableaux d'amortissement et de provision ; etc.) la déclaration mensuelle unique (DMU) de TVA et des impôts cédulaires, l'on envisage de mettre en place à la DNI les mesures suivantes :

– créer une synergie de communication des données fiscales entre d'abord toutes les divisions placées sous l'autorité du chef du service des grandes entreprises : division gestion des dossiers, division contrôle fiscal et division remboursement de crédit de TVA, qui, jusqu'ici, ne travaillent pas de concert dans le traitement ou l'exploitation des dossiers des usagers. Les agents de la division gestion des dossiers camouflent des informations fiscales importantes aux agents chargés de la division du contrôle fiscal à cause d'intérêts égoïstes au préjudice de la performance du SGE ;

- renforcer les dispositifs de l'audit interne que doit mener l'inspection générale des services fiscaux ;
- sanctionner tous les auteurs à l'origine de la rétention d'informations fiscales échangeables : blâme, avertissement, affectation, suspension, etc.

II. Synergie entre les services de gestion et de contrôle des dossiers des usagers

Le service des moyennes entreprises (SME) est une recommandation faisant partie des mesures structurelles assignées à la Guinée dans le cadre du programme formel établi entre ce pays et le FMI en vue de réduire les emprunts des bailleurs de fonds dans l'optique du programme pays pauvres et très endettés (PPTE). Ce programme, pour la petite histoire, a été conclu entre la Guinée et les partenaires financiers au développement (FMI, Banque mondiale, l'UE, etc.) en 2011. Le point d'achèvement de ce programme formel était prévu pour l'année 2012 et conséquemment la Guinée a réussi à remplir toutes les conditions en termes de repères quantitatifs et structurels. C'est justement ce qui lui a valu de bénéficier des retombées de ce programme PPTE : remise de 2.1milliards de dollars US de dette contre 3 milliards.

En revanche, la mise en place effective du SME à la DNI a été une rude épreuve pour les autorités de l'administration fiscale. Néanmoins, l'objectif dans ce domaine n'a été finalisé qu'en avril 2014. En effet, le SME a été structuré à l'instar du SGE qui comprend trois divisions : division gestion des dossiers, division contrôle fiscal et division recouvrement. Ces divisions sont subdivisées en sections dont le nombre varie de 3 à 5.

Le seuil d'appartenance de gestion des entreprises au SME est de 500 millions jusqu'à 1 500 000 000 GNF de chiffre d'affaires. Donc, toutes les entreprises remplissant ce seuil de chiffre d'affaires sont d'office placées dans le champ d'application de la TVA et de manière progressive, car ces contribuables n'étaient pas soumis aux obligations déclaratives mensuelles et de paiement de la TVA comme ceux du SGE.

Au SME, les rétentions d'informations et de données à communiquer au SGE pour les entreprises qui avaient un seuil de chiffre d'affaires dépassant les 1.5 milliard figuraient encore dans leurs fichiers de gestion contrairement à l'esprit des textes ou de l'arrêté du ministre du Budget fixant les seuils de gestion des entreprises devant relever du SGE et du SME à la DNI. Les agents pour cause d'intérêts privés préjudiciables à la performance de l'administration se permettent d'afficher des comportements indélicats.

Alors, pour y remédier, l'on envisage de mettre en place les mesures suivantes :

- créer une synergie entre le SGE et le SME par la mise en place d'une cellule de traitement préalable de toutes les données ou informations fiscales issues de l'extérieur. Cette cellule peut être dénommée cellule filtre qui ferait le point des dossiers déclaratifs des contribuables de même ceux nouvellement immatriculés au bureau d'immatriculation fiscale (BIF) ;
- proposer des sanctions exemplaires à l'encontre de tous les auteurs de rétention de données ou renseignements fiscaux nécessaires au bon fonctionnement des services du SGE et du SME ;
- former les agents et cadres autour de la problématique de gestion des informations fiscales.

III. Renforcer les dispositifs de contrôle interne et de suivi

En principe, une administration ne vaut que ce que vaut l'organe chargé de son contrôle. En Guinée, l'inspection générale des services fiscaux est une entité paralysée par le fait que certains cadres se sont sédentarisés à leur poste de travail (plus de 15 ans). Ils n'apportent aucune valeur ajoutée à ce service stratégique de la DNI. Or, c'est l'inspection générale des services fiscaux qui devrait donner la matière de gouvernance fiscale aux autorités de cette administration, mais, paradoxalement, tel n'est pas le cas.

Pour inverser la tendance dans ce secteur, il est préconisé les mesures ci-après :

- faire muter dans d'autres services les cadres de l'inspection générale des services fiscaux qui ont fait plus de 15 ans à leur poste et y amener d'autres cadres compétents, intègres et sacrifiés à la cause de performance figurant en droite ligne dans la politique de gestion des impôts et taxes transcrite dans le plan d'action stratégique triennal de modernisation de la DNI 2013-2015 ;
- former les agents et cadres de ce service à l'audit interne, à l'informatique et au management.

PARAGRAPHE II. ÉLABORER DES MANUELS DE PROCÉDURES ET DE SUIVI

La Guinée a tout récemment bénéficié d'une mission d'assistance technique pilotée par le cabinet Deloitte en vue de faire le diagnostic de la DNI et de proposer des mesures correctives aux maux dont elle souffre.

Dans le rapport de ce cabinet il a été clairement mentionné que l'un des maux qui pénalisent la DNI est le manque criant de manuel de procédures contrairement aux autres administrations fiscales du Cameroun, du Sénégal, de la Côte d'Ivoire, etc. C'est vrai que d'autres maux non négligeables ont été détectés tels que le manque d'autonomie, l'insuffisance d'outils informatiques, le manque d'autorité ou l'autorité biaisée par le département de tutelle, le bas niveau de formation des agents et cadres, etc. ; mais l'audit a bien insisté sur l'absence de manuel de procédures au sein des divisions et services de la DNI. Comment alors faut-il y remédier ? D'où l'analyse du point manuel de procédures (I) appuyée par quelques dispositifs de suivi des autres services de la DNI (II).

I. Manuel de procédures

Le manuel de procédures selon le rapport du cabinet Deloitte est un outil définissant les règles et principes généraux d'organisation et de fonctionnement d'un service, d'une division ou d'une section de l'administration publique définis par un acte juridique ou réglementaire (arrêté, décision, circulaire, etc.) dont les administrateurs de l'Etat doivent tenir compte dans l'exercice de leurs tâches quotidiennes[235].

En effet, inexistant en Guinée à la DNI, le problème de manuel de procédures devrait être résolu prioritairement par les autorités de cette administration si importante du pays. Ensuite, le respect des textes contenus dans ce manuel de procédures doit être de rigueur pour toutes les parties (cadres d'exécution et cadres d'encadrement). Enfin, ce document servira de base essentielle permettant d'asseoir l'autorité des dirigeants de la DNI qui s'est fixé un objectif contractualisé de performance avec non seulement le ministère de tutelle mais aussi et surtout avec ses services déconcentrés et centraux.

II. Dispositifs de suivi des autres services

Le suivi régulier des manuels de procédures par les corps d'audit et de contrôle interne de la DNI a été l'une des recommandations phares du cabinet Deloitte. En effet, les services de pilotage et opérationnels de la structure centrale ainsi que ceux des structures déconcentrées doivent intégrer dans leur plan d'action les mesures contenues dans ce document dont l'élaboration doit émaner d'eux-mêmes en tenant bien évidemment compte des règles et principes généraux mentionnés dans le document de base servant de référence.

---

[235] Rapport d'assistance technique du cabinet Deloitte à la DNI sur le diagnostic de l'administration fiscale (DNI) en Guinée, 2013.

Les temps légaux de traitement des courriers internes et externes, les sanctions liées aux manquements ; comment les dossiers doivent circuler entre les services, quelle annotation faire sur les dossiers, quel jugement y apporter, quelle conduite les agents et cadres doivent adopter dans le traitement des dossiers relevant de leurs prérogatives, quelle évaluation doit être faite par les services habilités, etc. sont là des pistes exploratoires que doit mettre en lumière le service de l'audit et de contrôle interne aux fins d'un meilleur suivi des actes et dossiers des usagers, dont le manque de traitement en temps réel et dans les normes juridiques précises peut entraver la rentabilité des services et la performance de l'administration fiscale tout entière.

Après avoir examiné dans le chapitre II quelques éléments importants liés aux mesures de renforcement des dispositifs administratifs et institutionnels en matière d'imposition sur le revenu en République de Guinée, il nous paraît indispensable, pour compléter efficacement et essentiellement notre travail en termes de mesures de performance, d'avoir recours cette fois-ci à celles se rapportant à la promotion du civisme fiscal et à la fiscalisation rentable du secteur informel dans notre pays (chapitre II).

CHAPITRE III

Promouvoir le civisme fiscal et fiscaliser efficacement le secteur informel en Guinée

Le civisme fiscal, de par sa simple définition, n'est rien d'autre que l'ensemble des actes, des comportements et des devoirs citoyens que les contribuables accomplissent dans le cadre de leurs obligations déclaratives et de paiement d'impôts et taxes auxquels ils sont assujettis au sein d'un pays bien défini ou d'une zone communauté bien déterminée.

Le civisme fiscal constitue avant toute chose un acte citoyen qui exprime la confiance en l'Etat. Pour favoriser cette prédisposition, l'administration fiscale analyse ses propres pratiques et agit de manière équilibrée, cohérente et spontanée sur l'ensemble des causes de l'incivisme fiscal que nous avons décrypté dans la première partie de notre thèse.

Dans la pratique, la promotion du civisme fiscal en République de Guinée peut se construire autour des remèdes généraux qui touchent aux causes de ce mouvement de fuite devant l'impôt. C'est ainsi que l'on pourrait envisager des remèdes d'ordre moral tels que le ***développement du sens civique, l'éducation des contribuables*** et le recours à la pression de l'opinion publique à travers la publicité. On pourrait également envisager des remèdes d'ordre politique qui consisteraient à éviter la politique de « fiscalisme » et à ne donner à l'impôt qu'un objectif purement financier, des remèdes d'ordre économique qui consisteraient à éviter les conjonctures économiques défavorables et à proscrire une pression fiscale excessive. Mais ces remèdes d'ordre général dépassent le cadre des finances publiques et c'est aux remèdes techniques qu'il faut s'attacher.

Quant au secteur informel, en guise de rappel et selon notre compréhension, il comprend une gamme variée et diversifiée d'agents travaillant dans plusieurs domaines d'activités économiques (commerce, artisanat, prestations de services, agriculture, élevage, etc.) non enregistrés au fisc. Le plus souvent et d'une manière générale, plusieurs pays les qualifient de secteurs frauduleux, d'économie souterraine et incontrôlée.

En Afrique subsaharienne, le secteur informel occupe 60 à 70 % de la population active et la maîtrise du tissu fiscal à ce niveau devient une problématique majeure pour les administrations fiscales des pays concernés[236]. La Guinée ne peut pas échapper à ce phénomène en tant qu'Etat d'Afrique au sud du Sahara.

Ce chapitre doit se pencher sur toute la problématique qui défraie la chronique guinéenne en matière de promotion de civisme fiscal c'est-à-dire quelles sont les mesures objectives envisagées tendant à renforcer ou redynamiser ce phénomène (section I) et ensuite ouvrir les pistes fiables dans le cadre de la fiscalisation de l'économie informelle ou secteur informel en République de Guinée (section II).

SECTION I. PROMOUVOIR LE CIVISME FISCAL : UN CAP DÉCISIF DE PERFORMANCE DE LA GESTION DE L'IMPOSITION SUR LE REVENU EN GUINÉE

La promotion du civisme fiscal en Guinée constitue un cap décisif de performance non seulement pour l'administration fiscale qui a la charge de gérer les impôts et taxes mais aussi pour toute la population pour laquelle l'Etat crée le bien-être ou favorise ses conditions de vie (routes, écoles, infrastructures hospitalières, sécurité, etc.) au moyen des prélèvements fiscaux dont l'imposition sur le revenu est partie intégrante.

En effet, la promotion du civisme fiscal, pour qu'elle soit réaliste ou réalisable dans les pays en voie de développement comme le nôtre, suppose que l'administration fiscale, qui en est le fer de lance, soit bien outillée et ait les moyens financiers requis pour parvenir à combattre l'incivisme fiscal qui est un problème de société difficilement gérable, surtout en Afrique où beaucoup de citoyens contribuables considèrent l'impôt comme une corvée, un moyen de spoliation, une forme d'esclavage.

De toute façon, l'administration fiscale ne doit pas baisser les bras, afin d'éviter que l'incivisme fiscal d'antan réapparaisse dans le système fiscal guinéen d'autant plus que l'objectif recherché aujourd'hui par tous les systèmes fiscaux est de promouvoir le système déclaratif des droits et taxes et cela ne peut se faire que par la politique de promotion fiscale dont il est nécessaire d'appréhender les fondements (paragraphe I), puis elle doit s'intéresser aux voies et moyens pour y parvenir (paragraphe II)

[236] Gérard CHAMBAS, l'Afrique au sud du Sahara, mobiliser les ressources fiscales.

Paragraphe I. Les fondements du civisme fiscal

A notre humble avis, deux éléments essentiels servent de fondements pour qu'il y ait civisme fiscal dans un pays : le premier a trait aux besoins qu'expriment les gouvernements de couvrir les charges publiques inscrites au budget au moyen des prélèvements fiscaux (I) et le second est relatif au principe d'assurer l'égalité de tous les citoyens devant l'impôt (II).

I. Couvrir les charges publiques pour assurer le développement socio-économique du pays

L'un des rôles essentiels que joue l'impôt est d'assurer le financement des charges publiques inscrites au budget de l'Etat et ses démembrements. Pour atteindre cet objectif, les administrations fiscales qui ont pour mission de mobiliser les ressources fiscales en faveur de la puissance publique doivent utiliser tous les moyens légaux et techniques nécessaires. En Guinée, tous les ans, les prévisions budgétaires connaissent un accroissement variant entre 14 et 20% en matière de ressources fiscales (soit 3 093 milliards de GNF en 2014 et 3 527 milliards de GNF en 2 015 respectivement pour la LFR et LFI) [237]. La raison qui sous-tend cette augmentation dépend exclusivement de la politique publique où l'Etat retrace au budget les grands chantiers en termes d'investissements publics pour assurer la croissance et même le développement dans tous les secteurs de l'économie nationale en vue d'assurer des meilleures conditions de vie aux populations.

II. Assurer le principe de l'égalité de tous les citoyens devant l'impôt

Assurer le principe de l'égalité des citoyens devant l'impôt est l'une des règles sacro-saintes du droit fiscal et figure en lettres d'or dans la constitution guinéenne en son article 22 qui stipule que : ''...pour assurer les charges publiques, chaque citoyen doit contribuer, dans la mesure de ses moyens, à l'impôt et remplir ses obligations sociales dans les conditions que la loi détermine''. Cela veut dire que l'impôt doit être proportionnel aux moyens dont dispose chaque citoyen. Il ne doit pas être prélevé au-delà ni en deçà des revenus, des capitaux et d'autres avoirs inscrits comme dans le patrimoine du citoyen contribuable.

---

[237] Voir la loi de finances rectificative pour 2014 et la loi de finances initiale pour 2015

Paragraphe II. Comment promouvoir le civisme fiscal en Guinée ?

Après l'analyse des fondements justifiant la promotion du civisme fiscal en Guinée, il est donc nécessaire cette fois-ci de définir les voies et moyens (stratégies) par lesquels il faut passer pour assurer la promotion du civisme fiscal en Guinée. Pour parvenir à cette fin, l'on s'est penché sur trois dynamiques fondamentales :

- rendre des services de qualité aux usagers que l'administration fiscale doit strictement et rigoureusement observer(I) ;
- puis simplifier les règles d'assiette et de procédures de déclarations et de paiements des impôts et taxes au niveau des usagers (II) ;
- et, enfin renforcer les dispositifs informatiques et de communication interne et externe de l'administration fiscale (III).

Certes, d'autres éléments existent, mais nous nous limiterons à ceux-ci.

I. Rendre des services de qualité aux usagers

L'administration fiscale française est l'une des administrations de référence dans le monde qui veille rigoureusement à cette mesure de rendre et d'améliorer les services en faveur des usagers. Toutes les administrations fiscales à vocation francophone se penchent sur cette problématique, y compris la nôtre. Car l'importance du citoyen contribuable est capitale dans la mesure où sans richesse il n'y a pas d'impôts et, sans contribuable, il ne peut y avoir d'impôts. Donc, autant le client est important pour la vie d'une entreprise autant le contribuable l'est pour une administration fiscale. C'est pourquoi d'ailleurs certains penseurs aiment à dire que ''le client est roi pour l'entreprise tout comme le contribuable peut l'être pour le fisc''. Cette assertion est bien vraie mais pour autant le client ordinaire d'une entreprise ne peut pas être assimilé à un contribuable. Si ce dernier refuse de payer ses droits à l'Etat, il peut être contraint soit par des amendes, ou d'autres sanctions pécuniaires pouvant même aller jusqu'à la contrainte par corps.

En effet, l'administration fiscale guinéenne pour rentabiliser ou optimiser ses résultats en termes de ressources fiscales, doit tout mettre en œuvre pour faciliter l'impôt aux usagers, être à leur écoute, les sensibiliser, accorder des facilités de paiement des droits dus, les caresser s'il faut.

1. L'interlocuteur fiscal unique[238]

L'interlocuteur fiscal unique, en abrégé IFU, est un concept inventé par la France. C'est une mesure que la DGI française a expérimentée les années

[238] Voir contrat de performance de la DGI française 2003-2005.

2003-2005 lorsqu'elle s'est inscrite dans la logique d'objectifs de performance contractualisée entre elle et son ministère de tutelle.

En effet, l'idée fondamentale qui a sous-tendu la création de l'IFU c'est comment la DGI pouvait faire rayonner positivement le civisme fiscal en France en raison du fait que la fraude fiscale internationale dénommée ''carrousel de TVA'' prenait une proportion inquiétante tant en France que dans les pays de l'Union européenne. C'est à l'issue de cela que la DGI a inscrit en droite ligne dans son contrat de performance[239] un des indicateurs-clés lié à la promotion du civisme fiscal ayant pour corollaire la création de l'IFU.

L'IFU était stigmatisé sous deux volets : l'IFU des grandes entreprises et l'IFU des moyennes entreprises.

L'idée de l'IFU c'est de créer une seule porte d'entrée et une seule porte de sortie au sein de l'administration fiscale en faveur du contribuable pour ses déclarations et paiements d'impôts. Le contribuable, en effet, n'a pas affaire à plusieurs bureaux, ni à plusieurs agents ou cadres des impôts mais à un seul ou une seule équipe réunie dans un bureau capable de résoudre tous les problèmes fiscaux qui pourraient leur être soumis par ce contribuable.

A notre sens, une telle mesure devrait être appliquée en Guinée qui a besoin de perfectionner son administration vers des objectifs de performance. Mais cela suppose des préalables : moyens matériels et financiers adéquats, formation de ressources humaines, plan d'action et suivi de programmes cohérents en la matière.

2. Les centres de gestion agréés

Les centres de gestion agréés sont d'invention française. Ils ont été créés pour faciliter des services liés aux déclarations et aux paiements des petites et moyennes entreprises qui n'étaient pas capables de produire leurs propres déclarations fiscales, soit mensuelles, soit trimestrielles, soit annuelles. Or, ces entreprises détiennent des capacités contributives non négligeables qu'il fallait encadrer et maîtriser en faveur du Trésor public. C'est ainsi que des lois ont institué les agences de gestion agréés, puis les centres de gestion agréés, et ainsi de suite.

En Guinée, la loi de finances de 2008 a institué les CGA. Mais, malheureusement, depuis leur création jusqu'à maintenant, ils sont restés non opérationnels, voire inexistants. C'est pourquoi, pour accroître le civisme fiscal dans notre pays, nous avons jugé utile de mettre un accent particulier sur l'opérationnalisation des centres de gestion agréés qui pourraient fortement appuyer la DNI dans le cadre de la promotion du civisme fiscal pouvant impacter positivement les ressources fiscales, y compris l'imposition sur le revenu en Guinée.

---

[239] Idem

II. Simplifier les règles d'assiette et de procédures de déclaration des impôts et taxes

La simplification des règles d'assiette et de procédures de déclaration et de paiement des impôts et taxes en Guinée est nécessaire pour non seulement améliorer l'acceptabilité des droits aux usagers mais aussi préserver le civisme fiscal du pays qui, à notre sens, peut accroître le rendement fiscal et du coup l'imposition sur le revenu au sein du système fiscal de notre pays. Plus les règles d'assiette sont simples, plus l'impôt devient facile à collecter chez le redevable et plus l'administration a la chance de l'encaisser en temps réel dès lors que les assujettis ont la civilité morale requise d'accomplir leur devoir pour l'intérêt collectif de la nation. De même, plus les procédures de déclaration et de paiement des droits sont faciles, plus l'Etat a la large possibilité de récupérer ses impôts sans préjudice des sanctions à l'encontre des usagers qui pourraient éventuellement se heurter aux difficultés émanant des circuits ou mécanismes compliqués de payer l'impôt conformément à la loi.

Dans les pays à faibles ressources fiscales dues au faible niveau de développement économique comme le nôtre, leurs administrations fiscales devraient élaborer des règles et procédures simples de déclaration et de paiement des impôts et taxes. Cette mesure, à notre sens, permettrait d'accroître le civisme fiscal dont l'impact en termes de rendement serait largement significatif pour la DNI et surtout pour le budget national et les budgets des collectivités locales.

En Guinée, tous les formulaires de déclaration des DMU en matière de TVA, d'impôts cédulaires (RTS, VF, TA, RSRNS, RSL, etc.) doivent être simples et faciles à remplir par les usagers. Il en est de même pour ceux relatifs à l'IS et l'IR des personnes physiques dont nous recommandons la mise en œuvre effective en vue d'améliorer le niveau de rendement de l'impôt sur le revenu des particuliers qui souffrent encore de beaucoup de maux dans notre pays.

III. Renforcer les dispositifs informatiques et de communication

La mise en place à la DNI de dispositifs sérieux en moyens informatiques et de communication synergique serait un tremplin pour accroître le niveau du civisme fiscal en Guinée. En effet, il a été constaté qu'au sein de l'administration fiscale du pays, il y avait un déficit énorme d'outils informatiques dans les structures déconcentrées à telle enseigne que les agents qui y sont affectés font la gestion manuelle de l'impôt à l'ère du XXIème siècle.

99.99% de ces travailleurs n'ont pas les notions préliminaires d'informatique. Comment ceux-ci peuvent –ils être performants à leur poste de travail alors qu'ils n'ont pas à leur postée l'informatique comme outil précieux de travail et, à plus forte raison l'internet et l'intranet ? C'est grave ! Question à laquelle il est difficile de répondre.

De toute façon, nous recommandons dans nos travaux que les dispositifs informatiques et de communication répondant aux enjeux de performance contractualisés entre le ministère de tut elle et la DNI soient au centre des préoccupations des autorités de décision de la base au sommet liées aux problèmes fiscaux en Guinée si et seulement si elles comptent effectivement relever le défi fiscal : promouvoir le niveau de développement socio-économique du pays.

1. Renforcer les téléprocédures

La Guinée fait partie des pays d'Afrique subsaharienne en retard qui, jusqu'ici, n'ont pas encore connu le système de téléprocédures de déclaration, de traitement et de paiement des impôts et taxes dus par les usagers par voie d'internet. L'enjeu de ce problème y est de taille.

En fait, qu'entendons-nous par téléprocédures[240] ?

En France, les téléprocédures permettent aux professionnels de déclarer et payer les principaux impôts en utilisant des moyens modernes : internet ou transmission de fichiers.

Deux modes de transmission sont utilisés en France :

- directement, sur internet (mode EFI) : dans ce cas, vous effectuez vous-même les déclarations et les paiements en ligne sur le site www.impots.gouv.fr dans votre espace abonné (professionnels ou espace abonné).

Vos démarches disponibles dans l'espace abonné comprennent :

- ➢ déclarer et payer la TVA ;
- ➢ déposer des demandes de remboursement de crédit de TVA ;
- ➢ payer l'impôt sur les sociétés, la taxe sur les salaires, la contribution économique territoriale, l'imposition forfaitaire sur les entreprises de réseaux (IFER) et les taxes foncières ;
- ➢ déposer une demande de remboursement de TVA auprès de l'Union européenne ;
- ➢ télécharger une attestation de régularité fiscale et une attestation de résidence ;
- ➢ consulter son compte fiscal : les avis d'acompte et d'imposition seront prochainement consultables.

- par l'intermédiaire d'un comptable ou d'un autre prestataire (mode EDI) : dans ce cas, un intermédiaire (comptable ou prestataire)

[240] WWW. Impôts. Gouv.fr- les téléprocédures

transmet à l'administration fiscale les données déclaratives et de paiement de vos impôts professionnels pour votre compte.

Les téléprocédures disponibles en mode EDI comprennent les démarches suivantes :

- ➢ déclarer et payer la TVA ;
- ➢ déposer des demandes de remboursement de crédit de TVA ;
- ➢ déposer les déclarations de résultats et les liasses fiscales ;
- ➢ déposer la déclaration de CVAE n°1330 (procédure EDI-TDFC) ;
- ➢ payer la CVAE, l'impôt sur les sociétés et la taxe sur les salaires (procédure EDI- Paiement).

Les téléprocédures envisagées en Guinée doivent se focaliser dans un premier temps sur toutes les sociétés minières de la place (CBG, SAG, SMD, RUSAL, SIMFER, RIO TINTO, etc.) ; les banques et assurances, les compagnies pétrolières, les sociétés multinationales et dans un second temps les autres entreprises du SGE et du SME.

Mais, force est de reconnaître que la mise en place d'un tel dispositif nécessite des préalables tant chez les usagers que chez l'administration fiscale. Au niveau des usagers, il faut : une grande campagne de sensibilisation, une formation appropriée à leur niveau en matière de téléprocédures, etc. Il en va de même pour l'administration fiscale qui doit recevoir en ligne tous les dossiers déclaratifs des usagers.

Les téléprocédures comportent trois éléments de télédéclaration ; télétraitement et télépaiement.

a) Télédéclaration

La télédéclaration se fait par voie internet pour toutes les déclarations fiscales auxquelles le contribuable est soumis : TVA, IS, autres impôts cédulaires sous mode DMU ou sous liasse fiscale.

b) Télétraitement

Le télétraitement relève à la fois de l'administration fiscale, qui reçoit les informations en ligne qu'elle a la charge de traiter et d'expédier aux ayants droit par voie électronique, et de l'usager émetteur de l'informateur électronique qui doit à son tour réagir en contrepartie des informations traitées issues du fisc.

c) Télépaiement

La phase de télépaiement fiscal est la dernière étape de la téléprocédure. Le contribuable, au lieu de se déplacer en personne pour acquitter ses impôts et taxes procède au paiement en ligne en faveur soit du Trésor public, soit du receveur spécial des impôts via un compte ouvert à la Banque centrale pour le cas de la Guinée.

2. Redynamiser les dispositifs de communication en faveur des usagers

La communication, nécessaire pour la DNI, doit être un vrai mobile de promotion du civisme fiscal en Guinée. C'est pourquoi nous recommandons vivement la mise en place d'un dispositif sérieux dans ce domaine pour réussir le pari de performance tant recherchée de la DNI.

La communication interne par voie d'intranet et d'internet doit être maîtrisée par le fisc. Celle à l'endroit des usagers par voie externe accompagnée des médias publics et privés (journaux, télévision, radio), bref, toutes les voies de presse pour mieux informer les usagers face à l'accomplissement de leurs devoirs fiscaux en temps réel sont à capitaliser en leur faveur.

Le civisme fiscal renforcé en Guinée ne suffit pas à lui seul pour rentabiliser l'imposition sur le revenu, il faudrait l'appuyer nécessairement par d'autres mesures non négligeables telles que la fiscalisation rationnelle du secteur informel qui brasse d'importantes ressources économiques dans le pays, mais qui, jusque-là, sont non maîtrisées ou encore mal fiscalisées. D'où l'importance de l'étude de la section II : fiscaliser efficacement le secteur informel : un atout pour élargir l'assiette fiscale en matière d'imposition sur le revenu en République de Guinée.

SECTION II. FISCALISER EFFICACEMENT LE SECTEUR INFORMEL : UN ATOUT D'ÉLARGISSEMENT DE L'ASSIETTE FISCALE EN GUINÉE

L'analyse du problème du secteur informel en Guinée tout comme dans beaucoup de pays d'Afrique nous conduit, dans un premier temps, à se poser la question de savoir quels sont les fondements qui justifient la fiscalisation de ce secteur qui, à notre avis, malgré son importance et sa diversité au sein de l'économie, contribue en deçà de ses potentialités (paragraphe I) ; puis, dans un second temps, l'on doit pouvoir aussi cerner la problématique du comment fiscaliser ce secteur de façon efficace (paragraphe II) dans les perspectives non seulement de fiabiliser les ressources fiscales dans leur ensemble mais plus exactement celles liées aux impositions sur le revenu dans notre système fiscal.

Paragraphe I. Les fondements de la fiscalisation du secteur informel en Guinée

Les fondements de la fiscalisation de l'économie souterraine en Guinée sont bâtis, selon nous, sur trois grands piliers :

- pour instaurer la justice fiscale en Guinée ;
- pour lutter contre la fraude et l'évasion fiscales en Guinée ;
- pour accroître les ressources budgétaires au moyen de l'élargissement de l'assiette fiscale du pays pouvant impacter positivement l'imposition sur le revenu.

I. Raisons de restaurer la justice fiscale en Guinée

Il n'est pas de société moderne qui puisse être et se penser solidaire sans que les hommes qui la composent ne soient convaincus de la justice et de l'égalité fiscales. En même temps, la justice fiscale représente un enjeu essentiel particulièrement difficile à résoudre si on ne la rapporte pas à une philosophie et à une éthique générale liée à une classe sociale pendant une époque bien définie, etc. Certes, le terme justice fiscale est complexe et ambiguë, mais la vocation du droit fiscal au monde, pour ne pas dire l'un de ses principes sacro-saints, est d'établir une justice contributive de chaque citoyen devant l'impôt et cela en tenant bien évidemment compte de ses capacités contributives(morale et matérielle). C'est le premier pilier qui justifie la fiscalisation du secteur informel d'autant plus qu'il génère des revenus sans qu'il soit conséquemment taxé dans les règles de l'art parce que ne tenant pas de comptabilité, ou par manque de volonté de respecter les normes comptables et fiscales en vigueur, etc. Ces cas sont très fréquents en Guinée.

C'est pourquoi il est normal que tout un chacun participe au budget de l'État selon ses capacités contributives. Il n'est pas juste de faire supporter le poids de la fiscalité uniquement au secteur formel dont la capacité contributive a été légalement entamée. Le slogan doit être « l'impôt pour tous »[241]. NGAOSYA TANH souligne que « les nations pauvres feraient bien de se réformer et de prélever des impôts plus lourds sur les citoyens riches avant de venir réclamer une aide aux nations aisées ».[242]

A l'égard des contribuables, cette situation de l'économie au noir compromet d'emblée le principe sacro-saint de l'égalité de tous devant l'impôt, ceci fait penser à une situation d'injustice sociale qui décourage et révolte ceux qui sont normalement assujettis à l'impôt. Par conséquent, cela entraîne le désintéressement et les protestations de la part des contribuables

---

[241] Mémoire de master sur le secteur informel d'un Congolais sur le site internet google : fiscalité du secteur informel en Afrique.

[242] Ibid. Dans le même mémoire lié à la fiscalité de l'informel en RDC.

qui s'abstiennent. Voilà un motif valable pour l'administration de pouvoir fiscaliser le secteur informel.

II. Lutter contre la fraude et l'évasion fiscales

Compte tenu du pourcentage élevé des activités du secteur informel évaluées d'après leur nature, ces dernières échappent à la fiscalité avec, comme conséquence, un manque à gagner énorme non seulement pour le budget de l'Etat mais aussi pour les budgets des collectivités locales en Guinée qui ont grandement besoin de ressources pour se développer. Puisque nul n'ignore que plus un pays est sous-développé, plus la part de l'économie informelle sera importante. Cela entraîne un manque considérable pour le Trésor public dans la mesure où l'administration fiscale n'est pas bien outillée ou n'est pas bien dotée en capacités matérielles et humaines pour mettre hors d'état de nuire tous les contribuables indélicats qui se livrent aux fraudes et évasions fiscales pénalisant les budgets de l'Etat et ses démembrements. En Guinée, ce secteur brasse des milliards et des milliards de GNF sans apport aux budgets de façon conséquente parce qu'il se livre à des opérations de manœuvres frauduleuses et évasives contre le Trésor public.

III. Accroître les ressources budgétaires par l'élargissement de l'assiette fiscale

En 2014, le ministère délégué au Budget en Guinée a assigné à la DNI une prévision de recettes fiscales se chiffrant à 3 094 milliards de GNF, dont l'une des mesures essentielles sous-tendant l'atteinte de cette prévision était liée à l'élargissement de l'assiette fiscale, sous-entendu du secteur informel qui doit être géré par le SME.

Or, à notre avis, qui parle d'élargissement de l'assiette fiscale doit du coup se plancher sur la fiscalisation du secteur informel qui consiste en l'extension de l'imposition à tous les agents économiques en atteignant ainsi ceux qui opèrent dans l'économie clandestine qui demeure un véritable gisement fiscal qui génère d'énormes revenus substantiels sans pour autant contribuer à la couverture des charges publiques.

Ainsi, dans le cadre de la normalisation des recettes fiscales, il convient d'optimiser les mesures déjà prises à cet effet afin d'appréhender un nombre important de contribuables qui s'ingénient à se soustraire à l'emprise de l'imposition fiscale et qui, pour l'essentiel, opèrent dans le secteur informel.

En Guinée, le secteur informel représenterait d'après diverses estimations approximatives plus de 60%, soit 70% de l'économie informelle.

De ce fait, le bouclage fiscal de ce secteur apporterait, sur les matières imposables virtuelles et grâce à une action soutenue de l'administration fiscale, d'importantes recettes publiques consécutives à un élargissement de l'assiette fiscale méthodique élaborée et mise en œuvre.

PARAGRAPHE II. QUELLES SONT LES MESURES ENVISAGÉES POUR FISCALISER EFFICACEMENT LE SECTEUR INFORMEL GUINÉEN ?

L'un des caractères essentiels de l'impôt est qu'il est une prestation obligatoire, un paiement forcé en argent que l'Etat recouvre d'autorité, même par voie de contrainte. Fondement juridique d'une telle obligation dans les rapports existant entre le contribuable et l'Etat, de sorte que la notion du devoir fiscal est étroitement liée à l'idée que l'on se fait de l'Etat, chaque citoyen doit participer, selon ses capacités contributives, aux activités d'intérêt général incarné par l'Etat, tel est le fondement dégagé par la théorie organique.

Pour parvenir à cette fin, l'on doit se poser la question de savoir quelles peuvent être les mesures idoines à mettre en valeur pour fiscaliser efficacement le secteur informel très important en Guinée. Pour cela, deux possibilités pourraient s'offrir à nous :

- la première viserait à procéder au recensement sécurisé et informatisé des contribuables relevant de ce secteur ;
- et la seconde se fonderait à faire impliquer fortement l'Etat dans l'organisation et la transformation du secteur informel en secteur formel.

I. Procéder au recensement sécurisé et informatisé des usagers de l'informel

Le recensement sécurisé et informatisé des contribuables évoluant dans le secteur informel guinéen est une étape indispensable dans la maîtrise du tissu fiscal du pays. L'administration fiscale en Guinée procède à une campagne de recensement fiscal. Mais, il faut avouer, ce travail ne se fait pas de façon sérieuse et efficace. Elle ne dispose quasiment pas de base de données fiables permettant de connaître la situation fiscale exacte et informatisée de tel ou tel contribuable dans un domaine précis d'activité.

Donc, pour identifier normalement ceux-ci, il importerait que l'administration procède au recensement fiable et sérieux des contribuables de ce secteur, par nature d'activité, par zone et par taille ou par niveau de chiffres d'affaires sur la base de leurs biens emmagasinés ou sur les informations fournies par la direction générale des douanes qui détient la situation des importations de tous les opérateurs économiques dans le pays . Et toutes ces informations doivent être disponibles dans les services centraux et déconcentrés de la DNI et mises à jour régulièrement dans un dispositif informatique de totale sécurité. C'est en procédant de cette façon que la DNI pourrait maîtriser le potentiel fiscal.

II. Faire impliquer fortement l'Etat dans l'organisation du secteur informel en secteur formel

Compte tenu de l'importance du secteur informel en Guinée et au regard de sa faible contribution fiscale au budget national et au budget local des collectivités, il apparaît nécessaire que l'Etat puisse s'impliquer dans ce secteur non seulement pour mieux l'organiser mais surtout pour le rendre fiscalement porteur pour participer à l'effort national en fonction des facultés des agents économiques qui le composent.

C'est pour parvenir à cet ambitieux résultat que nous proposerions les mesures suivantes :

- la mise en œuvre des techniques d'attractivité au moyen des crédits d'impôts et des moyens de financement bien encadrés par l'Etat ;
- créer une synergie d'actions entre la DNI, les centres de gestion agréés, les banques et les contribuables ;
- renforcer les dispositifs de gestion et de contrôle fiscal de l'informel.

1. Mettre en œuvre les techniques d'attractivité de l'informel par les crédits d'impôts et de financement bien encadrés par l'Etat

A ce niveau, des textes de loi en matière de crédits d'impôts et des modalités d'accès au financement préparés par le gouvernement et adoptés par le Parlement doivent être réellement transcrits dans le CGI guinéen à l'instar de la France afin d'attirer les contribuables de l'informel qui souscriraient à l'optique de changer en faveur du secteur moderne ou formel.

Par exemple, si un texte de loi prévoit un montant de 20 millions de crédits d'impôts par an à accorder à tous les usagers qui vont changer de l'informel en formel, nous estimons que cela pourrait être pour l'Etat une bonne politique d'attractivité en vue de dégonfler ce secteur frauduleux pour l'économie dite moderne. Aussi, si l'Etat prévoyait des subventions d'un montant minimum de 15 millions de francs guinéens dans cet ordre d'idées mais bien suivies par des mesures drastiques en termes de gestion par un organe de contrôle étatique au niveau national, il va de soi que cette mesure pourrait connaître une suite favorable pour accroitre le civisme fiscal et le rendement de l'imposition sur le revenu en Guinée.

2. Créer une synergie d'actions entre la DNI, les centres de gestion agréés, les banques et les contribuables

Le civisme fiscal pourrait porter des fruits en Guinée si l'Etat parvenait à créer une synergie d'action entre l'administration fiscale, les centres de gestion agréés, les banques et les contribuables du secteur informel. Comment le faire ? Il s'agit là tout simplement de mettre en place un dispositif d'encadrement en termes d'octroi de crédits bancaires aux usagers de l'informel, via les centres de gestion agréés dont l'administration fiscale serait largement partie prenante. Et tout contribuable de l'informel qui accepterait les clauses contractuelles serait d'office débauché de l'informel pour le formel. En plus, des mesures d'encadrement drastiques de suivi et de contrôle sous l'autorité de l'Etat seraient un atout pour parvenir à cette fin.

3. Renforcer les dispositifs de gestion et de contrôle fiscal de l'informel

L'administration fiscale guinéenne doit être bien outillée pour gérer et contrôler efficacement toutes les opérations du secteur informel. Pour réussir cet objectif, la DNI et le FMI ont travaillé depuis 2011 afin de mettre en place des structures qui soient dédiées à la gestion et au contrôle de ce secteur. D'où la nécessité de création et d'opérationnalisation du service des moyennes entreprises à la DNI. Ce service dispose en son sein de trois divisions : gestion, contrôle et recouvrement. C'est dans le but de rentabiliser la gestion et le contrôle fiscal de l'informel que ce service fut récemment créé en 2012 dont l'opérationnalisation effective a pris fin en avril 2014, et dont le renforcement se pose encore avec acuité à la DNI.

CONCLUSION DE LA DEUXIÈME PARTIE

En définitive, il convient de noter, dans la seconde partie de notre travail que toutes les propositions de solutions d'ordre juridique, administratif, économique, technique, politique et social nécessaires à l'amélioration de la performance du système fiscal en général et de l'imposition sur le revenu en particulier dans le contexte contributif guinéen ont été profondément analysées. Il est vrai que certains aspects, peut-être marginaux, qui n'ont pas été appréhendés dans ce document, pourraient contribuer à l'augmentation de la valeur scientifique de cette thèse. Toutefois, il faut avouer que la perfection n'est pas de ce monde. C'est pourquoi il est important d'insister sur le caractère inachevé de ce document qui n'est qu'une œuvre humaine.

Les propositions de réformes tendant à accroître la gestion et le contrôle de l'imposition sur le revenu supposent la mise en place de dispositifs légaux bien respectés en termes d'applicabilité par tous les acteurs du système fiscal guinéen. L'Etat de droit, où les principes démocratiques doivent être préservés par les citoyens contribuables ou pas, constituerait un grand atout pour galvaniser le civisme fiscal en République de Guinée qui a tant souffert et continue de gémir dans un carcan de pauvreté extrême. C'est pour justement corriger ce déséquilibre fonctionnel entre les besoins de l'Etat en ressources publiques surtout de nature fiscale, et les besoins grandissants de développement socio-économique du pays dont l'Etat a la lourde charge de gérer et de transcender, que notre travail vient à point nommé.

Les maux névralgiques qui pénalisent tout le système fiscal du pays ont été diagnostiqués dans la partie I et leurs propositions jugées pertinentes, réalistes et réalisables ont été appréhendées dans la partie II. Notre souhait serait de voir l'administration fiscale s'épanouir, se moderniser et se redynamiser grâce à l'usage de nouvelles technologies en matière informatique : internet, intranet, incontournables pour sortir cette dernière de l'ornière et améliorer implicitement les finances publiques du pays dans son ensemble, où l'impôt sur le revenu des personnes physiques est jusqu'ici à l'état précaire.

Ce document répondrait, selon nous, à cette préoccupation. Il est vrai que l'imposition sur le revenu a connu d'énormes retards en termes de modernité, mais, malgré tout, il faut qu'elle soit aujourd'hui ou demain un des déterminants forts dans le cadre des réformes stratégiques des finances publiques d'une part et de modernisation de l'administration fiscale d'autre part. C'est dans ce souci que le FMI et la Banque mondiale ont commandité des missions vers la Guinée depuis 2008 pour analyser les aspects essentiels liés à la promotion de la politique fiscale dont l'imposition sur le revenu était au centre de leurs préoccupations.

CONCLUSION GÉNÉRALE

La fiscalité constitue l'un des domaines privilégiés d'incarnation et de manifestation de la souveraineté d'un Etat. Cette assertion est évidente à telle enseigne que l'Etat guinéen, à l'instar des autres Etats, a fait et continue de faire de cette fiscalité une préoccupation majeure. En effet, pour marquer d'un cachet particulier l'importance de l'impôt dans l'ensemble des domaines divers d'intervention de l'Etat : économie, finances, santé, éducation, infrastructures routières, etc., un penseur écrit : « Sans impôt, pas d'Etat. Sans Etat, pas de règles. Et sans règles, pas de société .... L'impôt n'est pas seulement le témoin de la présence d'un Etat, il est aussi l'indicateur d'un système social qui permet à l'individu d'exister »[243].

En analysant cette citation, l'on s'aperçoit que ce penseur voudrait non seulement mettre un accent particulier sur les trois fonctions essentielles (financière, économique et sociale) que doivent jouer l'impôt dans sa globalité et l'impôt sur le revenu dans sa singularité en tant que régulateur puissant, incontournable pour créer le mieux-être des individus vivant en société ; mais aussi et surtout il désirerait valoriser cet instrument pour l'homme pris isolément qui a besoin de l'assistance de l'Etat pour sa sécurité, son éducation ainsi que celle de sa famille, au moyen des dépenses publiques ; ou encore pour certains facteurs vitaux qui lui sont indispensables.

A contrario, la fiscalité est encore vue sous un autre angle par certains philosophes et économistes libéraux comme ''un instrument de spoliation et l'impôt progressif, c'est-à-dire l'impôt sur le revenu, un mode exagéré d'expropriation''[244].

En dépit des postulats évoqués par certains penseurs pessimistes ou optimistes, classiques, néoclassiques ou contemporains, il importe de préciser ici que notre objectif ne vise pas à cerner dans cet ouvrage les aspects superflus liés aux dispositifs d'imposition du revenu dans le système fiscal guinéen. Mais plutôt celui d'amorcer aussi clairement que possible les

---

[243] Cf André Bari lari, Regards croisés sur l'économie- Quelle fiscalité pour quels objectifs ? PP. 31 et 32, édition Fondation Robert Schuman, mars 2007.

[244] Cf Alain Laurent dans son ouvrage présenté par Claude Reichman titré Théories contre l'impôt, p 117, éditions Les Belles Lettres, février 2000.

principes essentiels qui régissent ce prélèvement obligatoire en Guinée. Egalement, il s'agira de fournir le maximum de renseignements concrets aux lecteurs, aux étudiants de la faculté de droit et des sciences économiques des enseignements professionnels et universitaires, aux professionnels de la technique fiscale et à tous ceux qui en expriment le désir en vue d'en tirer la quintessence devant les problèmes d'IR et d'IS auxquels ils pourraient être confrontés. Car, nous sommes persuadé que les phénomènes qui caractérisent l'imposition sur le revenu, que ce soit en Guinée, que ce soit en France, aux USA ou dans le monde entier, sont excessivement vastes, innombrables, voire infinis, à telle enseigne que le seul document comme celui-ci, ne peut, en aucun cas, satisfaire toutes les attentes des uns et des autres. *Or en matière de science, qui veut tout voir finit par ne rien voir, qui veut tout connaître finit par ne rien connaître, qui veut tout démontrer finit par ne rien démontrer du tout et qui veut tout parler finit par ne rien parler.*

Est-ce que l'imposition sur le revenu se porte bien ou mal en Guinée ? Notre réponse face à cette question fondamentale serait mitigée, car cette gamme d'impositions sur le revenu dans le système fiscal guinéen se porte à peu près bien ; mais pas totalement bien. A peu près bien en ce sens qu'elle a connu des fondements juridiques et administratifs qui ne sont pas négligeables en matière de politique fiscale ; mais pas totalement bien, dans la mesure où cette imposition regorge des imperfections ou faiblesses que nous avons diagnostiquées et dont les perspectives d'amélioration ont été au centre des préoccupations de notre travail.

En revenant en substance à la conclusion de nos travaux de recherche, il est digne d'intérêt de souligner ici que celle-ci ne portera fondamentalement que sur trois axes d'analyse synthétique.

Le premier aura trait aux principales difficultés rencontrées en Guinée dans le processus de l'élaboration de cette thèse en corrélation symétrique avec les grandes lignes portant sur les constats diagnostics axés sur les causes et les faiblesses examinées dans la première partie de cet ouvrage en matière d'imposition sur le revenu.

Le second se focalisera sur les mesures de réformes envisagées en termes de recommandations à faire à tous les acteurs du système fiscal pour accroître la performance et l'efficacité de l'imposition sur le revenu ayant fait l'objet de notre préoccupation dans la seconde partie de cette thèse.

Le troisième, enfin, se penchera sur les perspectives d'avenir à court, moyen et long terme envisagées pour ''redorer le blason'' de l'Etat et des autres acteurs du système fiscal (administration fiscale, contribuables, autres administrations, partenaires au développement, etc.) en matière fiscale et notamment en matière d'imposition sur le revenu.

I. Les principales difficultés rencontrées dans nos travaux de recherche : causes et faiblesses du système d'imposition sur le revenu en Guinée

Avant de nous appesantir sur les difficultés majeures rencontrées au cours de nos travaux de recherche, il serait souhaitable de noter en filigrane que le système d'imposition sur le revenu en Guinée revêt une importance capitale dans le système fiscal de notre pays. Car figurant en premier lieu dans les colonnes des textes juridiques(CGI) qui gouvernent ce prélèvement. Si, en France, l'imposition sur le revenu des particuliers soulève beaucoup de tollés dans maints foyers fiscaux au regard de sa lourde ponction ou pesanteur sur les revenus de ces ménages, il en n'est pas de même en République de Guinée et dans presque tous les pays de la sous-région ouest-africaine. Les hommes politiques français en font un champ de bataille et de campagne assez remarquable pour accéder au pouvoir (l'exemple du Président Nicolas Sarkozy en matière de bouclier fiscal en 2007 est illustratif).

En Guinée, malgré l'importance de cette gamme de prélèvements, quelques externalités défavorables, et non des moindres, constatées çà et là sont à l'origine de leur faible rendement au budget de l'Etat. Il était de l'ordre de 13.27% en 2004 ; 13.7 % en 2005 et 11.3% en 2006 ; contrairement à la TVA qui procure entre 40 et 46% des recettes de l'Etat de 1998 à nos jours[245]

Or, si l'on se penche sur leurs dispositifs structurants, à savoir : la matière imposable, les personnes imposables, le champ d'application, les instruments juridiques, etc., il apparaît nettement un véritable paradoxe entre les produits encaissés de ces impôts et les grandes attentes de performance tant envisagée par l'administration fiscale et l'Etat.

En effet, l'imposition sur le revenu en Guinée vise essentiellement, d'une part, les sept catégories de revenu, à savoir : le BIC, le BNC, le BA, les RTS et les rentes viagères, les RCM, les plus-values de cession des particuliers, et les revenus fonciers ; et, d'autre part, les bénéfices des sociétés de capitaux ou civiles assujetties à l'IS. Ce système d'imposition sur le revenu est calqué sur le système français. Car la Guinée a été, selon les faits historiques, une colonie de la République française, donc héritière d'une sorte de ''mimétisme fiscal''.

C'est ainsi que, pendant la période coloniale de 1955, la législation fiscale qui était appliquée en Guinée en matière d'imposition sur le revenu et d'imposition sur le capital était commune à tous les Etats de l'Afrique occidentale française (AOF).

La présente étude prouve à suffisance que l'imposition sur le revenu, et plus particulièrement l'impôt sur le revenu des personnes physiques, se porte mal en Guinée. Plusieurs variables explicatives, pouvant être considérées

[245] Source : données statistiques de la DNI.

comme difficultés majeures liées au contexte contributif global du pays, sont à l'origine de la mauvaise santé de cette ''grappe de prélèvements'' : incivisme fiscal, fraude et évasion fiscales, malgouvernance, opacité des textes juridiques transcrits dans le CGI, manque de dispositifs de communication fiables, laxisme des administrations, précarité des moyens matériels, techniques, informatiques et humains et dysfonctionnement de l'administration fiscale, manque de motivation des agents du fisc, corruption, pauvreté, prédominance et faible fiscalisation du secteur informel, non- fiabilité des données statistiques, analphabétisme des contribuables, maladie, mondialisation, tendance vers l'harmonisation des systèmes fiscaux, etc. Ce constat diagnostic amer en la matière a été fait dans la première partie de nos travaux, et nous nous sommes permis de le résumer ainsi.

Ce constat démontre à suffisance que l'administration fiscale de notre pays a beaucoup de défis à relever pour améliorer non seulement l'ensemble des recettes fiscales mais aussi et surtout les impositions sur le revenu afin de couvrir les besoins publics sans cesse croissants auxquels l'Etat et ses démembrements doivent faire face. En d'autres termes, les impositions sur le revenu doivent être un tremplin, comme la TVA l'est dans le système fiscal français, au service de l'Etat pour assurer le développement socio-économique de notre nation tant souhaité par la population. Notre ambition au terme de cette étude serait de faire le système d'imposition sur le revenu une sorte ''d'icône de la structure fiscale '' de la sous-région ouest-africaine à laquelle les autres Etats pourraient se référer à l'image de la France ! Car l'on n'est pas sans savoir que l'Afrique en général et la Guinée en particulier ne sauraient se départir du carcan de la pauvreté sans une fiscalité moderne au vrai service du développement.

La Guinée, autrefois qualifiée par feu son président Ahmed Sékou TOURE comme un ''scandale géologique où tous les métaux précieux se sont donné rendez-vous (pétrole, minerai de fer, bauxite, uranium, cuivre, zinc, etc.)'', reste de nos jours un pays naturellement ou potentiellement riche mais économiquement très pauvre. Les institutions de Bretton Woods le classent aujourd'hui parmi les pays pauvres et très endettés (PPTE) où beaucoup d'indicateurs macroéconomiques sont au rouge (taux d'inflation à deux chiffres : 31.4% en 2005 ; et 24.3% en 2006 en termes de prix à la consommation en moyenne annuelle ; taux d'endettement élevé, etc.). Actuellement, la tendance de l'inflation reste encore galopante, soit 16% en 2011.

La fiscalité minière, qui devrait être un des leviers forts au service de l'Etat pour assurer le développement socio-économique du pays, n'est jusqu'ici pas maîtrisée par l'Etat lui-même, y compris les services fiscaux, d'autant plus que certaines techniques fiscales portant sur les méthodes de détermination du prix de transfert pour évaluer la base taxable de l'impôt sur les sociétés offshores évoluant dans le secteur minier, sont méconnues de la plupart des agents du fisc qui n'ont pas subi de formation appropriée.

La fiscalité agricole en Guinée reste encore dans un état latent. Non seulement le secteur agricole ne regorge que des paysans qui vivent de l'agriculture de subsistance dont les résultats de chaque saison culturale sont en deçà de leur production agricole mais aussi les revenus tirés de leur échange sont quasiment minables, difficilement évaluables et taxables par le fisc. Pas de traces, pas de statistiques, pas de documents relatifs aux données agricoles, bref, il n'existe aucune base documentaire pour apprécier la situation fiscale des paysans et éleveurs du secteur agro-pastoral dans notre pays. Voilà encore une autre face des difficultés, et non des moindres, auxquelles nous nous sommes heurté dans l'élaboration de ce document.

La fiscalité immobilière, qui devrait être une des branches fortes du système de prélèvement fiscal en Guinée en dépit du boum immobilier que connaît le pays en général, et la capitale Conakry en particulier, reste encore un des talons d'Achille de l'administration fiscale. Sa contribution au budget national en 2010 était environ de 0, 01% contre une population imposable importante de plus de deux millions. Les causes de la faiblesse de ce résultat tiennent fondamentalement à l'incivisme fiscal des usagers, à la corruption et au laxisme de l'administration, à la fraude et à l'évasion fiscales, parfois à la faible capacité de gestion de l'administration, à la culture, à la faiblesse et à l'impunité des appareils judiciaires et administratifs de l'Etat, à l'urbanisation anarchique, etc.

Mais, malgré toutes les difficultés rencontrées en termes de gestion efficace et efficiente de l'imposition directe sur le revenu, celles-ci convergent vers un seul et gros point : ''le sous-développement ou le non-développement'' qui frappe de plein fouet les Etats de l'Afrique subsaharienne en général et la Guinée en particulier. Force est de reconnaître qu'en Guinée, en dehors des revenus issus ou acquis des activités à caractère professionnel (commerce, emploi, etc.) des secteurs formels ou organisés, l'administration a toutes les peines à appréhender les flux de revenus de l'autre secteur que l'on désigne sous le label de secteur informel. Or, c'est dans ce secteur que la gestion et le rendement des impositions sont entièrement compromis : manque de tenue de comptabilité sincère et probante, manque ou fausse déclaration de revenus, imposition forfaitaire, méconnaissance des textes juridiques régissant l'impôt, analphabétisme notoire des contribuables, etc.

En dépit des efforts largement consentis par l'Etat et singulièrement l'administration fiscale, ce secteur laisse encore à désirer sur le plan fiscal. Certains fiscalistes africains le qualifient d'ailleurs de ''fourre-tout''.

La Guinée, étant un pays sous-développé et classé parmi les pays pauvres et très endettés, dispose d'un potentiel fiscal moins riche que celui de la France ou du Maroc. L'obtention de données statistiques fiables, les techniques de recueil et d'exploitation des informations fiscales, le manque de bases de données, etc. sont des éléments justifiant la non- efficacité du système de gestion et contrôle des impôts et taxes en général et de l'imposition sur le revenu en particulier.

II. Quelques mesures de réformes envisagées en termes de recommandations pour accroître la performance et l'efficacité du système d'imposition sur le revenu en Guinée

Pour assurer une gestion saine et efficace de l'imposition sur le revenu en République de Guinée, nous souhaiterions que ces diverses mesures, traduites en termes de recommandations de plusieurs ordres touchant aussi bien l'Etat, l'administration fiscale, les textes juridiques, les contribuables, les autres administrations publiques (douanes, budget, Trésor, marchés publics, justice, etc.) et privées (banques, assurances, etc.) que les partenaires au développement (Etats contractants, FMI, BM, etc.), soient bien observées :

Au niveau de l'Etat, en somme, l'accent particulier doit être mis sur les dispositions à prendre en vue de promouvoir les accords relatifs aux conventions fiscales contre la double imposition entre la Guinée et les Etats développés d'une part et les Etats des pays émergents d'Afrique et d'ailleurs d'autre part. Il doit en outre, par l'entremise du département de l'économie et des finances, octroyer les moyens matériels et financiers nécessaires à toutes les régies de recettes du pays (DNI et DGD) devant leur permettre de relever le grand défi de recettes budgétaires auquel l'Etat est confronté année après année.

Il doit également mettre en œuvre une politique de bonne gouvernance politique (promotion de la démocratie) et économique (gestion saine et efficace des finances publiques) orientée vers la relance d'une forte croissance où les gros secteurs en termes d'investissements entraînant l'élévation du niveau de la consommation des entreprises et des ménages peuvent être le leitmotiv d'un développement économique et social durable.

L'Etat doit être un véritable acteur de l'économie nationale grâce à une politique budgétaire rigoureuse, efficace et transparente pour créer ou financer les infrastructures nécessaires pour un vrai décollage économique et social du pays tant ambitionné par la population (routes, eau, électricité, santé, éducation, etc.). Il doit être enfin un vrai promoteur des investissements privés capables de générer les richesses pouvant être fiscalisées tant en TVA qu'en impôt sur le revenu. Il doit être un Etat fort comme de l'acier au service du peuple en le servant loyalement. Il doit enfin être un vrai Etat de droit où les principes démocratiques doivent être observés à la lettre par tous les pouvoirs qui constituent le pilier de la démocratie : le pouvoir législatif, le pouvoir judiciaire et le pouvoir exécutif.

Le ministère de l'Economie et des Finances et celui délégué au Budget doivent renforcer les capacités de gestion des ressources fiscales et humaines de la DNI par l'attribution des moyens attractifs nécessaires consignés dans les contrats de performance qu'ils signent tous les ans avec le fisc : les primes d'intéressement du personnel, l'amélioration des outils informatiques de gestion. Ils doivent en outre fixer des prévisions de recettes budgétaires en tenant compte effectivement du potentiel fiscal du pays, des facteurs conjoncturels et structurels (crise financière mondiale, inflation, etc.) difficilement maîtrisables.

L'Etat doit rigoureusement combattre l'analphabétisme, la corruption, la mascarade judiciaire, l'impunité, le favoritisme, l'ethnocentrisme, la gabegie, le détournement des deniers publics, l'indiscipline budgétaire, etc. ; constituant des fléaux majeurs qui gangrènent fortement le contexte contributif du pays.

Au niveau de l'administration fiscale, les mesures de réforme des structures administratives seraient un cap décisif : en tout état de cause, il s'agira de connaître et de redynamiser l'organisation administrative de la DNI : par la mise en place du service des moyennes entreprises au sein de la structure centrale pouvant gérer à la fois les impositions directes sur le revenu des entreprises et les impositions indirectes (TVA et autres taxes assimilées) nécessaires à l'amélioration du rendement fiscal.

Elle doit également poursuivre ses œuvres vers la gestion par résultat de ses services, que ce soit au niveau central ou au niveau déconcentré. La signature du contrat de performance entre elle et le ministère de tutelle chaque année où les contractants auront l'obligation de respecter les dispositifs consensuels serait largement salutaire, si, réellement, l'on veut que l'administration fiscale guinéenne à l'instar des autres de la sous-région ouest- africaine ou d'ailleurs suive le même cap sur le plan de la modernité et de la performance.

Les bons rapports entre administration fiscale et usagers doivent figurer en droite ligne dans les objectifs stratégiques de performance contractualisés ou pas. Cela entraînerait du coup l'amélioration du civisme fiscal et implicitement le produit des impôts et taxes qu'elle a la charge de gérer. La gestion sérieuse des ressources humaines en matière de motivation, de formation initiale ou continue, leur affectation aux postes de travail selon le mérite et non pas par affinité ou par complaisance, l'application des sanctions positives ou négatives au personnel seraient également des atouts pour réussir le défi de mobilisation et de sécurisation des recettes fiscales de l'Etat et des collectivités locales.

La gestion saine et le contrôle sérieux des déclarations mensuelles ou annuelles de résultats souscrites par les contribuables viendraient à point nommé pour accroître la performance des services du fisc en matière de gestion de tous les impôts et taxes. Fiscaliser efficacement le secteur informel, moyen d'élargissement de l'assiette fiscale, constitue encore l'une des mesures phares que l'administration doit observer, il en sera de même des moyens informatiques à utiliser dans le système de gestion et contrôle de ses droits régaliens.

Mais, paradoxalement, la DNI n'a aucun moyen de sa politique en matière d'outils informatiques en interconnexion ou non et ce jusqu'à nos jours, la gestion fiscale dans toutes les structures déconcentrées se fait manuellement, excepté celle de la capitale.

Développer le système de communication à la radio, à la télévision, faire le focus fiscal, éditer des dépliants, etc. ; dans le but d'accroître le civisme fiscal auprès des usagers restent encore un des défis majeurs que doit relever la DNI, qui, selon nous, devrait être érigée en Direction Générale comme c'est le cas dans tous les pays membres du CREDAF. Alors, qu'est-ce que l'autorité du département du Budget ou des finances attend pour s'adapter à cette norme standard internationale ?

L'administration fiscale au demeurant doit pouvoir appliquer les textes qui régissent l'imposition sur le revenu en dépit des difficultés qui en découlent. Il s'agira, en effet, de concevoir des formulaires de déclaration sur le revenu des personnes physiques soumises à l'IR, et en fin de compte sur la base des informations fiscales recueillies çà et là auprès des établissements bancaires, de la douane, des marchés publics, etc., procéder à la liquidation des impôts soit par le fisc, soit par le contribuable déclarant lui-même et transmettre aux ayants droit les avis d'imposition.

Ce travail devra être expérimenté, ne serait-ce que pour un départ, dans la capitale Conakry, et, après, impacté sur les autres contribuables de l'intérieur du pays. La DNI devrait avoir son statut particulier à l'image de la France et être régie par un code de déontologie pour une meilleure gestion de ses ressources humaines en termes de droits et d'obligations à remplir dans l'exercice des fonctions qui sont les leurs.

La gestion sérieuse et sécurisée des NIF serait un des atouts exceptionnels permettant à l'administration fiscale de réussir le pari de performance et d'élargissement de l'assiette imposable. La DNI doit enfin renforcer ses dispositifs de contrôle interne aux fins d'évaluer ou d'apprécier les objectifs de performance assignés à chaque service.

Concernant les textes juridiques, un regard lumineux doit être porté sur la simplification et la mise à jour continue des textes dans le code général des impôts. Nous avons observé lors de nos recherches que depuis l'adoption et la promulgation de la loi de finances pour 2004 qui a institué le CGI en Guinée, jusqu'à maintenant aucune mise à jour du CGI n'a été faite ; soit par manque de moyens financiers de l'administration, soit par négligence de certains travailleurs et dirigeants de la DNI, soit par refus.... Ce CGI que nous qualifions en d'autres termes de **''code pénal fiscal''** doit être profondément révisé car certains textes relatifs par exemple à la patente, à la CFU, à la RTS, à la RSRNS, au PBIC, etc. sont vraiment caducs et ne répondent pas aux réalités contributives du pays. Dans cet ordre d'idées, l'on a proposé la suppression du système de taxation globale du revenu et le maintien du système de taxation cédulaire renforcé des revenus. Car la règle de taxation des revenus d'ensemble est toujours restée lettre morte en Guinée.

Les textes fiscaux sont parsemés ici et là dans différents codes du pays (code des investissements, code minier, etc.). Ces disparités sont également des causes non négligeables de la panique chez les usagers dans la compréhension et l'application des textes légaux qui gouvernent le système fiscal de notre pays. Il faudrait alors dans ce domaine que des efforts substantiels soient consentis au niveau et la DNI, du gouvernement et du législatif afin que tous les textes fiscaux soient contenus dans un seul et unique document, ce qui permettrait à coup sûr non seulement de faciliter la gestion de l'impôt au niveau du fisc mais aussi et surtout de favoriser l'acceptation des droits et taxes par les usagers dans l'exercice de leurs obligations déclaratives et de paiements de ces droits auxquels ils sont assujettis.

Le livre de procédures fiscales (LPF) contient des textes étriqués et limités ne répondant pas aux enjeux contributifs tant à l'échelle nationale qu'internationale. A ce niveau, des efforts d'amélioration et d'actualisation doivent être engagés par le ministère de l'Economie et des Finances et la DNI.

La vulgarisation de la doctrine administrative et d'autres instruments juridiques susceptibles d'être exploités par l'administration fiscale et les usagers fait encore défaut, là il faudrait que soient entérinés et publiés nécessairement par le département du budget la charte des contribuables, la charte des contribuables vérifiés, le code de déontologie de l'agent du fisc, l'agenda fiscal dont les projets de textes ont été élaborés par la DNI, sous l'auspice de M. Ahmed KANTE (directeur national des impôts de 2010 au 09 mai 2011) et MONEMOU Ouo-Ouo Waïta (directeur national adjoint des impôts de 2008 au 09 mai 2012 ; puis directeur national des impôts à partir du 09 mai 2011).

L'institution de l'impôt de solidarité sur la fortune (ISF) libératoire de l'IR serait un tremplin pour accroître le rendement de l'imposition sur le revenu surtout des particuliers en perpétuelle souffrance (0.001% au budget national)[246]. Les régimes de faveur entraînant des exonérations fiscales fâcheuses et préjudiciables au Trésor public devront faire l'objet d'une attention particulière.

L'analyse du CGI nous a conduit à recommander à l'appareil fiscal de prévoir dans les textes éventuels le système de taxation par tranche progressive en matière d'IMF (cas de la France) et d'IS (cas des USA) en lieu et place du système de taxation proportionnelle appliqué par l'administration fiscale depuis la phase coloniale jusqu'à nos jours. Car le

[246] Loi de finances initiale de 2010 de la Guinée.

système de taxation progressive a l'avantage d'être juste et équitable contrairement au système proportionnel de taxation qui s'avère injuste et fortement discriminatoire du fait que les gros et petits détenteurs de revenus en matière de bénéfice sont tous frappés par le même taux d'impôt.

La simplification des textes fiscaux relatifs à la taxation des revenus doit être un des défis majeurs que doit relever l'administration. En la matière, le FMI a déjà commandité en Guinée des missions afin d'examiner l'enjeu et la problématique de simplification des textes juridiques où un aide-mémoire recommandait à la DNI de réviser les dispositifs de taxation des revenus catégoriels en les regroupant en deux : les revenus du travail et les revenus du capital où le ''système dual ''doit être appliqué à ces deux grands types de revenus.

Au niveau des contribuables, il s'agit là de concevoir et mettre en œuvre une stratégie axée sur la promotion du civisme fiscal, articulée autour d'une politique d'assistance et d'éducation des contribuables et sur le renforcement des capacités en matière de contrôle et de recouvrement. Cette mesure parmi tant d'autres doit être observée à la lettre comme les musulmans et les chrétiens respectent respectivement les prescriptions du Saint Coran et de la Sainte Bible.

Pour atteindre cet ambitieux objectif, ou préserver cet acquis et accroître la performance du système fiscal et spécifiquement l'imposition sur le revenu, à notre avis, d'autres mesures suivantes pourraient être appliquées par le fisc ou autres acteurs du système fiscal concernés :

- informer les contribuables de leurs droits et obligations en matière fiscale (émissions à la radio, à la télévision et sur internet des focus fiscaux) à l'endroit des usagers ;
- garantir les principes et d'équité et de qualité des services vis-à-vis des usagers ;
- créer et dynamiser les centres de gestion agréés ;
- fiscaliser efficacement le secteur informel qui constitue un des goulots d'étranglement de notre système ;
- lutter efficacement contre l'analphabétisme des contribuables par la mise en place de programmes cohérents d'alphabétisation de ceux-ci ;
- suivre régulièrement les déclarations mensuelles des usagers en matière de TVA y compris celles afférentes aux résultats annuels en matière d'IS ou prélèvement BIC ;
- mettre en place au niveau de l'administration fiscale le système de téléprocédures en vue de faciliter aux contribuables les obligations déclaratives et de paiement des impôts et taxes dont ils sont redevables ;
- organiser et appuyer financièrement les activités du secteur informel en vue de promouvoir chez les usagers les micro-entreprises capables de générer des richesses taxables, etc.

Concernant les autres administrations publiques (les services des douanes, du budget, du Trésor, des marchés publics, de la justice, etc.), mixtes et privées (banques, assurances, etc.), les pistes suivantes doivent être exploitées :

- développer un système de synergie entre le fisc et la direction générale des douanes dans le cadre de la fourniture des renseignements quotidiens relatifs aux activités d'importations et d'exportations des commerçants pouvant du coup favoriser l'assiette taxable ;
- redynamiser ou améliorer les opérations d'enquête aux fins de contrôle ponctuel ou exhaustif de ces commerçants dont la majeure partie évolue dans le secteur dit '' informel'' ou'' secteur anti-fisc'' ou ''secteur frauduleux'' ;
- créer un système d'interconnexion informatique entre la DNI et la direction générale des douanes qui pourra permettre aux deux services de régies les plus importants du pays de cerner efficacement les bases taxables en perpétuel mutation ;
- créer une synergie entre la direction nationale des impôts et la direction nationale des marchés publics en vue d'un meilleur suivi des marchés dont une majeure partie des bénéficiaires échappent au fisc par manque de communication normale entre les deux administrations du même ministère de l'Economie et des Finances ;
- développer un système de communication efficace entre le fisc et les établissements bancaires de la place, en vue de cerner les flux financiers et monétaires du pays des gros détenteurs de revenus évoluant en particulier qui passent entre les mailles de la DNI en termes de taxation de leurs revenus ; d'où la nécessité pour l'administration fiscale de mettre en place un dispositif de contrôle dénommé'' examen de la situation fiscale personnelle''.

Au niveau des partenaires au développement notamment le FMI, la Banque mondiale, la BAD, Afritac de l'Ouest, la CEDEAO, les Etats contractants, etc., un accent particulier doit être mis sur les points ci-après :

- appuyer, en termes de moyens d'assistance technique adaptés aux enjeux de mobilisation accrue des recettes budgétaires, de moyens matériels et financiers suffisants en faveur de l'Etat (ministère des Finances et du Budget, direction nationale des impôts, direction générale des douanes, direction nationale du Trésor, direction nationale du budget, etc.), l'élaboration et la mise en œuvre constante de plans d'action stratégiques de performance des finances publiques incluant la fiscalité ;
- favoriser et faire respecter les règles fiscales d'intégration économique sous-régionales et au-delà conclues entre la Guinée, la CEDEAO, la ZMAO, etc. ;

- promouvoir les efforts d'intégration économique bi et multilatérale sous-tendue par le principe « gagnant- gagnant » entre la Guinée et ses partenaires au développement ;
- faire améliorer le climat des affaires en vue d'attirer les investisseurs étrangers vers la Guinée pour combattre la pauvreté criante qui frappe plus de 80% de la population, etc.

III. Les perspectives pour redorer le blason du système fiscal en Guinée

Dans son introduction à un recueil de textes sur la politique au XXIème siècle, Herbert Stein écrit : '' l'impôt est l'une des rares choses dont on soit assuré de la surveillance. Au cours des prochaines décennies, bien des objets disparaîtront avec l'évolution de nos habitudes ; mais la fiscalité demeurera. Elle devra cependant s'adapter à toute une série de phénomènes propres aux sociétés modernes, ce sont notamment la mobilité des capitaux, le bouleversement des valeurs sociales, le développement technologique, etc.''[247].

Face à cette perspective d'avenir, obtenir les ressources nécessaires pour assurer la couverture des charges publiques et les rendre plus adaptées au contexte socio-économique afin de promouvoir la croissance de l'économie pour enfin aboutir à un développement durable de la Guinée au moyen de la fiscalité, ce sont là les nouveaux défis majeurs que doivent relever les services publics. L'administration fiscale doit être dotée de moyens techniques suffisants et adaptés à l'évolution de l'économie nationale et internationale et répondre aux besoins sans cesse croissants de l'Etat en termes de recettes pour financer le budget national et les budgets des collectivités locales.

En effet, les perspectives que nous envisageons pour redorer le blason à court, moyen et long termes du système fiscal en général et plus spécifiquement l'imposition sur le revenu en Guinée doivent être impérativement bâties sur les objectifs de performance contractualisés que la DNI et le ministère de tutelle ont commencé à signer depuis l'année 2008. Ces contrats annuels visent des objectifs stratégiques et des objectifs opérationnels.

➢ **Concernant les objectifs stratégiques**, ils sont de quatre ordres, à savoir :

- la promotion du civisme fiscal grâce aux services de qualité que l'administration fiscale doit rendre aux usagers et à la simplification des procédures et des textes qui régissent le droit fiscal en vue de faciliter l'acceptation de l'impôt et son paiement aux assujettis ;

[247] Thèse doctorale en droit de Moussa Issa TRAORE, politique fiscale au Mali, p. 321.

- la mobilisation accrue des recettes fiscales de l'Etat et des collectivités en vue de couvrir les besoins sans cesse croissants de la puissance publique et de ses démembrements ;
- la lutte contre la fraude et l'évasion fiscales par le renforcement des dispositifs en matière de contrôle fiscal efficace ;
- l'élargissement de l'assiette fiscale en mettant dans le panier ou paquet fiscal les contribuables qui échappent à la gestion et au contrôle du fisc d'une part, et en fiscalisant pertinemment et efficacement les opérateurs économiques évoluant dans le secteur informel, d'autre part.

➢ Dans le cadre **des objectifs opérationnels** transcrits dans ces contrats, ils sont de plusieurs ordres dont, entre autres :
- la réduction drastique du taux de défaillance déclarative en matière de TVA et d'IS ou de BIC ;
- l'affaissement du taux des restes à recouvrement au minimum possible ;
- le traitement diligent des contentieux fiscaux dans les délais par l'administration fiscale ;
- le taux de couverture des risques en matière d'enquêtes doit être conséquent ;
- le taux de couverture du contrôle fiscal dans l'ordre de 20% doit être bien respecté par l'administration.

Mais, en dépit de toutes ces mesures, l'administration fiscale ne parvient pas jusqu'ici à les couvrir, faute de moyens de bord tous azimuts (gestion manuelle de l'impôt, manque d'autonomie financière, faible dotation budgétaire, etc.).

A moyen et long termes, la DNI doit se doter d'une école ou d'un centre de formation approprié répondant aux exigences de qualification des ressources humaines qui sont en grande partie mal ou pas formées en droit fiscal et qui, pour les besoins de la cause, sont affectées et promues par affinité au sein de l'administration fiscale. Ce facteur est à l'origine du faible rendement des agents du fisc qui n'ont pas la compétence requise à leur poste de travail.

Le taux de pression fiscale (15% en 2010) de la Guinée étant le plus faible au niveau de la sous-région ouest-africaine, l'une des perspectives phares que vise ce travail c'est de faire des recommandations à tous les acteurs du système fiscal de notre pays afin que ce taux puisse croître et atteindre ou franchir la barre de 20% qu'exige la ZMAO comme un des critères fondamentaux de convergence d'adhésion exigés par les pays membres de cette organisation sous-régionale africaine. Et l'imposition sur le revenu pourrait servir d'élément de renfort de la TVA, et d'autres taxes directes ou indirectes hautement rentables au budget pour inverser la tendance ; mais, malheureusement, jusqu'ici il n'y a rien eu de tel. D'où l'importance capitale d'apporter notre contribution de qualité afin de cerner la problématique qui assaille cette imposition dans le contexte contributif assez difficile où le niveau de développement socio-économique laisse encore à désirer, pour ne pas dire qu'il est dégradé ou catastrophique.

Donc, il serait primordial que le peuple de Guinée soit un peuple très travailleur pour créer de la richesse ou des revenus imposables permettant à l'Etat de faire des ponctions nécessaires pour couvrir les charges de développement économique et sociale durable auxquelles il est confronté. Car, sans richesse ou revenu, il n'y a pas d'impôt. D'où l'intérêt capital des gouvernants et des gouvernés d'avoir la conscience du retard que le pays a longtemps connu et qui le plonge jusqu'ici dans un contexte de pauvreté insurmontable.

Seul le travail bien accompli par les citoyens guinéens, source de richesses et des revenus taxables, doit constituer le leitmotiv de l'accroissement du potentiel fiscal nécessaire au développement de notre économie et implicitement de notre système fiscal. Pour marquer d'un cachet particulier cet aspect, le président feu Ahmed Sékou Touré soulignait dans son adresse à la jeunesse guinéenne fin décembre 1983 au palais du peuple à Conakry que'' seul le travail anoblit l'homme et la société''.

En somme, l'ambition ultime de ce travail c'est d'apporter notre modeste contribution à l'édifice fiscal guinéen pour qu'il devienne, dans un avenir proche ou lointain, un système fiscal efficace, performant et crédible à l'image d'autres pays comme la France, le Canada, etc. pouvant répondre au mieux aux objectifs de développement macroéconomique de l'Etat, des entreprises, et des citoyens contribuables ou non. En d'autres termes, la fiscalité en Guinée devra être une fiscalité au service de l'Etat pour assurer le développement du pays qui vit de nos jours des conditions misérables d'existence : pas d'électricité suffisante, manque de soins sanitaires normaux, infrastructures routières dégradées, niveau d'éducation extrêmement bas, etc.

Enfin, nous voudrions appeler une fois de plus l'attention de nos lecteurs sur le fait que ce document ne constitue pas une œuvre parfaite et achevée. Il recèle, certes, des mérites dont l'impact pourrait leur être bénéfique, mais il contient aussi des insuffisances qui pourraient éventuellement faire l'objet de critiques et de suggestions nécessaires pour l'améliorer. Car, comme indiqué plus haut, en matière de science, l'on ne peut pas tout voir, tout écrire, tout parler, tout connaître, tout analyser …et qui veut tout voir finit par ne rien voir, tout écrire, finit par ne rien écrire, tout parler, finit par ne rien parler, tout connaître, finit par ne rien connaître et tout analyser, finit par ne rien analyser du tout. C'est pour dire que la perfection n'est pas de ce monde, rien n'est absolu et définitif, tout est imparfait et relatif. Seul Dieu créateur des cieux et de la terre détient la puissance de la perfection et de l'absolutisme où tout part de lui et revient à lui lorsqu'on raisonne en idéaliste pur et dur.

ANNEXE

I. FICHE SIGNALETIQUE DE LA REPUBLIQUE DE GUINEE

II. L'EXTRAIT DU CGI GUINEEN DE 2004 EN MATIERE D'IMPOSITION SUR LE REVENU

Annexe I. Fiche signalétique de la République de Guinée

- Superficie : 245.857 km2
- Indépendance : 02 octobre 1958
- Environnement : climat tropical
- Population(2011) : 13 millions d'habitants
- Taux croissance démographique : 2,57
- Espérance de vie : 40,9 ans
- Indice Développement Humain (2003) : 0,329, Rang : 174/175
- Langue officielle : français
- Langues nationales principales : soussou, pular, malinké, kissi, toma, kpèlè
- Religion : islam, christianisme, animisme
- Monnaie : franc guinéen
- Revenu national brut par habitant : 398,5 $ us
- Principales ressources minières : or, diamant, bauxite, uranium, pétrole, fer
- Activités principales : agriculture, commerce, artisanat, industrie
- P.I.B : Environ 6 mds de $ us
- Taux de pauvreté : plus 50%
- Taux d'analphabétisme : 70%
- Taux de pression fiscale en 2013 : 18%

Annexe II. Extrait du code Général des impôts de 2004 en matière d'imposition sur le revenu en Guinée

CHAPITRE 1 – DISPOSITIONS GÉNÉRALES

TITRE I – FISCALITE DIRECTE

Art.1. – Il est perçu au profit du Budget national un impôt annuel unique sur le revenu des personnes physiques appelé impôt sur le revenu.

Cet impôt atteint, sous réserve des dispositions de la présente division instituant des retenues à la source ou prélèvements libératoires, le revenu net global du contribuable déterminé conformément aux dispositions des articles 16 à 19 du présent code. Ce revenu net global est constitué par le total des revenus nets catégoriels suivants :

- Revenus fonciers
- Traitements, salaires, pensions et rentes viagères
- Bénéfices industriels commerciaux et artisanaux
- Bénéfices non commerciaux
- Revenus des capitaux mobiliers sous réserve des dispositions de l'article 191 du présent code.

Les plus – values immobilières non professionnelles sont imposables à l'impôt sur le revenu selon les modalités particulières prévues à l'article 163 du présent code.

Les revenus nets catégoriels sont déterminés conformément aux dispositions des articles 33 à 197 du présent code.

SECTION I – PERSONNES IMPOSABLES

I – Champ d'application territorial de l'impôt sur le revenu

Art.2. – Sous réserve des dispositions des conventions internationales aux doubles impositions, les personnes physiques dont le domicile fiscal est situé en Guinée sont, quelle que soit leur nationalité, imposables à l'impôt sur le revenu sur l'ensemble de leurs revenus de source guinéenne comme de source étrangère.

Sous la réserve visée au précédent alinéa, les personnes physiques dont le domicile fiscal est situé hors de la Guinée sont passibles de cet impôt en raison de leurs seuls revenus de source guinéenne.

Art.3. – Pour l'application des dispositions du présent code, la Guinée s'entend du territoire de la République de Guinée y compris les eaux territoriales ainsi que des zones maritimes sur lesquelles la République de Guinée exerce des droits exclusifs en matière de recherche et d'exploitation des ressources naturelles.

Art.4. – Sont considérées comme ayant leur domicile fiscal en Guinée :

a) Les personnes qui disposent en Guinée d'un foyer d'habitation permanent ou qui y séjournent plus de six mois dans l'année ;

b) Celles qui exercent en Guinée une activité professionnelle salariée ou non, à moins qu'elles ne justifient que cette activité y est exercée à titre accessoire par rapport à leur activité principale exercée à l'étranger ; les personnes qui apportent une telle justification demeurent concernées, le cas échéant, par les dispositions du présent code prévoyant l'assujettissement à l'impôt sur le revenu des personnes domiciliées hors de Guinée au titre de leurs revenus des personnes de source guinéenne ;

c) Celles qui ont en Guinée le centre de leurs intérêts économiques

Art.5. – Sont considérés comme revenus de source guinéenne :

a. Les revenus d'immeubles sis en Guinée ou de droits relatifs à ces immeubles ;
b. Les revenus d'exploitations industrielles commerciales, artisanales, agricoles forestières ou minières sises en Guinée ;
c. Les revenus tirés d'activités professionnelles salariées ou non, exercées en Guinée ou d'opérations de caractère lucratif au sens de l'article 138 et réalisées en Guinée ;
d. Les revenus de valeurs mobilières guinéennes et de tous autres capitaux mobiliers placés en Guinée ;
e. Les plus – values mentionnées à l'article 160 du présent code, et les profits tirés d'opérations définies à des fonds de commerce exploités en Guinée ainsi qu'à des immeubles situés en Guinée à droits immobiliers s'y rapportant ou à des actions et parts de sociétés dont l'actif est constitué principalement par de tels biens et droits.

Art.6. – Nonobstant toute disposition contraire du présent code sont passibles en Guinée de l'impôt sur le revenu tout revenu dont l'imposition est attribuée à la Guinée par une convention internationale relative aux doubles impositions.

Art.7. – Lorsqu'un contribuable précédemment domicilié à l'étranger transfère son domicile en Guinée, les revenus dont l'imposition est entraînée par l'établissement du domicile en Guinée ne sont comptés qu'à partir du jour de cet établissement.

Art.8. – Le contribuable domicilié en Guinée qui transfère son domicile à l'étranger est passible de l'impôt sur le revenu à raison des revenus dont il a disposé pendant l'année et ce, jusqu'à la date de son départ, des bénéfices industriels et commerciaux qu'il a réalisés depuis la fin du dernier exercice taxé, et de tous revenus qu'il a acquis sans en avoir la disposition antérieurement à son départ..

Les revenus visés au présent article sont imposés d'après les règles applicables au premier janvier de l'année du départ.

Une déclaration provisoire des revenus imposables en vertu du présent article est produite dans les dix jours qui précèdent la date du départ. Elle est soumise aux règles et actions prévues à l'égard des déclarations des trois premiers mois de l'année suivant celle du départ.

A défaut de déclaration rectificative souscrite dans ce délai, la déclaration provisoire est considérée comme confirmée par l'intéressé avec toutes les conséquences qui découlent des indications qui s'y trouvent contenues.

Les cotisations dues sont calculées dès réception de la déclaration provisoire. Elles sont immédiatement exigibles et recouvrées par anticipation.

II – Unité d'imposition

Art.9. – Chaque contribuable majeur célibataire ou marié est imposable en raison de ses revenus personnels et de ceux des enfants dont il a la charge.

Sont considérés comme étant à la charge du contribuable ses enfants mineurs ou infirmes vivant sous son toit.

Le contribuable peut toutefois réclamer des impositions distinctes pour ses enfants mineurs ou infirmes vivant sous son toit qui tirent un revenu de leur propre travail ou d'une fortune indépendante de la sienne. Lesdits enfants distinctement imposés cessent alors d'être considérés comme étant à la charge du contribuable notamment en vue de la détermination du revenu, sous réserve des dispositions de l'article 20 du présent code.

Dans le cas de contribuables mariés, leurs enfants mineurs ou infirmes sont considérés comme étant à la charge du mari.

Leur charge est toutefois attribuée à l'épouse ou à défaut à l'ascendant ou descendant ayant la responsabilité effective des enfants mineurs ou infirmes lorsque le mari est empêché notamment s'il est hors d'état de manifester sa volonté en raison de son incapacité, de son absence, de son éloignement ou de toute autre cause.

La charge d'enfants mineurs ou infirmes est également attribuée, sur sa demande, à l'épouse qui établit en avoir effectivement la charge personnelle et exclusive.

Le contribuable bénéficie d'un abattement sur son revenu imposable à raison des enfants dont il a la charge, dans les conditions et limites fixées à l'article 18 du présent code.

En aucun cas le bénéfice de l'abattement visé à l'alinéa précédent ne peut être accordé pour les mêmes enfants à deux ou plusieurs conjoints.

Art.10. – Nonobstant les dispositions de l'article 9 les contribuables mariés domiciliés en Guinée peuvent réclamer une imposition unique qui est établie au nom du chef de famille sur l'ensemble des revenus du foyer.

Lorsque l'épouse ou les épouses du contribuable disposent de revenus personnels ceux – ci dans le cas d'exercice de l'option prévue au premier alinéa entrent dans la base imposable imputable au contribuable sous réserve des dispositions afférentes aux retenues à la source et prélèvements libératoires prévues à la présente division.

L'imposition sur la base des revenus du foyer fiscal ouvre droit au bénéfice du contribuable au titre de son épouse ou de chacune de ses épouses à l'abattement prévu à l'article 18 du présent code, dans la limite du nombre maximum de personnes à charge prévu par ce dernier texte.

L'option en faveur de l'imposition des revenus du foyer vaut pour l'année d'imposition au titre de laquelle elle est demandée.

Art.11. – Toute personne majeure âgée de moins de vingt-sept ans au 31 décembre de l'année d'imposition et poursuivant des études ou se trouvant en apprentissage peut demander à ne pas faire l'objet d'une imposition distincte. Sous réserve de l'acceptation du contribuable dont elle était un enfant à charge avant sa majorité cette personne est regardée comme demeurant à la charge dudit contribuable.

Art. 12. – En cas de décès du contribuable l'impôt sur le revenu est établi en raison des revenus non taxés dont le défunt a disposé pendant l'année de son décès, des bénéfices industriels et commerciaux qu'il a réalisés depuis la fin du dernier exercice taxé et des revenus que le contribuable défunt a acquis sans en avoir la disposition antérieurement à son décès. Il en est de même des revenus dont la distinction ou le versement résultent du décès du contribuable.

Ces revenus sont imposés d'après les règles applicables au premier janvier de l'année au cours de laquelle est intervenu le décès.

La déclaration des revenus imposables en vertu du présent article est produite par les ayants droit du défunt dans les six mois de la date du décès. L'imposition est établie au nom de la succession. Les demandes d'éclaircissements et de justifications ainsi que les notifications de l'administration fiscale peuvent être valablement adressées à l'un quelconque des ayants droit ou des signataires de la déclaration de succession.

Toutefois, dans le cas des contribuables mariés ayant opté pour l'imposition unique sur l'ensemble des revenus du foyer, l'imposition est établie au nom du ou des conjoints survivants.

III – Associés des sociétés de personnes

Art.13. – Les associés des sociétés en nom collectif et les commandités des sociétés en commandite simple sont, lorsque ces sociétés n'ont pas opté pour leur assujettissement à l'impôt sur les sociétés, personnellement soumis à l'impôt sur le revenu pour la part des bénéfices sociaux correspondant à leurs droits dans la société. Il en est de même, sous les mêmes conditions :

a. des membres de sociétés civiles qui ne revêtent pas en droit ou en fait l'une des formes des sociétés visées au paragraphe I de l'article 202 du présent code et qui ne se livrent pas une exploitation ou à des opérations visées aux articles 87 à 90 ;
b. des membres des associations en participation qui sont indéfiniment responsables et dont les noms et adresses ont été indiqués à l'administration ;
c. des indivisaires et des membres de société de fait.

Les associés desdites sociétés ou lesdits indivisaires imposables à l'impôt sur le revenu dans les conditions prévues à l'alinéa premier sont tenus de déposer la déclaration visée à l'article 20 et d'y faire figurer, dans le cadre approprié, la part de bénéfices sociaux correspondant à leurs droits dans la société ou l'indivision.

SECTION II – EXEMPTIONS

Art.14. – Les agents diplomatiques et consulaires des pays étrangers établis en Guinée sont exemptés de l'impôt sur le revenu en ce qui concerne les revenus liés à l'exercice de leurs fonctions diplomatiques ou consulaires à la condition qu'ils ne soient pas guinéens et dans la mesure où les pays qu'ils représentent accordent les mêmes avantages aux agents diplomatiques et consulaires guinéens.

SECTION III – LIEU D'IMPOSITON

Art.15. – Pour les contribuables domiciliés en Guinée, l'impôt est établi au lieu de leur résidence ou, en cas de pluralité de résidences, au lieu où le contribuable est réputé posséder sa principale habitation.

Pour les contribuables domiciliés hors de Guinée, le lieu d'imposition est fixé par arrêté du ministre de l'Economie et des Finances.

SECTION IV. REVENU IMPOSABLE

Art.16. – En ce qui concerne les contribuables domiciliés en Guinée, le revenu imposable est constitué par le total des revenus nets catégoriels mis à la disposition du contribuable et des enfants qui sont à sa charge, ou du foyer fiscal en cas d'option pour l'imposition unique des conjoints prévue par l'article 10, au cours de l'année d'imposition sous déduction des charges visées à l'article 17 ci – après, ainsi que des abattements visés aux articles 9, 10 et 18.

De la base imposable ainsi définie sont toutefois exclus ceux des revenus du contribuable ou du foyer fiscal qui ont fait l'objet d'une retenue à la source ou d'un prélèvement libératoire.

En vue de la détermination du revenu imposable sont additionnés les revenus nets catégoriels dont le contribuable ou le foyer fiscal a disposé, évalués conformément aux règles prévues pour chaque catégorie de revenus par les articles 50 à 197. Lorsque le résultat net constaté au titre d'une catégorie de revenus s'avère déficitaire ce déficit n'est pas imputable sur les autres revenus du contribuable ou du foyer fiscal. Il est, sous réserve des dispositions de l'article 162-III, reportable sur les résultats bénéficiaires constatés au titre de la même catégorie au cours des années suivantes.

De manière générale, le revenu net correspond aux diverses catégories de revenus énumérées à l'article 1 et déterminées d'après leur produit respectif pendant l'année d'imposition. Il est constitué par l'excédent du produit brut effectivement réalisé, y compris la valeur des profits et avantages dont le contribuable a joui en nature sur les dépenses effectuées en vue de l'acquisition et de la conservation du revenu.

En ce qui concerne les revenus trouvant leur source hors de Guinée, les règles fixées par le présent code pour leur détermination forfaitaire ne sont pas applicables.

II. – En ce qui concerne les contribuables dont le domicile fiscal est situé hors de Guinée, le revenu imposable est constitué par le total des revenus nets de source guinéenne mis à la disposition du contribuable au cours de l'année d'imposition sous la seule déduction des revenus qui ont fait l'objet d'une retenue à la source ou d'un prélèvement forfaitaire libératoire.

Les revenus nets catégoriels de source guinéenne des personnes qui n'ont pas leur domicile fiscal en Guinée sont déterminés selon les règles applicables aux revenus de même nature perçus par les personnes qui ont leur domicile fiscal en Guinée. Lorsqu'elles ne sont pas libératoires de l'impôt sur le revenu, les retenues à la source ou prélèvements effectués sur les revenus en cause viennent le cas échéant s'imputer sur l'impôt sur le revenu calculé sur les bases ci – dessus. L'excédent éventuel de ces retenues à la source et prélèvements par rapport au montant d'impôt finalement dû n'est pas restituable.

Les personnes physiques exerçant des activités en Guinée ou y possédant des biens sans y avoir leur domicile fiscal peuvent être invitées par l'administration fiscale à désigner dans un délai de trois mois à compter de la réception de cette demande un représentant en Guinée autorisé à recevoir les communications relatives à l'assiette, au recouvrement et au contentieux de l'impôt.

Art.17. – Du total des revenus nets mis à sa disposition au cours de l'année d'imposition, le contribuable domicilié en Guinée qui est imposable selon le régime normal d'imposition visé à l'article 20 peut déduire, lorsqu'elles n'entrent pas en compte pour la détermination des revenus nets catégoriels, les charges ci – après :

1°/ Les intérêts afférents aux annuités de remboursement des emprunts souscrits pour l'acquisition, la construction ou les grosses réparations du logement dont le propriétaire se réserve la jouissance à titre d'habitation principale ;

2°/ Les pensions alimentaires versées en exécution d'une décision de justice ;

3°/ Les cotisations de sécurité sociale et assimilées qui n'ont pas été déduites d'un revenu brut catégoriel ;

4°/ Les dons et subventions aux œuvres et organismes à caractère philanthropique, social, éducatif, scientifique, culturel ou sportif, dans la limite de 1% du revenu net global, sous réserve de la présentation de justifications ;

5°/ Une somme égale à 10% du montant du loyer annuel payé au titre de son habitation principale par le contribuable qui n'en est pas propriétaire dans la limite de 30.000 francs guinéens sous réserve de la présentation de justifications.

Le contribuable qui prétend à la déduction des charges ci – dessus énumérées doit les faire figurer dans la déclaration d'ensemble de ses revenus visés à l'article 20-V. En aucun cas, le bénéfice des déductions concernées ne peut être accordé pour les mêmes charges à deux ou plusieurs conjoints produisant des déclarations séparées.

Art.18. – Du total des revenus nets mis à sa disposition au cours de l'année d'imposition et imposable selon le régime normal d'imposition visé à l'article 20, le contribuable domicilié en Guinée peut déduire une somme égale à 30.000 francs guinéens pour chaque enfant dont il a la charge, ainsi que pour son épouse ou chacune de ses épouses dans le cas d'option en faveur de l'imposition des revenus du foyer prévue à l'article 10, dans la limite d'un nombre maximum de six personnes.

Les situations de famille à prendre en considération pour la détermination du revenu imposable sont celles existant au 1er janvier de l'année de l'imposition, année de réalisation des revenus.

Art.19. – Lorsqu'au cours d'une année, un contribuable a réalisé un revenu exceptionnel et que le montant de ce revenu exceptionnel dépasse la moyenne des revenus nets au titre des trois dernières années, l'intéressé peut demander que ce revenu exceptionnel soit réparti, pour l'établissement de l'impôt sur le revenu, sur l'année de sa réalisation. Cette disposition est notamment applicable pour l'imposition de la plus-value d'un fonds de commerce à la suite du décès de l'exploitant.

La même faculté est accordée au contribuable qui, par suite de circonstances indépendantes de sa volonté, a eu, au correspondant, par la date normale de leur échéance, à une période de plusieurs années.

Sous peine de forclusion, la demande doit être déposée avant le 31 mars de l'année suivant celle de la réalisation du revenu exceptionnel.

SECTION V. OBLIGATIONS DECLARATIVES – CONTROLE

I – Dispositions générales – Régime normal et régime simplifié d'imposition

Art.20.-I- L'impôt sur le revenu est en principe établi au vu de déclarations déposées par le contribuable. Il est cependant institué un régime normal et un régime simplifié d'imposition.

II – Les contribuables auxquels s'applique le régime simplifié d'imposition sont dispensés de l'obligation de souscrire une déclaration d'ensemble de leurs revenus.

Le régime simplifié d'imposition est applicable de plein droit aux contribuables domiciliés en Guinée, n'ayant pas exercé l'option prévue à l'article 10, qui :

1- perçoivent exclusivement des traitements, salaires, pensions ou rentes viagères de sources prévues aux articles 61 et 66. Il en est ainsi même si plusieurs traitements, pensions ou rentes concourent à la formation du revenu imposable à un même contribuable ;
2- réalisent exclusivement des bénéfices industriels ou commerciaux, ou des bénéfices non commerciaux, ou des bénéfices agricoles, faisant l'objet d'un prélèvement proportionnel liquidé sur une base forfaitaire, dans les conditions prévues aux articles 150 et 157 ;
3- réalisent exclusivement des plus – values immobilières non professionnelles soumises au prélèvement libératoire prévu à l'article 163 ;
4- perçoivent exclusivement des revenus de capitaux mobiliers ayant supporté une retenue à la source libératoire dans les conditions prévues à l'article 191 ou exonérés.

III – Les contribuables qui ne se trouvent pas dans l'une des situations énumérées au II ci – dessus relèvent du régime normal d'imposition. Il en est ainsi des contribuables qui :

- perçoivent ou réalisent des revenus provenant de plusieurs catégories énumérées à l'article 1, sous réserve des dispositions des articles 163 et 191 du présent code ;
- sont dans l'obligation de déposer une déclaration d'ensemble de leurs revenus par application des dispositions des articles 108, 142, 156 ou 197 du présent code.

Sont en outre obligatoirement assujettis au régime normal d'imposition :

- Les contribuables qui ont disposé au cours de l'année d'imposition d'au moins deux éléments de train de vie visés à l'article 31.

IV – Nonobstant les dispositions du II, tout contribuable peut opter pour le régime normal d'imposition.

Il se trouve en ce cas assujetti à toutes les règles et obligations propres à l'imposition sur la base des revenus d'ensemble déclarés par le contribuable.

L'option prévue au présent paragraphe est exprimée par le dépôt de la déclaration visée au V ci – après, conformément aux règles prévues aux articles 21 à 23. Elle vaut pour l'année de l'imposition au titre de laquelle elle a été exercée.

V. – Les contribuables relevant du régime normal d'imposition sont tenus de souscrire une déclaration d'ensemble de leurs revenus. La production des déclarations spéciales de bénéfices ou de revenus prévues aux articles 108, 145 et 197, ne dispose pas le contribuable de souscrire ladite déclaration d'ensemble des revenus.

VI. – Les contribuables relevant du régime simplifié d'imposition sont seulement tenus, le cas échéant, aux obligations déclaratives visées à l'article 129 du présent code.

Art.21. – La souscription de la déclaration d'ensemble des revenus visée à l'article 20-V incombe au contribuable, qui signe cette déclaration.

Lorsque des conjoints ont opté pour l'imposition unique des revenus du foyer, la déclaration doit être signée par le chef de famille soit, en principe, le mari.

Dans le cas des mineurs non émancipés ou des incapables, la déclaration est signée par le père ou le tuteur.

Les personnes souscrivant une déclaration au nom de la succession d'un contribuable doivent préciser leurs nom, prénoms et adresse.

D'une manière générale, la déclaration peut être signée par un mandataire, à condition qu'il puisse justifier d'un mandat spécial ou général en vertu duquel il agit.

Une déclaration non signée, ou signée de manière non conforme aux règles prévues au présent article, a la valeur d'un simple renseignement dépourvu de caractère probant.

Art.22. – 1 – Le contribuable imposable selon le régime normal d'imposition doit faire parvenir à l'administration fiscale la déclaration d'ensemble des revenus au plus tard le 31 mars de chaque année pour les revenus de l'année précédente. La déclaration doit être adressée à l'administration chargée de l'assiette de l'impôt du lieu du domicile fiscal du contribuable.

2 – Les dirigeants des personnes morales relevant de l'impôt sur les sociétés, les exploitations individuelles relevant des bénéfices industriels et commerciaux ainsi que les contribuables soumis à l'impôt sur les bénéfices non commerciaux qui, à l'occasion de l'exercice de leur profession, versent à des tiers, ne faisant pas partie de leur personnel salarié, des commissions, courtage, ristournes, gratifications et autres rémunérations, doivent déclarer ces sommes avant le 31 mars de chaque année au moment du dépôt de leur déclaration de résultat lorsqu'elles dépassent un million de francs guinéens par an et par bénéficiaire. La partie versante qui n'a pas déclaré les sommes visées au présent article perd le droit de les porter dans ses charges déductibles pour l'établissement de l'impôt sur les bénéfices.

3 – Les entreprises, sociétés ou associations qui procèdent à l'encaissement et au versement des droits d'auteur ou d'inventeur sont tenues de déclarer le montant des sommes dépassant un million de francs guinéens par an avant le 31 mars de chaque année. **(LF 1996, art 62).**

II – Contenu de la déclaration

Art.23. – Les déclarations prévues à l'article 20-V sont rédigées sur des imprimés établis par l'Administration fiscale conformément aux modèles arrêtés par le ministre de l'Economie et des Finances. Les indications à fournir dans la déclaration d'ensemble sont destinées à permettre l'établissement de l'impôt dont le contribuable est redevable.

Cette déclaration comporte à cet effet des mentions relatives, notamment :

1° à la situation et aux charges de famille, au domicile et au lieu d'exercice des activités professionnelles du contribuable,

2° aux différents éléments composant le revenu du contribuable, ou du foyer fiscal,

3° aux charges déductibles.

La déclaration doit, le cas échéant, être accompagnée de diverses indications ou documents relatifs à des situations particulières, notamment : la demande d'imposition unique des conjoints, la demande d'imposition séparée des enfants mineurs, la demande de rattachement des enfants majeurs, la demande d'étalement de revenus exceptionnels ou différés prévue à l'article 19.

Les annexes à la déclaration, qui doivent le cas échéant être jointes à celle – ci, sont souscrites également sur des imprimés établis par l'administration fiscale.

Le contribuable assujetti à l'obligation de souscrite une déclaration d'ensemble des revenus, ou exerçant l'option prévue à l'article 20-IV, doit y faire figurer l'ensemble des revenus perçus ou réalisés par lui – même, ses enfants à charge et, dans le cas d'option en faveur de l'imposition unique des conjoints, son épouse ou ses épouses, à l'exclusion toutefois :

- des plus – values immobilières non professionnelles qui ont supporté le prélèvement libératoire prévu à l'article 163 ;
- des revenus de capitaux mobiliers qui ont supporté les retenues à la source prévues aux articles 189 et 190 à condition qu'elles aient eu un caractère libératoire conformément aux dispositions de l'article 191.

Les contribuables dont le domicile fiscal est situé hors de la Guinée ne doivent toutefois déclarer que leurs seuls revenus de source guinéenne.

Les contribuables doivent joindre à leur déclaration de revenu les justifications des déductions auxquelles ils prétendent.

III – Contrôle – Rectification – Taxation d'office

Art.24. – Les déclarations souscrites par les contribuables sont soumises au contrôle de l'administration fiscale.

Celle-ci peut demander au contribuable des éclaircissements.

Elle peut en outre lui demander des justifications au sujet de sa situation et ses charges de famille, ainsi que des sommes retranchées de l'ensemble des revenus nets par application de l'article 17 du présent code.

Art.25. – Les éclaircissements et justifications visés à l'article précédent peuvent être demandés verbalement ou par écrit.

Lorsque le contribuable a refusé de répondre à une demande verbale ou lorsque la réponse faite à cette demande est considérée par l'administration comme équivalente à un refus de réponse sur tout ou partie des points à éclaircir, l'administration fiscale doit renouveler sa demande par écrit. Cette demande est obligatoirement visée par un agent ayant au moins le grade d'inspecteur.

Toutes les demandes écrites doivent indiquer explicitement les points sur lesquels elles portent et fixer à l'intéressé un délai de quinze jours à compter de la date de réception pour fournir sa réponse. **(LF 2001, art.24).**

Art.26. – L'administration fiscale a le droit de rectifier les déclarations mais elle doit au préalable adresser au contribuable les indications des éléments qu'elle se propose de retenir comme base de son imposition et l'inviter à se faire entendre ou à faire parvenir son acceptation ou ses observations dans un délai de quinze jours.

Le droit de rectification de l'administration fiscale s'exerce sans préjudice du droit de réclamation du contribuable.

Art.27 – I – Est taxé d'office :

1° Tout contribuable qui, après la demande et au terme du délai visé au second alinéa du I de l'article 29, n'a pas satisfait, alors qu'il s'y trouvait assujetti, à l'obligation de souscrire la déclaration prévue à l'article 20-V.

2°Tout contribuable qui s'est abstenu de répondre aux demandes d'éclaircissements ou de justifications de l'administration fiscale formulées par écrit dans les conditions prévues par l'article 25.

II. L'administration fiscale doit notifier au contribuable taxé d'office l'indication des éléments retenus comme base d'imposition ainsi que le montant de l'impôt et des pénalités correspondants, quinze jours au moins avant la mise en recouvrement de ceux –ci. **(LF 2001, art. 25).**

Art.28. – En cas de désaccord avec l'administration fiscale, le contribuable taxé d'office ne peut obtenir, par la voie contentieuse, la décharge ou la réduction de la cotisation retenue comme base d'imposition par l'administration.

Il supporte la totalité des frais de l'instance, y compris ceux de l'expertise s'il y a lieu. Toutefois, si la base fixée par la juridiction compétente n'est pas supérieure de plus de 10% au chiffre produit par le contribuable, ces frais incombent au Budget national.

II – Sanctions

Art.29. – I – Le montant de l'impôt est majoré de 10% avec un minimum de 10.000 FG pour le contribuable qui n'a pas souscrit de déclaration dans le délai prévu à l'article 22, alors qu'il s'y trouvait tenu.

Le contribuable qui a été invité par l'administration à régulariser sa situation et qui n'a pas déféré à cette demande dans un délai de quinze jours est taxé d'office. La majoration visée au premier alinéa est, en ce cas, portée à 50% avec un minimum de 100.000 FG **(LF 2001, art. 26).**

IV. Dans le cas où le revenu déclaré par un contribuable fait l'objet d'un redressement d'un montant inférieur ou égal au dixième du revenu net imposable, les droits supplémentaires correspondants ne sont assortis d'aucune pénalité.

Si l'insuffisance de déclaration excède le dixième du revenu net imposable après redressement, les droits supplémentaires correspondant aux revenus non déclarés sont majorés de 25%.

Les majorations visées au présent paragraphe ne s'appliquent qu'aux droits supplémentaires résultant d'une insuffisance de déclaration, que cette dernière ait été déposée ou non dans les délais.

Art.30. – Le contribuable, qui, encaissant directement ou indirectement des revenus à l'étranger, ne les a pas mentionnés dans sa déclaration, est réputé les avoir omis. Il est tenu de verser le supplément d'impôt correspondant ainsi que la majoration des droits en sus.

SECTION VI – IMPOSITION D'APRÈS CERTAINS ÉLÉMENTS DU TRAIN DE VIE

Art.31. – Sauf justification contraire fournie par le contribuable, le revenu imposable ne peut être inférieur à une somme forfaitaire déterminée en appliquant à certains éléments du train de vie des contribuables un barème fixé par la loi de finances. Les éléments du train de vie à considérer sont :

- La valeur locative de la résidence principale et, le cas échéant, des résidences secondaires en Guinée ou hors de Guinée,
- Le personnel de maison,
- Les voitures automobiles destinées au transport des personnes.

Les éléments dont il est fait mention pour le calcul du revenu maximum sont ceux dont le contribuable, ses enfants à charge, son épouse ou ses épouses au cas d'exercice de l'option prévue à l'article 10, ont disposé pendant l'année dont les revenus sont imposés.

La valeur locative à retenir pour les résidences principales ou secondaires est celle servant de base à la contribution foncière unique ou toute taxe équivalente assise sur la valeur locative ou la valeur locative réelle.

SECTION VII – CALCUL DE L'IMPÔT

Art.32. : I – Le revenu imposable, arrondi au millier de francs guinéens inférieur, est taxé par application du taux de : 0% à la fraction du revenu qui n'excède pas 100.000 FG

10% à la fraction du revenu comprise entre 100.000 et 1.000.000 FG

15% à la fraction du revenu comprise entre 1.000.001 et 1.500.000 FG

20% à la fraction du revenu comprise entre 1.500.001 et 3.000.000 FG

25% à la fraction du revenu comprise entre 3.000.001 et 6.000.000 FG

30% à la fraction du revenu comprise entre 6.000.001 et 10.000.000 FG

35% à la fraction de revenu comprise entre 10.000.001 et 20.000.000 FG

40% à la fraction du revenu supérieure à 20.000.000 FG.

II – De l'impôt ainsi obtenu, il convient de retrancher, le cas échéant, les sommes déjà versées ou retenues au titre de l'impôt sur le revenu, soit :

1° Les retenues à la source supportées au titre de traitements et salaires, pensions et rentes viagères ;

2° Le prélèvement forfaitaire sur les revenus fonciers ;

3° Le prélèvement proportionnel sur les bénéfices industriels et commerciaux ;

4°Le prélèvement proportionnel sur les bénéfices non commerciaux

5° Le prélèvement proportionnel sur les bénéfices agricoles ;

6° La retenue à la source prévue à l'article 198 ;

7° Les retenues à la source sur les revenus de capitaux mobiliers, appliquées en vertu des dispositions des articles 189 et 190, dans le cas où elles n'ont pas eu de caractère libératoire en vertu des dispositions de l'article 191.

Le prélèvement supporté au titre des plus – values immobilières non professionnelles, libératoire dans tous les cas conformément aux dispositions de l'article 163, n'est pas imputable sur le montant du tarif fixé au I.

III – Lorsque le total des retenues ou prélèvements imputables sur le montant d'impôt sur le revenu calculé en application du tarif fixé au 1 excède ledit montant, le contribuable qui a régulièrement déclaré ses revenus d'ensemble peut obtenir, par voie de réclamation adressée à l'administration fiscale dans les formes et délais prévus en matière d'impôts directs, et sous réserve des dispositions des articles 64 alinéa 5,69 alinéa 5,150, alinéa 3 et 198-II, la restitution des droits qu'il a supportés en trop.

Le barème des éléments de train de vie prévu à l'article 31 du présent code est établi de la manière suivante :

- Personnel de maison :
- Gardien jardinier : 100.000
- Gens de maison : 150.000
- Cuisinier : 175.000

Logements et Accessoires

Nombre de pièces	Logement	Mobilier	Electricité
1	80.000	12.000	20.000
2	120.000	18.000	24.000
3	160.000	24.000	30.000
4	200.000	30.000	36.000
5	240.000	36.000	40.000
6	300.000	48.000	50.000

Véhicules automobiles (par véhicule)

Types de véhicules	Moins de trois ans	Plus de trois ans
Puissance fiscale à 8 cv	1.000.000 FG	500.000 FG
Puissance fiscale de 8 à 11 Cv	1.500.000 FG	750.000 FG
Puissance fiscale supérieure à 11 CV	2.000.000 FG	1.000.000 FG

CHAPITRE 2 – DETERMINATION DES BENEFICES NETS OU REVENUS NETS DES DIVERSES CATEGORIES DE REVENUS

SECTION I – REVENUS FONCIERS

I – Définition des revenus fonciers

Art.33. à 49 – remplacé par la contribution foncière unique depuis le 01/01/1998 (Art. 13 à 26 de la loi n°L/98/003/AN portant loi de finances pour 1998).

SECTION II – TRAITEMENT, SALAIRES, PENSIONS ET RENTES VIAGÈRES

I – Définition des revenus imposables

Art.50. – Les traitements publics et privés, émoluments, salaires, indemnités, rémunérations, assimilées, pensions et rentes viagères concourent à la formation du revenu global servant de base à l'impôt sur le revenu.

Art.51. – Conformément aux principes posés par les articles 2 et 5 du présent code :

I. Les traitements, salaires, indemnités, émoluments et rémunérations assimilées, y compris les primes de toute nature, sont imposables, quel que soit le lieu de mise à disposition desdits revenus :

1° Lorsque le bénéficiaire est domicilié en Guinée, alors même que l'activité rémunérée s'exercerait hors de Guinée et que l'employeur serait domicilié ou établi à l'étranger ;

2° Lorsque le bénéficiaire est domicilié à l'étranger à condition que l'activité rétribuée s'exerce en Guinée.

II. Les pensions et rentes viagères sont imposables :

1° Lorsque le bénéficiaire est domicilié en Guinée, alors même que le débiteur serait domicilié ou établi à l'étranger ;

2° Lorsque le bénéficiaire est domicilié à l'étranger à la condition que le débiteur soit domicilié ou établi en Guinée.

Art. 52. – Sont imposables, et suivent le sort de la rémunération proprement dite, les rémunérations accessoires telles que :

1° Les allocations afférentes à la qualité ou aux conditions du travail et les primes de fonction ;

2° Les allocations ou indemnités pour frais professionnels dès lors qu'elles ne répondent pas aux conditions posées par l'article 55-2° pour être exonérées ;

3° Les indemnités, remboursements et allocations forfaitaires pour frais versés aux dirigeants de sociétés et cadres assimilés, quel que soit leur objet ;

4° Les primes dites de dépaysement ou d'éloignement et toutes autres rémunérations ayant le même objet.

Art.53. – Conformément au principe posé par l'article 16-1, quatrième alinéa du présent code, les rémunérations en nature entrent dans le champ de l'application de l'impôt au même titre que les rémunérations en espèces, que ces rémunérations couvrent l'intégralité de l'activité du salarié ou seulement une partie de celle – ci.

Ces rémunérations consistent dans la concession gratuite au salarié d'un bien dont l'employeur est propriétaire ou locataire ou dans la fourniture gratuite ou de services. L'évaluation de la rémunération en nature doit être faite en tenant compte de la valeur réelle des éléments concédés au bénéficiaire. **(LF 2004, art.18).**

Art.54. – Les allocations, primes ou indemnités perçues par un salarié en fin d'activité pour cause de démission volontaire constituent un supplément de rémunération entrant dans le champ d'application de l'impôt sur le revenu.

II – Exemptions

Art.55. – Sont affranchis de l'impôt :

1° Les allocations familiales servies en application de la réglementation en vigueur ;

2°Les allocations et les indemnités spéciales destinées à assurer le remboursement, pour leur montant réel, de frais professionnels, effectivement utilisées conformément à leur objet, et sous réserve de justifications ;

3° Les indemnités et primes spéciales de caractère forfaitaire destinées à assurer le remboursement de frais professionnels, effectivement utilisées conformément à leur objet, dans les limites fixées par arrêté du ministre de l'Economie et des Finances, et sous réserve des dispositions de l'article 52-3 ;

4° Les indemnités de licenciement et les indemnités de départ à la retraite ;

5° Les indemnités temporaires, prestations et rentes viagères servies aux victimes d'accidents du travail ou à leurs ayants droit ;

6° Les salaires versés aux apprentis munis d'un contrat d'apprentissage répondant aux conditions posées par le code du travail ;

7° Les allocations, bourses, indemnités et prestations servies sous quelque forme que ce soit par l'Etat ou les collectivités et les établissements publics en application des lois et règlements d'assistance ;

8° Les rentes viagères servies en représentation de dommages – intérêts en vertu d'une condamnation prononcée judiciairement pour la réparation d'un préjudice corporel ayant entraîné pour la victime une incapacité permanente totale l'obligeant à avoir recours à l'assistance d'une tierce personne pour effectuer les actes ordinaires de la vie ;

9° Les appointements des membres des missions diplomatiques et consulaires accrédités auprès de la République de Guinée pour l'exercice de leurs fonctions dans la mesure où les pays qu'ils représentent accordent des avantages analogues aux membres des missions diplomatiques et consulaires guinéens, et dès lors que le titulaire desdits appointements n'est pas de nationalité guinéenne ;

10° Les indemnités, les primes et autres gratifications versées aux employés du secteur privé. Toutefois, le montant ainsi exonéré est limité à 25% du montant de la rémunération versés hors primes, indemnités et autres gratifications **(LF 2004, art.21)**

III – Rémunérations allouées aux gérants et associés de certaines sociétés

Art.56. – Les traitements, remboursements forfaitaires de frais et toutes autres rémunérations alloués :

- aux gérants majoritaires des sociétés à responsabilité limitée
- ainsi qu'aux associés en nom des sociétés de personnes et aux membres des associations en participation ayant opté pour le régime fiscal des sociétés de capitaux, admis en déduction des bénéfices soumis à l'impôt sur les sociétés par application de l'article 94-d, sont, même si les résultats de l'exercice social sont déficitaires, soumis à l'impôt sur le revenu au nom de leurs bénéficiaires, dans les conditions prévues par la présente section pour les traitements et salaires.

IV – Détermination du revenu imposable

Art.57. – Pour la détermination des bases d'imposition, il est tenu compte du montant net de toutes les sommes qui ont été mises à la disposition du contribuable, à titre de traitements, indemnités et émoluments, salaires, pensions et rentes viagères, soit par voie de paiement, soit par voie d'inscription au crédit d'un compte sur lequel l'intéressé a fait ou aurait pu faire un prélèvement durant l'année d'imposition, ainsi que des avantages visés à l'article 53.

Art.58. – Le montant net du revenu imposable est déterminé en déduisant du montant brut des sommes payées et des avantages en espèces ou en nature accordés :

1° Les cotisations des salariés aux assurances sociales obligatoires en vertu des dispositions de la loi ;

2° Les retenues faites par l'employeur en vue de la constitution de pensions de retraite en application d'un régime de prévoyance obligatoire en vertu des dispositions de la loi ;

3° Les frais professionnels lorsqu'ils ne sont pas couverts par des allocations spéciales.

La déduction à effectuer au titre desdits frais professionnels est calculée forfaitairement en fonction du revenu brut après défalcation des cotisations et retenues visée aux 1° et 2° ci – dessus ; elle est fixée à 10% du montant de ce revenu.

Art.59. - Abrogé (cf. article 53)

Art.60 : - Sous réserve des exonérations à l'article 55, sont soumises à l'impôt les pensions et les rentes viagères quelle que soit leur forme ou leur origine.

Pour ces rémunérations, le revenu brut est constitué par le montant total d'arrérages perçus en espèce ou nature au cours de l'année d'imposition.

Le cas échéant, peuvent être déduites de ce revenu brut, les cotisations de caractère social incombant obligatoirement au pensionné ou au rentier.

V – Modes de perception de l'impôt

Art.61. – Tout employeur domicilié ou établi en Guinée doit opérer, pour le compte du receveur des impôts ou du Trésor, au titre de l'impôt sur le revenu dû par les bénéficiaires de traitements et salaires, une retenue lors de chaque paiement effectué en faveur :

1° de tout employé domicilié en Guinée,

2° de tout employé domicilié à l'étranger lorsque l'activité rétribuée s'exerce en Guinée.

Art.62. – La retenue à la source prévue à l'article 61 porte sur le montant du revenu imposable déterminé dans les conditions indiquées aux articles 57 et 58 ci – dessus.

Art. 63. – Le montant de la retenue est calculé par application au revenu mensuel imposable des taux suivants :

Pour la tranche de revenu n'excédant pas

30.000 FG : 0%

Pour la tranche de revenu allant de

30.001 à 100.000 FG : 10%

Pour la tranche de revenu allant de

100.001 à 150.000 FG : 15%

Pour la tranche de revenu allant de

150.001 à 300.000 FG : 20%

Pour la tranche de revenu allant de

300.001 à 1.000.000 FG : 25%

Pour la tranche de revenu allant de

1.000.000 à 2.500.000 FG : 28%

Pour la tranche de revenu allant de

2.500.001 à 5.000.000 FG : 30%

Pour la tranche de revenu supérieure à

5.000.000 FG : 5%

(LF 1996, art.64)

Art.64. – La retenue à la source établie par l'article 61 ci – dessus est en principe libératoire de l'impôt sur le revenu dû par le bénéficiaire de traitements ou salaires.

Toutefois, conformément aux règles établies à l'article 20 du présent code, le contribuable domicilié en Guinée disposant, outre de revenus à caractère de traitements, salaires, pensions ou rentes viagères, de revenus relevant d'une ou de plusieurs autres catégories identifiées à l'article 1 et sous réserve des dispositions des articles 163 et 191, doit être assujetti à l'impôt sur le revenu sur la base de l'ensemble de ses revenus.

Il doit, à cet effet, souscrire une déclaration annuelle de l'ensemble de ses revenus. En ce cas, les retenues à la source effectuées sur les traitements, salaires, pensions ou rentes viagères, dont lui-même ou ses enfants à charge ont bénéficié, sont imputables sur le montant d'impôt sur le revenu calculé sur la base de l'ensemble des revenus dont il a disposé.

De même, dans le cas du contribuable domicilié en Guinée ayant opté, dans les conditions prévues à l'article 10, pour l'imposition de l'ensemble des revenus du foyer, et assujetti à ce titre à l'obligation de produire une déclaration de l'ensemble desdits revenus, les retenues à la source effectuées sur les traitements, salaires, pensions ou rentes viagères, dont ont bénéficié les personnes composant le foyer fiscal, sont imputables sur le montant d'impôt sur le revenu calculé sur la base de l'ensemble des revenus dont a disposé ledit foyer.

Le contribuable domicilié hors de la Guinée mais percevant des traitements ou salaires de source guinéenne, est également assujetti à l'obligation de souscrire une déclaration de l'ensemble de ses revenus de source guinéenne, en vue de l'application, sur cette base, de l'impôt sur le revenu. La retenue à la source effectuée sur les traitements et salaires dont il a bénéficié est imputable sur le montant d'impôt sur le revenu calculé sur la base de l'ensemble de ses revenus de source guinéenne. L'excédent éventuel de retenue n'est pas restituable, sous réserve des dispositions des conventions internationales relatives aux doubles impositions.

Art.65. – Les contribuables domiciliés en Guinée, qui reçoivent d'employeurs domiciliés ou établis à l'étranger des traitements ou salaires, sont tenus de souscrire une déclaration annuelle de l'ensemble de leurs revenus, et d'y faire figurer lesdits traitements ou salaires, retenus pour un montant déterminé conformément aux dispositions des articles 57 et 58 du présent code.

Ces traitements ou salaires sont, sous réserve des dispositions des conventions internationales relatives aux doubles impositions, imposables par voie de rôle, dans les conditions du droit commun.

Art.66. – Tout débiteur de pension ou rente viagère domicilié ou établi en Guinée doit opérer, pour le compte du receveur national des impôts ou du Trésor, une retenue au titre de l'impôt sur le revenu lors de chaque paiement effectué, que le bénéficiaire soit ou non domicilié en Guinée.

Art.67. – La retenue à la source prévue à l'article 66 porte sur le montant du revenu imposable déterminé dans les conditions indiquées à l'article 60 ci – dessus.

Art.68. – Le montant de la retenue est calculé par application au revenu mensuel imposable des taux fixés à l'article 63 du présent code.

Art.69. – La retenue à la source établie par l'article 66 ci – dessus est soumise aux mêmes règles que celles prévues par l'article 64 en matière de traitements et salaires.

Art.70. – Les contribuables domiciliés en Guinée, qui reçoivent d'employeurs domiciliés ou établis à l'étranger des pensions ou rentes viagères, sont soumis aux mêmes obligations et sont imposés dans les mêmes conditions que les bénéficiaires de traitements et salaires visés à l'article 65 du présent code.

VI – Obligations des employeurs et débirentiers

Art.71. – Toute personne physique ou morale qui paye des sommes imposables aux bénéfices visés aux articles 61 et 66 ci – dessus est tenue d'effectuer une déclaration pour le compte de l'impôt.

Elle doit, pour chaque bénéficiaire d'un paiement imposable, mentionner sur son livre, fichier ou autre document destiné à l'enregistrement de la paye ou, à défaut sur un livre spécial, la date, la nature et le montant de ce paiement, le montant des retenues opérées, la référence du bordereau de versement prévu à l'article 74 ci – après.

Les documents sur lesquels sont enregistrés les paiements et les retenues effectuées doivent être conservés jusqu'à l'expiration de la troisième année suivant celle au titre de laquelle les retenues sont faites. Ils doivent, à toute époque et sous peine des sanctions prévues à l'article 83 ci – après, être communiqués, sur sa demande, à l'administration fiscale.

Les employeurs ou débirentiers sont tenus de délivrer, à chaque bénéficiaire de paiement ayant supporté les retenues, une pièce justificative mentionnant le montant desdites retenues.

Art.72. – Les retenues afférentes aux paiements effectués pendant un mois déterminé doivent être versées dans les quinze jours du mois suivant à la caisse du receveur national des impôts ou du Trésor public du lieu de l'établissement de l'employeur ou du domicile du débirentier. Les versements pourront être effectués par tous les modes de libération légaux : versement direct, virement ou chèque bancaire, chèque postal.

Art.73. – Lorsque le montant des retenues mensuelles n'excède pas 100.000 francs guinéens, le versement peut être effectué dans les quinze premiers jours de chaque trimestre pour le trimestre écoulé. Si, pour un mois déterminé, le montant des retenues vient à excéder 100.000 francs guinéens, toutes les retenues faites depuis le début du trimestre en cours doivent être versées dans les quinze premiers jours du mois suivant.

Dans le cas de transferts de domicile, d'établissement ou de bureau à l'étranger, ainsi que dans le cas de cession ou de cessation d'entreprise, les retenues effectuées doivent être immédiatement versées.

En cas de décès de l'employeur ou du débirentier, les retenues opérées doivent être versées dans les quinze premiers jours du mois suivant celui du décès.

Art.74. – Chaque versement est accompagné de la déclaration mensuelle unique ou d'un bordereau – avis extrait d'un carnet à souche daté et signé par la partie versante et indiquant :

- la période au cours de laquelle les retenues ont été faites, la désignation, l'adresse et la profession de la personne, société, association ou administration qui les a opérées ;
- l'effectif des employés, le montant des salaires versés et l'assiette des retenues ;
- le montant total des retenues effectuées.

Les déclarations mensuelles uniques ou les bordereaux – avis sont conservés par le comptable public comme titre provisoire de recouvrement. Une partie du bordereau – avis est conservé par le comptable public comme titre provisoire de recouvrement. Une partie du bordereau – avis destinée à l'administration fiscale et dûment remplie par la partie versante est adressée par l'agent de perception à l'administration fiscale périodiquement et au plus tard dans les dix premiers jours du mois pour les versements du mois précédent.

Les employeurs sont approvisionnés, sur leur demande, en carnets à souche réglementaires par l'administration fiscale.

Art.75. – Le montant des versements constatés au nom de chaque employeur fera l'objet, par l'administration fiscale au fur et à mesure de la réception de la partie des bordereaux formant avis de recouvrement, d'un relevé nominatif tenant lieu de rôle provisoire et donnera lieu, chaque fin de trimestre, à l'établissement d'un rôle de régularisation.

Art.76. – Tous particuliers et toutes sociétés ou associations occupant des employés, commis, ouvriers ou auxiliaires, moyennant traitements, salaires ou rétributions, sont tenus de remettre dans le courant du mois de janvier de chaque année à l'administration fiscale du lieu de leur principal établissement, un état présentant pour chacune des personnes qu'ils ont occupées au cours de l'année précédente, les indications suivantes :

1°. Nom, prénoms, emploi, lieu du domicile des employés dont le domicile fiscal est situé en Guinée ;

2°. Nom, prénoms, emploi, lieu de la résidence en Guinée et lieu du domicile à l'étranger des employés dont le domicile fiscal est situé à l'étranger ;

3°. Montant des traitements, salaires et rétributions payés soit en argent, soit en nature pendant ladite année ;

4°. Période à laquelle s'appliquent les paiements lorsqu'elle est inférieure à une année ;

5°. Montants des allocations spéciales destinées à couvrir les frais professionnels excédant ceux couverts par la déduction forfaitaire ;

6°. Montants des retenues à la source effectuées pendant l'année précédente.

Les ordonnateurs, ordonnateurs délégués, ou sous-ordonnateurs des budgets de l'Etat, des établissements publics, des collectivités locales et des projets publics sont tenus de fournir, dans le même délai, les mêmes renseignements concernant le personnel qu'ils administrent.

Art.77. – Tous particuliers et toutes sociétés ou associations versant des pensions ou rentes viagères sont tenus, dans les conditions prévues à l'article 76, de fournir les indications relatives aux bénéfices de ces pensions ou rentes lorsqu'elles dépassent 100.000 francs guinéens dans l'année.

Art. 78. – Dans le cas de cession ou de cessation, en totalité ou en partie, de l'entreprise ou de cessation de l'exercice de la profession, l'état visé à l'article 76 ci – dessus doit être produit en ce qui concerne les rémunérations payées pendant l'année de le cession ou de la cessation dans un délai de six jours.

Il en est de même de l'état concernant les rémunérations versées au cours de l'année précédente s'il n'a pas encore été produit.

En cas de décès de l'employeur ou du débirentier, la déclaration des traitements, salaires, pensions ou rentes viagères, payés par le défunt pendant l'année au cours de laquelle il est décédé, doit être souscrite par les héritiers dans les six mois du décès.

Art.79. – Les contribuables domiciliés en Guinée, qui reçoivent de débiteurs domiciliés ou établis à l'étranger des traitements, indemnités, émoluments, salaires, pensions ou rentes viagères, doivent produire, en ce qui les concerne, les renseignements exigés par les articles 76 et 77, et les joindre à la déclaration d'ensemble de leurs revenus de source guinéenne.

VII – Régularisation

Art.80. – I – Les traitements, salaires, pensions et rentes viagères de mêmes sources ou de sources différentes dont le contribuable a disposé pendant une année déterminée sont totalisés à l'expiration de ladite année. Si le montant des retenues qu'il a supportées est supérieur à la somme effectivement due, le contribuable peut obtenir, par voie de réclamation adressée à l'administration fiscale, au plus tard le 31 mars de l'année suivante, la restitution des droits qu'il a supportés en trop. Dans le cas contraire, les droits ou compléments de droits exigibles sont perçus au moyen de rôles établis au nom de l'employeur ou du débirentier et mis en recouvrement.

II. Lorsque le contribuable bénéficiaire de traitement, salaire, pension ou rente viagère est imposable selon le régime simplifié d'imposition prévu à l'article 20-II, la retenue à la source est, sous réserve des dispositions du I ci – dessus, libératoire de l'impôt sur le revenu.

III. Dans le cas où le bénéficiaire de traitement, salaire, pension ou rente viagère est imposable selon le régime normal d'imposition prévu à l'article 20-III, les traitements, salaires, pensions ou rentes viagères dont ce contribuable a disposé pendant une année déterminée sont totalisés à l'expiration de ladite année ; le revenu net taxable imputable au contribuable au titre de cette catégorie de revenus est, le cas échéant, ajouté aux revenus nets encaissés ou réalisés au titre d'autres catégories de revenus, en vue de la détermination du revenu imposable d'ensemble dudit contribuable effectuée conformément aux règles prévues par les articles 16 à 19 du présent code.

Si le montant des retenues qu'il a supportées est supérieur au montant d'impôt sur le revenu calculé sur cette base, le contribuable peut obtenir la restitution des droits qu'il a supportés en trop dans les conditions prévues à l'article 32-III.

Dans le cas contraire, les droits ou compléments de droits exigibles sont perçus au moyen de rôles établis au nom du contribuable. Toutefois, la partie des droits ou compléments de droits exigibles correspondant, le cas échéant, à une insuffisance de retenue sur traitements, salaires, pensions ou rentes viagères, est établie au nom de l'employeur ou du débirentier selon la procédure prévue à l'article 81.

IV. Pour la mise en œuvre de l'imposition des revenus d'ensemble du foyer fiscal, prévue à l'article 10, les traitements, pensions ou rentes viagères dont les membres du foyer ont disposé pendant une année déterminée sont totalisés à l'expiration de ladite année ; le revenu net taxable imputable au contribuable chef de famille au titre de cette catégorie de revenus est, le cas échéant, ajouté aux revenus nets encaissés ou réalisés au titre d'autres catégories de revenus, en vue de la détermination du revenu imposable d'ensemble dudit contribuable effectuée conformément aux règles prévues par les articles 16 à 19.

Si le montant des retenues que les membres du foyer fiscal ont supportées est supérieur au montant d'impôt sur le revenu calculé sur cette base, le contribuable peut obtenir la restitution des droits qu'il a supportés en trop dans les conditions prévues à l'article 32-III.

Dans le cas contraire, les droits ou compléments de droits exigibles sont perçus au moyen de rôles établis au nom du contribuable. Toutefois, la partie des droits ou compléments de droits exigibles correspondant, le cas échéant, à une insuffisance de retenue sur traitements, salaires, pensions ou rentes viagères est établie au nom de l'employeur ou du débirentier selon la procédure prévue à l'article 81.

V. Peuvent être également réparées par voie de rôle, dans les mêmes conditions et délais que ceux exposés au I, toutes omissions totales ou partielles ainsi que toutes erreurs commises dans l'application des retenues.

VIII – Sanctions

Art.81. – Tout employeur ou débirentier qui n'a pas effectué les retenues à la source prévues par les articles 61 et 66 du présent code ou qui n'a opéré que des retenues insuffisantes devient personnellement redevable du montant des retenues non effectuées. Il est en outre passible d'une amende égale au montant des retenues non effectuées.

Art.82. – Tout employeur ou débirentier qui, ayant effectué les retenues prévues aux articles 61 et 66, ne les a pas versées au Trésor dans les délais prescrits, est personnellement imposé par voie de rôle d'une somme égale à celle qu'il aurait dû verser.

Il est en outre frappé, pour chaque période d'un mois écoulé entre la date à laquelle le versement aurait dû normalement être effectué et le jour du paiement, d'une amende fiscale de 10% du montant des sommes dont le versement a été différé. Pour le calcul de cette amende, toute période d'un mois commencé est comptée entièrement.

Si le retard excède trois mois, l'amende fiscale prévue à l'article 81 ci – dessus est en outre applicable.

Art.83. – Toute infraction aux prescriptions des articles 71, 74, 76, 77 et 78 donne lieu à l'application d'une amende fiscale de 10.000 francs guinéens, encourue autant de fois qu'il est relevé d'omissions ou d'inexactitudes dans les renseignements qui doivent être fournis en vertu de ces articles. Lorsque la production des états visés aux articles 76,77 et 78 n'a pas été effectuée dans les délais prescrits, l'amende est majorée de 50% si le retard excède un mois sans dépasser deux mois, doublée s'il est compris entre deux et trois mois, et triplée s'il est supérieur à trois mois.

Art.84. – Les droits et amendes fiscales prévus par les articles 81, 82 et 83 ci – dessus sont constatés par l'administration fiscale et compris dans un ou plusieurs rôles qui peuvent être mis en recouvrement jusqu'à l'expiration de la troisième année suivant celle au cours de laquelle les infractions sont immédiatement exigibles en totalité.

Art.85. – L'application de ces amendes peut être contestée dans un délai de trois mois partant du premier jour du mois qui suit la mise en recouvrement du rôle, la preuve de l'irrégularité ou de l'exagération de l'amende devant, dans tous les cas, être apportée par l'intéressé. Les réclamations sont présentées instruites et jugées conformément aux règles prévues en matière d'impôts directs.

En cas de décès du contrevenant, ou s'il s'agit d'une société, en cas de dissolution, l'amende constitue une charge de la succession ou de la liquidation.

Art.86. – En aucun cas, les amendes prévues aux articles 81,82, alinéa 2, et 83, ne peuvent être récupérées sur les salariés ou bénéficiaires de pensions ou rentes.

SECTION III – BÉNÉFICES INDUSTRIELS ET COMMERCIAUX

I – DÉFINITION

Art.87. – Sont considérés comme bénéfices industriels et commerciaux pour l'application de l'impôt sur le revenu, les bénéfices réalisés par des personnes physiques, exploitants individuels ou membres de sociétés, et provenant de l'exercice d'une profession industrielle, commerciale ou artisanale.

Il en est de même, dans les mêmes conditions, des bénéfices réalisés par les concessionnaires de mines, par les amodiataires et sous-amodiataires de concessions minières, par les titulaires de permis d'exploitation de mines et par les explorateurs de gisements de pétrole et de gaz combustibles.

Art.88. – L'exercice d'une profession industrielle ou commerciale s'entend de l'accomplissement habituel, par des personnes agissant pour leur propre compte et poursuivant un but lucratif, d'opérations à caractère industriel ou commercial ou d'opérations assimilées, telles que :

- les achats de marchandises, matières ou objets en vue de leur revente en l'état ou après transformation,
- les acquisitions de biens meubles en vue de leur location,
- les transports, le transit, les manutentions,
- les exploitations d'établissements destinés à fournir le logement, la nourriture, les soins personnels ou les distractions,
- les opérations de commission et de courtage, les opérations d'assurance,
- les opérations de banque et de change manuel.

Art.89. – Les professions artisanales sont celles des travailleurs indépendants qui effectuent à titre principal des travaux de production, transformation, réparation ou des prestations de services et dont le chiffre d'affaires est principalement constitué par la rémunération de leur travail et celui des personnes qu'ils emploient.

Art.90. – Présentent également le caractère de bénéfices industriels et commerciaux, pour l'application de l'impôt sur le revenu, les bénéfices réalisés par les personnes physiques désignées ci – après :

1°. Personnes qui donnent en location un établissement commercial ou industriel muni du mobilier ou du matériel nécessaire à son exploitation, que la location comprenne ou non tout ou partie des éléments incorporels du fonds de commerce ou d'industrie ;

2°. Personnes qui louent ou sous-louent des locaux d'habitation meublés ;

3°. Personnes qui, habituellement, achètent en leur nom, en vue de les revendre, des immeubles, des fonds de commerce, des actions ou parts de sociétés immobilières ou qui, habituellement, souscrivent, en vue de les revendre, des actions ou parts créées ou émises par les mêmes sociétés. Ces personnes s'entendent notamment de celles qui achètent des biens immeubles en vue d'éditer un ou plusieurs bâtiments et de les vendre en bloc ou par locaux ;

4°. Personnes se livrant à des opérations d'intermédiaire pour l'achat, la souscription ou la vente des biens visés à l'alinéa 3 du présent article ;

5°. Personnes bénéficiaires d'une promesse unilatérale de vente portant sur un immeuble qui est vendu par fractions ou parfois à la diligence de ces personnes ;

6°. Membres de copropriétés de navires pour la part correspondant à leurs droits dans les résultats déclarés par la copropriété.

Pour l'application du présent article, les donations entre vifs ne sont pas opposables à l'Administration.

II – DÉTERMINATION DU REVENU IMPOSABLE

Art.91. – Sont compris dans le total des revenus servant de base à l'impôt sur le revenu les bénéfices obtenus pendant l'année de l'imposition ou dans la période de douze mois dont les résultats ont servi à l'établissement du dernier bilan lorsque cette période ne coïncide pas avec l'année civile.

Si l'exercice clos au cours de l'année de l'imposition s'étend sur une période de plus ou de moins de douze mois, l'impôt est néanmoins établi d'après les résultats dudit exercice.

Si aucun bilan n'est dressé au cours d'une année quelconque, l'impôt dû au titre de la même année est établi sur les bénéfices de la période écoulée depuis la fin de la dernière période imposée ou, dans le cas d'entreprise nouvelle, depuis le commencement des opérations jusqu'au 31 décembre de l'année considérée. Ces mêmes bénéfices viennent ensuite en déduction des résultats du bilan dans lequel ils sont compris.

Lorsqu'il est dressé des bilans successifs au cours d'une même année, les résultats en sont totalisés pour l'assiette de l'impôt dû au titre de ladite année.

Art.92. – **I** – Le bénéfice imposable est le bénéfice net, déterminé d'après les résultats d'ensemble des opérations de toute nature effectuées par l'entreprise, y compris, notamment, les cessions d'éléments quelconques de l'actif, soit en cours, soit en fin d'exploitation.

II – Le bénéfice net est constitué par la différence entre les valeurs de l'actif net à la clôture et à l'ouverture de la période dont les résultats doivent servir de base à l'impôt diminué des suppléments d'apport et augmenté des prélèvement effectués au cours de cette période par l'exploitant ou par les associés. L'actif net s'entend de l'excédent des valeurs d'actif sur le total formé au passif par les créances des tiers, les amortissements et les proviseurs justifiés.

III – Il est tenu compte, en vue de la détermination du bénéfice d'un exercice, des produits ou des charges ayant pour contrepartie des créances ou des dettes certaines dans leur principe et dans leur montant.

IV – Pour l'application des dispositions prévues au I et au II du présent article, les stocks sont évalués au prix de revient ou au cours du jour de la clôture de l'exercice, si ce cours est inférieur au prix de revient.

Les travaux en cours sont évalués au prix de revient.

V – Les écarts de conversion des devises ainsi que les créances et dettes libellées en monnaies étrangères par rapport aux montants initialement comptabilisés sont déterminés à la clôture de chaque exercice en fonction du dernier cours de change et pris en compte pour la détermination du résultat imposable de l'exercice.

Art.93. – Le bénéfice net est établi sous déduction de tous frais ou charges qui satisfont aux conditions suivantes :

- être exposés dans l'intérêt direct de l'exploitation ;
- correspondre à une charge effective et être appuyés de justifications suffisantes ;
- se traduire par une diminution de l'actif net de l'entreprise ;
- être compris dans les charges de l'exercice au cours duquel ils ont été engagés.

Art.94. – Sont notamment déductibles les frais généraux de toute nature, les dépenses de personnel et de main-d'œuvre, le loyer des immeubles dont l'entreprise est locataire, les dépenses de réparation et d'entretien des locaux professionnels et du matériel à l'exclusion des dépenses d'extension ou de transformation.

a) Toutefois, les rémunérations directes ou indirectes, y compris les indemnités, allocations, avantages en nature et remboursements de frais alloués par les entreprises, ne sont admises en déduction des résultats que dans la mesure où elles correspondent à un travail effectif et ne sont pas excessives eu égard à l'importance du service rendu.

Les rémunérations, qui sont exclues des charges déductibles en vertu de ce principe, sont considérées pour l'imposition du bénéficiaire comme des revenus mobiliers si elles sont versées par une entreprise passible de l'impôt sur les sociétés ou comme des bénéfices non commerciaux si elles sont versées par une entreprise dont l'exploitant est passible de l'impôt sur le revenu.

b) Les appointements en argent ou en nature, que les exploitants individuels prélèvent sur leurs recettes professionnelles à titre de rémunération de leur travail, sont exclus des charges déductibles. Il en est de même des dépenses exposées dans l'intérêt personnel de l'exploitant. Les appointements alloués aux membres de la famille de l'exploitant, y compris son conjoint ou ses conjoints, sont déductibles dans les conditions de droit commun dès lors qu'ils correspondent à un travail effectif, ne sont pas excessifs eu égard à l'importance des services rendus, sont régulièrement versés, et donnent lieu aux retenues prévues par le présent code.

c) Les rémunérations, allouées aux membres des sociétés de personnes et organismes dont les bénéfices sont imposés dans les conditions prévues à l'article 13 du présent code, ne sont pas déductibles desdits bénéfices. Cependant, les appointements alloués aux conjoints et autres membres de la famille des associés des mêmes sociétés et organismes, sont normalement déductibles, sous réserve du respect des conditions énoncées au précédent alinéa.

d) Les rémunérations allouées, à raison de leurs services effectifs, aux dirigeants des sociétés passibles de l'impôt sur les sociétés, de plein droit sur option, sont admises en déduction du bénéfice de la société pour l'établissement de l'impôt, sous réserve du respect des conditions prévues au deuxième alinéa du b) ci – dessus.

Il en est ainsi :

- dans les sociétés anonymes, des traitements fixes ou proportionnels, y compris les jetons de présence, alloués, à raison de leur fonction de direction, au président du conseil d'administration, au directeur général, ainsi que des traitements versés aux administrateurs remplissant des fonctions techniques ;
- dans les sociétés à responsabilité limitée, des rémunérations allouées aux gérants majoritaires et minoritaires, aux gérants non associés, qu'ils appartiennent ou non à un collège de gérance majoritaire ;
- ainsi que des rémunérations allouées aux associés en nom des sociétés en nom collectif, aux commandités des sociétés en commandite simple et aux membres des associations en participation, lorsque ces sociétés ou associations ont opté pour l'impôt sur les sociétés ;
- et des rémunérations allouées aux administrateurs de sociétés civiles passibles de l'impôt sur les sociétés ou ayant opté pour cet impôt.

Les rémunérations de toute nature allouées aux gérants majoritaires des sociétés à responsabilité limitée, ainsi qu'aux associés en nom des sociétés de personnes et aux membres des associations en participation, y compris les syndicats financiers lorsque ces sociétés ou associations ont opté pour le régime fiscal des sociétés de capitaux, sont par ailleurs soumises à l'impôt sur le revenu dans les conditions prévues à l'article 56.

e) Sont également déductibles les jetons de présence versés dans les sociétés anonymes à des actionnaires non salariés et les honoraires versés par les sociétés anonymes aux administrateurs exécutant un travail particulier non salarié, pour autant qu'ils représentent la rémunération d'un travail effectif et ne sont pas excessifs eu égard à l'importance des services rendus. Ces différents revenus sont par ailleurs imposables au nom de leurs bénéficiaires dans les conditions prévues aux articles 138 et suivants.

f) En revanche, dans les sociétés anonymes, les jetons de présence et les tantièmes ordinaires alloués aux administrateurs, ès- qualité, ne sont pas déductibles des résultats et sont considérés comme des distributions de bénéfices imposables au nom de leurs bénéficiaires dans les conditions de l'article 74.

g) Les loyers et charges locatives des locaux et du matériel pris en location par l'entreprise constituent des charges déductibles à concurrence de la fraction échue ou courue au titre de l'exercice.

En ce qui concerne les loyers et charges locatives des locaux affectés au logement du personnel salarié, leur déductibilité est toutefois subordonnée au respect, par l'entreprise, des obligations prévues aux articles 61, 62 et 268 du présent code.

h) Dans le cadre de l'exécution d'un contrat de crédit-bail et pendant la durée de ce contrat, les loyers versés au bailleur constituent des charges déductibles dans les conditions de droit commun.

En fin de bail, si le locataire lève l'option d'achat, il est tenu de réintégrer dans les résultats de son entreprise une somme égale à la différence entre, d'une part, le montant de l'investissement évalué au prix de revient initial dans les écritures de l'entreprise de crédit – bail et, d'autre part, la somme des amortissements pratiqués par le bailleur augmentée du prix de cession effectivement versé audit bailleur au moment de la levée de l'option.

Art.95. - Sont déductibles des bénéfices de l'entreprise les impôts, taxes et droits à la charge de l'entreprise et mis en recouvrement au cours de l'exercice, sauf disposition expresse de la loi fiscale.

L'impôt sur le revenu et l'impôt sur les sociétés sont en tout état de cause exclus des charges déductibles du résultat imposable. Il en est de même de :

- l'impôt minimum forfaitaire
- des impôts et taxes retenus à la source à la charge des employés ou des tiers.

Si des dégrèvements sont ultérieurement accordés sur les impôts déductibles, leur montant entre dans les recettes de l'exercice au cours duquel l'exploitant est avisé de ces dégrèvements.

Le montant de transactions, amendes, confiscations, pénalités de toute nature mises à la charge des contrevenants aux dispositions légales et règlementaires régissant les prix, le contrôle des stocks, le ravitaillement, la répartition des divers produits, le change, ainsi que les infractions aux règles d'assiette et de liquidation des impôts, contributions, taxes et tous droits d'entrée, de sortie, de circulation ou de consommation, ne peut être admis en déduction des bénéfices imposables.

Art.96. – Sont déductibles les primes d'assurances couvrant les risques professionnels ou constituant une charge d'exploitation, cependant, les entreprises, qui se constituent leur propre assureur, ne peuvent pas déduire pour l'assiette de l'impôt les provisions qu'elles constituent à ce titre. En outre, les primes d'assurances sur la vie, contractées au profit de l'exploitant individuel et des membres de sa famille, des dirigeants de sociétés et du personnel salarié de l'entreprise, ne sont pas déductibles pour l'assiette de l'impôt.

Art.97. – Les frais financiers sont déductibles dès lors qu'ils répondent aux conditions générales de déduction des charges de l'entreprise exposées à l'article 93 et sous réserve que les retenues à la source de droit aient été effectivement appliquées.

Toutefois, les intérêts des capitaux engagés par l'exploitant et les sommes de toute nature versées à titre de rémunération des fonds propres de l'entreprise, qu'ils soient capitalisés ou mis en réserve, ne sont pas admis en déduction du bénéfice soumis à l'impôt.

En outre, les intérêts alloués aux associations de société à raison des sommes qu'ils laissent ou mettent à la disposition de la société en sus de leur part de capital, quelle que soit la forme de la société, ne sont déductibles que dans la limite de ceux calculés au taux de refinancement normal de la banque centrale. Cette déduction est subordonnée à la condition que le capital de la société ait été entièrement libéré, qu'il s'agisse de la constitution de société ou d'augmentation de capital.

Dans les cas des sociétés soumises à l'impôt sur les sociétés, les intérêts servis aux associés ou actionnaires qui possèdent en droit ou en fait la direction de l'entreprise ne sont déductibles que lorsque les sommes lissées ou mises à la disposition de l'entreprise n'excèdent pas, pour l'ensemble desdits associés ou actionnaires, le montant du capital social libéré. Cette dernière limite n'est toutefois pas applicable aux intérêts afférents aux avances consenties par une société à une autre société mère au sens de l'article 225.

Les intérêts déductibles dans les conditions ci-dessus définies constituent, pour les bénéficiaires, des revenus de créance, des dépôts et comptes courants. Par contre, les intérêts excédentaires exclus des charges déductibles sont considérés comme les produits d'actions ou de parts sociales même à l'absence de solde bénéficiaire taxable à l'impôt sur les sociétés.

Art.98. Sont déductibles les provisions constituées en vue de faire face à des pertes ou charges nettement précisées et que les évènements en cours rendent probables, à condition qu'elles aient été effectivement constatées dans les écritures comptables de l'exercice et figurent au relevé des provisions prévu à l'article 109.

Les provisions qui, en tout ou partie, reçoivent un emploi non conforme à leur destination ou deviennent sans objet au cours d'un exercice ultérieur, sont rapportées aux résultats dudit exercice. Lorsque le rapport n'a pas été effectué par l'entreprise elle-même, l'administration peut procéder aux redressements nécessaires dès qu'elle constate que les provisions sont devenues sans objet.

Art.99. – Les pourboires, dons et libéralités ne sont pas déductibles, à moins qu'ils ne profitent à des œuvres ou organismes d'intérêt général à caractère philanthropique, sportif, scientifique, social ou familial, établis ou domiciliés en Guinée et dans la limite de un pour mille du chiffre d'affaires.

Art.100. – Les sommes versées pour l'utilisation des brevets, licences, marques de fabrication, dessins, formules, procédés de fabrication et autres droits analogues en cours de validité, ou en rémunération de services effectifs tels que les frais généraux de siège pour la part incombant aux opérations financières ou comptables, sont admises comme charges déductibles lorsqu'elles remplissent les conditions requises par l'article 93, et lorsqu'elles s'y trouvent assujetties, ont effectivement supporté la retenue à la source prévue à l'article 198.

Sous réserve des conventions internationales relatives aux doubles impositions, la part des frais généraux de siège d'une entreprise établie ou domiciliée à l'étranger correspondant aux opérations faites en Guinée ne peut être admise en déduction du bénéfice imposable en Guinée que dans une limite égale à 10% du chiffre d'affaires réalisé par l'entreprise en Guinée.

Art.101. – **I** – Sont déductibles les amortissements appliqués par l'entreprise, à condition que cette dernière relève du régime réel d'imposition et qu'elle tienne une comptabilité conforme au plan comptable en vigueur, dans la limite des résultats obtenus sur la base des calculs effectués selon les taux d'amortissement linéaire décrits dans le tableau ci – après :

Immobilisation Amortissables	Durée d'utilisation	Taux d'amortissement
Frais d'établissement	3 ans	33,33%
Construction à usage commercial, artisanal ou agricole	20 ans	5%
Matériel de transports :		
- Véhicule de tourisme	3 ans	33,33%
- Camions et véhicules tout terrain	5 ans	20%
Matériel et outillage	5 ans	20%
Mobilier et matériel de bureau	10 ans	10%
Installation, aménagement et agencements	10 ans	10%
Matériel informatique	3 ans	33,33%

Les amortissements du matériel et du mobilier domestiques mis gratuitement à la disposition des dirigeants et du personnel ne sont pas déductibles de la base de l'impôt, quelle que soit la méthode d'amortissement utilisée.

Les amortissements des véhicules particuliers immatriculés par la direction nationale des transports terrestres dans le genre ''VP'' sont exclus des charges déductibles pour la détermination du résultat imposable pour la fraction de leur prix d'acquisition qui dépasse 20 millions de FG. Le prix d'acquisition à retenir s'entend prix d'achat toutes taxes comprises, augmenté, le cas échéant, du coût également taxes comprises des équipements et accessoires, que ceux-ci soient fournis avec le véhicule ou qu'ils fassent l'objet d'une livraison distincte.

En cas de cession desdits matériels et mobiliers domestiques, la plus – value n'est pas prise en considération pour la détermination du résultat fiscal. **(LF1995, art.16)**.

II – Sont déductibles les amortissements qui, ayant été régulièrement comptabilisés au cours d'exercices déficitaires, sont réputés différés ; leur déduction est toutefois subordonnée à leur inscription dans un tableau spécial des amortissements.

III – A la clôture de chaque exercice, la somme des amortissements, effectivement pratiqués depuis l'acquisition ou la création d'un élément donné, ne peut être inférieure au montant cumulé des amortissements calculés suivant le mode linéaire et répartis sur la durée normale d'utilisation. A défaut de se conformer à cette obligation, l'entreprise perd définitivement le droit de déduire la fraction des amortissements qui a été irrégulièrement différée.

IV – Lorsque le montant des amortissements pratiqués excède celui des amortissements susceptibles d'être admis en déduction pour l'assiette de l'impôt, la différence est réintégrée dans le bénéfice imposable. Toutefois, les amortissements exagérés qui sont réintégrés dans les bénéfices imposables d'un exercice peuvent être admis en déduction des bénéfices imposables des exercices suivants au cours desquels l'entreprise a pratiqué des amortissements inférieurs à ceux auxquels elle pouvait prétendre ou même pour lesquels elle a cessé tout amortissement, sans pour autant enfreindre la règle d'amortissement minimum obligatoire résultant de l'application des dispositions ci – dessus.

V – Les amortissements pratiqués et réputés différés en période déficitaire sont reportables sans aucune limitation de durée. Le report est toutefois subordonné à l'inscription de ces amortissements au relevé prévu à l'article 109.

La faculté de report illimité des amortissements réputés différés en période déficitaire cesse de s'appliquer si l'entreprise reprend tout ou une partie des activités d'une autre entreprise ou lui transfère tout ou partie de ses activités.

VI – Les biens donnés en location sont amortis sur leur durée normale d'utilisation, quelle que soit la durée de la location.

VII – Les entreprises de crédit-bail bénéficient, pour les biens mobiliers donnés en location d'un régime d'amortissement particulier ; la durée d'amortissement de ces biens est réputées coïncider avec la durée du contrat de crédit-bail.

Pour les biens immobiliers, les amortissements doivent être pratiqués par l'établissement de crédit-bail conformément aux dispositions du premier alinéa du I du présent article.

VIII – Nonobstant les dispositions de l'article 93, les entreprises ont la faculté de comprendre, parmi leurs charges immédiatement déductibles des bénéfices imposables, le prix d'acquisition des matériels et outillages, matériels et mobiliers de bureau, d'une valeur unitaire hors taxe ne dépassant pas 100.000 francs guinéens.

En ce qui concerne les mobiliers de bureau, les achats en cause doivent résulter du renouvellement courant du mobilier installé. Si un bien déterminé se compose de plusieurs éléments qui peuvent être achetés séparément, il y a lieu de prendre en considération le prix global de ce bien, et non la valeur de chaque élément, pour apprécier la limite ci – dessus fixée.

Art.102. – L'amortissement des biens d'équipement neufs autres que les immeubles et les véhicules de tourisme, acquis ou fabriqués à compter de l'entrée en vigueur de la loi portant adoption des présentes dispositions, peut être calculé selon un mode dégressif, à condition que lesdits biens :

a) soient utilisés exclusivement pour les opérations industrielles de fabrication, de manutention, de transport, de pêche et d'exploitation agricole ;
b) soient destinés à un usage de moins trois ans en Guinée.

Le taux applicable pour le calcul de l'amortissement dégressif est obtenu en multipliant le taux d'amortissement linéaire correspondant à la durée normale d'utilisation du bien par un coefficient fixé à 1,5 lorsque la durée normale d'utilisation du bien est de trois ou quatre ans, à 2 lorsque cette durée est cinq ou six ans, 2,5 lorsque la durée d'utilisation du bien est supérieure à six ans.

Art.103. – Les frais d'établissement engagés au moment de la constitution de l'entreprise ou de l'acquisition par celle – ci de ses moyens permanents d'exposition, bien que ne constituant pas des dépenses qui comportent une contrepartie dans l'actif de l'entreprise, peuvent faire l'objet d'un amortissement échelonné sur les cinq premiers exercices de l'activité. Cet amortissement, s'il est pratiqué en l'absence de bénéfices, peut être considéré comme régulièrement différé en période déficitaire et reporté sur les premiers résultats bénéficiaires sans limitation de durée.

Art.104. – Les entreprises peuvent déduire de leurs résultats imposables les indemnités de congés payés pour le montant correspondant aux droits acquis par les salariés. Il en est de même des charges sociales et fiscales afférentes à ces indemnités.

Les entreprises doivent pratiquer, lors du versement de l'indemnité de congés payés au salarié, la retenue à la source prévue à l'article 61.

Art.105. – Par dérogation aux dispositions de l'article 92, les plus – values, provenant de la cession en cours d'exploitation d'éléments de l'actif immobilisé, ne sont pas comprises dans le bénéfice imposable de l'exercice au cours duquel elles ont été réalisées si le contribuable prend l'engagement de réinvestir en immobilisations dans ses exploitations en Guinée, avant l'expiration d'un délai de trois ans à partir de la clôture de cet exercice, une somme égale au montant de ces plus – values ajoutée au prix de revient des éléments cédés.

Cet engagement de réinvestir doit être annexé à la déclaration des résultats de l'exercice au cours duquel les plus – values ont été réalisées.

Pour l'application des dispositions qui précèdent, les valeurs constituant le portefeuille sont considérées comme faisant partie de l'actif immobilisé lorsqu'elles sont entrées dans le patrimoine de l'entreprise cinq ans au moins avant la date de cession. Lorsque des valeurs identiques non discernables ont été acquises à des dates différentes, on considère que les valeurs cédées sont les plus anciennes.

Sont considérées comme des immobilisations au sens de l'alinéa premier du présent article les souscriptions à des augmentations de capital par acquisition d'actions ou de parts nouvelles de toutes sociétés à caractère industriel ou agricole installées en Guinée.

Si le remploi est effectué dans le délai prévu au présent article, les plus –values distraites du bénéfice imposable sont considérées comme affectées à l'amortissement des nouvelles immobilisations et viennent en déduction du prix de revient des nouvelles immobilisations pour le calcul des amortissements et des plus – values réalisées ultérieurement. Dans le cas contraire, elles sont rapportées aux bénéfices imposables de l'exercice au cours duquel a expiré le délai ci – dessus.

Si le contribuable vient à cesser sa profession ou à céder son entreprise au cours du délai ci – dessus, les plus – values à réinvestir sont immédiatement rapportées aux bénéfices imposables de l'exercice.

Art.106. – L'imposition de la plus-value du fonds de commerce, éléments corporels et incorporels, constatée à l'occasion du décès de l'exploitant, est, lorsque l'exploitation est continuée par un ou plusieurs conjoints ou héritiers ou successibles en ligne directe, reportée dans les conditions prévues à l'article 105.

L'application de cette disposition est subordonnée à l'obligation pour les nouveaux exploitants de n'apporter aucune augmentation aux évaluations des éléments de l'actif figurant au dernier bilan dressé par le défunt.

Art.107. – En cas de déficit subi pendant un exercice, ce déficit considéré comme une charge de l'exercice suivant est déduit du bénéfice réalisé pendant ledit exercice. Si ce bénéfice n'est pas suffisant pour que la déduction puisse être intégralement opérée, l'excédent du déficit est reporté successivement sur les exercices suivants jusqu'au troisième exercice qui suit l'exercice déficitaire.

Les déficits réalisés par les sociétés exonérées d'IS et de BIC ne peuvent en aucun cas faire l'objet d'un report dans les bilans des exercices de la période de droit commun **(LF 2001, art.29).**

III – OBLIGATIONS DÉCLARATIVES

Art.108. – Les contribuables qui réalisent des bénéfices industriels ou commerciaux sont tenus de souscrire, au plus tard le 30 avril de chaque année, une déclaration du montant de leur bénéfice imposable pour l'année précédente auprès du service des impôts dont dépend le siège de leur exploitation.

Si l'entreprise a été déficitaire, la déclaration du montant du déficit est produite dans le même délai.

Les entreprises admises au bénéfice des dispositions du code des investissements ne sont pas dispensées de ces obligations déclaratives.

La déclaration est adressée à l'administration fiscale qui en donne décharge. Son contenu est fixé par arrêté du ministre de l'Economie et des Finances. Dans l'impossibilité justifiée de déterminer avec exactitude le bénéfice dans le délai prévu au présent article, les contribuables pourront exceptionnellement produire, dans le même délai, une déclaration provisoire qui devra être régularisée dans les trois mois qui suivent.

Les contribuables assujettis à l'obligation déclarative prévue au premier alinéa sont par ailleurs tenus de souscrire au lieu de leur domicile la déclaration de l'ensemble de leurs revenus, conformément aux dispositions en matière d'imposition selon le régime normal prévues à l'article 20-V.

Art.109. – Les contribuables visés à l'article précédent sont tenus de fournir, en même temps que la déclaration de leur bénéfice imposable, une copie de leur bilan, une copie de leur compte de résultats, faisant ressortir le montant de leur chiffre d'affaires et de leur bénéfice brut, la liste détaillée par catégorie des frais généraux et l'indication détaillée des rectifications extra – comptables à opérer en vue d'obtenir le résultat fiscal, un relevé détaillé des amortissements et provisions constitués par prélèvement sur les bénéfices, conformément à des modèles qui sont fixés par arrêté du ministre de l'Economie et des Finances.

Ces mêmes contribuables doivent obligatoirement inscrire en comptabilité sous une forme explicite la nature et la valeur des avantages en nature accordés à leur personnel.

Les personnes normales passibles de l'impôt sur les sociétés sont tenues en outre de fournir le relevé des mouvements ayant affecté pendant l'exercice les comptes courants des associés ainsi que l'état des intérêts payés au titre de créances, dépôts ou cautionnements, avec l'identité et l'adresse des bénéficiaires.

Art.110. – Le déclarant est tenu de présenter, à toute réquisition de l'administration fiscale, tous documents comptables, inventaires, copies de lettres, pièces de recettes et de dépenses, de nature à justifier l'exactitude des résultats indiqués dans sa déclaration, ainsi que les comptes rendus et les délibérations des conseils d'administration ou des assemblées générales des actionnaires aux comptes.

Art.111. – Les contribuables visés à l'article 108 doivent, le cas échéant, indiquer les noms et adresses du ou des comptables ou experts chargés de tenir leur comptabilité, en précisant si ces techniciens font ou non partie du personnel salarié de leur entreprise.

Ils peuvent joindre à leur déclaration les observations essentielles et les conclusions qui ont pu leur être remises par les experts comptables ou les comptables agréés chargés par eux, dans les limites de leurs compétences, d'établir, contrôler ou apprécier leur bilan et leur compte de résultats.

Art.112. – Les entreprises dont le siège social est situé hors de Guinée sont tenues :

– d'avoir leur direction effective en Guinée avec un représentant en Guinée nanti des pouvoirs les plus étendus en vue de les représenter valablement ;
– de représenter à toute réquisition de l'administration fiscale les mêmes documents que ceux prévus aux articles 109 et 110.

IV – CONTRÔLE DES DÉCLARATIONS

Art.113. – L'administration fiscale vérifie les déclarations.

Elle entend les intéressés lorsque leur audition lui paraît utile ou lorsqu'ils demandent à fournir des explications orales.

Elle peut rectifier les déclarations mais fait connaître par écrit au contribuable la rectification qu'elle envisage et lui en indique les motifs. Elle invite en même temps l'intéressé à faire parvenir son acceptation ou ses observations dans un délai de quinze jours. A défaut de réponse dans ce délai, ou lorsque le désaccord persiste, l'administration fiscale fixe la base d'imposition sous réserve du droit de réclamation de l'intéressé après l'établissement du rôle **(LF 2001, art.27.).**

Art.114. – Sont passibles de rectification d'office les déclarations des contribuables visés à l'article 108 qui :

– ne fournissent pas, à l'appui de leur déclaration de résultats, les documents ou renseignements prévus à l'article 109 ;
– ne se conforment pas aux prescriptions de l'article 110 ;
– présentent une comptabilité inexacte, incomplète ou non probante ne permettant pas de justifier l'exactitude des résultats déclarés.

Art.115. – Sont passibles de taxation d'office les contribuables qui :

– n'ont pas souscrit la déclaration de leurs résultats dans le délai légal et n'ont pas régularisé leur situation dans les conditions prévues à l'article 29-1, deuxième alinéa ;
– se sont abstenus de répondre dans le délai de dix jours à une demande d'explications écrites ou qui ont fait à cette demande une réponse équivalente à une fin de non – recevoir. **(LF 2001, art.18).**

Art.116. – Lorsque l'imposition a été assurée par voie de rectification ou de taxation d'office comme il est indiqué aux articles 114 et 115 ci – dessus, le contribuable ne peut obtenir par voie contentieuse la décharge ou la réduction de la cotisation qui lui est assignée qu'en démontrant le caractère exagéré du bénéfice retenu par l'administration.

Art.117. – Pour la détermination du bénéfice imposable des entreprises qui sont sous la dépendance ou qui possèdent le contrôle d'entreprises situées hors de Guinée, les bénéfices indirectement transférés à ces dernières soit par la majoration ou la diminution des prix d'achat ou de vente, soit par tout autre moyen, seront incorporés aux résultats accusés par les comptabilités.

A défaut d'éléments précis pour opérer les redressements prévus à l'alinéa précédent, les produits imposables seront déterminés par comparaison avec ceux des entreprises similaires exploitées normalement en Guinée.

Il est procédé de même pour les entreprises qui sont sous la dépendance d'une entreprise ou d'un groupe possédant également le contrôle d'entreprises situées hors de Guinée.

V – SANCTIONS

Art.118. – Les sanctions prévues à l'article 29-1 sont applicables au contribuable soumis à la déclaration de son bénéfice réel qui n'a pas produit cette déclaration dans le délai prescrit à l'article 108, même si le résultat de l'exercice est déficitaire.

Art.119. – Sans objet

Art.120. – Les personnes physiques ou morales, guinéennes ou étrangères, dont l'exploitation bénéficie d'un régime fiscal dérogatoire au droit commun en vertu d'une loi ou d'une convention régulière accordant des avantages généraux ou spécifiques, sont tenues de souscrire aux obligations prévues par les articles 108, 109, 110 et 241 du présent code.

Lorsque ces obligations n'ont pas été respectées, les impositions exigibles sont assorties des sanctions prévues par l'article 29-1 du présent code.

Dans le cas où aucune imposition sur les bénéfices n'est exigible, les personnes visées au 1er alinéa du présent article, qui ont été invitées par l'administration à régulariser leur situation et qui n'ont pas déféré à cette demande dans un délai de trente jours, sont passibles d'une amende liquidée au taux de 2% sur le chiffre d'affaires hors taxes de l'exercice concerné. Cette amende comporte un minimum de 500.000 FG et un maximum de 5.000.000 FG. **(Lf 1992, art.16).**

Art.121. – En cas d'insuffisance de déclaration, souscrite ou non dans le délai légal, les sanctions applications sont celles prévues à l'article 29-II du présent code.

VI – CESSIONS, CESSATIONS

Art.122. – I – Dans le cas de cession ou de cessation en totalité ou en partie d'une entreprise commerciale, industrielle, artisanale ou minière dont les résultats sont imposés d'après le régime du bénéfice réel, l'impôt sur le revenu dû en raison des bénéfices réalisés dans cette entreprise ou exploitation, et qui n'ont pas encore été imposés, est immédiatement établi.

Les contribuables doivent dans un délai de dix jours, déterminé comme il est dit ci – après, aviser l'administration fiscale de la cession ou de la cessation et lui faire connaître la date à laquelle elle a été faite ainsi que, s'il y a lieu, les nom, prénoms et adresse du cessionnaire. Le délai de dix jours commence à courir :

- lorsqu'il s'agit de la vente ou de la cession d'un fonds de commerce, du jour où la vente ou la cession a été publiée dans un journal d'annonces légales ou du jour de la prise de possession effective par l'acquéreur ;
- lorsqu'il s'agit de la vente ou de la cession d'autres entreprises, du jour où l'acquéreur ou le cessionnaire a pris effectivement la direction des exploitations ;
- lorsqu'il s'agit d'une cessation d'entreprise, du jour de la fermeture définitive des établissements.

II – Les contribuables sont tenus de la faire parvenir à l'administration fiscale dans le délai de dix jours ci – dessus indiqué, outre les renseignements visés au deuxième alinéa du présent article, la déclaration de leur bénéfice doit accompagner des documents prévus à l'article 109.

A défaut de la production dans le délai fixé ci – dessus des renseignements et de la déclaration visés au paragraphe précédent, les dispositions de l'article 29-I sont applicables.

Les cotes établies dans les conditions prévues par le présent article sont immédiatement exigibles pour totalité.

III – Les dispositions du présent article sont applicables dans le cas de décès de l'exploitant. Les renseignements nécessaires pour l'établissement de l'impôt sont alors produits par les ayants droit du défunt dans les douze mois à partir de la date du décès.

IV – En cas de cession ou de cessation d'entreprise, les provisions visées à l'article 98 et non encore employées sont considérées comme un élément du bénéfice immédiatement imposable.

V – En cas de cessation, qu'elle ait lieu à titre onéreux ou à titre gratuit, qu'il s'agisse d'une vente forcée ou volontaire, le cessionnaire peut être rendu responsable, solidairement avec le cédant, du paiement des impôts afférents aux bénéfices réalisés par ce dernier pendant l'année ou l'exercice de la cession jusqu'au jour de celle-ci ; ainsi qu'aux bénéfices de l'année ou de l'exercice précédent lorsque, la cession étant intervenue pendant le délai normal de déclaration, ces bénéfices n'ont pas été déclarés par le cédant avant la date de la cession.

Toutefois, le cessionnaire n'est responsable que jusqu'à concurrence du prix du fonds de commerce, si la cession a été faite à titre onéreux, ou de la valeur retenue pour la liquidation du droit de mutation entre vifs, si elle a eu lieu à titre gratuit, et il ne peut être mis en cause que pendant un délai de trois mois qui commence à courir du jour de la déclaration prévue aux deuxième et troisième alinéas du I du présent article, si elle est faite dans le délai imparti par lesdits alinéas, du dernier jour de ce délai à défaut de déclaration.

VII – RÉGIME FORFAITAIRE

Art.123. à 136 – Abrogés (Loi de finances 1996, art.67).

VIII – CHAMP D'APPLICATION DU RÉGIME RÉEL D'IMPOSITION

Art.137. – Sont obligatoirement soumis au régime du bénéfice réel :

a) quel que soit le montant de leur chiffre d'affaires annuel, les personnes morales quelle que soit leur forme juridique, y compris les sociétés de fait, les indivisions et les associations en participation ;

b) les personnes physiques exerçant d'une manière habituelle des activités commerciales, industrielles ou artisanales, dont le chiffre d'affaires annuel est égal ou supérieur à 150 millions de FG pour les ventes ou 60 millions de FG pour les prestations de services ;

c) Les personnes physiques exerçant des activités exclues du champ d'application de la TPU ;

d) Les professions libérales ;

e) Les personnes physiques, dont le chiffre d'affaires s'établit au-dessous de la limite prévue au paragraphe b, ne sont soumises au régime de la TPU que lorsque leur chiffre d'affaires est resté inférieur à ces limites pendant trois exercices consécutifs de douze mois. **(LF 1996. art.68)**

SECTION IV. BÉNÉFICES NON COMMERCIAUX

I – DÉFINITION

Art.138. – Sont considérés comme provenant de l'exercice d'une profession non commerciale ou comme revenus assimilés aux bénéfices non commerciaux, les bénéfices des professions libérales, des charges et offices dont les titulaires n'ont pas la qualité de commerçant et de toutes occupations, exploitations lucratives et sources de profits ne se rattachant pas à une catégorie de bénéfice ou revenus.

Ces bénéfices comprennent notamment :

- les produits de droits d'auteurs perçus par les écrivains ou compositeurs et par leurs héritiers ou légataires ;
- les produits perçus par les inventeurs au titre soit de la concession de licences d'exploitation de leurs brevets, soit de la cession ou concession de marques de fabrique, procédés ou formules de fabrication.

II – DÉTERMINATION DU REVENU IMPOSABLE

Art.139. – I – Le bénéfice à retenir dans les bases de l'impôt sur le revenu est constitué par l'excédent des recettes totales sur les dépenses nécessitées par l'exercice de la profession.

Il tient compte des gains ou des pertes provenant soit de la réalisation des éléments d'actif affectés à l'exercice de la profession sous réserve des dispositions de l'article 160, soit des cessions de charges et d'offices ainsi que de toutes indemnités reçues en contrepartie de la cessation de l'exercice de la profession ou du transfert d'une clientèle.

II – Le bénéfice imposable est celui réalisé au cours de l'année civile.

III – Les recettes sont constituées par les sommes effectivement encaissées par le contribuable ou dont il a eu la disposition dans le cadre de l'exercice de son activité ou à l'occasion de toutes opérations lucratives qui s'y rattachent, quel que soit le mode de perception desdites sommes et quelle que soit l'année au cours de laquelle ont été effectuées les opérations génératrices de ces recettes.

IV – Toutefois, par dérogation à ce principe, l'administration admet, sur demande de l'intéressé, que le bénéficie soit déterminé d'après les résultats d'une comptabilité tenue selon les règles de la comptabilité commerciale. Nonobstant la dérogation, le bénéfice imposable demeure celui réalisé au cours de l'année civile.

V – Il convient de déduire, du montant des sommes encaissées, les débours payés pour le compte du client, les honoraires rétrocédés et les sommes perçues à titre de dommages et intérêts.

VI – Les dépenses admises en déduction des recettes pour l'assiette de l'impôt sont celles effectuées en vue de l'acquisition ou de la conservation du revenu et qui sont nécessaires directement par l'exercice de la profession. Lorsque les dépenses revêtent un caractère mixte, privé et professionnel, il convient de procéder à une ventilation pour déterminer la part desdites dépenses se rattachant effectivement à l'exercice de l'activité. D'autre part, sauf dans le cas d'une comptabilité tenue selon les règles commerciales comme prévu au paragraphe 4 ci – dessus, les dépenses doivent avoir été effectivement payées au cours de l'année d'imposition.

VII – Les dépenses professionnelles sont prises en compte pour leur montant réel.

Art.140. – Les dépenses déductibles comprennent notamment et sous réserve des dispositions de l'article 139 :

1°. les achats de fournitures et produits revendus à la clientèle ou entrant dans la composition des prestations effectuées à l'exclusion de tout achat de matériel amortissable, comme en matière de bénéfices industriels et commerciaux ;

2°. Les frais de personnel tels que salaires, indemnités diverses, avantages en nature et charges sociales.

Les appointements alloués, le cas échéant, aux membres de la famille du titulaire de bénéfices non commerciaux, sont déductibles dès lors qu'ils correspondent à un travail effectif, ne sont pas excessifs eu égard à l'importance des services rendus, sont régulièrement versés, et donnent lieu aux retenues prévues par le présent code ;

3°. Les impôts et taxes professionnels payés au cours de l'année de l'imposition sauf disposition expresse d'un texte de loi.

L'impôt sur le revenu est, en tout état de cause, exclu des charges déductibles du bénéfice imposable.

Si des dégrèvements sont ultérieurement accordés sur les impôts déductibles, leur montant entre dans les recettes de l'année au cours de laquelle le dégrèvement a été remboursé.

Les dispositions de l'article 95, dernier alinéa, du présent code sont également applicables en matière de bénéfices des professions non commerciales et revenus assimilés.

4°. Les loyers et charges des locaux professionnels. Lorsque le contribuable est propriétaire des locaux affectés à l'exercice de sa profession, aucune déduction n'est apportée de ce chef au bénéfice imposable.

5°. Les amortissements effectués suivant les règles applicables en matière de bénéfices industriels et commerciaux.

Art.141. – Les contribuables qui réalisent ou perçoivent des bénéfices non commerciaux ou des revenus assimilés sont placés sous le régime de la déclaration contrôlée.

Art.142. – Les contribuables sont tenus de souscrire chaque année, au plus tard le 31 mars, une déclaration dont le contenu est fixé par arrêté du ministre de l'Economie et des Finances.

Cette déclaration est adressée au service fiscal du lieu d'exercice de l'activité, qui peut demander aux intéressés tous renseignements susceptibles de justifier l'exactitude des chiffres déclarés et notamment tous éléments permettant d'apprécier l'importance de la clientèle.

Les contribuables sont par ailleurs tenus de souscrire au lieu de leur domicile la déclaration de l'ensemble de leurs revenus, conformément aux dispositions en matière d'imposition selon le régime normal prévues à l'article 20-V.

Art.143. – Les contribuables sont tenus d'avoir un livre journal servi au jour le jour et présentant le détail de leurs recettes et de leurs dépenses professionnelles. Ils doivent en outre tenir un document appuyé des pièces justificatives correspondantes, comportant la date d'acquisition ou de création et le prix de revient des éléments d'actif affectés à l'exercice de leur profession, le montant des amortissements effectués sur ces éléments ainsi qu'éventuellement le prix et la date de ces mêmes éléments. Pour les professions assujetties au secret professionnel, le livre journal ne comporte en regard de la date que le détail des sommes encaissées. Les livres, registres, pièces de recettes, de dépenses ou de comptabilité appuyant les énonciations de la déclaration doivent être présentés à toute réquisition de l'administration fiscale.

Les officiers publics ou ministériels ne peuvent opposer le secret professionnel aux demandes d'éclaircissements, de justifications ou de communication de documents concernant les indications de leur comptabilité.

Art.144. – Les dispositions de l'article 113 sont applicables en matière de bénéfices non commerciaux.

Sont de même applicables en matière de bénéfices non commerciaux :

- la procédure de rectification d'office prévue à l'article 113, en ce qui concerne les contribuables visés à l'article 143 ;
- la procédure de rectification d'office prévue à l'article 113, en ce qui concerne les contribuables visés à l'article 142 qui n'ont pas souscrit la déclaration de leurs résultats dans le délai légal et n'ont pas régularisé leur situation dans les conditions prévues à l'article 29-I, deuxième alinéa, ou qui se sont abstenus de répondre dans le délai de vingt jours à une demande d'explications écrites ou qui ont fait à cette demande une réponse équivalente à une fin de non – recevoir ;
- les dispositions de l'article 116 du présent code.

Art.145 à 147. – Abrogés (Loi de finances 1996.art.67).

Art.148. – Les sociétés et groupements autorisés non soumis à l'impôt sur les sociétés doivent produire la même déclaration que les contribuables exerçant à titre individuel.

Ils sont tenus en outre d'indiquer sur l'imprimé de déclaration les noms, prénoms, adresses et qualité des associés, leur part en pourcentage dans les résultats de la société ou du groupement et le montant de la part du résultat net à prendre en considération pour le calcul de la base d'imposition.

Chaque associé est personnellement imposé pour la part des bénéfices sociaux correspondant à ses droits dans la société.

Les impositions ainsi comprises dans les rôles au nom des associés n'en demeurent pas moins des dettes sociales.

Les membres des professions libérales qui apportent leur collaboration à des confrères placés vis – à – vis de ceux – ci en état de subordination sont considérés comme exerçant eux – mêmes une profession non commerciale. Les revenus retirés de cette collaboration sont en conséquence imposables en tant que bénéfices non commerciaux.

Art.149. – Dans le cas de cessation de l'exercice d'une profession non commerciale ou de décès du contribuable, l'impôt sur le revenu dû à raison des bénéfices afférents à l'exercice de cette profession, y compris ceux qui proviennent de créances acquises non recouvrées et qui n'ont pas encore été imposés, est immédiatement établi.

Il en est de même en cas de dissolution d'une société de personnes n'ayant pas opté pour le régime des sociétés de capitaux.

Le contribuable ou ses ayants droit sont tenus d'aviser l'administration fiscale de la cessation ou du décès en précisant la date effective de cessation ainsi que, s'il y a lieu, les nom, prénoms et adresse du successeur et de faire parvenir à ladite administration les déclarations spéciales prévues aux articles 142 et 145 afférentes à la période s'étendant du 1er janvier de l'année en cours à la cessation effective ou à celle du décès.

Le délai de production de ces déclarations est de dix jours et commence à courir du jour où la cessation a été effective lorsqu'il s'agit de la cessation de l'exercice d'une profession autre que l'exploitation d'une charge ou d'un office.

Dans ce dernier cas, le délai court du jour où a été publiée la nomination du nouveau titulaire ou du jour de la cessation effective si elle est postérieure à cette publication. En cas de décès, le délai en cause est de douze mois à compter du jour du décès. L'imposition immédiate doit être établie en retenant, le cas échéant, les plus – values ou moins – values professionnelles réalisées. Si l'activité est poursuivie dans les conditions prévues à l'article 106 du présent code, la taxation de la plus – value est reportée dans les mêmes conditions qu'à l'article 105 du même code.

Les dispositions de l'article 29-I sont applicables en cas d'infraction aux obligations prévues au présent article.

III – Prélèvement proportionnel

Art.150. – Les contribuables dont le bénéfice imposable fait l'objet d'une évaluation administrative sont assujettis à un prélèvement proportionnel.

Le montant du prélèvement est calculé par application au montant du bénéfice du taux de 30%.

Lorsqu'en vertu des dispositions de l'article 20 du présent code, le contribuable relève du régime simplifié d'imposition, le prélèvement appliqué au montant du bénéfice ayant fait l'objet d'une évaluation administrative est libératoire de l'impôt sur le revenu.

Dans le cas contraire, le montant de prélèvement est imputable sur le montant d'impôt sur le revenu liquidé sur la base de l'ensemble des revenus dans les conditions prévues aux articles 16 à 19 ; l'excédent éventuel n'est pas restituable.

Art.151. – Le prélèvement prévu à l'article 150 ci – dessus est établi au nom de chaque contribuable, au titre du bénéfice retenu pour l'ensemble de ses activités non commerciales en Guinée, au siège de la direction des activités ou, à défaut, au lieu du principal établissement.

Dans les sociétés et groupements autorisés visés à l'article 148, sauf le cas d'option pour l'impôt sur les sociétés, chacun des associés supporte personnellement, le cas échéant, le prélèvement proportionnel pour la part de bénéfices sociaux correspondant à ses droits dans la société.

Art.152. – La liquidation du prélèvement prévu à l'article 150 est effectuée, suite à l'évaluation du bénéfice, par l'administration fiscale ou, le cas échéant, par la commission des impôts.

Le montant du prélèvement est indiqué au contribuable en même temps que le montant du bénéfice proposé ou retenu. Le montant du prélèvement dû par le contribuable est définitivement arrêté à la somme résultant de l'application du taux prévu à l'article 150 au montant du bénéfice accepté par le contribuable ou fixé par la commission des impôts dans les conditions prévues à l'article 146. La décision de fixation du bénéfice prise, soit par l'administration fiscale et, dans ce cas, préalablement visée par le directeur préfectoral des impôts, soit par commission des impôts, vaut titre de perception.

Le contribuable est tenu de verser à la recette des impôts le montant du prélèvement ainsi arrêté dans le délai d'un mois suivant la réception de la décision de fixation du bénéfice. Il lui est donné un reçu de son versement.

SECTION V. BÉNÉFICES DE L'EXPLOITATION AGRICOLE

I – DÉFINITION

Art.153. – Sont considérés comme bénéfices de l'exploitation agricole, pour l'application de l'impôt sur le revenu, les revenus procurés par l'exploitation de biens ruraux.

Ces revenus s'entendent de ceux de la culture et de l'élevage.

Ils comprennent notamment ceux qui proviennent de la production forestière même si les propriétés se bornent à vendre les coupes de bois sur pied. Ils comprennent également les produits des exploitations agricoles, avicoles, piscicoles et assimilées, ainsi que les profits réalisés par les chercheurs et obtenteurs de nouvelles variétés végétales.

Art.154. – Lorsque les agriculteurs vendent en même temps que les produits de leurs propres exploitations des produits achetés, les profits réalisés sur la vente de ces derniers relèvent de la catégorie des bénéfices industriels et commerciaux. De même, les contribuables ne participant pas eux – mêmes à la culture des produits ou à l'élevage des animaux qu'ils vendent réalisent à raison de ces ventes des profits de nature commerciale.

Les profits que les agriculteurs retirent de la vente des produits de leurs récoltes doivent être assujettis à l'impôt sur le revenu dans la catégorie des bénéfices industriels et commerciaux lorsque les ventes sont réalisées dans une installation commerciale permanente agencée pour la vente au détail ou à l'aide d'un personnel spécialisé.

De même, les profits réalisés par les cultivateurs qui font subir des transformations aux produits qu'ils récoltent eux – mêmes sont considérés comme des bénéfices industriels et commerciaux lorsque les opérations de transformation portent sur des produits ou sous – produits autres que ceux qui sont destinés à l'alimentation de l'homme et des animaux ou qui peuvent être utilisés à titre de matières premières dans l'agriculture et l'industrie.

II – EXONÉRATIONS

Art.155. – Sont exonérés

1° les revenus agricoles provenant de cultures vivrières sur une surface inférieure à quinze hectares en culture sèche et dix hectares en culture irriguée ;

2° les revenus des exploitations agricoles d'expérimentation et de vulgarisation scientifiques ;

3° pour une période de cinq années, les nouvelles exploitations agricoles à condition qu'un investissement minimum de 10.000.000 de francs guinéens ait été effectué.

III – DÉTERMINATION DU REVENU IMPOSABLE

Art. 156. – Le bénéfice agricole imposable est déterminé forfaitairement par l'administration fiscale, ou, le cas échéant, par la commission des impôts prévue à l'article 127, dans des conditions analogues à celles prévues aux articles 126 et 127 en matière de bénéfices industriels et commerciaux.

Le contribuable peut toutefois demander à être imposé sur le montant de son bénéfice réel. Cette option, qui doit être notifiée chaque année à l'administration fiscale avant le 31 décembre, est irrévocable pour l'année d'imposition en cause.

Le bénéfice réel de l'exploitation agricole est alors déterminé selon les règles applicables en matière de bénéfices industriels et commerciaux.

L'option en faveur du régime d'imposition d'après le bénéfice réel implique par ailleurs l'obligation, pour le contribuable, de souscrire la déclaration de l'ensemble de ses revenus prévue à l'article 20-V du présent code. Elle implique en outre renonciation au prélèvement proportionnel prévu à l'article 157 ci – après.

Les règles de détermination forfaitaire du bénéfice agricole, ainsi que celles relatives aux obligations administratives des contribuables, seront précisées par un arrêté du ministre de l'Economie et des Finances.

IV – PRÉLÈVEMENT PROPORTIONNEL

Art.157. - Les contribuables dont le bénéfice imposable est déterminé forfaitairement sont assujettis à un prélèvement proportionnel.

Le montant du prélèvement est calculé par application au montant du bénéfice imposable du taux de 15%.

Lorsqu'en vertu des dispositions de l'article 20 du présent code, le contribuable relève du régime simplifié d'imposition, le prélèvement appliqué au montant du bénéfice déterminé forfaitairement est libératoire de l'impôt sur le revenu.

Dans le cas contraire, le montant du prélèvement forfaitaire est imputable sur le montant d'impôt sur le revenu liquidé sur la base de l'ensemble des revenus dans les conditions prévues aux articles 16 à 19 ; l'excédent éventuel n'est pas restituable.

Art.158. – Le prélèvement proportionnel prévu à l'article 157 ci – dessus est établi au nom de chaque contribuable, au titre du bénéfice retenu pour l'ensemble de ses exploitations agricoles en Guinée, au siège de la direction des entreprises ou, à défaut, au lieu du principal établissement.

Les sociétés de personnes dont le siège social est situé hors de Guinée sont, le cas échéant, assujetties au prélèvement forfaitaire au lieu de leur principal établissement en Guinée d'après les résultats des opérations qu'elles y ont effectuées.

Dans les sociétés de personnes visées à l'article 13, sauf le cas d'option pour l'impôt sur les sociétés, chacun des associés supporte personnellement, le cas échéant, le prélèvement forfaitaire pour la part de bénéfices sociaux correspondant à ses droits dans la société.

Art.159. – La liquidation du prélèvement prévu à l'article 157 est effectuée, suite à l'évaluation du bénéfice, par l'administration fiscale ou, le cas échéant, par la commission des impôts.

Le montant du prélèvement est indiqué au contribuable en même temps que le montant du bénéfice proposé ou retenu. Le montant du prélèvement dû par le contribuable est définitivement arrêté à la somme résultant de l'application du taux prévu à l'article 157 au montant du bénéfice accepté par le contribuable ou fixé par la commission des impôts. La décision de fixation du bénéfice prise, soit par l'administration fiscale et, dans ce cas, préalablement visée par le directeur préfectoral des impôts, soit par la commission des impôts, vaut titre de perception.

Le contribuable est tenu de verser à la caisse du Trésor le montant du prélèvement forfaitaire ainsi arrêté dans le délai d'un mois suivant la réception de la décision de fixation du bénéfice. Il lui est donné reçu de son versement.

SECTION VI – PLUS – VALUES IMMOBILIERES NON PROFESSIONNELLES

I – DÉFINITION

Art.160. – Les plus-values, réalisées par les personnes physiques ou des sociétés de personnes lors de la cession à titre onéreux de biens ou droits immobiliers dans le cadre d'une gestion patrimoniale privée, sont passibles de l'impôt sur le revenu selon les règles prévues à la présente section.

Ce régime d'imposition ne concerne :

- ni les cessions consenties par les sociétés et organismes passibles de l'impôt sur les sociétés, qui demeurent assujettis pour ces profits aux règles prévues aux articles 224 et 226 ;
- ni les cessions d'éléments d'actif immobilisé d'une entreprise commerciale, industrielle, artisanale, agricole, ou nécessaire à l'exercice d'une profession libérale, les profits réalisés à l'occasion de telles cessions se trouvant imposés selon les règles prévues, selon le cas, en matière de bénéfices industriels et commerciaux, de bénéfices agricoles ou de bénéfices non commerciaux.

Toutefois, les plus – values immobilières des entreprises ou professions ci –dessus mentionnées sont regardées comme des plus – values immobilières non professionnelles, et assujetties aux dispositions de la présente section, lorsque le bénéfice ou revenu imposable desdites entreprises ou professions fait l'objet d'une détermination forfaitaire ou d'une évaluation administrative.

II – EXONÉRATIONS

Art.161. – Sont toutefois exonérées de l'impôt sur le revenu les plus – values résultant de la cession :

- d'immeubles et de droits immobiliers dont le prix de cession n'excède pas la somme de 2.000.000 de francs guinéens ;
- d'immeubles non bâtis ou de droits correspondant à de tels biens.

III – DÉTERMINATION DE LA PLUS – VALUE IMPOSABLE

Art.162. – La détermination de la plus – value imposable s'effectue par comparaison entre le prix de cession et le prix d'acquisition par le cédant.

Le prix de cession est réduit du montant des taxes acquittées et frais supportés par le cédant.

Le prix d'acquisition est la somme ou contre – valeur payée par le cédant pour obtenir la propriété de l'immeuble, ou du droit réel immobilier. Ce prix est révélé par les actes de toute nature ayant date certaine.

A défaut de documents relatifs à l'immeuble lui – même, la même valeur est déterminée par le prix ou l'estimation figurant dans les actes, pièces ou documents qui se rapportent à des immeubles voisins et de même consistance.

En l'absence de tels actes, pièces ou documents, cette valeur est estimée par le cédant. Dans le cas où l'estimation faite par le cédant est manifestement sans rapport avec la valeur réelle de l'immeuble ou du droit immobilier à l'époque de l'acquisition, l'inspecteur de l'Enregistrement est en droit de substituer ladite valeur réelle, qu'il lui appartient d'établir par tous moyens de preuve, à l'évaluation faite par le cédant, sans préjudice du droit de réclamation de ce dernier.

En cas d'acquisition à titre gratuit, la valeur d'acquisition présumée est la valeur vénale des immeubles au jour de la mutation à titre gratuit.

Le prix d'acquisition est majoré :

- des frais afférents à l'acquisition à titre gratuit à l'exclusion des droits de mutation ;
- des frais afférents à l'acquisition à titre onéreux, que le cédant peut fixer forfaitairement à 15% ;
- le cas échéant, des dépenses, dûment justifiées, de construction, de reconstruction, d'agrandissement, de rénovation ou d'amélioration, réalisées depuis l'acquisition, lorsqu'elles n'ont pas déjà été déduites du revenu imposable et qu'elles ne présentent pas le caractère de dépenses locatives : il est tenu compte, également, des travaux effectués par le cédant ; ces travaux peuvent faire l'objet d'une évaluation ou être estimés en appliquant le coefficient 3 au montant des matériaux utilisés ; lorsque le contribuable n'est pas en mesure d'apporter la justification des dépenses mentionnées au présent alinéa, ces dépenses sont forfaitairement fixées à 15% du prix d'acquisition.

Le prix d'acquisition augmenté des frais d'acquisition et les dépenses mentionnées au précédent alinéa sont en outre majorés par application d'un coefficient fixé par arrêté du ministre de l'Economie et des Finances en fonction de l'année d'acquisition du bien ou droit concerné ou de réalisation des dépenses.

II – En vue de l'application de l'impôt, la plus – value, déterminée conformément aux règles prévues au I, est diminuée d'une somme égale à 10% de son montant par année entière de possession du bien ou du droit cédé.

III – Les moins – values ne sont pas déductibles des revenus imposables du contribuable ; elles ne peuvent pas s'imputer sur les plus – values des années antérieures ou postérieures

IV – PRÉLÈVEMENT LIBÉRATOIRE

Art.163. – Les contribuables, qui réalisent une plus – value immobilière non professionnelle imposable, sont assujettis à un prélèvement proportionnel.

Le montant du prélèvement est calculé par application au montant de la plus – value imposable, déterminé selon les règles prévues à l'article 162, au taux de 15%.

Le prélèvement appliqué au montant de la plus – value imposable est dans tous les cas libératoire de l'impôt sur le revenu.

Art.164. – Le prélèvement libératoire prévu à l'article 163 ci – dessus est liquidé par des inspecteurs chargés de l'enregistrement des cessions à titre onéreux d'immeubles au moment et à l'occasion des formalités d'enregistrement desdites cessions.

Il est dû, nonobstant toutes conventions contraires, par celui qui bénéficie de la plus – value.

Il est payé à l'enregistrement en même temps que les droits d'enregistrement des cessions de biens immeubles concernées, soit par les officiers ministériels responsables du paiement des droits, soit par le déclarant, sauf leur recours contre le redevable. Il leur est délivré une quittance du paiement effectué, extraite d'un registre à souche, en même temps que l'acte enregistré leur est restitué ou que la quittance des droits leur est remise.

Si le prélèvement prévu à l'article 163 n'est pas réglé en même temps que les droits de mutation, la formalité de l'enregistrement est refusée, sauf dans le cas des acquisitions visées à l'article 165 ci – après.

Art. 165. – Le prélèvement liquidé à l'occasion des acquisitions faites par l'Etat, les collectivités publiques ou les établissements publics administratifs, dont les acquisitions immobilières sont exonérées de droits d'enregistrement, est réclamé par l'inspecteur de l'enregistrement.

Aucune somme ne peut être ordonnancée au profit du cédant s'il n'a, au préalable, justifié du paiement du prélèvement.

Si le cédant déclare n'être pas en mesure d'acquitter le prélèvement, l'acte est cependant enregistré, l'inspecteur fait au sommier ad hoc la consignation nécessaire et établit en double exemplaire un bulletin de liquidation du prélèvement contenant toutes les indications permettent d'identifier le redevable ainsi que sa créance sur la collectivité publique intéressée.

L'un des exemplaires de ce bulletin est transmis au comptable public chargé du paiement, par une lettre valant opposition administrative au paiement du prix de vente jusqu'à concurrence du montant du prélèvement ; l'autre exemplaire est joint à l'acte de vente enregistré et transmis par l'inspecteur de l'enregistrement avec l'original ou la copie dudit acte à l'ordonnateur chargé de mandater le prix de l'aliénation.

Le montant du prélèvement retenu lors du paiement du prix est mis à disposition de l'inspecteur de l'enregistrement qui en fait alors recette, et en avise le directeur national des impôts, au plus tard dans les dix premiers jours du mois pour les paiements du mois précédent.

Art.166. – Les officiers publics et ministériels et les fonctionnaires investis d'attributions du même ordre sont dans tous les cas, et sauf les exceptions mentionnées à l'article 167ci – après, tenus pour responsables du paiement du prélèvement dont l'exigibilité est révélée par les actes qu'ils reçoivent ou les documents qu'ils annexent ou dont ils font usage.

Art .167. – Les greffiers des tribunaux pour les jugements rendus à l'audience sont déchargés de cette responsabilité si les redevables invités par eux à consigner le montant du prélèvement exigible en même temps que les droits d'enregistrement négligent de le faire.

Dans ce cas, le recouvrement du prélèvement est poursuivi directement contre les intéressés par l'inspecteur de l'enregistrement.

A cet effet, les greffiers adressent à ce fonctionnaire, dans les quinze jours qui suivent le prononcé de la sentence ou la signature de l'acte, l'exigibilité du prélèvement.

V – SANCTIONS

Art.168. – **I** – Les actes ou déclarations de mutation doivent contenir des renseignements sur l'affectation de l'immeuble antérieurement à la cession, de nature à établir le caractère non professionnel au sens de l'article 160 de la plus – value, le cas échéant, réalisée à l'occasion de ladite cession, ainsi que, dans l'origine de propriété, des renseignements tant sur la date et le mois d'acquisition, que sur la valeur des immeubles à l'époque de leur acquisition par celui ou ceux qui les allièrent. Ces renseignements doivent être complétés par l'indication de la date à laquelle les actes, pièces, jugements ou documents relatifs à l'immeuble ont été enregistrés et, autant que possible, par la relation elle-même de l'enregistrement.

II – L'omission, dans les actes ou déclarations de mutations immobilières, des renseignements prescrits au I, est punie d'une amende égale à 50% du prélèvement exigible sans pouvoir être inférieure à 10.000 francs guinéens. Cette amende est personnelle à l'officier ministériel rédacteur de l'acte ou au déclarant.

III – L'indication d'une valeur d'acquisition reconnue fausse est passible d'une pénalité égale au double du prélèvement exigible calculée en tenant compte de la véritable valeur d'acquisition, sans que cette pénalité puisse être inférieure à 10.000 francs guinéens.

IV – Le contribuable, qui n'a pas supporté le prélèvement prévu à la présente section à la suite d'indications erronées concernant l'affectation de l'immeuble cédé antérieurement à sa cession, est passible d'une pénalité égale au double du prélèvement exigible.

V – Les droits en sus, perçus à titre de pénalité pour défaut d'enregistrement dans les délais, portent sur les droits simples d'enregistrement majorés du prélèvement des plus – values immobilières non professionnelles.

Art.169. – Tous les litiges relatifs au mode de détermination de la plus – value immobilière non professionnelle imposable, ainsi qu'à la liquidation et à la perception du prélèvement, sont réglés comme en matière de droits d'enregistrement.

SECTION VII – REVENUS DE CAPITAUX MOBILIERS

I – DISPOSITIONS GÉNÉRALES

Art.170. – Lorsqu'ils sont encaissés par des personnes physiques ayant leur domicile fiscal en Guinée et qu'ils n'entrent pas dans les recettes d'une entreprise industrielle, commerciale, artisanale, agricole ou non commerciale, les revenus des capitaux mobiliers de source guinéenne, autres que ceux qui ont été libérés de l'impôt dans les conditions fixées à l'article 191 par l'application des retenues à la source prévues aux articles 189 et 190, ou exonérés, sont pris en compte dans le revenu global et soumis à l'impôt sur le revenu dans la catégorie des revenus de capitaux mobiliers.

Les revenus de capitaux mobiliers de source guinéenne perçus par des personnes ayant leur domicile fiscal ou leur siège social hors de Guinée sont imposés selon les dispositions de l'article 187.

Les revenus de valeur mobilière de source étrangère font l'objet des dispositions spéciales de l'article 184.

Lorsque ces revenus sont compris dans les recettes d'une entreprise industrielle commerciale, artisanale, agricole ou non commerciale, ils entrent en compte pour la détermination du résultat imposable, dans la catégorie correspondante du revenu.

II – DÉFINITIONS – DÉTERMINATION DU REVENU IMPOSABLE

Art.171. – Les revenus de capitaux mobiliers comprennent :

1° Les produits de placements à revenu variable ;

2° Les produits de placements à revenu fixe.

Les produits de placements à revenu variable sont les revenus des actions et parts sociales et revenus assimilés distribués par les personnes morales de l'impôt sur les sociétés.

Les produits de placements à revenu fixe sont les revenus de créances, dépôts, cautionnements, comptes courants, négociables émis par des personnes morales de droit public ou privé et les revenus de bons de caisse.

Art.172. – Les distributions imposables dans la catégorie des revenus de capitaux mobiliers sont celles qui sont réalisées par :

- Les sociétés et autres collectivités assujetties obligatoirement à l'impôt sur les sociétés ;
- Les sociétés qui ont opté pour leur assujettissement à l'impôt sur les sociétés y compris celles qui, à défaut d'options, sont cependant taxables à l'impôt sur les sociétés en vertu de l'article 202-IV ;
- Les collectivités qui seraient normalement passibles de l'impôt sur les sociétés mais qui en sont expressément exonérées par l'article 203.

Art.173. – Sont considérés comme distribués :

1° Tous les bénéfices ou produits qui ne sont pas mis en réserve ou reportés à nouveau ou incorporés au capital et qui sont en conséquence transférés hors du patrimoine social des sociétés ou personnes morales désignées à l'article 172.

Les bénéfices et produits s'entendent de ceux qui ont été retenus pour l'assiette de l'impôt sur les sociétés.

Leur montant tient compte, le cas échéant, des redressements apportés aux bénéfices déclarés.

Ces bénéfices et produits doivent en outre subir certaines corrections afin de dégager les résultats d'ensemble de l'entreprise pour la période d'impositions considérée.

Les bénéfices retenus pour l'assiette de l'impôt sur les sociétés doivent être augmentés de ceux qui sont légalement exonérés dudit impôt ou n'entrent pas dans son champ d'application, et diminués des sommes payées au titre de l'impôt sur les sociétés et, d'une manière générale, de tous les impôts qui ne sont pas admis dans les charges déductibles, des amendes et pénalités de toute nature qui ne sont pas admises en déduction pour l'assiette de l'impôt sur les sociétés, des bénéfices réalisés au cours d'exercices antérieurs et qui, n'ayant pas été imposés lors de leur réalisation, sont, pour une cause quelconque, fiscalement rattachés à l'exercice considéré.

Le montant global des bénéfices distribués est calculé en retranchant, des bénéfices imposables ainsi corrigés, les sommes qui, prélevées sur ces bénéfices, ont été incorporées au capital ou mises en réserve.

2° Sauf preuve contraire, toutes les sommes ou valeurs mises à la disposition des associés, actionnaires ou porteurs de parts directement ou par personnes ou sociétés interposées à titre d'avances, de prêts ou d'acomptes.

3° Sont également considérés comme revenus distribués :

- Les sommes ou valeurs attribuées aux porteurs de parts bénéficiaires ou de fondateur au titre de rachat de ces parts ;
- Les rémunérations et avantages occultes ;
- La fraction des rémunérations des dirigeants de sociétés et des cadres assimilés, jugée excessive en fonction des dispositions de l'article 94 ;
- Les dépenses et charges dont la déduction pour l'assiette de l'impôt sur les sociétés est interdite en vertu des dispositions de l'article 99 ;
- L'amortissement du capital par remboursement du montant des actions et parts sociales au moyen de fonds prélevés sur les bénéfices sociaux sans entraîner des réductions du capital au bilan, sauf ce qui est dit à l'article 176-2° ;
- Les intérêts excédentaires alloués aux associés et exclus des charges déductibles en fonction des dispositions de l'article 97, même en l'absence de solde bénéficiaire taxable à l'impôt sur les sociétés ;
- Les frais généraux divers rapportés au bénéfice imposable ;
- Les redressements des résultats déclarés à la suite d'un contrôle fiscal dans la mesure où ils ne sont pas demeurés investis dans l'entreprise. C'est ainsi que les sommes correspondant à la réintégration fiscale d'amortissements, de provisions ou rehaussement de l'évaluation des valeurs d'exploitation ne représentent pas des revenus distribués.

Lorsque le redressement aboutit à substituer à un déficit déclaré un solde bénéficiaire, la présomption de distribution s'applique uniquement à concurrence de la fraction du redressement cotisée à l'impôt sur les sociétés. La fraction du redressement ayant annulé le déficit déclaré n'est susceptible d'être taxée au titre des revenus distribués que si l'administration fiscale apporte la preuve de l'appréhension par les associés des sommes ainsi réintégrées.

Lorsque le redressement aboutit simplement à annuler ou à réduire le déficit déclaré, les sommes réintégrées ne peuvent être considérées comme distribuées que si la preuve ci – dessus est apporté par l'administration fiscale.

Art.174. – Relèvent de la catégorie des revenus de capitaux mobiliers :

- Les jetons de présence et les tantièmes ordinaires alloués aux administrateurs en leur qualité de membres du conseil d'administration ;
- Les jetons de présence et les tantièmes spéciaux alloués à certains administrateurs en tant que membres du comité d'études ;
- Les jetons de présence payés aux actionnaires à l'occasion des assemblées générales ;
- Les rémunérations, remboursements forfaitaires de frais et toutes autres rétributions revenant aux administrateurs, associés gérants, membres du conseil

d'administration à l'exclusion des salaires, de revenus non commerciaux ou de redevances de propriété industrielle.

Art.175. – Lorsqu'une personne morale soumise à l'impôt sur les sociétés cesse d'y être assujettie, ses bénéfices et réserves capitalisées ou non sont réputés distribués aux associés en proportion de leurs droits. Cette disposition est applicable, le cas échéant, au prorata des résultats qui cessent d'être soumis à cet impôt.

Art.176. – Ne sont pas considérés comme revenus distribués :

1° Les répartitions présentant pour les associés ou actionnaires le caractère de remboursement d'apports ou de primes d'émission. Toutefois, une répartition n'est réputée présenter ce caractère que si tous les bénéfices ou les réserves autres que la réserve légale ont été auparavant répartis.

Ne sont pas considérées comme des apports pour l'application de la présence disposition :

- les réserves incorporées au capital étant entendu que l'incorporation directe de bénéfices au capital est assimilée à une incorporation de réserves ;
- les sommes incorporées au capital ou aux réserves à l'occasion d'une fusion de société.

2° Les amortissements de tout ou partie de leur capital social, parts d'intérêts ou de commandites effectués par les sociétés concessionnaires de l'Etat ou autres collectivités publiques, lorsque ces amortissements sont justifiés par la caducité de tout ou partie de l'actif social, notamment par dépérissement progressif ou par obligation de remise de la concession à l'autorité concédante. Le caractère d'amortissement de l'opération et la légitimité de l'exonération seront constatés dans chaque cas dans des conditions fixées par arrêté du Ministre de l'Economie et des Finances ;

3° Les remboursements consécutifs à la liquidation de la société :

- sur le capital amorti à concurrence de la fraction ayant, lors de l'amortissement, supporté l'impôt sur le revenu des valeurs mobilières ou l'impôt sur le revenu ;
- sur les sommes incorporées au capital ou aux réserves, à l'occasion d'une fusion antérieure dans la mesure où elles ont supporté, en raison de la fusion, l'impôt sur le revenu des valeurs mobilières.

4° Les sommes mises à la disposition des associés dès lors qu'elles constituent la rémunération d'un prêt, d'un service ou d'une fonction et sont valablement comprises dans des charges déductibles pour l'assiette de l'impôt sur les sociétés.

Art.177. – La dissolution des personnes morales soumises à l'impôt sur les sociétés entraîne la taxation du boni de liquidation entre les mains des associés.

Le boni de liquidation s'entend, du point de vue fiscal, de la différence entre le montant de l'actif social et celui des apports réels, primes d'émission comprises, ou assimilés, susceptibles d'être repris par les associés en franchise d'impôt.

Même à défaut de répartition effective du boni de liquidation entre les associés, l'imposition de ce boni au titre des revenus distribués est exigible du seul fait de la disparition de l'être social qui peut intervenir à la suite non seulement d'une dissolution proprement dite mais aussi d'une fusion ou dans certains cas d'opérations telles qu'une transformation entraînant la création d'un être moral nouveau. Il en est de même en cas de transformation n'entraînant pas la création d'un être moral nouveau mais ayant pour effet la modification du régime fiscal de la société.

Le boni, attribué lors de la liquidation d'une société aux titulaires de droits sociaux en sus de leur apport, n'est compris, le cas échéant, dans les bases de l'impôt sur le revenu que jusqu'à concurrence de l'excédent du remboursement des droits dans les cas où ce dernier est supérieur au montant de l'apport. La même règle est applicable dans le cas où la société au cours de son existence, les droits de certains associés, actionnaires ou porteurs de parts bénéficiaires.

Art.178. – Dans le cas de fusions de sociétés ou de scissions opérées ave l'agrément du ministre de l'Economie et des Finances, l'attribution gratuite de titres représentatifs de l'apport aux membres de la société apporteuse n'est pas considérée comme une distribution de revenus mobiliers.

Les dispositions ci – dessus s'appliquent également en cas d'apport partiel d'actif lorsque la répartition des titres a lieu dans un délai d'un an à compter de la réalisation de l'apport.

Art.179. – Pour chaque période d'imposition, la masse des revenus distribués définis aux articles 173 à 176 est considérée comme répartie entre les bénéfices pour l'évaluation du revenu de chacun d'eux à concurrence des chiffres indiqués dans les déclarations fournies par la personne morale dans les conditions de l'article 241.

Au cas où la masse des revenus distribués excède le montant total des distributions tel qu'il résulte des déclarations de la personne morale visées à l'alinéa ci – dessus, la société est invité à fournir à l'administration fiscale, dans un délai de trente jours, toutes les indications complémentaires sur les bénéfices de l'excédent des distributions.

En cas de refus ou à défaut de réponse dans ce délai, les sommes correspondantes, augmentées du complément de distribution qui résulte de la prise en charge de l'impôt par la personne morale versante, sont imposées au nom de ladite personne morale dans les conditions prévues à l'article 199.

Art.180. – Le revenu brut s'entend du montant brut des produits distribués effectivement perçus par le bénéficiaire.

Lorsqu'ils sont payables en espèces, les revenus de cette nature sont imposables au titre de l'année, soit de leur paiement en espèces ou par chèque, soit de leur inscription au crédit d'un compte. Il n'est donc pas tenu compte de leur date d'échéance.

Art.181. – Les produits de placements à revenu fixe entrent dans la catégorie des revenus de capitaux mobiliers.

Les placements à revenu fixe s'analysent d'une manière générale comme des prêts d'argent consentis à des personnes physiques ou à des personnes morales de droit privé ou public et assortis d'une rémunération revêtant la forme d'un intérêt. Ils comprennent :

- Les revenus des fonds d'Etat ou produits des emprunts émis par le Trésor public ;
- Les revenus de bons du Trésor et assimilés ;
- Les intérêts, arrérages et produits de toute nature des obligations, effets et tous autres titres d'emprunt négociables émis par les personnes morales guinéennes

de droit public et de droit privé, les lots et primes de remboursement payés aux porteurs des mêmes titres ;

- Les produits des bons de caisse émis en contrepartie d'un prêt par les banques, les entreprises industrielles et commerciales et quel que soit leur objet par les collectivités ;
- passibles de l'impôt sur les sociétés même si elles sont en fait exonérées dudit impôt par une disposition particulière ;
- Les revenus des créances, dépôts, cautionnements et comptes courants.

Art.182. – Les revenus de la catégorie prévue à l'article 181 sont déterminés de la façon suivante :

1° Pour les obligations, effets publics et emprunts, par l'intérêt ou le revenu distribué dans l'année ;

- Pour les lots, par le montant même du lot ;
- Pour les primes de remboursement, par la différence entre la somme remboursée et le taux d'émission des emprunts ;

2° Pour les revenus des créances, dépôts, cautionnements et comptes courants, par le montant brut des intérêts, arrérages ou tous autres produits des valeurs désignées à l'article 181, l'impôt est dû par le seul fait, soit du paiement des intérêts de quelque manière qu'il soit effectué, soit de leur inscription au débit ou au crédit d'un compte dès lors que le créancier a son domicile fiscal en Guinée ou y effectue le dépôt ou le cautionnement.

En cas de capitalisation des intérêts d'un prix de vente de fonds de commerce, le fait générateur de l'impôt est reporté à la date du paiement effectif des intérêts.

Les dispositions de l'article 19 relatives aux revenus exceptionnels ou différés sont applicables aux revenus de capitaux mobiliers.

Art.183. – D'une manière générale, les frais et charges, qui grèvent autant les produits de placements à revenu variable que ceux qui résultent de placements à revenu variable et que ceux qui résultent de placements à revenu fixe, sont déductibles pour leur montant réel dès lors qu'ils sont exposés en vue de l'acquisition ou de la conservation des revenus imposables. Pour être déductibles au titre d'une année donnée, ces dépenses doivent être effectivement réglées au cours de ladite année.

Au nombre des charges déductibles peuvent figurer, notamment :

- Les frais de garde des titres ;
- Les frais d'encaissement des coupons, s'ils ne sont pas déjà déduits directement par l'établissement payeur ;
- Les frais de location des coffres ;
- Les primes d'assurances relatives aux valeurs mobilières dans la mesure où l'objet du contrat n'est pas de couvrir les risques de dépréciation.

III – Revenus de valeurs mobilières étrangères

Art.184. – Les revenus de valeurs mobilières émises hors de Guinée et les revenus assimilés sont, en principe, et sous réserve des dispositions des conventions internationales relatives aux doubles impositions, soumis à l'impôt sur le revenu guinéen lorsqu'ils sont perçus par des personnes physiques ayant leur domicile fiscal en Guinée.

Le revenu est déterminé par la valeur brute en monnaie guinéenne des produits encaissés d'après le cours du change au jour des paiements sans autre déduction que celle des impôts établis dans le pays d'origine et dont le paiement incombe au bénéficiaire.

Le montant des lots est fixé par le montant même du lot en monnaie guinéenne.

Pour les primes de remboursement, le revenu est déterminé par la différence entre la somme remboursée et le taux d'émission des emprunts.

Art.185. – Sous réserve des dispositions des conventions internationales relatives aux doubles impositions, les intérêts, arrérages ou tout autre produit des créances, dépôts, cautionnements et comptes courant sont soumis, lorsqu'ils ont une origine étrangère, à l'impôt sur le revenu dans les mêmes conditions que les revenus de la même nature dont la source se trouve en Guinée.

IV – EXONÉRATIONS

Art.186. – Les dispositions des articles 181 à 183 ne sont pas applicables aux intérêts, arrérages et tous autres produits des comptes courants figurant dans les recettes provenant de l'exercice d'une profession industrielle, commerciale, agricole ou d'une exploitation minière, sous la double condition :

1° Que les contractants aient, l'un et l'autre, l'une des qualités d'industriel, de commerçant ou d'exploitant agricole ou minier ;

2° Que les opérations inscrites au compte courant se rattachent exclusivement à l'industrie, au commerce ou à l'exploitation agricole ou minière des deux parties.

V – MODALITÉS D'IMPOSITION. RETENUES À LA SOURCE

A/Revenus perçus par personnes non domiciliées en Guinée

Art.187. – I – Sous réserve des dispositions des conventions internationales relatives aux doubles impositions, les revenus de capitaux mobiliers de source guinéenne, payés en Guinée et perçus par les personnes ayant leur domicile fiscal ou leur siège social hors de Guinée, font l'objet d'une retenue à la source égale à 15% du montant brut des revenus distribués.

II – La retenue visée au I s'applique aux revenus distribués en Guinée et qui présentent le caractère de produits d'actions et parts sociales ou de revenus assimilés au sens des articles 172 à 180 sous réserve de ce qui est dit au IV.

III – La même retenue s'applique également aux produits de placements à revenus fixes de source guinéenne.

IV – Sont exclus du champ d'application de la retenue à la source :

- Les avances, prêts ou acomptes consentis aux associés et considérés comme revenus distribués au sens de l'article 173 ;
- Sous certaines conditions, qui sont définies par arrêté du ministre de l'Economie et des Finances, les produits d'actions, de parts sociales ou de parts bénéficiaires qui bénéficient à des organisations internationales, à des Etats souverains étrangers ou aux banques centrales de ces Etats ;
- Sur décision du ministre de l'Economie et des Finances, la retenue à la source peut de même être réduite ou supprimée en ce qui concerne, d'une part, les

produits visés ci – dessus qui bénéficient à des institutions publiques étrangères et, d'autre part, les produits afférents à des placements constituant des investissements directs en Guinée qui bénéficient à des organisations internationales, à des Etats souverains étrangers, aux banques centrales de ces Etats ou à des institutions financières publiques étrangères.

V – Les retenues opérées par l'établissement payeur au cours de chaque trimestre civil doivent être versées à la caisse du comptable public compétent dans le mois suivant l'expiration de ce trimestre et donnent lieu au dépôt d'une déclaration dont le modèle est établi par arrêté du ministre de l'Economie et des Finances.

Le comptable public compétent est celui du lieu où l'établissement payeur souscrit la déclaration de ses résultats.

VI – La retenue à la source prévue au présent article est libératoire de l'impôt sur le revenu éventuellement dû en Guinée par les personnes visées au I, bénéficiaires des produits qui l'ont supportée.

Art.188. – I - Sous réserve des dispositions des conventions internationales relatives aux doubles impositions, les bénéfices réalisés en Guinée par les sociétés étrangères au sens de l'article 243 sont réputés distribués, au titre de chaque exercice, à des associés n'ayant pas leur domicile fiscal ou leur siège social en Guinée.

Les bénéfices visés à l'alinéa précédent s'entendent du montant total des résultats imposables ou exonérés, après déduction de l'impôt sur les sociétés.

Les distributions ainsi déterminées font l'objet d'une retenue à la source au taux de 15% **(LF 1998, art.30).**

Cette retenue doit être versée au comptable public compétent par la société étrangère elle – même ou son représentant désigné comme prévu à l'article 243.

Le versement doit intervenir dans le délai qui est laissé à la société étrangère pour souscrire la déclaration de ses résultats. A l'appui de son versement, la société doit déposer une déclaration faisant apparaître distinctement le montant :

- des bénéfices et plus – values à retenir pour l'assiette de l'impôt ;
- de l'impôt correspondant ;
- des bénéfices et plus – values réalisés en Guinée et exonérés dudit impôt.

II – La société peut toutefois demander que la retenue à la source exigible en vertu des dispositions du I fasse l'objet d'une nouvelle liquidation dans la mesure où les sommes auxquelles elle a été appliquée excèdent le montant total de ses distributions effectives.

Il en est de même dans la mesure où elle justifie que les bénéficiaires de ces distributions ont leur domicile fiscal ou leur siège en Guinée, et qu'elle leur a transféré les sommes correspondant à la retenue.

L'excédent de perception lui est restitué.

Les distributions à retenir pour l'application de ces dispositions s'entendent des distributions au sens des articles 173 et suivants du code qui ont été effectuées au cours de la période de douze mois qui suit la clôture de l'exercice ou de la période dont les résultats ont été retenus pour le calcul de la retenue à la source, quel que soit l'exercice auquel elles se rapportent.

La demande de révision est produite dans les trois mois qui suivent l'expiration de la période de douze mois définie au précédent alinéa. Elle mentionne, pour chaque distribution :

- sa date ;
- son montant en monnaie guinéenne d'après le cours des changes du jour de la mise en paiement.

La société est tenue de produire, à l'appui de sa demande de révision, des copies accompagnées, le cas échéant, des traductions appropriées, des décisions ou délibérations relatives aux distributions ainsi mentionnées, ainsi que des procès – verbaux ou comptes rendus des assemblées générales d'actionnaires ou d'associés qui ont approuvé les comptes de l'exercice.

<u>B/ Revenus perçus par des personnes domiciliées en Guinée</u>

Art.189. – Les produits de placements à revenu variable définis à l'article 171, ainsi que les revenus énumérés à l'article 174, font l'objet d'une retenue à la source par la société distributrice.

La retenue au taux de 15% du montant des revenus distribués est reversée au comptable public chargé du recouvrement dans le mois qui suit la distribution ou la mise en paiement desdits revenus.

Le versement de la retenue est accompagné :

- d'un état de distribution nominatif ;
- d'une copie du procès – verbal d'assemblée ayant fixé la distribution ;
- d'une note explicative avec demande de reçu.

Art.190. – Les produits de placements à revenu fixe définis aux articles 171 et 181 font l'objet d'une retenue à la source par la personne qui assume le paiement desdits revenus.

Toutefois, cette retenue à la source ne s'applique pas aux intérêts provenant de comptes d'épargne ou de comptes de dépôt à terme de plus de trois mois ouverts dans les livres des établissements bancaires. **(LF 1992, art.17)**

Le taux de la retenue est fixé à 15% pour l'ensemble des revenus concernés, y compris les lots payés aux créanciers et aux porteurs d'obligations.

Le versement de la retenue est effectué à la caisse du comptable public chargé du recouvrement du lieu de l'établissement payeur dans le mois qui suit celui au cours duquel la retenue a été opérée.

Chaque versement est accompagné d'une déclaration dont le modèle est établi par arrêté du ministre de l'Economie et des Finances.

Art.191. – Les retenues à la source prévues aux articles 189 et 190 du présent code sont libératoires de l'impôt sur le revenu lorsqu'elles s'appliquent à des revenus de capitaux mobiliers, dont le débiteur est domicilié ou établi en Guinée, bénéficiant à une personne physique dont le domicile fiscal est situé en Guinée, dans le cas où le montant des revenus de capitaux mobiliers ayant supporté lesdites retenues perçus par le contribuable au cours de l'année d'imposition n'excède pas 3 millions de francs guinéens.

Le caractère libératoire desdites retenues ne peut toutefois être invoqué pour les produits qui sont pris en compte pour la détermination du bénéfice imposable d'une entreprise industrielle, commerciale, artisanale ou agricole ou d'une profession non commerciale, levant d'un régime réel d'imposition.

Les retenues à la source visées au premier alinéa sont également dépourvues de caractère libératoire en ce qui concerne :

1° Les intérêts versés au titre des sommes que les associés, assurant en droit ou en fait la direction d'une personne morale, laissent ou mettent, directement ou par personne interposée, à la disposition de cette personne morale.

2° Les intérêts des sommes que les associés d'une personne morale laissent ou mettent, directement ou par personne interposée, à la disposition de cette personne morale lorsque la constitution et la rémunération de ce placement sont liées en droit ou en fait à la souscription ou à l'acquisition de droits sociaux.

Toutefois, les dépôts effectués par les sociétaires des organismes coopératifs exonérés d'impôts sur les sociétés ouvrent droit, sur les produits desdits dépôts, à l'application de retenues à la source libératoires.

Lorsqu'elles ne présentent pas de caractère libératoire, les retenues à la source prévues aux articles 189 et 190 s'imputent sur le montant d'impôt sur le revenu dû par le contribuable dans les conditions prévues à l'article 197.

Art.192. – La retenue à la source applicable aux produits payés hors de Guinée à des personnes physiques domiciliées en Guinée par des débiteurs situés en Guinée, est opérée par le débiteur, même s'il n'assure pas lui – même le paiement des revenus.

C/ Dispositions communes

Art.193. – Les retenues à la source prévues aux articles 187 à 190 sont payées par la personne qui effectue la distribution, à charge pour elle d'en retenir les montants sur les sommes versées aux bénéficiaires desdits revenus.

Les retenues sont liquidées sur le montant brut des revenus mis en paiement.

Art.194. – Le contentieux du recouvrement des retenues à la source est réglé dans les conditions prévues en matière de contestations relatives au recouvrement des impôts, taxes, redevances et sommes quelconques dont la perception incombe aux comptables publics.

Art.195. – Les sanctions des infrastructures aux articles 187 à 190 et à l'article 192 sont celles prévues par les articles 81 et 82 du présent code.

Art.196. – Il est interdit aux sociétés et personnes morales de prendre à leur charge le montant des retenues afférentes :

- aux dividendes et autres produits répartis entre les associés, actionnaires et porteurs de parts ou aux membres des conseils d'administration des sociétés anonymes ;
- aux revenus visés aux articles 174 et 181.

VI – Obligations déclaratives

Art.197. – Les contribuables, domiciliés en Guinée ayant encaissé des revenus de capitaux mobiliers non exonérés, qui n'ont pas supporté les retenues à la source visées aux articles 189 et 190 ou pour lesquels lesdites retenues n'ont pas le caractère libératoire, ont l'obligation de déposer ou d'adresser à l'administration une déclaration fiscale conforme au modèle établi par l'administration fiscale, fournissant une récapitulation des retenues à la source supportées, ainsi que la déclaration prévue à l'article 20, en vue de leur imposition sur la base de leur revenu d'ensemble.

Les revenus de capitaux mobiliers doivent être déclarés pour leur montant brut.

Le montant des retenues à la source supportées en application des dispositions des articles 189 et 190 vient en déduction du montant d'impôt sur le revenu liquidé sur la base des revenus d'ensemble.

Si le montant de retenues que le contribuable a supportées est supérieur au montant d'impôt sur le revenu calculé sur cette base, le contribuable peut obtenir la restitution des droits qui ont été supportés en trop dans les conditions prévues à l'article 32-III.

CHAPITRE III : DISPOSITIONS DIVERSES

I – RETENUE A LA SOURCE SUR CERTAINS REVENUS NON S, une retenue à la source applicable, lorsqu'ils sont payés par un débiteur établi en Guinée à des personnes ou des sociétés qui n'ont pas dans ce pays d'installation professionnelle permanente :

a. Aux sommes versées en rémunération d'une activité déployée en Guinée dans l'exercice d'une profession libérale ;
b. Aux produits perçus par les inventeurs ou au titre de droits d'auteur ou de droits assimilés, ainsi qu'à tous les produits tirés de la propriété industrielle ou commerciale ou de droits assimilés ;
c. Aux sommes payées en rémunération des prestations de toute nature matérielle fournies ou effectivement utilisées en Guinée.

II – Le taux de la retenue est fixé à 10% du montant brut des sommes versées ou des produits perçus. **(LF 1992 art.18)**

La retenue s'impute sur le montant de l'impôt sur le revenu ou de l'impôt sur les sociétés, le cas échéant établi au nom du bénéficiaire des sommes dont le paiement a justifié l'application de la retenue. L'excédent éventuel de retenue n'est pas restituable.

III – La retenue prévue par le présent article est opérée par le débiteur des sommes versées et remises au Trésor, accompagnée d'un bordereau – avis conforme au modèle fixé par l'administration fiscale, au plus tard le 15 du mois suivant celui du paiement.

IV – Le débiteur, qui s'est abstenu d'opérer la retenue ou qui, sciemment, n'a opéré qu'une retenue insuffisante, est passible d'une amende égale au montant de la retenue non effectuée.

Il demeure en outre tenu au versement de la retenue non effectuée et peut être imposé de la somme correspondante par voie de rôle.

Art.198 bis. – I – Il est institué, au profit du Budget national, une taxe forfaitaire applicable aux sommes et produits visés à l'article 198 lorsqu'ils sont payés par l'Etat ou une collectivité territoriale à des personnes ou à des sociétés qui n'ont pas en Guinée d'installation professionnelle permanente.

II – Le taux de cette taxe est fixé à 10% des sommes versées. Le fait générateur de la taxe est l'encaissement du revenu. Cette taxe est versée au comptable du Trésor compétent dans les quinze jours du mois suivant l'encaissement. Le versement est accompagné d'un bordereau – avis fourni par l'administration fiscale.

III – Cette taxe s'impute, le cas échéant, sur le montant de l'impôt sur le revenu ou de l'impôt sur les sociétés pour les personnes domiciliées en Guinée au sens de l'article 223 du présent code.

IV – Pour les personnes ne disposant pas en Guinée d'installation professionnelle permanente, cette taxe est libératoire de l'impôt sur le revenu, de l'impôt sur les sociétés, de l'impôt minimum forfaitaire sur les salaires et de la retenue à la source sur les traitements et salaires versés à des salariés non guinéens. (LF 1992, art.18)

Art.198 ter. Il est institué au titre de l'impôt sur le revenu une retenue à la source au taux de 10% sur les sommes versées au titre de commission ou courtage par les sociétés d'assurances à des agents ou courtiers n'ayant pas la qualité de salarié.

La retenue est effectuée par la société d'assurances débitrice et déduite de la commission versée au courtier. Elle est réservée avant le 15 du mois suivant celui du paiement au comptable du Trésor compétent.

Le versement est accompagné d'un état établi, daté et signé par la partie versante indiquant les nom, prénoms et adresse du ou des bénéficiaires, le montant brut des commissions et celui de la retenue opérée.

La retenue est libératoire de l'impôt sur le revenu pour le bénéficiaire, sauf lorsque ce dernier est imposable selon le régime normal d'imposition visé à l'article 20 du code des impôts directs d'Etat. (LF 1992, art.18).

II – Imposition des rémunérations occultes

Art.199. – Les sociétés et autres personnes morales passibles de l'impôt sur les sociétés qui, directement ou indirectement, versent, à des personnes dont elles ne révèlent pas l'identité, des commissions, courtages, ristournes commerciales, sont soumises à une pénalité fiscale calculée en appliquant, au montant des sommes versées ou distribuées, le double du taux maximum de l'impôt sur le revenu.

Lorsque l'entreprise a spontanément fait figurer dans sa déclaration de résultats le montant des sommes en cause, le taux de la pénalité est ramené à 1,5 fois le taux maximum de l'impôt sur le revenu.

Les dirigeants sociaux de droit ou de fait sont solidairement responsables du paiement de cette pénalité.

III – Redistribution de dividendes de filiales

Art.200. – Dans le cas de redistribution des produits nets des participations d'une société mère dans le capital d'une société filiale guinéenne, exonérés d'impôt sur les sociétés dans les conditions prévues à l'article 225, le crédit d'impôt correspondant à la retenue à la source opérée par la société filiale sur les produits distribués à la société mère est imputable sur la retenue à la source applicable à la redistribution des produits nets correspondants par la société mère. L'excédent n'est pas restituable.

Les sociétés qui entendent bénéficier des dispositions du présent article doivent :

- D'une part, mentionner, dans la note explicative visée à l'article 189, le montant de la somme à imputer ;
- D'autre part, joindre à ladite note les certificats de crédits d'impôt remis par les sociétés filiales distributrices ou les documents qui en tiennent lieu.

DIVISION II – TAXES SUR LES SALAIRES

CHAPITRE I – VERSEMENTS FORFAITAIRES SUR LES SALAIRES

Art.201. – Outre les obligations qui leur incombent en vertu des articles 61 et 71 à 78 du présent code, les particuliers et sociétés employant en Guinée un personnel salarié devront verser forfaitairement, au profit du Budget national, une somme égale à 6% du montant global des traitements, salaires, indemnités et émoluments effectivement payés par eux à l'ensemble du personnel, y compris les avantages en argent et en nature, après déduction, le cas échéant, des cotisations pour les prestations familiales. L'évaluation des avantages en nature est effectuée conformément aux dispositions de l'article 59 du présent code. **(LF 94, art 21).**

Art.202. – Les sommes dues par les employeurs au titre du versement forfaitaire sur les salaires doivent être versées au compte des impôts mensuellement ou trimestriellement dans les conditions prévues aux articles 72 et 74. Un bordereau – avis de versement distinct de celui des retenues à la source sera utilisé. Les versements forfaitaires sur les salaires effectués donneront lieu à l'établissement d'un rôle de régularisation.

Art.203. – Les dispositions de l'article 81 sont applicables à l'employeur assujetti au versement forfaitaire sur les salaires qui n'a pas effectué dans les délais prescrits le versement dû.

CHAPITRE II – TAXE D'APPRENTISSAGE

SECTION 1 – ENTREPRISES IMPOSABLES ET BASE DE LA TAXE

Art.204. – Il est perçu au profit du Budget national une taxe dite d'apprentissage. Cette taxe est due :

1° Par les personnes physiques, ainsi que par les sociétés en nom collectif, en commandite simple et par les associations en participation n'ayant pas opté pour leur assujettissement à l'impôt sur les sociétés, lorsque ces personnes et sociétés exercent une activité visée aux articles 87 à 90 ;

2° Par les sociétés, associations et organismes passibles de l'impôt sur les sociétés, en vertu de l'article 220, à l'exception de ceux désignés au V de l'article précité, quel que soit leur objet.

Art.205. – La taxe d'apprentissage est calculée au titre d'une année donnée sur la base des traitements, salaires, appointements, indemnités et rétributions quelconques, y compris les avantages en espèces ou en nature, dont le montant global figure dans les frais généraux de l'entreprise.

Art.206. – Sont affranchis de la taxe :

1° Les entreprises pour lesquelles la base d'imposition déterminée conformément à l'article précédent n'excède pas 300.000 francs guinéens ;

2° Les ouvriers travaillant à domicile et les artisans ;

3° Les sociétés ayant pour objet exclusif les divers ordres d'enseignement.

SECTION II – ETABLISSEMENT DE LA TAXE

Art.207. – La taxe est établie au nom de chaque personne ou entreprise redevable, pour l'ensemble de ses établissements exploités en Guinée, au siège de la direction de l'entreprise ou, à défaut, au lieu du principal établissement.

Art.208. – Le redevable est tenu de remettre chaque année, à l'administration fiscale au plus tard le 5 avril, une déclaration conforme à un modèle établi par l'administration indiquant, notamment, le montant des salaires, rémunérations et avantages passibles de la taxe qui ont été versés pendant l'année précédente, le cas échéant ventilés par des établissements distincts, ainsi que le montant des exonérations prévues à l'article 206 du présent code.

La déclaration est produite au lieu du siège de la direction de l'entreprise ou, à défaut, du principal établissement.

Art.209. – L'administration fiscale vérifie les déclarations. Elle entend les intéressés lorsque leur audition lui paraît utile ou lorsqu'ils demandent des explications verbales.

Elle peut rectifier les déclarations. Mais elle fait alors connaître au redevable la rectification qu'elle envisage et lui en indique les motifs.

Elle invite en même temps les intéressés à faire parvenir leur acceptation ou leurs observations dans un délai de vingt jours.

A défaut de réponse dans ce délai, l'administration fixe la base d'imposition, sous réserve du droit de réclamation du redevable après établissement du rôle.

Art.210. – Pour le calcul de la taxe, toute fraction du montant global des salaires imposables inférieure à 1.000 francs est négligée. Le taux de la taxe est fixé à 3%.

Art.211. – Le redevable qui n'a pas souscrit sa déclaration dans le délai prévu à l'article 208 ci – dessus est imposé d'office et sa cotisation est majorée de 25%.

Art.212. – Dans le cas où le redevable n'a déclaré qu'un chiffre insuffisant d'au moins un dixième, la majoration de 25% est appliquée à la taxe correspondant aux appointements non déclarés.

La taxe est doublée lorsque l'insuffisance constatée excédant un dixième ou la somme de 50.000 francs guinéens, le contribuable n'établit pas sa bonne foi.

Art.213. – Dans le cas de cession ou de cessation d'entreprise ainsi que dans le cas de décès de l'exploitant, les dispositions prévues en matière d'imposition à l'impôt sur le revenu des bénéfices industriels et commerciaux sont applicables à la déclaration des appointements, salaires et rétributions qui n'ont pas encore donné lieu à l'application de la taxe, ainsi qu'à l'établissement et au recouvrement des cotisations correspondantes.

SECTION III – EXONERATIONS TOTALES OU PARTIELLES

Art.214. – Sont exonérés de la taxe d'apprentissage les employeurs assujettis à la contribution de 1,5% pour le financement de la formation professionnelle. Par ailleurs des exonérations totales ou partielles peuvent être accordées aux assujettis sur leur demande par décision du ministre de l'Economie et des Finances sur proposition du ministre des Affaires sociales après avis du comité consultatif.

Les entreprises assujetties à la taxe d'apprentissage pourront bénéficier d'une atténuation de ladite taxe, égale à 5.000 francs guinéens par apprenti, dont elles justifieront la présence dans leur entreprise. Cette atténuation ne pourra dépasser 50% de la taxe due en raison des salaires payés à l'ensemble de leur personnel.

Seuls sont pris en considération pour les exonérations :

1° Les frais des cours professionnels et techniques de degrés divers ;

2° Les salaires des techniciens qui sont chargés de la formation et de la direction des apprentis isolés ou en groupe dans la limite d'un technicien pour cinq apprentis ;

3° Les indemnités journalières payées aux apprentis lorsqu'ils sont soumis à un programme d'apprentissage méthodique ou pour leurs heures de présence aux cours professionnels ;

La qualité d'apprenti sera certifiée par une attestation de l'Inspection régionale du travail.

4° Les frais des œuvres complémentaires de l'enseignement technique et de l'apprentissage. Les dépenses des œuvres et écoles sont soumises au contrôle de la commission de la formation professionnelle.

Art.215. – En cas de cession ou de cessation d'entreprise, ainsi que dans le cas de décès de l'exploitant, le ministre de l'Economie et des Finances arrête le montant des exonérations dont il y a lieu de tenir compte pour l'établissement de l'imposition immédiatement exigible. Cette imposition est ultérieurement rectifiée, s'il y a lieu, conformément à la proposition du ministre des Affaires sociales après avis du comité consultatif, par voie de dégrèvement d'office ou d'imposition supplémentaire.

Art.216. – Les rôles sont arrêtés, rendus exécutoires et mis en recouvrement, les poursuites sont exercées et les réclamations sont présentées, instruites et jugées comme en matière de contributions directes.

SECTION IV – MODE DE RECOUVREMENT DE LA TAXE D'APPRENTISSAGE

Art.217. – La taxe d'apprentissage est exigible en totalité dans les trois mois de l'année suivant celle du paiement des salaires taxables.

Art.218. – Les assujettis devront calculer spontanément le montant de la taxe due au titre de l'année précédente et verser leurs cotisations au receveur des impôts au plus tard le 31 mars, leur versement s'accompagnant de la remise d'une déclaration ou d'un bordereau – avis d'un modèle arrêté par l'administration fiscale.

Une partie dudit bordereau remplie par le service du receveur des impôts sera remise au redevable qui la joindra à la déclaration prévue à l'article 208 ci – dessus. Un rôle sera établi par l'administration fiscale pour régulariser les perceptions par anticipation ainsi effectuées.

Dans le cas où le redevable n'aurait pas versé dans les délais prévus ci – dessus le montant de la taxe ou n'aurait versé sciemment qu'une somme insuffisante, les droits dus seront majorés de 25% et mis en recouvrement par voie de rôle nominatif dans les conditions de droit commun.

DIVISION III – IMPOT SUR LES SOCIETES

CHAPITRE I – DISPOSITIONS GENERALES

Art.219. – Il est établi un impôt annuel sur les revenus ou bénéfices réalisés par les sociétés et autres personnes morales visées à l'article 220. Cet impôt est désigné sous le nom d'impôt sur les sociétés.

CHAPITRE II – CHAMP D'APPLICATION

SECTION I – PERSONNES MORALES PASSIBLES DE L'IMPOT SUR LES SOCIETES

Art.220. – I – Sont passibles de l'impôt sur les sociétés anonymes, les sociétés à responsabilité limitée, les sociétés coopératives et leurs unions sous réserve des dispositions de l'article 221, et toutes autres personnes morales se livrant à une exploitation ou à ces opérations à caractère lucratif.

II – Sont également passibles de l'impôt sur les sociétés, même lorsqu'elles ne revêtent pas l'une des formes indiquées au paragraphe précédent, les sociétés civiles quand elles se livrent à une exploitation ou à des opérations dont les résultats relèveraient de la catégorie des bénéfices industriels et commerciaux s'ils étaient réalisés par une personne physique.

III – Les sociétés en nom collectif, les sociétés en commandite simple et les associations en participation sont soumises à l'impôt sur les sociétés si elles optent pour leur assujettissement à cet impôt dans les conditions prévues à l'article 227.

La même option peut être exercée par les sociétés civiles de personnes autres que celles assujetties de plein droit à l'impôt sur les sociétés selon les dispositions du paragraphe II ci – dessus.

Cette option entraîne l'application auxdites sociétés, sous réserve des exceptions prévues par le présent code, de l'ensemble des dispositions auxquelles sont soumises les personnes morales visées au paragraphe I du présent article.

Les sociétés de personnes issues de la transformation antérieure de sociétés de capitaux sans création d'un être moral nouveau ne peuvent pas opter pour le régime des sociétés de capitaux sauf dans le cas où l'option est concomitante à la transformation.

IV – Même à défaut d'option, l'impôt sur les sociétés s'applique, dans les sociétés en commandite simple et dans les associations en participation, y compris les syndicats financiers, à la part de bénéfices correspondant aux droits des commanditaires et à ceux des associés autres que ceux indéfiniment responsables ou dont les noms et adresses n'ont pas été indiqués à l'administration fiscale.

V – Sous réserve des exonérations prévues à l'article 221, les établissements publics ayant une activité de nature administrative autres que les établissements scientifiques d'enseignement et d'assistance, ainsi que les associations et collectivités non soumises à l'impôt sur les sociétés, en vertu d'une autre disposition sont assujettis audit impôt en raison :

- de la location des immeubles bâtis et non bâtis dont ils sont propriétaires ou qu'ils possèdent ou détiennent à un titre quelconque ;

- de l'exploitation de leurs propriétés agricoles ou forestières ;
- des revenus de capitaux mobiliers dont ils disposent, à l'exception des dividendes des sociétés guinéennes, lorsque ces revenus n'entrent pas dans le champ d'application des retenues à la source visées aux articles 187 à 192.

Pour l'application de ces dispositions, les revenus de capitaux mobiliers sont comptés dans le revenu imposable pour leur montant brut.

SECTION II – EXONERATIONS

Art.221. – I – Sont exonérés à titre permanent de l'impôt sur les sociétés :

- Les sociétés coopératives et leurs unions ainsi que les groupements et leurs unions, ayant pour objet la production, la transformation, la conservation et la vente de produits agricoles sauf pour certaines opérations à caractère commercial telles que : les ventes effectuées dans un magasin de détail distinct de l'établissement principal, les opérations de transformation de produits ou sous-produits autres que ceux destinés à l'alimentation humaine ou animale ou pouvant être utilisés comme matières premières dans l'agriculture ou l'industrie et les opérations effectuées avec des non-sociétaires ou membres ;
- Les sociétés coopératives d'approvisionnement et d'achat ainsi que les groupements villageois ou de quartier ayant le même objet, fonctionnant conformément aux dispositions qui les régissent ;
- Les sociétés coopératives de consommation ainsi que les groupements villageois ou de quartiers ayant le même objet qui se bornent à grouper les commandes de leurs adhérents et à distribuer, dans leurs magasins de dépôt, les denrées, produits ou marchandises qui ont fait l'objet de ces commandes ;
- Les sociétés, organismes, coopératives et associations reconnus d'utilité publique chargés du développement rural ou de la promotion agricole ;
- Les sociétés coopératives de construction ;
- Les collectivités locales, leurs groupements, ainsi que leurs régies de services publics ;
- Les chambres de commerce, d'industrie, d'artisanat et d'agriculture ;
- Les bénéfices réalisés par des associations sans but lucratif, organisant avec le concours de l'Etat ou des collectivités locales des manifestations publiques correspondant à l'objet défini par leurs statuts et présentant du point de vue économique un intérêt certain pour la collectivité territoriale ;
- Les organisations sans but lucratif légalement constituées et dont la gestion est désintéressée, pour les services à caractères social, éducatif, culturel ou sportif rendus à leurs membres ;
- Les clubs et cercles privés pour leurs activités autres que le bar, la restauration et les jeux.

II – Bénéficient d'une exonération d'impôt sur les sociétés, pendant les dix premières années de leur fonctionnement, les organisations à caractère coopératif et pré – coopératif régies par les dispositions de l'ordonnance n°005/PRG/SGG/88 du 10 février 1988, autres que celles visées au I. Cette exonération temporaire peut être renouvelée par décision du ministre de l'Economie et des Finances prise après consultation du service national d'assistance technique aux coopératives.

Art.222. – Peuvent être exonérées à titre temporaire totalement ou partiellement, dans le cadre des dispositions du code des investissements, toutes sociétés et autres personnes morales bénéficiant d'un agrément ou titulaires d'une convention d'établissement.

SECTION III – TERRITORIALITE

Art.223. – L'impôt sur les sociétés s'applique uniquement aux bénéfices réalisés dans les entreprises exploitées en Guinée ainsi qu'à ceux dont l'imposition est attribuée à la Guinée par une convention internationale relative aux doubles impositions.

L'exploitation d'une entreprise en Guinée s'entend de l'exercice habituel en Guinée d'une activité industrielle ou commerciale qui peut soit s'effectuer dans le cadre d'un établissement sable, soit être réalisée par l'intermédiaire d'un représentant n'ayant pas de personnalité indépendante, soit résulter de la réalisation d'opérations formant un cycle lucratif complet.

Ces principes sont applicables pour déterminer la situation au regard de l'impôt guinéen tant des opérations réalisées en Guinée par les sociétés étrangères que des opérations réalisées hors de la Guinée par les sociétés guinéennes.

Par suite, il n'est pas tenu compte pour la détermination des bénéfices imposables à l'impôt sur les sociétés, des bénéfices et des pertes qui se rattachent à une entreprise exploitée hors de Guinée.

CHAPITRE III – DETERMINATION DU BENEFICE IMPOSABLE

SECTION I – REGLES GENERALES

Art.224. – **I** – Sous réserve des dispositions prévues aux articles 222 et 223 ainsi qu'au présent chapitre, le bénéfice imposable des sociétés et personnes morales assujetties à l'impôt sur les sociétés est déterminé d'après les règles fixées aux articles 91 à 105, 108 à 112 et 117.

II. En cas de déficit subi pendant un exercice, le déficit est considéré comme une charge de l'exercice suivant et déduit du bénéfice réalisé pendant ledit exercice.

Si le bénéfice n'est pas suffisant pour que la déduction prévue au précédent alinéa puisse être intégralement opérée ; l'excédent du déficit est reporté successivement sur les exercices suivants jusqu'au troisième qui suit l'exercice déficitaire.

SECTION II – REGIMES SPECIAUX

I – Régime des sociétés mères et filiales

Art.225. – Les produits nets des participations d'une société mère dans le capital d'une société filiale sont retranchés du bénéfice net total, défalcation faite d'une quote – part représentative de frais et charges. Cette quote-part est fixée uniformément à 5% du produit total des participations mais elle ne peut excéder, pour chaque période d'imposition, le montant total des frais et charges de toute nature exposés par la société participante au cours de ladite période.

Le bénéfice de ces dispositions est appliqué sous les conditions suivantes ;

- La société mère et la société filiale doivent être constituées sous la forme de société par actions ou à responsabilité limitée ;
- La société mère doit avoir son siège social en Guinée et être passible de l'impôt sur les sociétés ;
- Les titres de participation détenus par la société mère doivent revêtir la forme nominative ou être déposés dans un établissement agréé par l'administration et représenter au moins 10% du capital de la société filiale ;

Toutefois, aucun pourcentage minimal n'est exigé pour les titres reçus en rémunération d'apports partiels admis au régime fiscal des fusions ;

- Les titres de participation doivent avoir été souscrits à l'émission. A défaut, la société participante doit avoir pris l'engagement écrit de les conserver pendant un délai de deux ans ;
- Les titres doivent appartenir à la société mère en pleine propriété.

En cas d'absorption par une tierce société d'une société détenant une participation satisfaisant aux conditions exigées par le présent article, le bénéfice revient à la société absorbante ou nouvelle.

De même, une société participante est fondée à se prévaloir du régime de faveur lorsque la société dont elle détient les actions ou parts absorbe une tierce société ou est absorbée par celle – ci sous réserve que la fusion ne soit pas réalisée pour faire échec aux conditions susvisées et sans que la participation puisse bénéficier d'un traitement plus favorable que si l'opération n'avait pas eu lieu.

La qualité de société mère doit s'apprécier à la date de mise en distribution des produits de la filiale.

II – Fusions de sociétés et opérations assimilées

Art.226. – Les plus – values autres que celles réalisées sur les marchandises résultant de l'attribution gratuite d'actions ou de parts sociales à la suite de fusions de sociétés par actions ou à responsabilité limitée sont exonérées de l'impôt sur les sociétés.

Le même régime est applicable lorsqu'une société par actions ou à responsabilité limitée apporte :

- l'intégralité de son actif à deux ou plusieurs sociétés constituées à cette fin sous l'une de ces formes, à condition que les sociétés bénéficiaires soient toutes de nationalité guinéenne ;
- une partie de ses éléments d'actif à une autre société constituée sous l'une de ces formes, à condition que la société bénéficiaire de l'apport soit de nationalité guinéenne.

L'application des dispositions du présent article est subordonnée à l'obligation, constatée dans l'acte de fusion ou d'apport, de calculer les amortissements annuels à prélever sur les bénéfices ainsi que les plus – values ultérieures résultant de la réalisation de ces éléments d'après le prix de revient qu'ils comportaient pour les sociétés fusionnées ou pour les sociétés apporteuses, déduction faite des amortissements déjà réalisés par elles.

Les dispositions du présent article ne sont applicables que lorsque les opérations en cause ont été préalablement agréées par le ministre de l'Economie et des Finances.

III – Sociétés de personnes soumises par option à l'impôt sur les sociétés

Art.227. – Les sociétés en nom collectif, les sociétés en commandite simple et les associations en participation peuvent opter pour le régime applicable aux sociétés de capitaux. Dans ce cas, les associés en nom, les commandités et les membres des associations en participation dont les noms et adresses ont été indiqués à l'administration fiscale sont réputés ne disposer de la quote-part leur revenant dans les bénéfices sociaux affectés à la constitution de réserves, en vue de l'application de l'impôt sur le revenu, qu'au moment de la mise en distribution desdites réserves.

L'option, pour être valable, doit être notifiée à l'administration fiscale dans les trois premiers mois de l'année d'imposition.

Elle est valable à compter de ladite année et elle est irrévocable. La notification indique la désignation de la société et l'adresse du siège social, les noms, prénoms et adresses de chacun des associés ou participants ainsi que la répartition du capital social entre ces derniers. Elle est signée par tous les associés ou participants et il en est délivré récépissé.

CHAPITRE IV – ETABLISSEMENT DE L'IMPOSITION – CALCUL DE L'IMPOT

SECTION I – ETABLISSEMENT DE L'IMPOSITION

Art.228. – L'impôt sur les sociétés est établi sous une cote unique au nom de la personne morale ou association pour l'ensemble de ses activités imposables en Guinée au lieu de son principal établissement.

Toutefois, l'administration fiscale peut désigner, comme lieu d'imposition :

- soit celui où est assurée la direction effective de la société ;
- soit celui de son siège social s'il est situé en Guinée.

Les personnes morales, exerçant des activités en Guinée ou y possédant des biens sans y avoir leur siège social, sont imposables au lieu de leur direction effective, tel que stipulé à l'article 243. Dans les cas prévus à l'article 220-IV, l'impôt sur les sociétés est établi au nom de la société ou du gérant connu des tiers.

SECTION II – TAUX DE L'IMPOT

Art.229. – Pour le calcul de l'impôt, toute fraction du bénéfice imposable inférieure à 1.000 francs guinéens est négligeable. Le taux de l'impôt sur les sociétés est fixé à 35% du bénéfice imposable.

SECTION III – IMPUTATION D'IMPOTS ACQUITTES

Art.230. – Les retenues à la source perçues en application de l'article 198 sont imputables sur le montant de l'impôt sur les sociétés, le cas échéant exigible à raison des revenus qui les ont supportées. L'excédent éventuel des retenues à la source sur le montant d'impôt sur les sociétés exigible n'est pas restituable.

Art.231. – Le crédit d'impôt correspondant à la retenue à la source opérée sur les revenus mobiliers encaissés par des personnes morales et compris dans le bénéfice imposable est imputé sur le montant de l'impôt sur les sociétés. Il n'est pas restituable.

Le mécanisme d'imputation visé au précédent alinéa est applicable :

- Aux revenus mobiliers qui entrent dans le champ d'application de la retenue à la source prévue aux articles 189 et 190 et notamment aux revenus d'obligations, d'effets publics et autres titres d'emprunts négociables ;
- Aux revenus des valeurs mobilières étrangères lorsqu'ils sont mis en paiement par des sociétés ayant leur siège dans des pays liés à la Guinée par une convention internationale relative aux doubles impositions.

Les sociétés guinéennes qui perçoivent ces revenus bénéficient d'une déduction impôt sur impôt qui est limitée au montant du crédit correspondant à l'impôt retenu à la source à l'étranger tel qu'il est prévu par lesdites conventions internationales.

Ne peuvent pas bénéficier de l'imputation impôt sur impôt les sociétés ou collectivités suivantes :

- Les établissements publics, associations et autres collectivités assujettis à l'impôt sur les sociétés en vertu de l'article 220-V ;
- Les sociétés mères pour les dividendes de leurs filiales, déductibles du bénéfice net en vertu de l'article 225. En outre, lorsqu'un exercice est déficitaire, les crédits d'impôt attachés aux revenus mobiliers compris dans les résultats dudit exercice ne peuvent être imputés, ni reportés, ni restitués et tombent donc en non-valeur.

Art.232. – Les sociétés, qui entendent bénéficier des crédits d'impôt attachés aux revenus mobiliers qu'elles ont encaissés, sont tenues :

- d'une part, de mentionner, dans leur déclaration de résultats, le montant de la somme à imputer ;
- d'autre part, de joindre à leur déclaration les certificats de crédits d'impôt remis par les établissements payeurs.

Elles doivent en outre tenir à la disposition de l'administration fiscale toutes justifications utiles ainsi que tous documents employés ou établis par elles, pour effectuer ce calcul.

Art.233. – L'imposition forfaitaire annuelle visée à l'article 244 du présent code est imputable sur l'impôt sur les sociétés dû pendant l'année d'exigibilité de cette imposition.

Art.234. – La taxe unique sur les véhicules, visée au présent code acquittée au cours d'un exercice par une société ayant exclusivement pour activité le transport de personnes ou de marchandises au titre de véhicules de transports publics de personnes ou de marchandises, est imputable sur l'impôt sur les sociétés dû par cette société au titre du même exercice. L'excédent non imputé n'est pas restituable.

Cette imputation est exclue lorsque les impositions établies sont passibles d'une pénalité pour retard, défaut de paiement ou encore pour retard ou défaut de déclaration de bénéfice. **(LF 1992, art.20).**

SECTION IV – REGLES PARTICULIERES D'ETABLISSEMENT DE L'IMPOT

Art.235. – L'impôt sur les sociétés est établi dans les mêmes conditions et sous les mêmes sanctions que l'impôt sur le revenu.

En cas de dissolution, de transformation entraînant la création d'un être moral nouveau, d'apport en société, de fusion, de transfert de siège ou d'un établissement à l'étranger, l'impôt sur les sociétés est établi dans les conditions prévues à l'article 242 du présent code.

De même, sous réserve des dispositions de l'article 220-III, la transformation d'une société par actions ou à responsabilité limitée en une société de personnes est considérée comme cessation d'entreprise. Toutefois, en l'absence de création d'un être moral nouveau, la transformation de telles sociétés de personnes n'entraîne pas l'imposition immédiate des bénéfices en sursis d'imposition et des plus – values latentes inclues dans l'actif social à la double condition qu'aucune modification ne soit apportée aux écritures comptables du fait de la transformation et que l'imposition desdits bénéfices et plus – values demeure possible sous le nouveau régime fiscal applicable à la société transformée.

SECTION V – MODALITES DE PAIEMENT DE L'IMPOT

Art.236. – I – L'impôt sur les sociétés donne lieu au versement de deux acomptes, chacun arrondi au millier de francs guinéens inférieur. Chaque acompte est égal au tiers de l'impôt sur les sociétés exigible sur les résultats du dernier exercice dont la date d'imposition est échue.

La base de calcul de l'acompte est éventuellement diminuée des dégrèvements accordés sur l'impôt dû au titre de l'exercice de référence et des cotisations au paiement desquelles la société est en droit de surseoir en vertu d'une disposition légale.

Les sociétés nouvelles sont dispensées de ces versements au cours des douze premiers mois de leur activité, qu'elles aient été constituées au début ou à la fin de l'année civile et quelle que soit la durée de leur premier exercice.

I – Les acomptes sont payés au plus tard le 15 juin et le 30 septembre de chaque année.

II – Le solde de l'impôt sur les sociétés dû au titre de la période fixée au paragraphe 1 de l'article 241 ci – après est payé au plus tard à la date limite prévue par le même article pour le dépôt de la déclaration de résultats.

Le solde est liquidé sous déduction des acomptes versés en cours de période d'imposition, de l'impôt minimum forfaitaire afférent au même exercice et compte tenu des droits à répétition d'impôt acquittés tel que prévu aux articles 230 à 233 du présent code.

III – La société, qui estime que le montant d'un ou des acomptes sera égal ou supérieur à la cotisation d'impôt sur les sociétés dont elle sera finalement redevable, peut, selon le cas, demander une réduction ou une dispense de paiement en ce qui concerne le second acompte.

Elle doit présenter, à cet effet, une requête motivée au directeur national des impôts, trente jours au moins avant la date d'exigibilité.

Le directeur national des impôts accuse réception de la demande et signifie sa réponse dans les 30 jours. **(LF 1992, art.21)**

IV – Si l'un des versements prévus au présent article n'a pas été intégralement acquitté aux dates prescrites, une majoration de 10% est appliquée aux sommes non réglées à ces dates.

V – Le recouvrement des acomptes ou fractions d'acomptes non réglés et des majorations de 10% correspondantes est poursuivi dans les conditions prévues à l'article 237.

VI – Les duplicatas des quittances des versements d'acomptes et de l'impôt minimum forfaitaire des sociétés sont adressés par le comptable chargé du recouvrement à l'administration fiscale. Ces duplicatas sont annexés à la déclaration des résultats produite par la société dans les conditions prévues à l'article 241.

SECTION VI – RECOUVREMENT

Art.237. – Les acomptes et le solde de l'impôt sur les sociétés sont calculés par la société redevable et versés par elle avant les dates limites fixées aux paragraphes 2 et 3 de l'article 236. Les sommes, dues au titre des acomptes et du solde de liquidation de l'impôt sur les sociétés et non payées à l'échéance légale, sont réclamées à la société en vertu d'un titre de perception rendu exécutoire par le receveur des impôts.

Le recouvrement desdites sommes est alors poursuivi comme en matière d'impôts directs recouvrés par voie de rôle. Nonobstant les pénalités d'assiette applicables, toute insuffisance, retard ou omission de versement est passible d'un intérêt de retard au taux de 1% par mois. Pour le calcul du délai de retard, tout mois commencé est considéré comme entier. L'assiette de la pénalité est constituée par le montant des acomptes ou droits dont le paiement a été retardé **(LF 1992, art.18).**

CHAPITRE V – OBLIGATIONS DES PERSONNES MORALES

SECTION I – DECLARATION D'EXISTENCE ET DE MODIFICATION DU PACTE SOCIAL

Art.238. – Les sociétés, collectivités et autres personnes morales visées à l'article 219 sont tenues de déposer, dans le mois de leur constitution définitive ou, le cas échéant, du jour où elles deviennent passibles de l'impôt sur les sociétés, une déclaration indiquant :

1° La raison sociale, la forme juridique, l'objet principal, la durée, le siège de la société, ainsi que le lieu de son principal établissement et le numéro de la boîte postale ;

2° La date de l'acte constitutif ainsi que celui de l'enregistrement de cet acte dont un exemplaire sur papier non timbré, dûment certifié, est joint à la déclaration ;

3° Les noms, prénoms et domiciles des dirigeants ou gérants et, pour les sociétés dont le capital n'est pas divisé en actions, les noms, prénoms et domiciles précis comportant l'indication d'une boîte postale de chacun des associés ;

4° La nature et la valeur des biens mobiliers et immobiliers constituant les apports ;

5° Le nombre, la forme et le montant :

- des titres négociables émis en distinguant les actions des obligations et en précisant, pour les premières, la somme dont chaque titre est libéré et, pour les secondes, la durée de l'amortissement et le taux de l'intérêt ;
- des parts sociales ou parts de capital non représentées par des titres négociables ;
- des autres droits de toute nature attribués aux associés dans le partage des bénéfices ou de l'actif social, que ces droits soient ou non constatés par des titres ;

6° La liste des détenteurs des titres, des parts sociales ou parts de capital et des autres droits.

Art.239. – En cas de modification de la raison sociale, de la forme juridique, de l'objet, de la durée, du siège de la société ou du lieu de son principal établissement, d'augmentation, de réduction ou d'amortissement du capital, de libération totale ou partielle des actions, d'émission, de remboursement ou d'amortissement d'emprunts représentés par des titres négociables, de remplacement d'un ou plusieurs dirigeants ou gérants ou, dans les sociétés dont le capital n'est pas divisé en actions, d'un ou plusieurs associés, les sociétés visées à l'article 238 doivent faire la déclaration dans le délai d'un mois et déposer en même temps un exemplaire sur papier non timbré, dûment certifié, de l'acte modificatif.

Art.240. – Les déclarations prévues à l'article 239 doivent être adressées ou remises au service de l'administration fiscale dont la personne morale relève.

SECTION II – DECLARATION DE BENEFICES OU DE DEFICIT

Art.241. – **I** – Les personnes morales et associations passibles de l'impôt sur les sociétés sont tenues de souscrire les déclarations prévues par les dispositions relatives à l'assiette de l'impôt sur le revenu en ce qui concerne les bénéfices industriels et commerciaux imposés d'après le régime du bénéfice réel.

La déclaration du bénéfice ou du déficit est déposée au plus tard le 30 avril de chaque année. En cas de début d'activité en cours d'année civile, la déclaration portera sur les résultats réalisés depuis le commencement des opérations jusqu'au 31 décembre de l'année.

En cas d'absence de déclaration ou de déclaration tardive, la liquidation de l'impôt dû à raison de la période d'imposition est faite d'office dans les conditions de l'article 115, et la cotisation d'impôt est majorée dans les conditions prévues à l'article 118. **(LF 96, art.66 ; LF 2004, art.20.).**

II – Les personnes morales et associations visées au I sont tenues de fournir, en même temps que leur déclaration du bénéfice ou du déficit, outre les pièces prévues à l'article 109, les comptes rendus et les extraits des délibérations des conseils d'administration ou des actionnaires et, dans le mois suivant leurs dates, si les délibérations interviennent après le délai de dépôt des déclarations de bénéfice ou de déficit, un état indiquant les bénéfices répartis aux associés actionnaires ou porteurs de parts ainsi que les sommes ou valeurs mises à leur disposition au cours de la période retenue pour l'assiette de l'impôt sur les sociétés et présentant le caractère de revenus distribués au sens des articles 173 et 174.

III – Sont passibles de rectification d'office les déclarations des sociétés passibles de l'impôt sur les sociétés qui :

- ne fournissent pas, à l'appui de leur déclaration de résultats, les documents ou renseignements prévus à l'article 109,
- ne se conforment pas aux prescriptions de l'article 110,
- présentent une comptabilité inexacte, incomplète ou non probante ne permettant pas de justifier l'exactitude des résultats déclarés.

IV – Conformément au principe posé à l'article 235, alinéa premier, les dispositions des articles 118 à 121 sont applicables en matière d'impôt sur les sociétés.

SECTION III – DECLARATION EN CAS DE CESSATION D'ACTIVITE

Art.242. – En cas de cession ou de cessation d'activité, la déclaration de résultats prévue à l'article 241 doit être produite dans un délai de quinze jours à compter de la date de la cession ou de la cessation effective de l'activité.

L'impôt sur les sociétés, dû en raison des bénéfices, y compris les plus – values qui n'ont pas encore été imposées, est établi immédiatement dans les conditions de l'article 122, sauf ce qui est dit à l'article 226 relatif aux fusions de sociétés et opérations similaires.

SECTION IV. DESIGNATION D'UN REPRESENTANT EN GUINEE

Art.243. – Les personnes morales, exerçant des activités en Guinée ou y possédant des biens sans y avoir leur siège à l'article 228, sont tenues aux obligations prévues à l'article 112.

En outre, ces personnes morales qui ne satisfont pas aux prescriptions dudit article sont taxées d'office à l'impôt sur les sociétés. Lorsqu'elles n'ont pas satisfait dans le délai de quatre-vingt-dix jours à la demande de l'administration fiscale les invitant à désigner un représentant en Guinée, et des sanctions pénales qui pourraient être appliquées en vertu des dispositions de la loi.

DIVISION IV – IMPOT MINIMUM FORFAITAIRE

CHAPITRE I – IMPOT MINIMUM FORFAITAIRE DES SOCIETES

SECTION I – CHAMP D'APPLICATION

I – Personnes morales redevables de l'impôt

Art.244. – Les sociétés et autres personnes morales passibles de l'impôt sur les sociétés sont assujetties à une imposition forfaitaire annuelle d'un montant égal à 3% de leurs chiffres d'affaires de l'année précédente, quels que soient les résultats d'exploitation, et désignée sous le nom d'impôt minimum forfaitaire des sociétés. **(LF 1994, art.16).**

Sont également redevables de l'impôt minimum forfaitaire toutes les entreprises commerciales ou industrielles, quelle que soit leur forme juridique dans la mesure où elles relèvent du régime déclaratif. **(LF 2002, art.16)**

Le montant de l'impôt minimum des sociétés ne peut en aucun cas être inférieur à 3.000.000 francs guinéens, ni dépasser 40.000.000 FG en ce qui concerne les activités industrielles et commerciales. **(LF 2001, art.16).**

II – Personnes morales dispensées du versement de l'impôt minimum forfaitaire des sociétés

Art.245. – Sont toutefois dispensées du versement de l'impôt minimum forfaitaire des sociétés :

- Les sociétés organismes, visées à l'article 220-V ;
- Les sociétés et personnes morales exonérées de l'impôt sur les sociétés à raison de tout ou partie de leurs opérations en vertu de l'article 221 ;
- Les sociétés nouvelles à l'exclusion des transformations de personnes morales, pour la première année civile de leur exploitation ;
- Par contre, les sociétés et autres personnes morales demeurent soumises à l'impôt minimum forfaitaire pendant la période de liquidation.
- Les sociétés et autres personnes morales agréées dans le cadre des dispositions du code des investissements et pendant la période d'exemption d'impôt sur les sociétés ;
- Les sociétés ayant cessé toute activité professionnelle antérieurement au 1er janvier de l'année d'imposition et non assujetties à la contribution des patentes dans les rôles de l'année précédente.

SECTION II – MODALITES DE PAIEMENT DE L'IMPOT - IMPUTATION

Art.246. – L'imposition forfaitaire doit être payée spontanément à la caisse du comptable chargé du recouvrement de l'impôt sur les sociétés au plus tard le 15 janvier de l'année au cours de laquelle il est exigible.

A défaut d'un tel paiement, l'imposition est établie d'office avec une pénalité d'assiette de 10%. Elle est recouvrée dans les conditions de droit commun.

La fraction de l'impôt minimum forfaitaire des sociétés supérieures à 3.000.000 FG peut être imputée sur les sommes dues par les personnes morales et physiques au titre de l'impôt sur les sociétés ou de l'impôt sur le BIC, notamment au titre des acomptes provisionnels dont le versement est prévu à l'article 236 ou sur le solde de cet impôt. **(LF 2001, art.16).**

L'imputation ne peut être effectuée que sur le principal de l'impôt sur les sociétés ou les acomptes dus à ce titre à l'exclusion de toute majoration ou pénalité d'assiette et de recouvrement.

L'impôt forfaitaire des sociétés ne constitue pas pour l'entreprise versante une charge déductible même lorsque, n'ayant pu être imputé sur l'impôt sur les sociétés ou sur ses acomptes, il prend le caractère d'un prélèvement fiscal définitif.

Une copie de la quittance des versements de l'impôt minimum forfaitaire des sociétés est jointe à la déclaration prévue à l'article 241.

Art.247. – Sans objet.

CHAPITRE II – IMPOT MINIMUM FORFAITAIRE APPLICABLE A CERTAINES ENTREPRISES ASSUJETTIES A L'IMPOT SUR LE REVENU

Art.248. – Les contribuables passibles de l'impôt sur le revenu, exploitant une entreprise commerciale de la catégorie ''Import – Export'', quel que soit le régime d'imposition sont passibles de l'impôt minimum forfaitaire prévu par l'article 224.

En ce qui concerne les contribuables visés au précédent alinéa, l'impôt minimum forfaitaire est dû au 1er janvier de l'année d'imposition. Il est payable en une seule fois.

Il est imputable sur l'impôt sur le revenu dû au titre de l'année d'imposition à laquelle il se rattache. L'excédent éventuel d'impôt minimum forfaitaire sur le montant d'impôt sur le revenu dû par le contribuable n'est pas restituable.

Il ne constitue pas une charge déductible du bénéfice industriel et commercial imposable.

Sous réserve des dispositions du présent article, les règles prévues à l'article 246 s'appliquent à l'impôt minimum forfaitaire applicable aux personnes visées au premier alinéa.

CHAPITRE III – IMPOT MINIMUM FORFAITAIRE APPLICABLE AUX PERSONNES ASSUJETTIES A L'IMPOT SUR LES BENEFICES NON COMMERCIAUX

Art.249. – Les contribuables passibles de l'impôt sur les bénéfices non commerciaux sont assujettis à une imposition annuelle forfaitaire d'un montant égal à 3% de leurs recettes brutes de l'année précédente, quels que soient les résultats d'exploitation et désignés sous le nom d'impôt minimum forfaitaire.

Le montant de l'impôt minimum forfaitaire ne peut en aucun cas être inférieur à deux millions de FG, ni dépasser 10 millions de FG et est payable en une seule fois avant le premier mars de chaque année.

Le montant des recettes brutes s'entend de l'ensemble des recettes et produits acquis dans le cadre de l'exercice de l'activité, y compris toutes les sommes provenant des activités annexes et accessoires ou de gestion de l'actif professionnel, quelle que soit leur situation au regard des taxes sur le chiffre d'affaires.

Art.250. – Le montant de l'impôt minimum forfaitaire dû en application de l'article 249 ci – dessus, à l'exclusion des pénalités, vient en déduction de la cotisation d'impôt sur les bénéfices non commerciaux exigible en totalité l'année suivant l'année d'imposition.

La fraction de l'impôt minimum forfaitaire qui excède, le cas échéant, le montant de la cotisation d'impôt sur les bénéfices non commerciaux exigibles est définitivement acquise au Trésor public **(LF 1995, art.15).**

DIVISION V – PRELEVEMENTS FORFAITAIRES

(LF 1997, art.25 ; LF 1999, art.17 ; LF 2000, art.16, LF 2001, art.22)

Art.251. – Un prélèvement forfaitaire à l'importation est exigible sur toutes les importations de marchandises ou de biens effectuées par les personnes physiques ou morales non immatriculées à la TVA.

Art.252. – Ce prélèvement est liquidé sur le bordereau de taxation délivré par la Société générale de surveillance (SGS) au taux de 5% sur la valeur CAF des importations lors du dédouanement sauf pour les importations hors programme de sécurisation des recettes douanières pour lesquelles le prélèvement est perçu par la direction nationale des impôts en liaison avec la direction nationale des douanes **(LF 2001, art22)**

Son paiement ne peut être fractionné et doit intervenir avant l'enlèvement des biens importés. **(LF 97, art.25).**

Art.253. – Cet acompte est perçu au taux de 10% sur tous les achats locaux de biens et de services effectués par l'Etat et les collectivités locales. **(LF 99, art.17).**

Il est perçu par voie de précompte au Trésor public au moment de la mise en paiement des mandats y afférents.

Art.254. – Il est également applicable aux achats locaux réalisés par les établissements publics et les entreprises minières. Un arrêté du ministre des Finances fixe les procédures de gestion et de contrôle de ce précompte **(LF 2000, art.16).**

Art.255. – Le prélèvement est imputable sur l'impôt sur les bénéfices industriels et commerciaux et l'impôt sur les sociétés dus au titre de l'exercice au cours duquel les opérations sont réalisées. En ce qui concerne l'impôt sur les sociétés, le prélèvement est imputable sur les acomptes et sur le solde.

Art.256. – L'absence de dépôt de déclaration dans les délais légaux entraîne l'impossibilité de pratiquer l'imputation des prélèvements et la mise en recouvrement des montants déjà imputés sur les acomptes au titre de l'impôt sur les sociétés de l'exercice concerné. En cas de résultat déficitaire, le prélèvement reste acquis sur le Trésor **(LF 97, art.25).**

DIVISION VI – CONTRIBUTION FONCIERE UNIQUE

SECTION I – DISPOSITIONS GENERALES

Art.257. – Il est institué, au profit du Budget national et du Budget des collectivités locales une contribution annuelle sur les propriétés bâties et non bâties sises sur l'ensemble du territoire national de la République de Guinée dénommée contribution foncière unique ''CFU''. Cette contribution entre en vigueur le 1er janvier 1998. **(LF 1998, art.13).**

Art.258. – La contribution foncière unique est un impôt synthétique qui se substitue aux impôts et taxe ci – après :

- la contribution foncière sur les propriétés bâties ;
- la contribution foncière sur les propriétés non bâties ;
- la taxe d'habitation ;
- l'impôt sur le revenu foncier.

(LF 1998, art.14).

SECTION II – PERSONNES ET PROPRIETES IMPOSABLES

Art.259. – La contribution foncière unique est due par les personnes physiques ou morales possédant des propriétés foncières bâties au 1er janvier de l'année d'imposition.

En cas d'impossibilité d'accéder au propriétaire, le possesseur, le mandataire, le légataire ou tout autre ayant droit est tenu d'acquitter ladite contribution au nom et pour le compte du propriétaire. **(LF 1998, art.15).**

Art.260. – Lorsqu'un propriétaire de terrain ou d'immeuble sans grande valeur loue le fonds par bail de longue durée à un preneur, à charge pour ce dernier de construire à ses frais un immeuble bâti de valeur, devant revenir sans indemnité et libre de toutes charges aux bailleurs à l'expiration du bail. La contribution foncière unique est due à raison de l'immeuble construit et pour la durée du bail par le preneur. **(LF 1998, art.16).**

Art.261. – Les propriétés bâties sont :

- les constructions fixées au sol à demeure telles que : maisons, fabriques, manufactures, usines et en général tous les immeubles construits en maçonnerie fer, bois ou autres matériaux ;
- l'outillage des établissements industriels attachés au fonds à perpétuels faisant corps avec l'immeuble, ainsi que toutes installations commerciales ou industrielles assimilées à des constructions **(LF 1998, art.17).**

Art.262. – Les propriétés non bâties sont : les terrains nus à usage commercial ou industriel tels que chantier, lieu de dépôt de marchandises et autres emplacements de même nature, soit que les propriétés les occupent, soit qu'ils les fassent occuper par d'autres à titre gratuit ou onéreux. **(LF 1998, art.18)**

SECTION III – EXONERATIONS

Art.263. – Sont exonérés de la contribution foncière unique :

1 – les propriétés appartenant à l'Etat et aux collectivités locales lorsqu'elles sont affectées à un service public ou d'utilité générale ;

2 – les édifices et lieux servant à l'exercice du culte ;

3 – les immeubles à usage préscolaire et scolaire publics ;

4 – les immeubles à usage préscolaire et scolaire privés lorsqu'ils sont édifiés par les promoteurs. **(LF 1998, art.19) ;**

5 – les propriétés appartenant aux représentations diplomatiques et consulaires dans le cadre de la réciprocité. **(LF 1999, art.17).**

SECTION IV – BASE D'IMPOSITION

Art.264. – La contribution foncière unique est assise sur la base des valeurs locatives réelles des biens imposables au 1er janvier de l'année d'imposition.

La valeur locative réelle est le prix que le propriétaire retire de ses immeubles lorsqu'il les donne à bail dans les conditions normales, ou, à défaut, le prix qu'il pourrait en retirer en cas de location. **(LF 1998, art.20).**

SECTION V – TAUX DE LA CONTRIBUTION FONCIERE UNIQUE

Art.265. – Le taux de la contribution foncière unique est fixé comme suit :

- immeubles occupés par les propriétaires : 10% de la valeur locative annuelle ;
- les immeubles à location : 15% de la valeur locative annuelle **(LF 1998, art.21).**

SECTION VI – OBLIGATION DES CONTRIBUTIONS

Art.266. – Les propriétaires des biens visés aux articles 259 et s. ci – dessus sont tenus de procéder à la déclaration de leurs revenus fonciers accompagnés de tous moyens de justifications (baux authentiques, contrats de location, etc.).

En l'absence d'actes de l'espèce, l'administration fiscale procédera à l'évaluation établie par comparaison avec des locaux dont le loyer aura été régulièrement constaté ou par voie d'application directe. **(LF 1998, art.22)**

SECTION VII – PAIEMENT DE LA CONTRIBUTION

Art.267. – La contribution foncière unique est recouvrée par le receveur de la fiscalité à Conakry et par le receveur des impôts à l'intérieur du pays.

Le paiement de la contribution foncière unique s'effectue au plus tard le 30 juin de chaque année. Il peut s'effectuer aussi par versements d'acompte ou par retenues à la source pour ce qui concerne les biens loués à l'Etat ou aux personnes morales.

Ces retenues à la source sont imputables sur la contribution foncière unique due par les redevables.

En cas d'excédent non imputable, le trop-perçu est définitivement acquis pour le Trésor public. **(LF 1998, art.23).**

SECTION VIII – RETENUE A LA SOURCE

Art.268. – I – Les personnes morales assujetties à l'impôt sur les sociétés, de plein droit ou sur option, sont assujetties à la retenue à la source.

II – Toute société assujettie à l'impôt sur les sociétés versant des loyers à un ou des particuliers est tenue de déposer ou d'adresser à l'administration fiscale, avant le premier février de chaque année, un état récapitulatif des loyers payés l'année précédente au titre de l'ensemble des immeubles pris en location, et des sommes reversées au titre du prélèvement forfaitaire.

Toute infraction aux obligations déclaratives prévues au présent paragraphe est sanctionnée par l'application d'une majoration égale à 10% des sommes dues au titre de l'année d'imposition.

III – Toute société, qui n'a pas effectué dans les délais prescrits le versement des retenues opérées en application du présent article, est personnellement imposée par voie de rôle d'une somme égale à ce qu'elle aurait dû verser.

Elle est en outre frappée, pour chaque période d'un mois écoulé entre la date à laquelle le versement aurait dû normalement être effectué et le jour du paiement, d'une amende fiscale de 10% du montant des sommes dont le versement a été différé. Pour le calcul de cette amende, toute période d'un mois commencé est comptée entièrement.

Si le retard excède trois mois, les amendes fiscales prévues au IV sont également applicables.

IV – Toute société ci – dessus qui s'est abstenue d'opérer les retenues prévues par le présent article ou qui, sciemment, n'a opéré que des retenues insuffisantes, est passible d'une année égale au montant des retenues non effectuées.

Les dispositions des articles 84 et 85 du présent code sont applicables aux droits et amendes fiscales prévus au présent article.

Les dispositions du présent article s'appliquent également aux revenus fonciers encaissés à raison de location consentie par des particuliers à l'Etat ou à une collectivité territoriale.

La retenue à la source est alors pratiquée par l'Etat ou à une la collectivité locataire, qui en reverse le montant aux impôts. L'Etat ou la collectivité territoriale versant des loyers à un ou des particuliers adresse à l'administration fiscale, avant le premier février de chaque année, un état récapitulatif des loyers payés l'année précédente au titre de l'ensemble des immeubles pris en location, et des sommes versées au titre du prélèvement forfaitaire.

Dans le cas de cessation de la location, de transfert de siège à l'étranger, de cession d'entreprise, les retenues effectuées doivent être immédiatement versées.

Art.269. – I – Les établissements publics à caractère industriel ou commercial, les organisations non gouvernementales ONG), locales et étrangères, les institutions internationales, représentations et missions diplomatiques et consulaires et organismes assimilés ont l'obligation de procéder à une retenue à la source sur le montant du loyer des immeubles pris en location. **(LF 2000, art.17).**

II – Une obligation identique incombe aux agences immobilières, syndics d'immeubles, gérants de biens, sociétés civiles immobilières et tous autres intermédiaires de procéder à la retenue à la source sur le montant brut des loyers à verser au propriétaire des locaux et/ou immeubles loués. **(LF 2000, art.18).**

Art.270. – Le montant de la retenue est égal à 15% du montant du loyer brut qui doit être reversé à la caisse du receveur des impôts dans les 15 jours du mois suivant le paiement du loyer. La retenue est déductible du loyer versé au propriétaire.

La liquidation et le versement de la retenue sont effectués à l'aide d'un imprimé dont le modèle est établi par la direction nationale des impôts, comportant l'indication de la partie versante, l'adresse du ou des immeubles loués, ainsi que, pour chaque immeuble ou partie d'immeuble pris en location, le nom et le prénom du propriétaire, la période au titre de laquelle a été payé le loyer, le montant brut de celui – ci et le montant du prélèvement. **(LF 2000, art.19).**

Art.271. – Les locations des immeubles, appartenant à l'Etat et aux collectivités publiques autres que ceux affectés à un service public ou d'utilité générale, sont tenues de précompter et de reverser à l'administration fiscale 15% du loyer au titre de la contribution foncière unique. **(LF 2003, art.17).**

Art.272. – Tous actes translatifs de la propriété ou de son usage, toute attribution de titre foncier et, d'une façon générale, tout acte attribuant un droit de propriété ou d'usage d'un bien taxable n'en portent effet qu'autant qu'ils comportent la mention que le propriétaire du bien est à jour de ses obligations au regard de la contribution foncière unique.

SECTION IX – REPARTITION DU PRODUIT DE LA CONTRIBUTION

Art.273. – Le produit de la contribution est réparti comme suit :

a) Zone de Conakry

- Budget de l'Etat 20%
- Budget de la ville de Conakry 40%
- Budget des communes de Conakry 40%

b) Préfectures

- Budget de l'Etat 20%
- Budget des préfectures 30%
- Budget des communes urbaines 50%

c) Zone rurale

- Budget des préfectures 20%
- Budget des CRD 80% **(LF 2001, art.35)**

SECTION X – CONTENTIEUX FISCAL

Art.274. – Le contentieux de la contribution foncière unique est régi par les mêmes règles que celui des impôts directs d'Etat.

DIVISION VII – TAXE PROFESSIONNELLE UNIQUE (LF 1996, art.69 à 80)

SECTION I – PERSONNE IMPOSABLE

Art.275. – Sont assujetties à la taxe professionnelle unique les personnes physiques exerçant d'une manière habituelle des activités commerciales, industrielles ou artisanales qui réalisent un chiffre d'affaires annuel inférieur à 150 millions de francs guinéens pour les ventes et 60 millions pour les prestations de services.

Les personnes soumises à la taxe professionnelle unique sont exonérées de la contribution des patentes, de l'impôt sur les bénéfices industriels et commerciaux, de l'impôt minimum forfaitaire et de la taxe sur le chiffre d'affaires. **(LF 1996, art.70).**

SECTION II – EXCLUSION DE LA TAXE PROFESSIONNELLE UNIQUE

Art.276. – Ne sont pas soumis à la taxe professionnelle unique, quel que soit le montant de leur chiffre d'affaires :

- les personnes assujetties à la TVA ;
- les pharmacies, les laboratoires d'analyse médicale, les cliniques et cabinets de soins ;
- les gérants de stations de distribution de produits pétroliers ;
- les exploitants d'usines de production et de fabrication de toutes sortes ;
- les transporteurs et loueurs de véhicules ;
- les blanchisseries par procédés mécaniques ou chimiques (pressing) ;
- les laboratoires de photos automatisés ;
- les exploitants d'établissements hôteliers ;
- les marchands d'or et de diamants ;
- les personnes exerçant des activités financières telles que bureaux de change ou intermédiaires financiers ;
- les commerçants import – export ;
- les personnes morales, quel que soit le niveau de leur chiffre d'affaires ;
- les professions libérales ;

- les exploitants de cinémas et les locations de cassettes vidéo ;
- les boulangeries et pâtisseries modernes ;
- les restaurants, bars, dancings ;
- les briqueteries modernes ;
- les entreprises prestataires et/ou fournisseurs de l'Etat et des collectivités décentralisées. **(LF 1996, art.71 complétée par LF 2001, art.27).**

SECTION III – ETABLISSEMENT DE L'IMPOT

Art.277. – L'unité d'imposition est l'établissement professionnel. Un même contribuable qui possède plusieurs établissements professionnels dans la même localité ou dans des lieux différents est soumis à autant d'impositions au titre de la taxe professionnelle unique. Les exploitations contiguës donnent lieu à imposition séparée. **(LF 1996, art.72).**

Art.278. – La taxe professionnelle unique est assise sur le chiffre d'affaires réalisé au cours de l'année précédente. Le taux est fixé à 5%.

Par dérogation à l'alinéa précédent, pour la première année d'activité, la taxe professionnelle unique est déterminée par application du barème de la patente. **(LF 1996, art.73).**

Art.279. – Pour l'établissement de la taxe professionnelle unique, il est institué deux régimes d'imposition :

1 – Le régime déclaratif ;

2 – Le régime de l'évaluation administrative. **(LF 1997, art.14).**

1 – LE REGIME DECLARATIF

Art.280. – Les assujettis désirant se placer sous le régime déclaratif devront déposer au plus tard le 15 février de chaque année, au service des impôts du lieu d'exercice de leur activité, une déclaration faisant apparaître :

- le montant du chiffre d'affaires réalisé l'année précédente ;
- le montant de la taxe professionnelle unique due.

Cette déclaration devra être accompagnée du paiement de la taxe. **(LF 1997, art.15)**

Art.281. – Les assujettis relevant du régime déclaratif doivent tenir au jour le jour :

- un livre des achats
- un livre des ventes ou des prestations effectuées.

En cas de minorations des éléments figurant sur la déclaration et/ou d'absence de tenue des documents visés à l'article précédent, les rappels d'impôt seront assortis d'une majoration égale à 25% **(LF 1997, art.17).**

2 – LE REGIME DE L'EVALUATION ADMINISTRATIVE

Art.282. – Les assujettis au régime déclaratif n'ayant pas déposé leur déclaration à la date du 15 février seront considérés comme s'étant volontairement placés sous le régime évaluatif. **(LF 1997, art.18).**

Le chiffre d'affaires imposable sous le régime de l'évaluation administrative est déterminé par le service des impôts au moyen de tous les éléments en sa possession, notamment l'importance des locaux professionnels, les chiffres d'affaires des années précédentes, le matériel d'exploitation, le personnel employé, la nature de l'activité, la clientèle et le train de vie de l'exploitant.

En cas de contestation sur le montant de l'évaluation effectuée, le contribuable devra produire un livre des achats et des ventes ou prestations effectuées.

En tout état de cause, le montant de l'impôt dû suite à l'évaluation par le service des impôts ne pourra être inférieur à un minimum fixé par catégorie professionnelle par arrêté du ministre des Finances. **(LF 1997, art.19).**

SECTION IV – PAIEMENT DE L'IMPOT

Art.282. – La taxe professionnelle unique est payable au plus tard le 15 février de chaque année en un seul versement.

Lorsque les impositions sont comprises dans un rôle émis après le 15 février, les cotisations sont exigibles immédiatement. **(LF 1997, art.75).**

Art.284. – La taxe professionnelle unique est recouvrée par les receveurs des impôts **(LF 1996, art.6).**

SECTION V : REPARTITION DU PRODUIT DE L'IMPOT

Art.285. – Le produit de la TPU est versé sur un compte unique par le receveur des impôts. Au dernier jour de chaque mois il est procédé à la répartition du produit de la manière suivante :

a) Zone de Conakry

- Budget de l'Etat 20%
- Budget de la ville de Conakry 40%
- Budget des communes de Conakry 40%

b) Préfectures

- Budget de l'Etat 20%
- Budget des préfectures 20%
- Budget des communes urbaines 60%

c) Zone rurale

- Budget des préfectures 20%
- Budget des CRD 80% **(LF 2001, art.36).**

SECTION VI – OBLIGATION DES CONTRIBUABLES

Art.286. – La formule réglementaire délivrée après paiement total de l'impôt par le service des impôts doit être présentée à toute réquisition des agents habilités. Le défaut de présentation de cette formule est passible d'une amende de 20% de la cotisation due. **(LF 1996, art.78).**

Art.287. – Les procédures de recouvrement, de contrôle et de contentieux de la taxe professionnelle unique sont soumises aux mêmes règles que celles qui régissent les impôts directs. **(LF 1996, art.80).**

Annexe III. Nouvel organigramme du service fiscalité immobilière

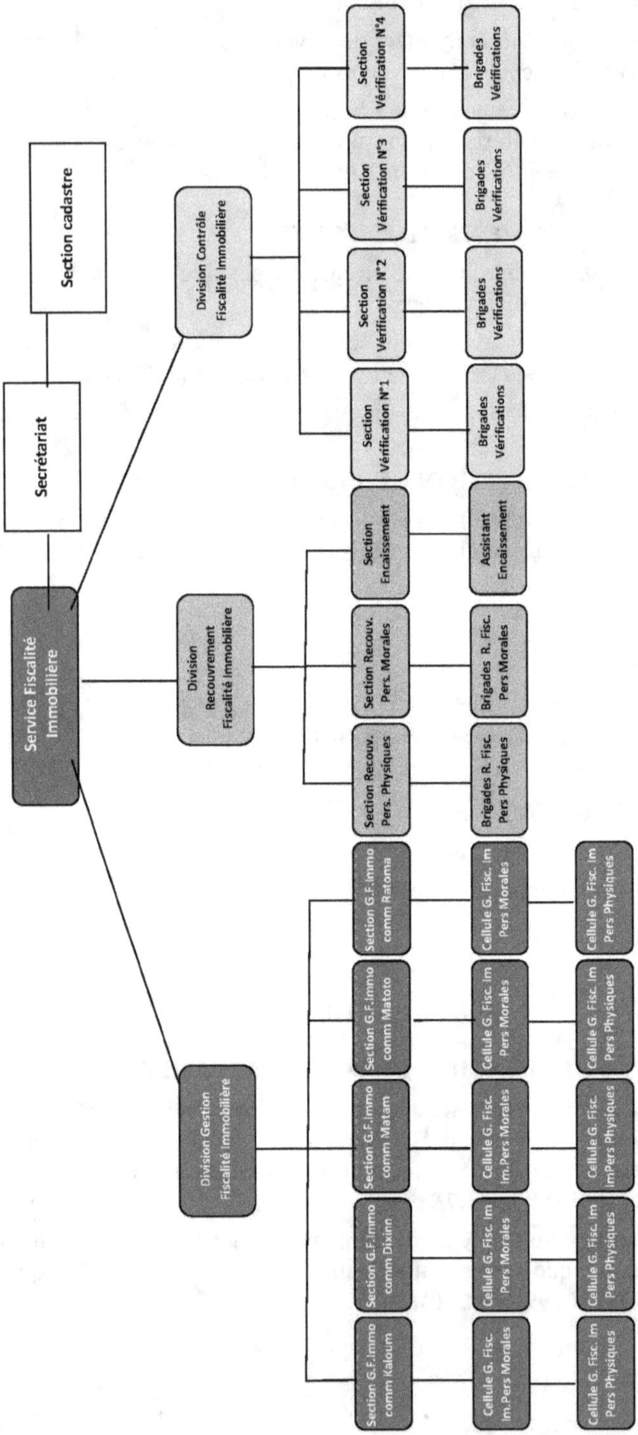

INDEX ALPHABÉTIQUE

A

B

C

D

E

F

H

I

M

N

P

R

S

T

U

V

TABLE DES MATIÈRES

BIBLIOGRAPHIE

I. Ouvrages fiscaux généraux

- ARDANT GABRIEL, *Histoire de l'impôt*, Paris, Fayard, 1972, 870 p.
- ARMAND LAFERRERE, *Les finances publiques*, éd. de Fallois, 1998, 241p.
- ALBERT JEAN-LUC, PIRRE JEAN-LUC, RICHER DANIEL (dir.), *Dictionnaire de droit fiscal et douanier*, Ellipses. Edition : Marketing 2007.
- BELTRAME PIERRE, *La fiscalité en France*, 10ème éd, Paris, Hachette, 2004, 191p.
- BELTRAME PIERRE, MEHL LUCIEN, *Le système fiscal français*, Paris, PUF, 1997, 127 p.
- PLAGNET BERNARD, *La Taxe sur la Valeur Ajoutée*, Librairie générale de droit et de jurisprudence, EJA –Paris, 1990, 56 p.
- BOUVIER MICHEL, *Introduction au droit fiscal général et à la théorie de l'impôt*, 6ème éd, Paris, LGDJ, 2004, 239 p.
- BOUVIER MICHEL, ESCLASSAN MARIE–CHRISTINE et al, *Finances publiques*, 7ème éd, Paris, LGDJ, 2004, 871p.
- BRACHET BERNARD, *Le système fiscal français*, 7ème éd, Paris LGDJ, 1997, 213p.
- CASTAGNEDE BERNARD et SOLOMON, *La fiscalité des entreprises internationales*, IFA, volume LVIb deuxième sujet, cahier de droit fiscal international.
- BUABUA WA KAYEMBE, (M), *La fiscalisation du secteur informel*, éd. PUZ, 1994, 77 p.
- CODE GÉNÉRAL DES IMPÔTS, *Livre des procédures fiscales*, Ministère de l'Économie, des Finances et de l'Industrie – France, 2009.
- CASIMIR JEAN-PIERRE, Contrôle fiscal : *contentieux, recouvrement*, 9ème éd, Paris, Groupe « Revue fiduciaire », 2004, 669 p.
- CASTAGNEDE BERNARD, *Précis de fiscalité internationale*, Paris, PUF, 2002, 376 p.
- CASTAGNEDE BERNARD, *La politique fiscale*, éd. Presses Universitaires en France, 2008, 105 p.

- CONRIE JEAN-PIERRE, LEMAIRE DOMINIQUE, *Les impôts et la politique fiscale*, Paris, Ministère de l'Économie et des Finances, 1984, 460 p.
- COSCIANI CESARE, *Conséquence de la disparité des régimes fiscaux appliqués aux sociétés et autres entreprises,* Paris, O.E.C.E., 1959, 164p.
- COZIAN MAURICE, *Précis de la fiscalité des entreprises*, éd. LITEC, Paris, 2009, 36-156 pp.
- DI MALTA PIERRE, MARTINEZ JEAN-CLAUDE, *Droit fiscal contemporain : l'impôt, le fisc et le contribuable*, Paris, Litec, 1986, 478 p.
- DUCROS JEAN-CLAUDE, *Sociologie financière*, Paris, PUF, 1982, 451p.
- FRIEDMAN MILTON, HELLER WALTER W, *Politique monétaire ou politique fiscale*, Tours, Mame, 1969, 143 p.
- GAUDEMET (P.M), *« Réflexions sur le principe d'égalité devant les charges publiques : grandeurs et misères d'un principe »*, in Mélanges Stassinopoulos, Paris, L.G.D.J. 1974.
- GEST GUY, TIXIER GILBERT, *Droit fiscal international*, 2ème éd, Paris, PUF, 1990, 611 p.
- GEST GUY, TIXIER GILBERT, *Manuel de droit fiscal*, 4ème éd, Paris, LGDJ, 1986, 684 p.
- GOUR CLAUDE, MOLINIER JOEL, TOURNIE GERARD, *Procédure fiscale*, Paris, PUF, 1982, 388 p.
- GOUTHIERE BRUNO, *Les impôts dans les affaires internationales*, 6ème éd, Francis Lefebvre, 2004, 1056 p.
- GROSCLAUDE JACQUES, MARCHESSOU PHILIPPE, *Droit fiscal général*, 4ème éd, Paris, Dalloz, 2003, 498 p.
- GROSCLAUDE JACQUES, MARCHESSOU PHILIPPE, *Procédures fiscales*, 3ème éd, Paris, Dalloz, 2004, 341 p.
- GUILLAUMONT PATRICK, *L'absorption de capital*, Paris, Ed. Cujas, 1971, 293 p.
- HECKLY CHRISTOPHE, *Fiscalité et Mondialisation*, Librairie Générale de Droit et de Jurisprudence, 2006, EJA.
- HECKLY CHRISTOPHE, *La politique fiscale dans les pays industrialisés*, Paris, Dunod, 1999, 126 p.
- HECKLY CHRISTOPHE, *Rationalité économique et décisions fiscales*, Paris, LGDJ, 1987, 379 p.
- LALUMIERE PIERRE, *Les finances publiques*, 9ème éd, Paris, A. Colin, 1986, 543p.
- BIENVENU JEAN-JACQUES, LAMBERT THIERRY, *Droit fiscal*, 3ème éd, revue et augmentée, PUF : 2003, 89 p.
- GASTELLU JEAN – MARC, MOISSERON J-YVES, POURCET GUY, *Fiscalité, Développement et Mondialisation*, Maisonneuve et Larose, 1999.

- J.KOGEJ, sous la de B. BENOIT et R. SAUSSAC, *Les mutations de l'économie mondiale*, éd. Bréal, 1999.
- J. LABORDE et H. NOMORGUE, *La fiscalité et le développement des pays du tiers monde*, secrétariat français aux affaires, Paris.
- LOFUMBWA (B*), Les régimes fiscaux visant à encourager les investissements directs et les portefeuilles dans les P.V.D,* Bruxelles, Bruyelant, 1981.
- LAMARQUE JEAN, *Droit fiscal général*, Paris, Litec, les Cours de droit, T1-T2, 1998, 308 p.
- LAURE MAURICE, *Science fiscale*, Paris, PUF, 1993, 414 p.
- LAURE MAURICE, *Traité de politique fiscale*, Paris, PUF, 1957, 425 p.
- LLAU PIERRE, *Économie financière publique*, Paris, PUF, 1996, 546 p.
- LOUIS TROTABAS, JEAN-MARIE COTTERET, *Droit fiscal,* 8ème éd, Dalloz, 15 p.
- MARGAIRAZ ANDRE, *La fraude fiscale et ses succédanés : comment on échappe à l'impôt !*, Blonay (Suisse), 1988, 200 p.
- MARTINEZ JEAN-CLAUDE, *Le statut de contribuable*, Paris, LGDJ, 1980, 394 p.
- MARTINEZ JEAN-CLAUDE, *Lettre ouverte aux contribuables*, Paris, A. Michel, 1985, 226 p.
- MARTINEZ JEAN-CLAUDE, *Une constitution fiscale pour l'Europe*, éd. Lettre du Monde, 2004, (ouvrage collectif), 35 p, 36 p, 37 p, 42 p, 43 p, 52 p, 53 p.
- MARTINEZ JEAN-CLAUDE, *Dieu et Impôt*, éd. GODEFROY de Bouillon, (ouvrage collectif), 2001, 182 p.
- MINISTÈRE DE L'ECONOMIE, DES FINANCES ET DE L'INDUSTRIE-FRANCE, *Précis de Fiscalité*, Tomes 1 et 2, D.G.I & S.L.F. 2009.
- MARTINEZ JEAN-CLAUDE, *Les droits de douane déductibles contre le retour du protectionnisme*, éd. L'Harmattan, 2008, (ouvrage collectif).
- MEHL LUCIEN, BELTRAME PIERRE, *Science et techniques fiscales*, Paris, PUF, 1985, 226 p.
- MATHIEU JEAN-LUC, *La politique fiscale*, Paris, Economica, 1999, 140 p.
- OCDE, *Fiscalité, emploi et chômage*, Paris, OCDE, 1995, 206p.
- NGUEBOU (J), *Le droit commercial général dans l'acte uniforme OHADA*, éd, Presses Universitaires d'Afrique, 1998, 67 p.
- N'GAOSYVATHN (P), *Le rôle de l'impôt dans les pays en voie de développement*, Paris, L.G.D.J, 2ème éd, 1978.
- ORSONI GILBERT, *L'interventionnisme fiscal*, Paris, PUF, 1995, 305 p.
- RAINELLI MICHEL, *L'Organisation mondiale du commerce*, 7ème éd, Paris, Ed. La Découverte, 2004, 122 p.

- POUGOUE (P.G), *Présentation Générale et Procédure en OHADA*, éd. Presses Universitaires d'Afrique, 1998, 21 p.
- ROUX JEAN, *La fiscalité de demain et ses trois impôts*, Paris, Les éditions du Panthéon, 1994, 79 p.
- ROLAND ATANGA FONGUE, *Contrôle fiscal et protection du contribuable dans un contexte d'ajustement structurel*, le cas du Cameroun, L'Harmattan.
- SCHMIDT JEAN, *L'impôt : politique et technique,* 2ème éd, Paris, Dalloz, 1995, 115p.
- SCHMIDT JEAN, OLIEL HERVE, TAIED DELPHINE, *Lamy fiscal*, Paris, Lamy, 2004, 155 p.
- SCHMÖLDERS GUNTER, *Psychologie des finances et de l'impôt*, Paris, PUF, 1973, 314 p.
- SERLOOTEN PATRICK, *La fiscalité française*, Paris, Dalloz, 1996, 140 p.
- TREMBLAY PIERRE P, *La politique fiscale : à la recherche de compromis*, Presses universitaires du Québec, 1995, 85 p.
- VALLEE ANNIE, *Pourquoi l'impôt ? Voyage à travers le paysage fisca*l, Paris, Publi-Union, 1997, 291 p.
- VALLEE ANNIE, *Économie des systèmes fiscaux comparé*s, éd, Presses Universitaires de France, 1994, 271 p.
- YATTA FRANCOIS PAUL, *La décentralisation fiscale en Afrique : Enjeux et perspectives*, éd. Karthala, 2009, 130 p.

II. Ouvrages sur le développement

- ASSIDON ELSA, *Les théories économiques du développement*, 3ème éd, Paris, La Découverte, 2002, 122 p.
- AKASHA (A*), L'intégration des systèmes fiscaux africains*, thèse à Montpellier, 1984.
- BANQUE MONDIALE*, Taking action to reduce poverty in Sub-Saharan Africa*, Washington DC, World Bank, 1997, 151p.
- BENSALAH ZEMRANI ANAS, *La fiscalité face au développement économique et social du Maroc*, Rabat Paris, Laporte, LGDJ, 1982, 395 p.
- BERTHELEMY JEAN-CLAUDE, *Privatisation en Afrique subsaharienne*, Paris, OCDE, 2004, 164 p.
- BERTHELEMY JEAN-CLAUDE, SÖDERLING LUDWIG*, L'Afrique émergente*, Paris, OCDE, 2001, 241 p.
- BERTHELEMY JEAN-CLAUDE, VOURC'H ANN, *Allègement de la dette et croissance*, Paris, OCDE, 1994, 205 p.
- BIRD RICHARD MILLER, *Tax policy and economic development*, Baltimore, Johns Hopkins University Press, 1992, 270 p.

- CASTELLU JEAN-MARC, MOISSERON JEAN-YVES, *Fiscalité, développement et mondialisation,* Paris, Maisonneuve & Larose, 1999, 239 p.
- CISSE DANIEL, *Problème de la formation de l'épargne interne en Afrique occidentale*, Paris, Présence africaine, 1969, 278 p.
- CHAMBAS GERARD, *Afrique au Sud du Sahara : Mobiliser des ressources fiscales pour le développement,* éd. Economica, 2005.
- CHAMBAS GERARD, *Fiscalité et développement en Afrique subsaharienne*, édition ECONOMICA, 1994, 152 p.
- DONANT FRANCOISE, *Évolution de la fiscalité dans 13 pays d'Afrique noire francophone* : Incidence de la fiscalité sur le développement, Rapport du ministère de la Coopération et des affaires étrangères, 1982, 27 p.
- EL HADJ ABDOU SAKHO et GILLES DUFRENOT (dir.) *Enjeux des politiques macroéconomiques des pays de L'UEMOA*, Publié avec le concours de l'Organisation internationale de la francophonie, Editions ECONOMICA, 2008.
- GANNAGE ELIAS, *Financement du développement*, Paris, Presses Universitaires de France, 1969, 224 p.
- HINRICHS HARLEY H, *A general theory of tax structure change during economic development*, Cambridge, Law School of Harvard University, 1966, 154 p.
- KALDOR NICHOLAS, *Le rôle de la fiscalité dans les pays en voie de développement économique*, Paris, A.I.S.E & Cujas, 1962, pp 151-169.
- KANKWENDA MBAYA, OUEDRAOGO HAROUNA, *La lutte contre la pauvreté en Afrique subsaharienne*, PNUD, Economica, 1999.
- L'HERITEAU MARIE-FRANCE, *Le Fonds monétaire international et les pays du tiers-monde*, Paris, PUF, 1990, 252 p.
- NATIONS UNIES/COMMISSION ECONOMIQUE POUR L'AFRIQUE, *Le NEPAD et les enjeux du développement en Afrique*, Paris, Maisonneuve & Larose, 2002, 283 p.
- NJINKEU DOMINIQUE, *L'Afrique et les défis de l'OMC*, Paris, éd. Karthala, 2004, 375 p.
- OHKAWA KAZUSH, ROSOVSKY HENRY, *Le rôle de l'agriculture dans le développement économique du Japon moderne*, Paris, Institut pour le développement économique, BIRD, 1963, 60 p.
- PIERRE (B), *L'essentiel d'un marché : Exporter au Burkina Faso et au Niger*, éd. UbiFrance, 2005.
- PNUD, *L'Afrique et les objectifs du millénaire pour le développement*, Paris, Economica, 2005, 635 p.
- MANA NSIMBA JOACHIM, *Politique fiscale et dynamique de développement en Afrique subsaharienne : Le cas du Burkina Faso*, thèse à l'université Paris I, 2000.

- FOTSING JEAN-BAPTISTE, *Pouvoir fiscal en Afrique : Essai sur la légitimité fiscale dans les États d'Afrique noire francophone*, éd. LGDJ, 1993, 88 p.
- TANZI VITO, *Fiscal politicies in economies in transition*, éd., International Monetary Fund, 1991, 44 p.
- IMF, *Taxation in Sub-Saharan Africa*, éd, International Monetary Fund, 1981, 123 p.
- BOUSSETA (M), *Fiscalité et développement : éléments d'analyse et de politique fiscale*, thèse à Paris I, 1981.
- KIBUEY (M-F*), L'influence de la fiscalité européenne sur le système fiscal du Zaïre*, thèse Paris II, 1978.
- MOHAMED (A.A), *La politique fiscale au service du développement économique*, thèse Nanterre, 1975.
- SEKA SEKA (P), *Le mimétisme fiscal des États d'Afrique*, Paris II, 1993.
- GUEREKOBAYA PIERRE, *L'harmonisation fiscale au sein de l'Union Douanière et Économique de l'Afrique centrale (U.D.E.A.C*)/ Mémoire de l'université Paris II, sous la direction de Monsieur JEAN-CLAUDE MARTINEZ, Professeur Agrégé. Septembre 1987.
- POULIQUEN, ANNE-CHARLOTTE, *Société européenne : Outil d'harmonisation fiscale*, 2006, 19 p.
- DRAPIER, SYLVIE, *Les palliatifs du défaut d'harmonisation fiscale*, 2005, thèse à Toulouse I.
- VILLEMOT, DOMINIQUE*, Harmonisation fiscale européenne*, Presses universitaires de France, 1991.
- AGLAE, MARIE-JOSEPHE, *Fiscalité et intégration régionale dans le C.A.R.C.O.M (CARICOM) : CARIBBEAN COMMUNITY AND COMMON MARKET)*, 1991.
- ZONENS DAVID, *L'harmonisation européenne d'un point de vue financier, bancaire et fiscal*, Mémoire du DEA : Monnaie, finance, banque / Sous la direction de CHRISTIAN de BOISSIEU, Université Panthéon-Sorbonne, Paris I, 2001.
- BEAUMONT PIERRE, *Harmonisation des fiscalités européennes : l'impôt sur l'énergie*, éd. Librairie générale de droit et jurisprudence, 1955, 142 p.
- PARLEMENT EUROPÉEN, Direction générale des études Centre européen de recherche et de documentation parlementaires, *Les conséquences économiques de l'harmonisation fiscale en Europe*, éd. Office des publications officielles des communautés européennes, 1990.
- MERCIER-STEFANOV, FRANCOIS, *La fiscalité des OPCVM français et l'harmonisation fiscale européenne*, éd, Université Jean-Moulin, 1992, Mémoire DEA : Droit communautaire, Lyon 3, 152 p.
- HOARAU ERIC, *La place des objectifs interventionnistes dans l'harmonisation fiscale communautaire*, thèse, 1994, Paris.

- IGBOKWE CHRISTOPHER, *La politique fiscale française face à l'harmonisation fiscale européenne*, de 1958 à 1993, thèse de l'université Paris VIII.

III. Ouvrages sur les références bibliographiques

- Bureau National d'Études Techniques et de Développement, *Étude d'impact de l'union douanière sur les économies des États membres*, Rapport d'étape, 2007.
- DECALUWE B., DUMONT J.C., MESPLE-SOMPS S. et V. ROBICHAUD, *« Union économique et mobilité des facteurs : le cas de l'Union économique et monétaire ouest- africaine (UEMOA) »*, 2000.
- APFF-ONU-ADRC, *Mobilisation des ressources financières dans les pays à l'économie en transition*, Montréal-Canada, Octobre 2000.
- B.BOLA (N), *« Introduction à l'étude de l'efficacité des administrations publiques de l'Afrique subsaharienne »*, Revue internationale des sciences administratives, vol. 53, n° 2, 1986.
- BANQUE MONDIALE, *Rapport sur le développement dans le monde*, 1991.
- Bilan du Monde, *l'analyse de 174 pays*, éd. Le Monde 2000.
- BILON JEAN-LOUIS, *Transfert indirect de bénéfices à l'étranger (régime fiscal)*, éditions Librairies techniques, 1981.
- BODIN (J.P*), Communication, FAD-FMI*, Montréal-Canada, 2 au 6 octobre 2000.
- BODIN (J.P), *Mobilisation des ressources nécessaires au développement économique, le rôle de l'administration fiscale,* Item 1, Comité spécial d'experts en mobilisation des ressources financières pour le développement, Montréal-Canada, Octobre 2000.
- Code général des impôts, Côte d'Ivoire, 2003.
- Code général des impôts, Sénégal, 2003.
- Code général des impôts, Mali.
- Code des investissements de la Côte d'Ivoire, du Mali, et Niger.
- Code minier du Mali et de la Guinée.
- Code général des impôts de la Guinée.
- LEFEBVRE FRANCIS, Dossiers internationaux, 6ème édition 2000.
- LEFEBVRE FRANCIS, Mémento fiscal pratique 2006.
- DGA DES IMPÔTS (CÔTE D'IVOIRE), *Communication,* Conférence expert en administration fiscale –ONU-APFF, Montréal, 2000.
- HATEM FABRICE, *Les multinationales de l'an 2000*, éditions Economica 1995.

- MABIALA UMBA DI KAMA BETI (L), *Le cimetière des impôts au XXe siècle*, mémoire D.E.A, Finances Publiques et Fiscalité, Paris II, 1996.
- MOISSERON (J-Y), *Pression, structure fiscale et niveau de prélèvement*, DIAL, Paris, Avril 1996.
- DIRECTION GÉNÉRALE DES IMPÔTS ET DES DOMAINES, BÉNIN, *Prévisions des recettes*, statistiques, 2000.
- DIRECTION GÉNÉRALE DES IMPÔTS ET DES DOMAINES DU BÉNIN, *Rapport annuel*, 1999.
- DIRECTION DE LA PRÉVISION, MINISTÈRE DES FINANCES – SÉNÉGAL, *Rapport annuel*, 1991.
- DIRECTION DE LA PRÉVISION ET DE LA CONJONCTURE, *Rapport sur l'étude des incitations industrielles au Sénégal*, Ministère de l'Economie et des Finances, Dakar, mai 1986.
- THILL (J), Rapport de synthèse sur la fiscalité et l'ajustement structurel en Afrique francophone, Inspection générale des finances-France, Paris, mars 1991.
- THILL JEAN, PILLOUX A, CHAMBAS G, NAERT P, (dir.) Côte d'Ivoire. *Vers une fiscalité adaptée*, juillet 1991(2 tomes).
- TILR (V), *Résultats budgétaires des pays de la zone franc, Fiscal affairs Department,* FMI, 1991.
- CREDAF, *L'optimisation du rendement de la TVA du Niger*, Support séminaire, 2005.
- GEST GUY, *« L'imposition des bénéfices des sociétés françaises aux États-Unis »*, La Banque mondiale, séminaire, les 28-30 mars 1990 sur la « Politique fiscale dans les PVD ».
- *« Fiscalité et croissance en Côte d'Ivoire »*, étude réalisée à la demande du ministère de la Coopération et du Développement, 1989.
- *Tax Reform in Sénégal (1986-1990)*, (en collaboration), étude réalisée à la demande de Development Alternatives Inc., 1990.
- *« Politique fiscale au Sénégal* ; l'ajustement en suspens ? », (en collaboration avec A.M.GEOURJON), étude réalisée à la demande du ministère de la Coopération et du Développement, mars 1991.
- *« Finances publiques et ajustement : le cas du Niger »,* in GUILLAUMONT P. et S., Ajustement structurel, ajustement informel : le cas du Niger, éd. L'harmattan, Paris, 1991.
- PICARD JULIE, VIGNEAULT MAUDE et GODBOUT LUC, *Chaire de recherche en fiscalité et en finances publiques : Analyse financière des réformes fiscales au Mali*, édition : Université de SHERBROOKE, 2007.
- X. GREFFE, *« La proposition 13 ou la révolte des contribuables »*, Annales économiques, n°15, édition : CUJAS, 1980, 99 p.

IV. Finances et budget des États membres de la CEDEAO

- ARAUJO BONJEAN C et BOUSSARD J-M, *La stabilisation des prix payés aux producteurs*, Ministère de la Coopération française, mimeo, 1997.
- ARAUJO BONJEAN C et CHAMBAS G, « *La taxation des exportations agricoles en Côte d'Ivoire après la dévaluation* », in Gastellu, Moisseron et Pourcet (Ed), 1998 à paraître.
- ARAUJO BONJEAN C. et CHAMBAS G, « *Taxe foncière, taxe à l'exportation : l'expérience vietnamienne est-elle transposable en Afrique ?* » Tiers Monde, n°144, octobre-décembre 1995, p. 725-745.
- Afsa Essafi C., et Buffeteau S. (2006), "*L'activité féminine en France : quelles évolutions récentes, quelles tendances pour l'avenir ?*", **Economie et statistique**, n° 398-399, pp. 85-97.
- Allègre G., Périvier H. (2005), "*Prime pour l'emploi et minima sociaux. La lisibilité au détriment de l'équité ?*", **Lettre de l'OFCE**, n° 267, pp. 6-8.
- BIRD R. M and CASANEGRA de JANTSCHER M, *Improving Tax Administration* Washington, 1992.
- BONJEAN C, « *Contribution des facteurs macro-économiques à la variation du prix réel payé au producteur.* Exemple du prix du café en Côte d'Ivoire, au Kenya et à Madagascar », Revue d'Économie Politique, n°4, juillet-août 1990, p.553-565.
- BURGESS R and STERN N, "*Taxation and development*", Journal of Economic Literature, 31, 1993, p. 762-830.
- BRUN J-F, CHAMBAS G et COMBES J-L, « *La politique fiscale agit-elle sur la croissance ?* », Revue d'Économie du Développement, à paraître, 1999.
- CHAMBAS G, « *Exportation de produits primaires et niveau de prélèvement public en Afrique* », dans BENOIT-CATTIN M, GRIFFON M et GUILLAUMONT P, Économie des politiques agricoles dans les pays en voie de développement, Éditions Revue Française d'Économie, Paris, 1994a.
- Calot G. (1980), "*Réflexions sur la prise en compte du nombre des enfants dans la législation familiale et fiscale*", **Revue économique**, n° 6, novembre, pp. 1211-1259.
- Carbonnier C. (2008), "*Analyse des conséquences incitatives et redistributives de la dépense fiscale pour l'emploi à domicile*", **Les cahiers de la DGTPE**, 2008-05, décembre.
- Conseil des impôts (1990), **L'impôt sur le revenu**, Onzième rapport au Président de la République, Paris, Journal officiel de la République française.
- Croizat A. (1946), "*L'amélioration du régime des prestations familiales*", **Revue française du travail**, n° 7, octobre, pp. 533-539.
- CRE CATTIN M, GRIFFON M et GUILLAUMONT P, Économie des politiques agricoles dans les pays en voie de développement, Éditions Revue Française d'Économie, Paris, 1993.

- DAF *: Secteur informel en Afrique*, Lomé TOGO, 2007.
- Devetter F.-X., Jany-Catrice F., Ribault T. (2009), **Les services à la personne**, Paris, La Découverte.
- Dingeldey I. (2001), "*European Tax Systems and their Impact on Family Employment Patterns*", **Journal of Social Policy**, vol. 30, n° 4, pp. 653-672.
- Echevin D. (2003), *"L'individualisation de l'impôt sur le revenu : équitable ou pas* ?", **Economie et Prévision**, n° 160-161, pp. 149-165.
- Eydoux A., Letablier M.-T. (2007), *Les familles monoparentales en France*, Rapport de recherche, CEE, n° 36, juin.
- Fagnani J., Math A. (1998), *"Fiscalité et prestations familiales en Europe : les familles aisées vivant en France sont-elles les plus favorisées* ?", **Revue française des affaires sociales**, n° 4, octobre-décembre, pp. 149-167.
- Findlay J., Wright R. (1996), "*Gender, poverty and the intra-household distribution of resources"*, **Review of Income and Wealth**, series 42, n° 3, september, pp. 335-351.
- Franco A., Winqvist K. (2002), *"More women living in workless households*", **Statistics in focus**, Population and social conditions, Theme 3, n° 15, p. 1-8.
- GUERRIEN B*, Dictionnaire d'analyse économique*, La Découverte, Paris, 1997.
- GUILLAUMONT P et GUILLAUMONT JEANNENEY S, *« Politique de change, prix relatifs et performances économiques »*, dans GUILLAUMONT P et GUILLAUMONT JEANNENEY S, Ajustement et Développement : L'expérience des pays ACP, Economica, Paris 1994.
- GUILLAUMONT P et GUILLAUMONT JEANNENEY S, *« Dévaluation et prix réel payé aux producteurs agricoles dans les pays en développement : explication d'un paradoxe »*, dans BENOIT-
- JEAN C, « *Stabilisation des prix agricoles : quels bénéfices pour les producteurs* ? » Études de cas, dans BENOIT-CATTIN M, GRIFFON M et GUILLAUMONT P, Économie des politiques agricoles dans les PVD, Tome 2, Edition Revue Française d'Économie, Paris, 1994.
- Monnier J.-M., *« L'impôt sur le revenu, l'emploi des femmes et les inégalités de genre »,* **Revue Interventions économiques** [En ligne], 41 | 2010, mis en ligne le 01 mai 2010, consulté le 30 mai 2011. URL : http://interventionseconomiques.revues.org/423
- Monnier J.-M. (2000), "*L'équivalence fiscale des revenus et la réforme de l'impôt sur le revenu"*, **Revue française de finances publiques**, n 69, mars, pp. 147-178.
- Monnier J.-M. (1976), *"Les conséquences de la taxation des allocations familiales à l'impôt sur le revenu"*, **Droit social**, 11, novembre, pp. 906-912.

- O'Donoghue C., Sutherland H. (1999) *"Accounting for the family in European income tax systems"*, **Cambridge Journal of Economics**, vol. 23, pp. 565-598.
- Stancanelli E. (2006), *"Evaluating the impact of the French tax crédit programme" la Prime Pour l'Emploi" : a difference in difference model"*, **Document de travail de l'OFCE**, n° 2004-07, janvier.

V. Ouvrages africains

- DIKOUME ALBERT LEONARD, *La fiscalité pétrolière des États membres de la CEMAC : Cameroun, Congo, Guinée équatoriale, Tchad, Centrafrique*, éditions L'Harmattan, 2008.
- BODIE BALDE I. *: Problématique de la fiscalisation du secteur informel en Guinée*, DNI 1998
- DALLAH Tchimy, Master 2 administration fiscale, *Imposition sur le revenu au Tchad*, Université Paris Dauphine, 2006.
- DIALLO Mamadou Dian, DESS en administration fiscale – 2004 : *vérification fiscale dans les petites et moyennes entreprises.*
- J.O. IGUE, *Le secteur informel en Afrique de l'Ouest, le cas du tissu traditionnel*, Paris 2003.
- MONEMOU Ouo -Ouo Waïta, *Master 2 administration fiscale portant sur la gestion déconcentrée de la TVA par l'administration fiscale en République de Guinée*, 2006
- MOUSSA Issa TRAORE, Thèse de doctorat en droit « *la politique fiscale au Mali* » 2005, Paris II.
- S. KEITA : *Fiscalisation du secteur informel en Guinée*, sujet de mémoire de Master, Université Paris-Dauphine 2008.
- S. KEITA ; *Fiscalisation du secteur informel en Guinée*, sujet de doctorat en droit fiscal en cours, Université Paris 1 Panthéon Sorbonne 2009.
- ZOGBELEMOU Maurice Togba- *Thèse de doctorat en droit fiscal portant sur l'imposition des entreprises étrangères en Côte d'Ivoire.*

VI. Références électroniques et sites web

- www.impôts.gouv.fr
- www.impôts.ma
- www.guinenews
- www.impots.gov.ca
- www.google
- www.yahoo.fr
- www.Wikipédia

Économie et Entreprise aux éditions L'Harmattan

Dernières parutions

POLITIQUE ET ÉCONOMIE
10 mesures phares pour un monde meilleur
Marquez-Velasco Adrien
Dans ce livre est proposé un système économique d'une nouvelle ampleur qui s'intitule le «coordonnisme». Il s'agit d'un régime réunissant les qualités du capitalisme et du communisme. Il présente comme mesures la coordination des politiques monétaires, budgétaires et financières afin de réguler les consommations intérieures et extérieures, l'épargne, l'investissement, l'inflation et le chômage vers un taux optimal de croissance économique.
(Coll. L'Esprit Économique, série Krisis, 20.00 euros, 194 p.)
ISBN : 978-2-343-07529-7, ISBN EBOOK : 978-2-336-39887-7

AUX FRONTIÈRES DU MANAGEMENT
Manifeste pour un temps d'exigence
Massé Francis
Le management est l'une des clefs pour faire advenir une société meilleure, forte d'organisations efficaces. À cet égard, la notion de frontière fait sens. Le management s'inscrit dans une réalité, sinon il n'est rien. Le management traverse aussi des découpages disciplinaires multiples qu'il doit relier : il est frontière. Il constitue enfin un levier pour transgresser des limites artificielles et élargir le champ des possibles, où règnent l'imagination créatrice et l'innovation.
(Coll. Local et Global, 14.00 euros, 122 p.)
ISBN : 978-2-343-07517-4, ISBN EBOOK : 978-2-336-39760-3

LA LUTTE DES NORMES AU TRAVAIL
Faulkner Marcel - Préface de Jean-Pierre Durand
Aborder l'analyse du travail et de l'organisation sous l'angle de la normalisation permet d'atteindre deux objectifs. Comprendre que l'organisation est traversée par une lutte des normes dont les formes sont multiples et qui vont de la collaboration à la confrontation. Constater que cette lutte ne se limite pas au seul domaine des opérations courantes des organisations, mais qu'elle concerne aussi les choix stratégiques et les grands enjeux du travail et de l'emploi.
(Coll. Logiques sociales, 29.50 euros, 286 p.)
ISBN : 978-2-343-07381-1, ISBN EBOOK : 978-2-336-39859-4

GOUVERNANCE ET INTELLIGENCE ÉCONOMIQUE EN PME
Sous la direction de Daniel Corfmat, Marc Chambault et Georges Nurdin
L'intelligence économique est devenue un mode de gestion et de gouvernance de l'entreprise. Cet ouvrage réfléchit sur la démarche que le chef d'entreprise peut entreprendre pour éclairer ses décisions, garder sa marge de manœuvre de compétitivité et toutes ses possibilités de développement afin de sécuriser sa pérennité. Vous trouverez des recommandations pratiques qui tentent d'aider le dirigeant à aborder ce qui est devenu un enjeu majeur de la protection de son capital.
(Coll. Gouvernance et entreprise, 11.00 euros, 70 p.)
ISBN : 978-2-343-06861-9, ISBN EBOOK : 978-2-336-39734-4

LA POSTE, QUELLE AVENTURE !
L'informatisation du tri postal et autres chantiers hauts en couleur
Lenoir Olivier
Préface de Laurent Chaffard
Ce récit de quarante ans de carrière «aux PTT» parle du plaisir de créer, mais aussi des pesanteurs hiérarchiques et des souffrances du harcèlement moral. Il parle d'un avenir où les valeurs de coopération, d'entraide, de solidarité pourraient remplacer la course au profit, la concurrence illusoirement «libre» et le chacun pour soi. Le management et l'innovation, l'évolution de l'informatique et du service public sont des thèmes qui s'entrecroisent dans ce témoignage optimiste.
(17.50 euros, 164 p.)
ISBN : 978-2-343-07666-9, ISBN EBOOK : 978-2-336-39881-5

INTELLIGENCE DE L'INFORMATION
Entre état d'esprit et stratégie d'organisation
Mallowan Monica
En plus de contribuer à l'avancement des connaissances en matière de modèles traitant de management de l'information stratégique et des pratiques informationnelles, reliées à leur application en organisation, cet ouvrage aborde les champs de la littératie, de la culture et de l'intelligence de l'information. Une proposition est faite au sujet de leur mise en relation dialogique et systémique, dans un effort de construction d'une double mutation transdisciplinaire, celle du nouveau statut d'informateur et du concept de transculture de l'information.
(Coll. Intelligence économique, 36.00 euros, 354 p.)
ISBN : 978-2-343-06623-3, ISBN EBOOK : 978-2-336-39756-6

FISCALITÉ ENVIRONNEMENTALE
Entre impératifs fiscaux et objectifs environnementaux, une approche conceptuelle de la fiscalité environnementale
Caruana Nicolas
Préface de Thierry Lambert
La fiscalité environnementale intéresse relativement peu les juristes et représente en pratique une part très faible des recettes fiscales des États. Souvent limitée aux écotaxes, cette notion que cette thèse se propose de définir présente de multiples dimensions, tant fiscales qu'économiques, tant politiques qu'écologiques. Caractérisée par son efficience environnementale, elle n'a en réalité ni le champ d'application ni la portée que lui prête le discours politique.
(Coll. Finances publiques, 43.00 euros, 514 p.)
ISBN : 978-2-343-07550-1, ISBN EBOOK : 978-2-336-39716-0

LA MAGIE DES JUSTES PROPORTIONS
Restructuration financière d'un LBO avec apport de new money
Journo Albert
Comment opérer la restructuration financière du capital d'une entreprise de taille moyenne sous LBO (Leveraged Buy out) en période de turbulence opérationnelle ? Plusieurs scenarii sont imaginés selon l'évolution de la perception du pronostic de rétablissement. Un cas réel vient étalonner les raisonnements variés déterminant les nombreux paramètres suivant de justes proportions et des désirs, emportant d'emblée l'adhésion de tous. Cet ouvrage donne un éclairage original sur un comment faire.
(Coll. Ad valorem, 25.00 euros, 238 p.)
ISBN : 978-2-343-07914-1, ISBN EBOOK : 978-2-336-39861-7

L'ÉCONOMIE A-T-ELLE UN SENS ?
Essai
Vadjoux Philippe
Le profit est-il légitime s'il ne tient pas compte des coûts sociaux et environnementaux ? L'économie n'est pas d'origine divine ou naturelle, elle dépend de nous, elle évolue. La recherche d'une nouvelle économie plus démocratique, plus créative, plus diversifiée au service des êtres

humains et respectueuse de la planète n'est pas utopique. Elle existe au travers d'idées, de projets, d'expériences. Une mutation est possible.
(29.00 euros, 346 p.)
ISBN : 978-2-343-07479-5, ISBN EBOOK : 978-2-336-39587-6

L'ÉCOLOGIE AU SECOURS DE L'ÉCONOMIE
Inventer les outils d'une nouvelle prospérité
Coutouly Rodrigue
Comment expliquer notre difficulté à relancer l'économie ? Cet ouvrage explore une hypothèse originale : la reprise ne se fait pas car nous atteignons les limites de nos ressources naturelles. L'auteur travaille donc sur les différentes pistes possibles pour construire le développement durable d'une société et d'une économie qui retrouveraient leur cohérence. Les solutions devront s'appuyer sur des politiques publiques imaginatives, audacieuses autant que réalistes, particulièrement en matière de fiscalité et d'investissement.
(Coll. Sociologies et Environnement, 27.00 euros, 260 p.)
ISBN : 978-2-343-06652-3, ISBN EBOOK : 978-2-336-39638-5

L'ÉCONOMIE EN QUESTION
Regards et apports des spiritualités et des religions
Textes rassemblés par Jan-Luc Castel et Vincent Pilley
La vie économique est aujourd'hui bouleversée et altère même le lien social. Où puiser l'énergie de résister à ces dévastations ? Comment régénérer les liens humains dans la société ? Quelles ressources mobiliser pour «changer les règles du jeu» ? Juifs, bouddhistes, chrétiens, musulmans, athées, libres penseurs osent entrer en dialogue parce qu'ils croient en la possibilité d'un avenir commun.
(12.00 euros, 168 p.)
ISBN : 978-2-343-07824-3, ISBN EBOOK : 978-2-336-39689-7

LE CAPITALISME, CANCER DE L'HUMANITÉ
Une économie inhumaine et meurtrière, une société malade, la vie sur Terre en péril
Kornheiser Georges
En 2016, le patrimoine cumulé de 1 % de la population mondiale dépassera celui des 99 % restants, ce qui est sans précédent. Cette minorité possède tous les pouvoirs : économique, médiatique, politique, qu'ils soient étiquetés de droite ou de gauche, les partis de gouvernement sont tous convertis aux dogmes néolibéraux et pratiquent en fait la même politique une fois aux commandes. Le capitalisme est devenu fou. Un autre univers, plus juste et plus humain, est pourtant possible. Il n'est que temps de travailler à son avènement, avant que les dommages ne soient devenus irréversibles.
(Coll. Questions contemporaines, 39.00 euros, 436 p.)
ISBN : 978-2-343-07156-5, ISBN EBOOK : 978-2-336-39615-6

UNE ÉCONOMIE SOLIDAIRE PEUT-ELLE ÊTRE FÉMINISTE ?
Homo oeconomicus, mulier solidaria
Sous la direction de Christine Verschuur, Isabelle Guérin et Isabelle Hillenkamp
Comment expliquer le faible intérêt, dans la littérature sur l'économie sociale et solidaire, pour le genre et les théories féministes, alors que ces initiatives sont fortement genrées et que les femmes y sont surreprésentées ? À quelles conditions ces initiatives sont-elles une opportunité de réinvention de l'économie, réencastrée dans le social et le politique et au service de la justice sociale et de genre ? L'économie solidaire peut-elle constituer une source d'émancipation pour les femmes ou non ? (Articles en français, anglais, espagnol.)
(Coll. Genre et développement - Rencontres, 29.00 euros, 300 p.)
ISBN : 978-2-343-07602-7, ISBN EBOOK : 978-2-336-39514-2

CONVENTION COLLECTIVE NATIONALE DES ENTREPRISES DE SERVICES À LA PERSONNE ANNOTÉE
Dahan Alison, Granet Régis
La convention collective nationale des entreprises de services à la personne de septembre 2012, depuis son extension par arrêté du 3 avril 2014, a vocation à s'appliquer à toutes les entreprises

privées relevant du secteur des services à la personne. Cet ouvrage accompagnera les entreprises, les salariés et praticiens dans l'application de la règlementation en vigueur grâce aux explications simples intégrées tout au long de l'ouvrage.
(Coll. Défis, 28.50 euros, 288 p.)
ISBN : 978-2-343-07910-3, ISBN EBOOK : 978-2-336-39684-2

COMMERCE INTERNATIONAL, INVESTISSEMENTS DIRECTS ÉTRANGERS ET PARTICIPATION DES PAYS MÉDITERRANÉENS AUX CHAÎNES DE VALEUR MONDIALES
Sous la direction de Cécile Bastidon-Gilles, Azzedine Ghoufrane, Nassim Oulmane et Ahmed Silem ; préface de Saaïd Amzazi
Ce livre analyse les difficultés que rencontrent les pays sud-méditerranéens dans leur processus de participation aux chaînes de valeur mondiales. En prenant appui sur des stratégies de développement efficaces adoptées ailleurs, les auteurs expliquent comment remédier aux contraintes de l'offre pour favoriser l'attractivité à l'égard des investissements directs étrangers (IDE).
(23.50 euros, 220 p.)
ISBN : 978-2-343-07238-8, ISBN EBOOK : 978-2-336-39408-4

LES 8 VALEURS GAGNANTES
Des managers épanouis et performants
Andevert Christophe
L'ouvrage développe une approche managériale pragmatique. Les actes clés du management sont ainsi structurés à partir de processus efficaces et faciles à s'approprier. Des exemples sous format vidéo complètent les thèmes du livre. Après réflexion menée autour de la relation manager-collaborateur, l'auteur propose une approche par les ressemblances. Simple et efficiente, elle tend vers davantage de cohérence. Le manager œuvre alors dans le sens d'une performance qui se conjugue avec cohésion et bien-être.
(Coll. Vivre l'entreprise, série Management et Ressources Humaines, 19.00 euros, 180 p.)
ISBN : 978-2-343-07298-2, ISBN EBOOK : 978-2-336-39477-0

LE TEMPS DES ARTISANS
Permanences et mutations
Marché et Organisations 24
Sous la direction de Sophie Boutillier, Claude Fournier et Cédric Perrin
L'artisanat regroupe en France, comme dans tous les pays industrialisés et en développement, des entreprises dynamiques et innovantes aussi bien sur le plan technique que social. Mais si les artisans font notre quotidien, ils rencontrent de nombreuses difficultés économiques, politiques et sociales. L'ensemble de ces contributions traite de ces questions sous divers aspects, temporalités et aires géographiques. L'objectif de ce volume est de montrer par petites touches la diversité de l'artisanat aujourd'hui.
(25.50 euros, 238 p.) ISBN : 978-2-343-07685-0, ISBN EBOOK : 978-2-336-39609-5

ÉTHIQUE POUR ENTREPRENEURS
Pourquoi les entreprises et les pays ont tout à gagner avec la responsabilité sociale ?
Kliksberg Bernardo - Traduit par Odile Begué Girondo
Ce livre s'inscrit dans la lutte pour placer les grands thèmes éthiques au cœur des débats économiques en Amérique du Sud et promouvoir de nouvelles politiques publiques en faveur de l'insertion universelle et d'un changement dans le comportement des acteurs. L'auteur présente la Responsabilité Sociale de l'Entreprise (RSE), décrit les forces historiques qui l'ont fait progresser, explique en quoi elle est bénéfique aux entreprises. Il expose également ses possibilités d'action, la formation de ses futurs dirigeants et ses perspectives d'avenir.
(24.00 euros, 276 p.) ISBN : 978-2-343-07851-9, ISBN EBOOK : 978-2-336-39605-7

L'HARMATTAN ITALIA
Via Degli Artisti 15; 10124 Torino
harmattan.italia@gmail.com

L'HARMATTAN HONGRIE
Könyvesbolt ; Kossuth L. u. 14-16
1053 Budapest

L'HARMATTAN KINSHASA
185, avenue Nyangwe
Commune de Lingwala
Kinshasa, R.D. Congo
(00243) 998697603 ou (00243) 999229662

L'HARMATTAN CONGO
67, av. E. P. Lumumba
Bât. – Congo Pharmacie (Bib. Nat.)
BP2874 Brazzaville
harmattan.congo@yahoo.fr

L'HARMATTAN GUINÉE
Almamya Rue KA 028, en face
du restaurant Le Cèdre
OKB agency BP 3470 Conakry
(00224) 657 20 85 08 / 664 28 91 96
harmattanguinee@yahoo.fr

L'HARMATTAN MALI
Rue 73, Porte 536, Niamakoro,
Cité Unicef, Bamako
Tél. 00 (223) 20205724 / +(223) 76378082
poudiougopaul@yahoo.fr
pp.harmattan@gmail.com

L'HARMATTAN CAMEROUN
BP 11486
Face à la SNI, immeuble Don Bosco
Yaoundé
(00237) 99 76 61 66
harmattancam@yahoo.fr

L'HARMATTAN CÔTE D'IVOIRE
Résidence Karl / cité des arts
Abidjan-Cocody 03 BP 1588 Abidjan 03
(00225) 05 77 87 31
etien_nda@yahoo.fr

L'HARMATTAN BURKINA
Penou Achille Some
Ouagadougou
(+226) 70 26 88 27

L'HARMATTAN SÉNÉGAL
10 VDN en face Mermoz, après le pont de Fann
BP 45034 Dakar Fann
33 825 98 58 / 33 860 9858
senharmattan@gmail.com / senlibraire@gmail.com
www.harmattansenegal.com

L'HARMATTAN BÉNIN
ISOR-BENIN
01 BP 359 COTONOU-RP
Quartier Gbèdjromèdé,
Rue Agbélenco, Lot 1247 I
Tél : 00 229 21 32 53 79
christian_dablaka123@yahoo.fr

Achevé d'imprimer par Corlet Numérique - 14110 Condé-sur-Noireau
N° d'Imprimeur : 128048 - Dépôt légal : avril 2016 - *Imprimé en France*

www.ingramcontent.com/pod-product-compliance
Lightning Source LLC
LaVergne TN
LVHW011147061026
849535LV00003B/641